KB129190

교육과정과 교육법

Curriculum & Education law

박창언 저

학지사

이 저서는 2016년 대한민국 교육부와 한국연구재단의 지원을 받아 수행된 연구임
(NRF—2016S1A6A4A01019986)

This work was supported by the Ministry of Education of the Republic of Korea
and the National Research Foundation of Korea
(NRF—2016S1A6A4A01019986)

머리말

    교육과정학이 우리나라에 도입된 역사는 타 학문에 비해 짧지만, 교육과정 연구가 활발히 진행되면서 학문 분야의 하위 영역을 확장해 왔다. 그럼에도 불구하고, 교육과정 분야의 연구는 교육과정 설계와 개발에 집중되는 경향을 보인다. 이 분야가 교육과정에서 중요하다는 것을 의미하는 것이다.

    그러나 그것은 교육과정을 둘러싸고 있는 외형적 틀을 규정하는 제도적 조건 내에서 이루어지는 활동에 해당되는 것이다. 교육과정은 법과 제도라는 매개체를 통해 직·간접적으로 교육현장에서 실천되고 그 성과를 나타낸다. 그래서 교육과정의 개발과 그 내용의 선정과 조직 등은 법제라는 외형적 틀과 긴밀하게 결합되어야 그 의미를 지니게 되는 것이다.

    이 연구는 교육과정의 법제라는 외형적 틀과 관련된 연구 내용을 담고 있다. 교육과정 분야의 연구자는 학문에 대한 자신의 개성을 살리기 위해 각자의 하위 연구 분야를 설정하고, 지속적으로 연구하며 그 결과를 교육에 반영하고 있다. 저자는 교육과정과 법과의 관계에 대한 연구를 시작하여『교육법학연구』에 논문을 게재한 이후 22년간 연구하고 생각하며, 실무적 접촉을 통한 경험을 토대로 구상한 내용을 하나의 책으로 엮었다. 이 저서가 가지는 특징을 몇 가지 구분하여 제시하고자 한다.

    첫째, 교육과정 분야에서 법적인 측면에 대해 우리의 현실을 다루고자 하였다. 그동안 교육과정 이론이나 내용이 외국의 이론에 많이 치중되어 있어, 우리의 독자성을 구축하는 것이 등한시된 것은 사실이다. 교육과정과 관련된 법은 우리의 법 체계의 이해와 그 해석이 기본이 되어야 할 필요가 있다. 따라서 우리의 것을 다루면서 필요에 따라 외국의 이론을 포함하여 제시하였다.

둘째, 각 장의 서론에서는 다루고자 하는 내용에 대한 기본 시각을 확인할 수 있도록 하였다. 학문의 발전은 논쟁의 역사를 통해 이루어지는 것이다. 그래서 각 장별로 다루는 내용의 주요 쟁점 사항을 제시하여 자신의 사고와 관점을 토대로 그에 대한 비판적 사고를 할 수 있도록 하였다.

셋째, 교육과정과 관련된 법적 측면의 제반 사항을 취급하였다. 교육과정은 교과서를 만드는 근간이 되고 있다. 교육현장에서는 교과서를 매개로 교육활동을 전개하고 있으며, 그러한 교육과정 운영의 성과는 평가를 통해 질 관리를 하고 있다. 이 서적에서는 교육과정뿐만 아니라, 교육과정과 수업 및 평가에 이르는 직접적 교육활동 전반을 다루었다. 이러한 사항을 다룸으로써 교육과정과 관련된 법적 측면의 이해를 보다 확장시킬 수 있도록 한 것이다.

넷째, 가급적 모든 학교급의 교육과정을 다룰 수 있도록 하였다. 교육과정 분야에서 중심적 논의는 초 · 중등교육 분야에 집중되고 있다. 그러나 법적인 측면에서 보면, 국가 교육과정이 완전히 적용되거나 예외가 되는 등의 특수한 상황이 존재하고 있다. 교육과정의 적용 법규에서 왜 이렇게 달리하여야 하는 것인지에 대한 이해를 통해 해당 분야의 이해를 높일 수 있도록 한 것이다. 그리고 교육의 연속성을 고려하여 초 · 중등교육 분야뿐만 아니라, 보육이나 유치원 등 교육과정과 관련된 학교급을 대부분 다루는 방향으로 전개하였다.

다섯째, 2017년에 출간한 『현대 교육과정학』의 제9장 '교육과정 행정과 법규'의 내용 중 법규에 해당되는 부분을 구체화한 것이다. 『현대 교육과정학』은 과정론적 입장에서 우리나라 교육과정의 개발과 운영의 실제 상황을 실증적으로 분석한 것이다. 교육과정에 대한 법적 측면은 『현대 교육과정학』에서 설정한 모형의 마지막 단계에 해당되는 내용으로 제시한 것이다. 이 서적은 교육과정 행정 분야를 제외한 교육과정 법규에 해당되는 내용을 하나의 각론으로 제시한 것이다.

　이 저서는 2016년 한국연구재단 인문사회 분야 학술지원사업 저술출판지원사업으로 대한민국 교육부와 한국연구재단의 지원을 받아 2년간 수행된 연구이다. 이제까지 지내 온 삶을 보면, 개인적으로 국가에 많은 혜택을 입었다고 생각된다. 국립사범대학을 다니면서 등록금 혜택을 받고, 의무발령을 받을 수 있는 기회가 주어졌으며, 국립대학에 근무하면서 국록을 받고 있다. 그리고 이번에 국가의 지원을 받아 저술출판을 하게 되기까지 국가와 국민에게 받은 것이 적지 않다. 이에 비해 나 자신이 국가나 국민 또는 학생들을 위해 얼마나 많은 기여를 하였는지 생각하면 부끄러운 점이 많다.

　이 책을 집필하면서 개인적인 역량이 부족함을 느끼면서 혜택을 받은 만큼 연구 성과가 만족스럽지 못하다는 자격지심도 든다. 그러나 이 분야에 대한 서적이나 글이 많지 않은 상황에서 저술을 시도하였다는 데 일부나마 위안을 가진다. 그것은 나 자신이 받은 혜택을 후학이나 학생들에게 조금이나마 돌려줄 수 있다는 조그마한 희망이기도 하다. 앞으로도 지속적으로 글을 쓰면서 받은 것을 누군가에게 되돌려 줄 수 있는 기회를 마련하고자 노력할 것이다.

　마지막으로, 일찍 작고하신 아버님과 지금도 아낌없이 성원해 주시는 어머님, 항상 함께해 주는 아내와 아이 둘, 힘이 되어 주는 대학원생들에게 감사의 마음을 전한다. 그리고 이 저서가 일반 교재와 달리 전문 서적인 관계로 고충이 따름에도 불구하고 출판을 흔쾌히 결정해 주신 학지사 김진환 대표이사님과 관계자 모두에게도 감사의 말씀을 드린다.

2019년 2월
부산대학교 연구실에서
박창언 씀

차례

제2부 교육과정의 기본 사항과 교육법

제3부 교육과정 운영과 교육법

제**1**부

교육과정과 교육법

교육과정과
법의 이해

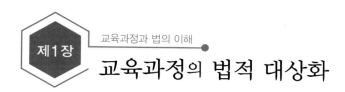

제1장 교육과정과 법의 이해

교육과정의 법적 대상화

1. 교육과정과 법의 관계

1) 교육의 기본 성격과 교육과정

교육활동은 각 개인의 개성과 소질을 최대한 현실화시키기 위한 인간행위에 해당된다. 이러한 인간행위는 다른 사회제도의 부분과 구별되는 고유한 성질을 지니고 있다. 현대사회에서 교육을 언급할 때에는 사적인 교육 체제와 달리 공적인 교육 체제를 전제하고 논의가 되고 있다. 사회제도의 한 부분을 전제하고 논의를 전개하더라도 교육은 각 개인에 초점을 두고 있으며, 다른 개인과의 차별성에 기초한 교육을 강조하고 있다. 이러한 교육의 특성은 다른 사회제도와 구별되는 특징을 나타낸다.

교육과 같이 인간을 직접적인 대상으로 하는 경우를 제외한 일반적인 사회제도는 대부분 표준화되고 규격화된 것을 지향한다. 버스요금이나 전철요금

등 일반인의 생활에 미치는 공공요금의 경우를 생각해 보면 된다. 이러한 요금은 개인적인 자산이나 경제적 능력을 고려하지 않고, 표준적인 요금을 책정하고 있다. 다만 노약자나 어린이 등에 대해서는 경제적 능력을 고려해 요금을 할인해 주는 예외를 인정하고 있을 뿐이다.

사회 일반의 다른 활동과 달리 교육에서도 예외는 인정이 된다. 국가의 보위나 천연재해 등으로 국가에 위기가 닥쳤을 때에는 표준화된 내용을 교육하기도 한다. 그러나 이들은 다른 사회적 제도 부분에서 예외가 인정이 되는 것과 마찬가지에 해당한다. 개인의 소질과 적성을 현실화시키는 교육에 대한 관점이나 접근은 개인이 가진 교육관에 따라 달라진다. 교육의 개념을 정의하는 방식은 여러 가지로 나타나지만, 교육에 외적인 세력이 직접적으로 개입하는 것을 부정하는 소극적인 입장과 적극적인 개입을 하여야 한다는 적극적 입장, 그리고 사회적 맥락에 의해 개인이 성장한다는 입장 등으로 나눌 수 있다.

교육에 대한 적극적인 입장은 인간이 성장하는 것은 인간의 잠재력과 이에 부합하는 최적의 조건이 결부될 때 발휘될 수 있다고 보고 외적 세력의 적극적 개입을 옹호한다. 이에 비해 교육에 대한 소극적 입장은 외적 세력이 강하게 작용하게 되면 인간의 성장은 제대로 이루어질 수 없게 된다고 본다. 표준화되고 규격화된 교육내용과 획일화된 방법의 적용함으로써 획일화된 인간을 양산하게 된다고 보는 것이다. 그러나 인간의 성장은 사회적·물리적 상호작용에 의해 이루어진다. 인간의 사회적·물리적 상호작용은 인간의 경험을 확장시키고, 그러한 경험의 성장이 곧 인간의 성장이 되는 것이다.

공교육 체제에서 학교는 인간의 성장을 위해 가르치는 자가 배우는 자를 대상으로 교육내용을 매개로 상호작용함으로써 교육활동을 전개한다. 여기서 말하는 교육내용은 일반적인 교육내용을 말하는 것이 아니라 교육내용을 학습 영역의 목표에 따라 일정한 원리에 따라 선정하고 조직해 놓은 것, 즉 교육과정을 말한다. 체계화되지 않은 상태의 교육내용과는 다른 개념이다.

교육내용과 교육과정은 이러한 점에서 차이가 난다. 그리고 교육현장에서는 교육과정 그 자체보다는 교과서를 매개로 가르치는 자와 배우는 자가 상호작용을 하고 있다. 그래서 교과서에 대해 더욱 익숙한 편이다.

교육활동이 성립하는 최소한의 단위는 이렇게 세 주체가 있어야 되는 것이다. 그래서 교육의 세 주체를 가르치는 자, 배우는 자, 교육내용으로 부르고 있다. 교육활동에서 교육과정은 이러한 위치에 있는 것이다. 교육의 기본 성격에 의할 때, 교육과정은 각 개인에게 적합한 내용으로 구성되어야 한다. 교육과정은 획일화되고 규격화되어 모든 인간을 획일화되게 만드는 것으로 작용해서는 안 되는 것이다. 오히려 다양화·차별화될 수 있는 형태로 만들어져 있어야 학습자의 성장에 의미 있는 수단으로 작용할 수 있다. 교육과정은 인간의 성장을 위해 유의미한 장을 마련할 수 있어야 하고, 각 개인의 소질과 적성에 부합할 수 있도록 유연하게 되어야 하는 것이다.

2) 법의 기본 성격에 나타난 강제성

법의 기본적 성격은 교육의 기본 성격을 규정하는 것과 마찬가지로 한마디로 정의하기는 어렵다. 법의 어원과 여러 법학자들이 제시하는 정의와 법의 체계와 구조 등을 종합적으로 이해하여야 한다. 법의 기본적 성격을 이해하는 데 법이라는 개념을 이루는 기본적인 요소를 참고하면 어느 정도의 윤곽을 파악할 수 있다. 법의 개념을 이루는 요소는 법은 규범이고, 사회규범이며, 강제규범이라는 것이다.[1] 이들 각각에 대해 간략히 살펴보면 법의 기본 성격을 이해하는 데 도움이 된다.

우선, 법은 규범이라는 것이다. 규범은 자연법칙과 달리 사실의 발생을 예견하고 있는 법칙으로, 적극적으로 모종의 행위를 하거나 하지 말아야 한다는 것과 같은 당위의 법칙을 말한다. 자연법칙은 지구의 자전과 같은 천문학의 법칙, 전기장에서의 에너지 법칙과 같이 질서 정연하게 움직이는 것과 같은 것이다. 이에 비해 규범은 타인에게 위해를 가하면 안 된다거나 부정행위를 하면 안 된다는 것과 같이 인간의 행위와 관련된 것이다.

　다음으로, 법은 사회규범이라는 것이다. 사회규범은 사회를 유지·발전시키기 위해 공동체 생활에서 지켜야 할 것을 말한다. 사회규범은 한 개인의 좌우명이나 생활의 신조와 같은 개인적인 규범과는 다른 것이다. 교육을 담당하는 학교라는 기관도 작은 사회에 속하는 것으로, 여기에는 수업 시간, 연간 수업 일수 등과 같은 지켜야 할 사항들이 많이 존재하고 있다. 학교 이외의 기관이나 사회에서도 이러한 사항이 존재하고 있는 것이다.

　마지막으로, 법은 강제규범이라는 것이다. 인간이 사회생활을 영위하는 데 모든 것이 강제적인 것은 아니다. 약속 시간에 상습적으로 늦는 경우 일정한 제재가 가해지는 경우도 있지만, 도덕적으로 온당하지 않다는 비난이 더 많이 일어나게 된다. 이러한 것은 비강제적인 것이다. 그러나 법은 위반을 하였을 때 일정한 제재를 받게 된다. 예를 들어, 교통법규를 지키지 않을 경우 경찰의 단속에 적발되어 일정한 제재를 받게 된다. 이러한 제재는 일정한 벌금을 부과하거나 형벌을 가하는 등 법적으로 정해진 내용에 따라 이루어진다. 그래서 법은 강행규범인 것이다.

　법의 개념을 이루는 이러한 요소는 법의 기본 성격을 이해하는 데 도움이 된다. 법은 개인적인 차원이기보다는 사회적 차원으로 이루어지는 것이며, 지키지 않았을 경우에는 일정한 제재가 가해지는 강제성을 띠고 있는 것이다. 그리고 법을 위반한 자에 대해 재판을 통해 일정한 제재를 명하는 규범으로서의 성격도 지니고 있다. 예를 들어,「교육공무원법」제24조의2에는 선거운동의 제한에 대한 규정이 있다. 이를 위반한 경우에는 제62조의 벌칙 규정에 의해 "2년 이하의 징역 또는 2천만 원 이하의 벌금에 처한다."라는 가언명령(假言命令)의 형식을 취하는 것이 그것이다. 법은 규정된 사항을 위반하는 일정한 요건이 충족되면, 법관으로 하여금 징역이나 벌금 등과 같이 일정한 법적 효력을 부여하고 있는 것이다.

그리고 법에서는 일정한 조직을 정하는 규범도 존재하고 있다. 학교의 경우를 예로 들면, 학교의 설치와 조직 및 권한 등을 「초·중등교육법」이나 「유아교육법」 등에서 정하고 있다. 이러한 것을 조직규범이라고 한다. 우리나라 헌법에서는 입법부, 사법부, 행정부 등의 국가 통치 조직을 정하는 내용이 있는데, 그것이 대표적인 예라고 할 수 있다. 이들 사항을 종합적으로 보면, 법은 사회적 관계를 규율하는 강제성을 지닌 재판규범에 해당되는 것이다.

3) 교육과정과 법의 관계

교육과정은 개인의 성장을 위해 그 적합도를 높여야 하는 형태로 구성되어야 하므로 자율성이 부여되어야 하는 반면, 법은 사회생활의 규율 원리로서 강제성을 띠고 있다. 이들 양자는 상반되는 성격을 지니고 있어 조화되기 어려운 까닭에 이들 관계가 논의되는 이유에 의문을 가질 수 있다. 하지만 공적인 교육 체제의 성립과 발전을 설명하는 것이 교육과정과 법에 대한 관계를 논의하는 이유를 이해하는 데 도움이 되리라고 본다.

교육은 원래 사적인 일로 여겨졌으나, 시민사회의 성립과 더불어 공적인 일로 전환되면서 공교육 체제가 성립된다. 이러한 관점이 일반적이지만, 시민사회에서 사적인 일로서 교육의 질서가 법에 의해 소극적으로 질서가 유지되는 체제와 국가에 의해 지도·조언, 공공 비용 조성, 기준의 설정, 의무 무상교육의 실시 등 조장적 조치에 의해 교육에 대한 국가의 지배가 동시적으로 전개되었다고 보는 견해도 있다.[2] 이러한 견해의 차이가 있지만, 현대적 의미에서는 대부분 공적인 교육 체제에 의해 국가가 관리·운영·통제하는 형태로 공교육이 이루어지고 있다.

공교육 체제에서 국가가 교육에 관여하는 주요 이유에 대해서는 일반적으로 교육의 일정 수준 유지와 교육의 기회 균등 보장의 두 가지 원리를 들고 있다. 이들 두 가지 원리는 교육과정과 같은 직접적인 교육활동과 더불어 이를 지원하기 위한 여건을 정비하는 활동까지 국가의 관여를 인정하는 논리로 등장하고 있다. 교육의 일정 수준을 유지하기 위해서는 교육과정에 관여할 수밖에 없고, 교육의 기회를 균등하게 하기 위해서도 교육여건에 적극적으로 개입할 수밖에 없는 것이다. 이렇게 교육에 대해 국가가 개입을 하는 직접적인 근거는 국민의 '교육을 받을 권리'를 보장하기 위한 것에 있다.

공교육은 사적 교육을 보완하는 것으로 사적 교육에서 생기는 여러 가지 왜곡을 시정하기 위해 교육을 사회화하고, 보다 조직화된 형태로 보장하는 것이다. 교육을 사적인 형태로 지속할 경우 부모의 사회·경제적 지위에 따라 교육을 받을 기회에 차별이 생기게 되고, 자녀의 발달 단계나 최종적 교육의 수준을 어느 정도로 하여야 할 것인지에 대한 격차가 크게 발생하는 등의 왜곡 현상이 발생할 수 있는 것이다. 이러한 개인 외적인 요소에 따라 교육을 받을 권리가 침해되는 현상을 방지하기 위해서 국가의 개입이 필요하고, 이것이 공적인 교육 형태로 나타나고 있는 것이다.

공교육 체제에서는 부모가 교육을 행하는 것이 아니라, 국가나 이에 준하는 기관에서 설립하고 운영하는 학교에서 국가의 대행자로서 교사가 교육을 담당함으로써 교육의 기회를 균등하게 하고자 하는 것이다. 그러나 개별 교사가 교육의 기회를 균등하게 하기 위해 모든 역량을 집중시키더라도 한계가 있다. 여기서 국가의 역할이 더욱 중요하게 부각된다. 교육을 받을 권리를 보장하기 위해, 국가는 교원의 정원이나 학교교사의 면적, 충분한 실험·실습실의 제공과 같은 교육여건을 정비하여야 하는 것이다. 이러한 맥락에서 보면 국가는 교육과정에 대해서도 일정한 수준의 유지를 위해 기준을 설정하고, 그 기준 달성을 위해 교육여건을 정비하여야 하는 것이 정당화된다.

공교육 체제에서 국가의 이러한 역할은 비공식적 통로가 아니라 법이라는 공식적인 통로를 통해 이루어진다. 우리나라 현행 「초·중등교육법」에는 교육과정에 대한 규정뿐만 아니라, 학교의 시설이나 인적인 자원에 대한 사항을 모두 규정해 놓고 있다. 그러나 이들 규정에서 규제적인 성격을 가지고 있는 것인지, 아니면 자율성을 허용하면서 지도·조언적인 성격을 지니고 있는 것인지는 상이하게 나타난다. 규제나 통제적 성격과 지도·조언적 성격의 구분은 칸델(Kandel)이 제시한 교육의 내적 사항과 외적 사항의 구분을 통해 규정하고 있는 것이 「교육법」 연구에서 일반적 경향이다.

칸델이 구분한 교육의 내적 사항은 교육과정, 교과서, 교육방법 및 평가 등 직접적인 교육활동과 관련이 되는 것이고, 외적 사항은 인적 자원과 물적인 여건 등을 정비하는 간접적 교육활동과 관련이 되는 것이다.[3] 내적 사항과 외적 사항의 구별은 교육과정과 법의 관계를 이해할 수 있는 단서가 되고, 교육행정의 지도 원리를 파악할 수 있는 기준도 된다.[4] 교육의 내적 사항은 법과 교육행정이 지도·조언을 하는 형태가 되고, 외적 사항은 적극적 개입을 하여야 하는 것으로 구분하여 논의될 수 있는 것이다.

교육은 개별 아동의 성장에 의미 있는 장을 마련해 주어 그 대상자에게 적절한 교육을 받을 권리를 보장하고자 하는 데 있다. 이를 위해 교육과정은 융통성 있고 탄력적으로 대응할 수 있는 구조가 되어야 하며, 단위학교의 자율이 강화되어야 하는 것이다. 반면, 그러한 교육을 실천하는 데 최적의 여건을 마련해 주고자 하는 노력은 적극적이고도 의무적으로 이루어져야 한다. 이러한 점에서 국가는 직접적 교육활동과 간접적 교육활동에 대한 역할에서 차이가 있을 수 있으며, 이러한 사항은 법적으로 규정하여 공식적으로 교육에 관여하게 된다. 이 점에서 교육과정과 법은 관련이 있으며, 어느 정도의 폭으로 법이 교육과정에 관여하느냐는 별개의 문제인 것이다. 한 나라의 교육관계법의 발전 정도를 평가하는 척도는 교육과정의 자율성 부여의 폭이 넓고, 외적 여건에 대한 적극적 관여가 이루어지는 정도에 의해 결정이 될 것이다.

2. 교육법학과 교육과정

1) 외국의 교육법학 발전과 교육과정

미국의 경우, 교육법학과 관련된 연구는 1960년대에 들어서부터라고 할 수 있다. 미국에서 해밀톤과 모르트(Hamilton & Morte)가 최초의 「교육법」 관계 저서로 『법과 공교육(The law and publication education)』을 저술한 것은 1941년 이었으나 당시에는 그다지 관심을 끌지 못하였다가, 1959년 재판을 내면서부터는 점차 관심이 고조되기 시작하였다.[5] 미국에서 1960년대는 소련의 스푸트니크 발사 사건을 계기로 교육과정학 분야뿐만 아니라, 교육법학 분야에서도 그 관심이 고조되었다. 그 이전에는 교육이 지방정부인 주의 관할에 있었지만, 그 사건을 계기로 교육관계법의 제정을 통해 연방정부로 교육의 많은 부분이 이관되었다.

1958년에 만들어진 「국가방위교육법」을 비롯하여, 「초 · 중등교육법」 「고등교육법」 등이 그것이고, 현재도 「낙오방지법」 등으로 연방 차원의 법률은 지속되고 있다. 이러한 연방 입법과 더불어 흑백 인종 갈등과 반전 운동 등 사회와 학생의 인권 의식이 발전되어 감에 따라 교육관료와의 갈등은 법적 판단으로 이어지게 되면서 교육법학에 대한 많은 발전을 이루었다.

교육과정 분야에서는 1978년 교육학회 연보에서 『법원과 교육(The court and education)』의 단행본을 출간하면서, 제6장에 교육과정 통제(control of the curriculum)를 다루고 있다.[6] 교육과정에 대한 공식적인 통제가 각종 법령을 통해 이루어짐을 밝히며, 주와 지방 당국의 법령 규정과 더불어 통제 당국으로서 법원에 대해 다루고 있다. 교육과정과 관련된 사항으로 학교구에 대한 학부모의 권리, 종교수업, 진화론의 교수, 성교육, 이중언어교육 등에 대한 판례를 분석하고 있다.

교육과정에 대한 단행본은 1991년에『헌법과 교육과정(Constitution and curriculum)』이라는 서명으로 윗슨(Whitson)에 의해 출간되었다. 윗슨은 교육에서의 검열의 갈등에 대한 설명을 하면서, 대법원 선례에 대한 정책 분석, 해석적 접근, 사례와 논쟁에 대한 구조적 기호학, 그리고 탈구조주의 재해석을 제시하고 있다. 이들의 주요 내용은 판례를 정리하고 분석하여 그 정책적 함의를 이끌어 내고 있다. 그리고 저자의 교육과정에 대한 관점이나 견해를 토대로 그 내용을 분석하고 있다. 미국의 교육법학에 대한 역사가 우리나라보다는 길다고 하더라도, 판결문의 정리와 나열에 한정되고 있어 학문적인 발전이 더디게 진행되고 있다.

일본의 경우에는 1957년 교사의 근무평정제도의 확립·실시와 1961년 학력테스트 사건이 법적인 쟁송이 되면서, 교육과 법에 대한 관심을 끌게 되었다. 그리고 1970년 8월에 일본교육법학회가 창립되면서 교육법학에 대한 학문적 체계화가 진행되었다고 할 수 있다. 근무평정사건은 교사의 근무평정 그 자체가 교육내용에 대한 개입은 아니지만, 학습지도요령(교육과정)의 법적 구속성을 전제로 하고, 그것이 교육현장에서 철저히 지켜질 것을 의도하였다. 이 재판에서 학습지도요령의 법적 구속성 유·무의 문제가 국가의 교육 개입의 한계를 획정하는 중요 문제로 부각되고, 이후 학력테스트 사건이나 교과서 재판 등으로 이어지게 되었다.

이에 대한 연구는 교육행정을 연구하는 분야에서 먼저 시작하고, 그 뒤 법학자들에 의해 연구가 진행되었으며, 이들의 교류가 진행된 것은 1960년대 후반 이후이며, 본격적인 연구의 체계화는 1970년대 일본교육법학회가 창립되면서부터라고 할 수 있다. 일본의 교육법학이 교육과정과 교과서 등 교육내용과 관련된 사항에 기초를 두면서, 단행본이나 학술 논문의 형태로 많은 발전을 이루었다. 1970년 교육법규연구회에서 편찬한『학습지도요령의 법적 비판(學習指導要領の法的批判)』은「헌법」「교육기본법」「교육법」과 학습지도요령의 문제를 다루면서 교육과정의 국가 기준과 교육과정의 지도·조언 행정에 대한 법리를 제시하였다.

　일본교육행정학회에서는 1978년에『교육과정행정』이라는 서적을 편찬하였지만, 그 내용에서는 교육과정 기준입법과 국가기준입법의 범위, 지도·조언 행정, 교과서 검정의 법적 문제 등 법적 사항을 다루면서 서명은 교육과정행정으로 보기도 하여 교육과정행정과 법규를 명확하게 구분하지 않는 경향도 나타났다. 그리고 1980년에는 일본교육법학회에서 여러 학자가 영역별로 집필한 내용을『교육내용과 교육법』이라는 단행본으로 출간해 교육과정 전반에 대한 내용을 체계적으로 정리하고자 하였다. 교과서와 관련된 연구 역시 별책으로 상당히 많이 다루고 있다.

　교육과정과 교과서의 법적인 측면에 대한 연구는 단행본으로뿐만 아니라,『교육법』이나 교육권을 다루는 대부분의 서적에서 빠지지 않고 취급되고 있다. 일본은 미국과 달리 법과 권리의 문제가 얽히면서 교육권의 문제와 더불어 발전되는 양상을 띠고 있다. 교육권이 학술적으로 등장한 용어임을 감안하면 현실적인 측면과의 괴리 현상을 가져오기도 한다. 그러나 교육과 법의 관계를 다룬 서적이 취급하는 범위가 판례집이나 교육권을 다루는 서적, 교육법해석과 관련된 서적 등 양적으로도 많을 뿐만 아니라, 내용 면에서도 교육과정과 관련된 법적인 이론 체계를 상당히 정교하게 구축하여 학문적으로도 크게 성장하고 있다고 생각된다.

　미국과 일본에 대한 이론이나 서적이 국내에 많이 소개되고 있는 반면, 유럽 국가나 다른 아시아 국가 및 그 외의 대륙에 대한 이론에 대한 내용은 많지 않다. 여기서는 다른 나라에 대해서는 간략하게 소개하는 선에서 마무리하고자 한다. 영국의 교육법학은 관습법의 전통을 수립하고 운영하는 점에서 미국과 같이 법원의 판결 내용이 연구 과제가 된다. 교육과정에 대해서는, 1944년「교육법」에서 학교 교육과정은 교육과정 내용에 대한 법적 제약을 받지 않고 교사가 수업을 하였지만, 1988년「교육법」에서는 중앙정부의 통제를 받게 되면서 집권화로 그 정도가 강화되는 경향을 띠게 되었다.[7] 프랑스는 교육법학과 관련된 연구물이 적지 않으나 그 수준은 법제 해설의 차원에서 진행되고 있으며, 독일은 일본과 마찬가지로 교사의 교육권을 둘러싼 논제를 중심으로 형성된 학교법학이 교육법학을 대표하고 있다.[8]

2) 한국의 교육법학과 교육과정 연구

한국에서 교육법학의 연구는 1980년대부터 본격적으로 체계화된 연구가 진척되고 있는 것으로 생각된다. 교육법규나 「교육법」 해설과 관련된 단행본 서적이 1960년대부터 출간되었고, 교육법학에 대한 체계를 갖춘 논문 역시 1970년대 중반 이후부터 나타났다. 그러나 학회의 설립에 따른 학회지의 보급과 학술대회의 개최 등을 통해 본격적인 연구는 1980년대 이후부터로 보인다. 대한교육법학회가 1987년 대한교육법학회 기관지로서 『교육법학연구』가 창간되면서, 교육과 법의 관계를 연구하는 연구가 집약되는 성과를 보이기 시작하였다.

교육과정에 대한 직접적 연구 성과는 1997년 교육법학연구에 '교육과정 기준입법에 대한 고찰'[9]에 대한 논문으로부터 시작하여, 1998년 교육과정연구 저널에 '교육과정 법규에 있어서의 주요 쟁점'[10]의 논문이 등장하면서 교육과정과 관련된 직접적 연구가 본격적으로 진행되었다. 이들 연구는 교육과정의 기준에 대한 의미와 그 법적 성격 및 구속력, 그리고 교육과정 편성권에 대한 내용 등 교육과정과 관련된 법적인 쟁점이나 기본적 이해가 요구되는 사항을 제시하고 있다. 그리고 교과용 도서와 관련해서는 교과용 도서에 대한 검정 심사와 범위와 국정교과서의 위헌 여부 등도 제시하고 있다.

「초·중등교육법」 20년의 성과와 과제에서는 그 법적 체계가 성립되기 이전과 이후를 구분하여 그 연구 동향을 제시하고 있다. 「초·중등교육법」이 성립되기 이전에는 교육법학의 연구동향이 구 「교육법」 체제에 대한 비판적 분석과 대안의 연구를 제시하고 있다. 그리고 법 제정 이후에 교육과정과 관련된 연구로 박창언의 교육내용에 관한 법적 문제와 과제(2004), 학교 교육과 정 편성 · 운영권과 교장의 권한(2003), 김덕근의 교과서 관련 판례에서 나타 난 교사의 교육권(2004), 황준성의 한국의 교과서 관련 법제 분석 및 개선 방 안(2006), 김유환의 교과서 국정 및 검 · 인정제도의 법적 문제(2005)가 그와 관련된 연구에 해당된다고 분석하고 있다.[11)]

교육학자들에 의해 추진된 대한교육법학회와 달리, 공법학자들에 의해 추 진된 한국교육법학회 역시 1980년대에 들어 그 활동을 본격화하였다. 주로 법학자 위주로 이루어지고 있고, 교육학자와 교류도 거의 없으며, 법학교육과 관련된 연구나 교육과 관련된 법학에 대한 연구를 위주로 하고 있어 교육과정 분야와 관련된 내용은 거의 없는 것으로 보인다. 교육법학 분야에서 취급하 는 교육과정과 관련된 연구의 동향은 교육과정 분야에 대한 법적인 문제를 다 룸으로써 해당 분야의 학문적 확장을 가져왔고, 그 연구를 위한 기초를 제공 하였다는 점에서 의미가 있다. 그러나 이 분야에 대한 연구자가 적고, 외국의 성과에 비해 양적으로나 질적인 발전이 뒤져 있음을 부인하기는 어렵다.

교육과정과 관련된 법적인 측면의 연구는 주로 일본의 이론을 중심으로 단 행본과 논문이 인용되면서 소개되었다. 교육과정이 무엇이고, 그 내용의 선 정과 조직 등 직접적인 교육활동과 관련된 연구가 미국의 이론을 중심으로 전개되는 것과는 다른 양상을 지니고 있다. 우리나라는 미국과 달리 성문법 주의를 취하고 있으며, 일본의 교육관계법과 유사한 구조와 법조문이 되어 있기 때문에 일본의 것이 많이 소개되고 있는 것이다. 외국 이론 중심으로 교 육과정에 대한 법해석과 이론이 도입되는 것에 대한 비판이나 반성이 일고 있지만, 한국적 상황에 특유하면서도 뚜렷한 독자성을 드러낼 수 있는 연구 가 체계적으로 이루어지지 못하고 있다. 1980년대 교육법학회가 창설되고 이 분야에 대한 연구 성과가 축적되고 있지만, 만족할 만한 수준에 이르지 못 하고 있다.

그러나 최근 국회에서 인성교육이나 진로교육 등을 위한 「교육기본법」에

대한 법안이 제출되고, 교육과정 개편 주기의 명시나 교과용 도서에 대한 사
항을 별도의 법률로 규정하려는 노력, 교육과정심의회와 관련된 위원 구성이
나 절차적 측면의 보완 등 교육과정과 관련된 사항에 대한 「초·중등교육법」
을 개정하려는 법률안이 국회에 계류 중에 있다. 많은 국회의원들이 교육과
정에 대한 입법화를 위해 관심을 기울이고 있으며, 최근 일부 신진 학자에서
도 이와 관련된 학위논문이나 소논문을 발표하기도 한다. 이러한 노력은 한
국적 교육과정 관련 법제의 정비와 운영을 위한 토대가 될 것이며, 향후 더욱
발전할 수 있는 계기가 될 것으로 생각된다.

3) 현대 교육법학의 특질

　현대라는 의미는 서구의 경우는 1890년대 말경 신분제 사회의 붕괴와 자
본주의 사회의 발달에 따라 공적인 교육 체제가 확립된 시점과 관련이 된다.
우리나라와 같은 경우는 조선시대에서 일제 강점기를 거치고, 광복을 맞이하
면서 새로운 사회 체제와 교육 체제가 도입된 시기부터라고 보면 될 것 같다.
광복 이후 새로운 국가 체제와 「헌법」이 마련되고, 「교육법」이 그 뒤 제정되
면서 현대적 의미의 「교육법」이 정비되고, 이에 대한 학문적 진척이 이루어지
기 시작하였다. 법과 관련된 현대사회의 문제는 한 학문 분야의 힘만으로 해
결하기 어렵게 되고, 여타 학문 분야와의 협력이 요구된다. 그리고 학문적 성
숙에 따라 그 내용을 보다 깊이 있게 연구해 나감으로써 연구 대상의 확대와
연구방법의 다양화도 가져오고 있다. 그 내용을 정리하면 다음과 같다.
　첫째, 교육법학은 법학 분야뿐만 아니라, 교육학 분야에서도 그 연구를 진
척시켜 나가고 있다. 전통적으로 법은 법학 분야에 한정해 이루어지고 있었
고, 교육학 분야에서는 이에 대한 관심이 거의 없었다. 법학 내에서도 교육
분야가 그다지 활성화되지는 않았다. 그러나 교육과 법의 관계를 연구하는
학회의 결성과 그 기관지의 발행은 교육법학의 발전을 가져오게 되었다. 교

육법학은 교육학 분야에서도 이루어지고 있으며, 법학 분야에서도 이루어지고 있다. 교육에 대한 관심이 있다고 하더라도 연구의 내용이나 방법이 다르기는 하지만, 이와 같은 연구의 증대는 향후 교육과정 분야의 법적 측면에 대한 논의가 더욱 발전할 수 있는 계기가 될 것이다.

둘째, 교육과 교육과정 분야의 법해석에서 다양한 접근 방법이 모색되고 있다. 전통적으로 법조문의 엄밀한 해석이 중심이 되었지만, 시간의 경과에 따라 그 시대와 사회적 배경에 따른 해석을 요청하는 법사회학이 출현하면서 해당 법조문을 더욱 합리적으로 판단할 수 있는 여지를 마련하였다. 그리고 교육 문제는 다른 여타 분야와 성격을 달리하기 때문에, 최근에는 교육의 본질에 의한 법해석을 하는 경향도 증가하고 있다. 법조문에 따라 헌법조문의 상호 간, 헌법과 하위법 체계에 대한 분석, 그리고 교육의 본질에 의한 해석을 함으로써 용어의 의미를 보다 적합하게 분석하는 과학화 경향이 나타나고 있는 것이다.

셋째, 교육과정 분야의 법적 연구 대상이 확대되고 있는 경향을 나타낸다. 교육과정은 문화적 활동의 일환으로 자유로운 분위기에서 이루어져야 하지만, 그러한 자유로운 분위기를 마련하는 여건을 법과 제도가 정비해 주지 않으면 제대로 활성화될 수 없다. 교육과정에 대한 법적 측면의 연구는 이러한 관점에서 출발해 교육과정과 교과서 등에 대한 기본적 사항을 이해하는 수준으로 초기 연구가 이루어졌다. 그러나 시간의 경과에 따라 유치원, 초·중등학교, 고등교육 분야 등으로 연구가 확대되기 시작하고, 세부적 논의 주제 역시 심화되고 있다.

넷째, 행정국가에 따른 행정입법에 대한 증가로 그 통제와 의회입법을 통한 직접적 교육과정 결정을 방지할 수 있는 방안이 요구되고 있다. 행정국가화는 행정부가 전통적인 의회의 기능인 정책 결정과 그 입법화를 기하면서 입법부의 기능을 약화시키고 있다. 국회입법이 기본 골격 위주로 만들어지면서, 교육과정 분야는 다른 어느 분야보다도 행정입법이 많은 비중을 차지하고 있다. 그러한 까닭에 법적인 측면에 대한 연구가 소홀히 되고, 국민의 권리 의식 함양에도 소극적이 되었다. 그러나 최근 의회입법을 통해 교육내용과 방법을 결정하고, 교육현장에 직접적으로 개입하는 경향이 증가하는 왜곡된 결과도 초래되고 있다. 그러한 결과 행정입법에 대한 통제와 더불어 의회입법의 남용을 방지할 수 있는 제도적 장치를 요청하는 소리가 높아지고 있다.

다섯째, 사법 기능이 보다 강화되는 경향을 보이고 있다. 현재 우리나라 사법의 기본은 법원에 있지만, 「헌법」 판단은 헌법재판소에서 행하도록 그 역할을 분담하고 있다. 각종 이익단체의 출현은 교육과정과 관련된 문제도 법정에서 다투는 경향을 보이고 있어, 그 결정이 학교교육에 영향을 미치고 있다. 그리고 헌법재판소는 법률에 대한 「헌법」 위반 여부를 판단해, 법률의 해당 조문을 개·폐하는 역할을 하고 있다. 이러한 사법 기능의 확대는 판례에 대한 수집과 정리 및 그 평석하는 분야의 연구 성과의 축적을 요청하고 있다.

여섯째, 법원과 헌법재판소의 결정은 일반적으로 국가교육권의 입장이지만, 진보적인 경향도 나타내고 있다. 교육과정과 교과서에 대한 판례의 입장은 보수적이며, 국가교육권의 입장에 있다. 그러나 그 내용에서는 진보적인 내용을 동시에 담고 있다. 국정교과서에 대한 헌법소원에서는 국가교육권의 입장을 들어, 합헌으로 다수 의견의 결정을 내렸다. 그러나 다수 의견에서도 국정교과서가 교육의 자주성 측면에서 바람직한 견해라고 보기 어렵다고 제시하고 있으며, 소수 의견의 경우는 위헌이라는 입장을 제시하여 국민교육권의 입장을 나타내기도 하였다. 헌법재판소의 이러한 입장은 교육의 자주성을 존중해 학습자의 학습권을 보호하려는 맥락과 닿아 있다.

일곱째, 지방교육자치에 대한 원리를 강조하지만, 교육부와 교육청의 역할 분담 관계는 명확하지 않은 한계도 지니고 있다. 1991년 「지방교육자치에 관한 법률」이 만들어지면서, 교육에 대한 지방자치를 강조하고, 1998년 「초·중등교육법」이 새로이 제정되면서, 국가 교육과정 이외에 지역 교육과정에 대한 기준과 내용에 대한 지침을 설정하도록 하고 있다. 이러한 것은 교육이 학생의 특성을 고려해 학교의 자율에 주어져야 하고, 지역적 현실도 고려한 입법을 한 것이다. 그러나 교육과정의 결정이나 교과서 제작 등에 있어서는 아직까지 중앙집권적으로 이루어지고 있으며, 지역의 역할과의 관계에서 그 분담이 제대로 이루어지지 않고 있다.

여덟째, 직접적 교육활동은 학교의 자율성을 강조하고, 국가나 지역은 교육의 여건을 정비하기 위한 방향으로 전개되고 있다. 교육의 본질이 인간의 성장에 있고, 이를 위해서 교사는 적절한 교육내용을 제공하며, 그에 부합하는 형태로 수업을 전개하여야 한다. 이를 위해서는 단위학교의 자율이 강조되고 있다. 행정입법의 형태로 고시된 국가 교육과정은 단위학교의 자율을 강조하는 지침을 작성하고, 이를 지원하기 위해 국가와 교육청은 행·재정적 지원을 행하는 내용을 제시하고 있다.

3. 교육과정 관련 법의 연구 범위와 방법

1) 연구 범위

교육과정과 관련된 법적 연구에서 연구의 대상과 범위를 결정하는 것은 쉬운 일이 아니다. 교육과정과 관련된 직접적 규정을 대상으로 할 수도 있으며, 직·간접적 규정 모두를 할 수도 있다. 이와 달리 「초·중등교육법」이나 「유아교육법」 등의 법률 규정에서 교육과정이 포함되어 있는 장을 중심으로 할 수도 있다. 그러나 이렇게 할 경우, 연구의 대상을 결정하는 것이 명확하지 않으며 산만하게 될 수 있다. 여기서는 국가 교육과정의 개발 절차에 따른 과정론적 입장에 따라, 해당 요소별 법적 규정을 살펴보는 방식을 취하고자 한다. 「초·중등교육법」 제23조 제2항에 의해 개발되는 국가 교육과정은 [그림

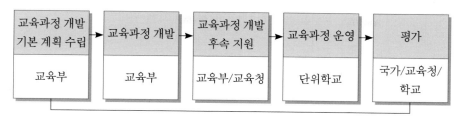

[그림 1-1] 교육과정 개발 · 운영의 과정

1-1]과 같은 절차를 거쳐 운영되고, 평가되는 과정을 거친다.

교육과정 관련 법적 연구의 범위를 파악하기 위해 활용한 과정론적 접근을 취하기 위해서는 교육과정의 개발 절차에 대한 정확한 이해가 필요하다. 현재 국가 교육과정 개발은 교육부에서 기본 계획을 수립하고 난 후, 개발 작업에 착수하게 된다. 개발 작업에서는 포럼이나 전문가들의 정책 연구를 수행하고, 전문연구기관인 한국교육과정평가원이나 직업능력개발원 등에서 시안을 작성하게 된다. 시안은 교육과정심의회의 심의를 거쳐 교육부에서 최종 확정 · 고시하게 된다. 개정 교육과정이 확정 · 고시가 되면, 교육현장에 곧바로 적용되는 것은 아니다. 현장 적용까지는 2년 내외의 시간적 여력이 있다. 예를 들어, 2015 개정 교육과정은 2015년 9월 23일 교육부 장관이 고시하였지만, 2017년 3월 1일부터 초등학교 1, 2학년에 적용되고, 2018년에 초등학교 3, 4학년, 중학교 1학년, 고등학교 1학년에 적용되어, 2020년 3월 1일에 모든 학교급에 순차적으로 시행하는 부칙을 두고 있다.

교육과정이 확정 · 고시된 이후, 실제 교육현장에 적용되기 전까지의 시간에는 개정 교육과정에 따른 교과서 개발과 교원 연수가 이루어진다. 교과서는 교육과정을 구현하기 위한 자료에 해당되기 때문에, 교육과정이 만들어진 후에 개발을 할 수 있는 것이다. 그리고 개정 교육과정을 실천하기 위해서는 현장의 교원이 이에 대한 내용을 숙지하여야 하기 때문에, 개정 교육과정에 대한 교원 연수가 이루어지는 것이다. 따라서 교과서 개발과 교원 연수는 교육과정 개발 후속 지원에 해당되는 것이다. 이들에 대한 작업이 완료되면, 교육현장에서 실제로 개정 교육과정이 실천에 옮겨지게 된다.

실천에 옮기는 작업은 교사의 수업행위에 해당된다. 그러나 이러한 수업을 하기 위해서는 학교 교육과정을 편성하는 작업이 우선시된다. 국가 교육과정은 교육과정의 기준과 내용의 기본적 사항을 정하고 있는 것이어서 그 자체가 학교 교육과정은 아닌 것이다. 학교는 교육부 장관과 교육감이 정한 교육과정의 기준과 내용에 대한 기본적 사항을 토대로 학교의 특성을 감안해 학교 교육과정을 계획하는 것이다. 이러한 계획이 완료되면 비로소 교육과정은 교사의 손에 의해 교실이나 학교 내·외에서 학생과 상호작용하게 된다. 교사와의 상호작용을 원활하게 하기 위해서는 교원의 수급이나 교육시설이나 여건이 제대로 정비되어 있어야 함은 물론이다.

한 학기나 일 년 단위로 교육과정 운영을 마친 후에는 학업에 대한 도달도를 알아보기 위해 학업성취도 평가나 학교 평가를 행한다. 학업성취도 평가는 교육과정이 제대로 마련되었는지 확인하는 간접적 증거가 되기도 한다. 그리고 학교 평가를 통해 교육의 책무성도 묻게 된다. 평가에서 학업성취도 평가가 가장 협소하고, 학교 평가가 가장 넓은 범위이며, 여기에는 교육과정 평가와 학업성취도 평가를 포함하고 있다.

[그림 1-2]에서 볼 수 있듯이, 평가로 마무리되는 것이 아니라 교육과정 개정에 대한 기본 계획을 수립하는 데 피드백된다. 원형으로 도식화하지 않은 것은 절차에 대한 요소에 대한 시각적 효과를 고려한 것이다. 그러나 실제 교육과정 개발과 운영은 차기 교육과정 개정에 반영되는 구조를 지니고 있다. 교육과정 개발 절차에 따른 과정론에 입각해 관련 법적 규정을 살펴보는 것은 다음과 같은 장점을 가지고 있다. 첫째, 교육과정의 개발 과정은 정확하게 파악할 수 있으며, 그에 따른 연구 범위 역시 명확해진다. 일반적인 교육과정 개발 과정을 제대로 파악하는 것은 교육과정의 개발과 운영에 대한 전반적 흐름을 이해하고, 그에 대한 법적 규정의 대응 관계를 용이하게 파악할 수 있다.

둘째, 교육과정 개발·운영에 대한 각 요소별로 법조문의 주요 특성을 파

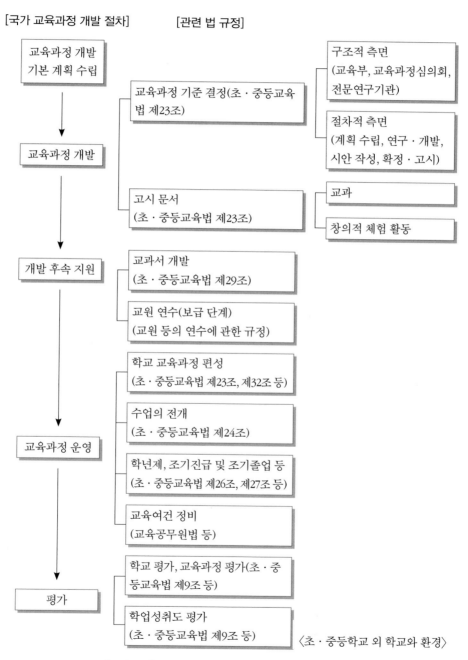

[그림 1-2] 국가 교육과정 개발 과정과 그 법적 근거

악할 수 있다. 그리고 해당 요소의 하위 요소에 대한 구체적 사항까지 파악할 수 있어, 교육과정 개발과 운영의 요소별 법적 체계를 이해하는 데 도움을 줄 수 있다.

셋째, 교육과정 개발·운영의 하위 요소들 간의 역할 분담을 명료하게 하고, 그 법적 규율 원리 역시 체계적으로 도모할 수 있다. 그리고 교육과정 개발·운영의 요소별 법적 규정이 누락되어 있거나 교육제도의 법률주의에 위배되는 사항 역시 한꺼번에 파악할 수 있어 입법의 필요성 제시가 가능하다.

넷째, 교육과정의 개발과 운영에 대한 요소를 토대로 체제 접근하는 것은 동태적으로 교육과정의 법적 측면을 이해하게 되는 것이다. 법적 규정은 정태적으로 되어 있어 개별적인 법조문의 파악은 용이하지만, 그들의 관계를 제대로 파악하는 것은 쉽지 않다. 체제 접근을 통한 순환론적 접근은 법의 운용에 대한 체제를 이해하는 데 도움이 된다.

다섯째, 교육과정과 관련된 법적 사항에서 필요한 사항을 다 다룰 수 있다. 교육과정 개발과 운영에서 각 요소별 기능을 확인하고 그 기능에 따른 법적인 규정을 확인하는 것은, 교육과정과 관련된 모든 법적 사항을 제대로 규명하거나 파악할 수 있다. 교육과정과 관련된 법적 사항의 누락을 없애면서 총체적으로 접근할 수 있는 장점이 있는 것이다.

교육과정 개발 과정과 그 법적인 근거나 관련 조항이 되는 사항을 개괄하여 제시하면 [그림 1-2]와 같다.

[그림 1-2]에서 첫째, 교육과정 개발 기본 계획의 수립이다. 이 부분은 법률에 특별한 규정이 없다. 다만 교육과정의 기준과 내용의 기본적 사항을 교육부 장관이 정하도록 하고 있어, 그 일차적 책임은 교육부 장관에게 있다고 보는 것이 합리적일 것이다.

둘째, 교육과정 개발의 단계이다. 교육과정 개발의 단계는 「초·중등교육법」제23조에 근거해 이루어진다. 법 제23조에서는 교육과정 개발에 관여하는 주체와 그 절차에 대한 사항은 제시되어 있지 않다. 교육부 장관이 교육과정의 기준과 내용의 기본적 사항을 정한다는 정도만 기술되어 있다. 교육과정 결정과 관련된 구조는 실제 교육과정의 개정에서 이루어지고 있는 현실적 상황을 고려해 제시한 것이다.

구조적 측면에서 교육부가 기본 계획을 수립하고, 그 계획에 따라 전문연구기관이 시안을 작성하며, 교육과정심의회의 심의를 거치도록 되어 있다. 법적으로 교육부의 역할이 다소 모호한 상태이지만 그 역할에 대한 규정이 존재하고, 교육과정심의회는 별도의 규정에 의해 존재하고 있다. 그리고 전문연구기관은 법률이 아니라, 그 정관에 규정되어 있다. 이들에 대한 구조적 측면의 법적 정비가 부분적으로나마 되어 있는 것과 달리, 절차적 측면에 대한 법적 규정은 미비한 상태로 있다.

고시된 교육과정은 문서화되어 있으며, 이 문서에는 단위학교에서 준수해야 할 사항과 구체적으로 가르칠 내용이 제시되어 있다. 교과서를 만드는 근간이 됨과 동시에 그 규정 여부에 따라 종교교육이나 학교 외에서 활동하게 되는 주요 사항의 근거를 마련하고 있다. 수업이라는 구체적 실천으로 이어질 경우, 법적 쟁송이 발생할 수 있는 내용이 제시되어 있는 것이다.

셋째, 교육과정 개발 후속 지원과 관련된 것이다. 개정 교육과정이 마련되면 보급과 홍보 및 교과서 개발에 들어가게 된다. 개정 교육과정이 교육현장에서 적용되는 시점과 확정·고시된 시점의 차이를 두는 이유도 여기에 있다. 후속 지원과 관련된 사항에서 교과서와 관련된 사항은 「초·중등교육법」 제29조와 대통령령으로서 「교과용 도서에 관한 규정」에 구체적인 내용이 제시되어 있다. 우리나라는 국·검정교과서제도가 원칙이고, 인정교과서를 활용할 수 있다. 이들에 대한 내용을 법적 대상으로 다룬다. 교원 연수는 교사의 전문적 자질을 높이기 위한 것으로, 「교원 등의 연수에 관한 규정」 등에 구체적으로 제시되어 있다. 전문적 자질 함양을 위해 자율 연수가 요청되는데, 이와 관련된 내용이 제대로 정비가 되어 있는지의 여부가 검토의 대상이 된다.

넷째, 교육과정의 운영에 대한 것이다. 교육과정의 운영을 위해서는 학교에서 학생과 학교의 특성을 감안한 교육과정을 편성하고, 편성된 교육과정을 실천에 옮기는 활동이 된다. 「초·중등교육법」제23조 제1항과 제20조 등의 규정에 의해 학교 교육과정을 편성하는 주체가 누구이며, 그것을 실천에 옮길 때, 안전사고와 같은 문제도 대두될 수 있다. 교육과정 분야는 교육과정 내용이 어떻게 구성되어야 할 것인지에 초점을 두지만, 법적 측면에서는 이를 지원하기 위한 여건의 정비에 중점을 두게 된다. 교원 인사나 교육시설 및 행·재정적 지원과 관련된 것이 그것이다. 교육과정 운영을 좁게 보면 교사가 수업을 행하는 과정에 한정되지만, 넓게 보면 학교 교육활동 그 자체에 해당된다. 교육과정 운영에 대한 법적 측면은 학교 교육활동과 관련된 여건을 정비하는 것과 관련된 것까지 다루어야 하는 것이다.

교사에 의해 실천되는 교육과정이 학년제나 졸업과 관련되고, 학교 내·외에서의 교육활동에서 교사는 안전사고에 대비한 보험이나 안전사고의 처벌 등의 문제가 생기게 되기 때문에 이들 사항이 교육활동에서 다루어지게 되는 것이다. 국가 교육과정 문서에 제시된 교육과정 내용을 수업하는 방법에서 어떻게 하여야 될 것인지에 대해서 법적으로 규정하는 것은 어렵다. 그러나 교육과정 외의 내용을 수업하거나 특정한 정파나 종교 등의 교육을 하는 것은 교육과정의 정상화와 관련해 문제가 되어 법정 다툼이 생기기도 하므로 법적 대상이 되는 것이다.

다섯째, 평가와 관련된 것이다. 평가는 「초·중등교육법」제9조 등에서 규정하고 있다. 평가는 학교 평가, 교육과정 평가, 학업성취도 평가가 있다. 가장 넓은 것이 학교 평가이며, 가장 좁은 것이 학업성취도 평가에 해당된다. 학교평가는 공적 교육 체제에서 학교에 대한 책무성을 부과한 것이므로, 이와 관련된 사항이 법적으로 논의된다. 학업성취도 평가는 학생을 평가하여 서열을 나타내고자 하는 것이 아니라, 학생이 학습에 대한 자기점검을 통해 주체적으로 성장해 갈 수 있도록 북돋우는 활동에 해당된다. 능력주의 학력

관에 입각해 교육의 본질적 가치를 뒤로 하는 문제가 많이 발생하기 때문에
이와 관련된 내용이 다루어지게 된다.

2) 연구 방법

　법학에서의 연구 방법은 일반적으로 법해석적 연구, 법사회학적 연구, 법
철학적 연구로 구분이 되고 있으며, 비교교육법적 연구에 대한 것도 등장하
고 있다. 교육법학의 연구에서도 동일한 방법이 활용된다. 하나의 체계적인
학문은 그것이 탐구하는 대상이 존재하고, 그 대상을 탐구하기 위한 언어와
논리적 형식, 그리고 탐구 방법을 가지고 있다. 교육법학은 교육과 관계된 법
이라는 연구의 대상이 존재하고, 그 대상은 독자적인 언어와 이론 체계도 갖
추고 있다. 그리고 탐구의 방법 역시 법을 해석하는 것이 중요한 위치를 점하
고 있다.

　그러나 교육과 관련된 규정은 추상성이 강하고, 규정된 내용에 대해서도
용어 분석의 엄밀성을 통해 구체화를 해야 할 필요가 있는 것이 많이 있다.
법학에서와 마찬가지로 교육법학도 성문화되어 있는 법을 대상으로 하기 때
문에 제정법의 해석을 목적으로 하고 있다. 그러나 법조문만의 해석을 통해
사실적 관계를 파악하는 데 한계가 있기 때문에 법사회학적인 도움도 필요하
다. 여기서는 교육법학의 방법이 교육과정과 관련된 법규를 연구하는 방법
론이기도 하기 때문에, 교육법학에서 논의되는 법해석학과 법사회학에 대해
중심적으로 살펴보면서 기타 법철학적 방법과 비교교육법학 등에 대해서도
알아본다.

　첫째, 법해석적 연구 방법이다. 법해석적 연구 방법은 실정법의 의미를 해
석하고, 그 의미를 확장시켜 법질서를 체계화시키는 것이다. 법해석적 방법
은 법실증주의라고 불리는 일반법학, 분석법학, 순수법학의 입장에서 법은
실정법이고 법학은 실정법 연구라고 생각하고 있는 것이다. 「교육법」 분야에

도 이러한 입장은 마찬가지이다. 교육과정과 관련된 법의 의미를 해석하여 구체화하는 작업인 것이다. 그러나 「헌법」이나 「교육기본법」의 교육과 교육과정 관련 조항은 포괄적이면서도 추상적으로 되어 있어, 그 의미 해석에서 판단하는 사람에 따라 다르게 나타날 수 있다. 이러한 점에서 「헌법」이나 「교육기본법」에서의 해석에 대한 기준이 요구되는 것이다.

일본의 아리구라 료오키찌(有倉遼吉)는 「헌법」의 교육조항을 이해하는 관점으로서 교육의 본질에서 출발하여야 한다는 입장, 「헌법」과 「교육기본법」의 관련을 중시해야 한다는 입장, 그리고 헌법상 교육 관련 조항을 종합적·유기적 관련에서 이해해야 한다는 입장의 세 가지를 제시하였다.[12] 두 번째와 세 번째는 이해가 되더라도, 성문법에서 교육의 본질과 같은 교육조리에 의한 입장은 이해가 제대로 되지 않을 수 있다. 조리는 일반적인 사람의 생각으로 판단할 수 있는 사물의 이치나 도리를 말하는 것으로, 사물의 본질적 법칙, 사회 관념, 정의, 형평, 이성 등의 모습으로 나타난다. 조리에 의한 해석은 성문법주의에서 취하는 법해석과 모순이 되는 것으로 보인다.

교육의 본질에 의한 해석은 교육조리를 말하는 것으로, 이 역시 마찬가지로 성문법 체제에서 부적절한 것으로 생각할 수도 있다. 그러나 「헌법」에 제시되어 있는 교육조항은 포괄적이면서도 추상적으로 되어 있어 대립된 해석을 낳기도 한다. 보다 합리적인 해석을 위해서는 교육의 조리가 그 준거로 작용할 수 있는 것이다. 「헌법」 제31조에 제시된 '능력'의 개념은 지적·정의적·심동적 영역 모두를 고려하면서, 그 능력이 발휘되는 시기까지 고려해야 하는 입장을 고려하는 것이 그 예이다. 이들을 고려할 때, 특정 시기의 지력을 중심으로 하는 능력별 반 편성이 정당화될 수는 없는 것이다. 특정 시기에 능력이 부족하다고 낮은 교육을 실시할 경우, 장래 어떤 시점에서 탁월하게 성장할 수 있는 아동의 능력을 억제하는 결과를 초래할 수 있기 때문이다.

둘째, 법사회학적 연구 방법이다. 법사회학은 법 현상을 사회학적으로 연구하는 사회과학에 해당한다.[13] 법사회학은 사실의 세계에서 발생하는 현실적인 사회적 관계를 문제 삼고, 법이 인간 행동을 어떻게 규정하고 방향을 제시하는가를 연구의 대상으로 삼고 있다. 법적으로 정당한 것이 무엇인가를 규명하고자 하는 기존의 법률학과 차이가 있는 것이다. 사회학의 발달은 사회적 사실 관계의 인과적인 지식과 그 요소들 간의 상호작용의 관계를 과학적으로 밝히는 관점에서 사회적 실재에서 법의 과학을 수립하고자 하는 것이다.

교육법사회학은 교육에서의 사회규범을 지배기구와의 관련에서 분석함으로써 살아 있는 법으로서의 특질과 사회 과정의 행태를 밝히고, 「교육법」을 둘러싸고 대립하고 있는 사회적 역학 관계를 분석하는 것이다.[14] 교육법조문의 논리적 조작은 가치판단의 사실적 과정과 일치하여야 할 것이다. 교육법사회학은 교육법규에 대한 사회적·역사적인 파악이며, 변화하는 사회 속에서 인간의 삶은 영위되므로, 교육법규에 대한 생성·발전의 과정과 교육법규의 사회통제상의 기능을 분석해 「교육법」이 살아 있는 법으로서의 역할을 하게 하는 것이다.

셋째, 기타 교육법학의 연구 방법에 대한 것이다. 법학의 연구에서 법해석학과 법사회학이 있지만, 그 외에도 법철학, 법사학, 비교법학 등 연구하고자 하는 대상에 따라 여러 가지 방법이 동원된다. 법철학은 법의 본질을 탐구하고, 법의 이념을 명확히 하여 법이 지향하여야 할 바를 제시하는 것이다. 법사학은 실정법의 역사적인 사실이 탐구와 관련된 연구를 수행하는 것이다. 비교법학은 국가나 민족에 따라 성격을 달리하고 있는 법질서를 비교하여 공통적인 일반 원칙의 발견과 그 나라에 특유한 현상을 밝히는 것과 관련된다.

이러한 여러 가지 법학 방법은 독립적이거나 배타적으로 활용할 필요는 없을 것이다. 법해석학은 진정한 법사회학에 의지하여야 할 것이고, 법사회학이 진정한 법사회학이 되고자 할 경우에는 법해석학에 의지할 수 있다. 이 양자는 종합하여야 진정한 법학이 될 수 있다.[15] 법학 분야에서 논의되는 이러한 방법론의 결합은 교육법학 분야에도 그대로 적용이 된다. 「교육법」에 대한 해석은 교육법사회학이 기여하는 방향으로 조화되어야 한다. 교육재판은 가치를 선택하는 과정이며, 그 결과로서 판례가 성립되는 것이다. 교육재판에서 선택하는 가치는 사회 변화에 따라 달라질 수 있기 때문에, 그러한 가치를 과학적으로 검증하는 교육법사회학에도 관심을 기울여야 하는 것이다. 교육관계법은 교육법해석학과 교육법사회학 접근 방법이 조화되어야 본래 목적을 합리적으로 구현할 수 있을 것이다.

교육과정과 법의 이해

제2장 **교육과정의 법적 체계와 규율 원리**

1. 법의 분류와 해석에서 고려 사항

1) 법의 분류 체계

　법의 분류 체계를 이해하는 것은 교육과정과 관련된 법규를 찾아내는 시간과 노력을 절약하고, 교육과정과 관련된 법적인 규정들이 모순되거나 충돌될 수 있는 여지를 줄이거나 해결하는 데 도움이 된다. 현재 교육과정과 관련된 법 규정은 존재하는 형식, 생성의 시기, 소관 부처의 다양성으로 인해 추구하는 방향과 그 내용이 충돌을 일으킬 소지가 있다. 그래서 이들 관계를 체계적으로 분류하고 정리할 경우, 법률관계의 확실성을 도모하고 모순되는 법규를 새로이 정비할 수가 있는 것이다. 여기서는 이러한 법의 분류 체계를 형식에 따른 위계 체제와 내용에 따른 분류를 통해 교육과정과 관련된 법해석에 대한 이해를 돕고자 한다.

(1) 법의 형식에 따른 위계 체제

교육과정에 대한 직접적 근거는「초·중등교육법」에 제시되어 있지만, 상위법으로「헌법」을 비롯해 교육과정을 운영하기 위해 많은 하위법과 직·간접적 관련을 맺고 있다. 교육과정과 관련된 사항은 성문법뿐만 아니라, 판례나 조리 등의 불문법과도 관련이 된다. 이러한 관계에 대한 명확한 이해가 선행되어야 교육과정과 관련된 교육관계법의 해석과 적용에 대한 합리적 견해를 도출할 수 있다. 법의 형식에 따른 위계 체제에 의한 분류를 도식화하면 [그림 2-1]과 같다.

우선, 성문법부터 살펴보도록 한다.「헌법」은 국민의 기본권과 국가의 권력구조에 관한 기본적 사항을 규정하고 있다. 법률은 국민주권주의와 대의

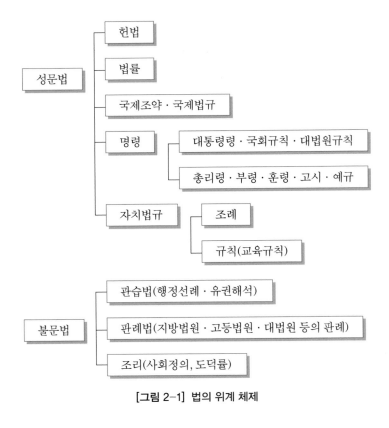

[그림 2-1] 법의 위계 체제

제에서 비롯된 것으로, 헌법 규정을 보충하고 구체화한다. 예를 들어,「헌법」제31조 제6항에서 교육제도, 교육재정, 교원 지위에 대해서는 법률로 정한다고 하는 교육제도의 법률주의가 이에 해당된다.

대통령령은 대통령이 법률에서 구체적으로 범위를 정하여 위임을 받은 사항과 법률을 집행하기 위해 필요한 사항에 대해 발하는 것이다. 총리령이나 부령은 국무총리나 행정 각부의 장이 소관 사무에 대해 법률이나 대통령령의 위임이나 직권으로 내리는 명령이다. 자치법규는 지방자치단체가 주민의 복리에 관한 사무의 처리, 재산의 관리 및 법령의 범위 안에서 자치에 관한 규정을 제정하는 것이다.

다음으로, 불문법이다. 불문법은 일정한 형식과 절차에 따라 문자로 만들어지지 않은 법을 말한다. 여기에 속하는 관습법은 일상생활에서 자연적으로 발생하여 반복적으로 행해져 온 것이 불특정 다수인에게 법적인 인식을 수반하게 된 것이다. 판례법은 법원의 판결을 통해 밝혀진 이론이나 법치인 판례의 형태로 존재하는 법을 말한다. 그리고 조리는 일반적인 사람이 판단할 수 있는 사물의 이치나 도리로 경험법칙이나 사회 관념, 정의 등의 형태로 나타나게 된다.

(2) 법의 내용에 따른 분류

법의 위계 체제로 구분해 살펴본 것은 교육과정과 관련된 법의 위계적 관계를 확인할 수 있는 반면, 어떠한 내용적 성질을 지니고 있는지는 정확하게 파악하기 어렵다. 그래서 여기에서는 교육과정이 내용적으로 어떠한 위치에 있는지 알아보기 위해 법의 내용에 따라 구분해 보고자 한다. 여기서의 분류 방식은 이해의 편의를 위해 제시하는 것이지, 획일적으로 구분된다고 볼 필요는 없을 것 같다. 법의 내용에 따라 분류하면 [그림 2-2]와 같다.

국제법을 국제사회에서 국가나 국제 조직 및 개인 상호 간에 적용되는 법이라고 한다면, 국내법은 한 국가 내에서 적용되는 법을 말한다. 국내법은 다

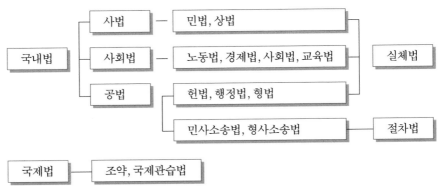

[그림 2-2] 법의 내용에 따른 분류

시 공법, 사법, 사회법으로 구분된다. 전통적 의미에서는 공법과 사법으로 구분되었지만, 자본주의 발달에 따른 빈·부 차이와 같은 모순을 극복하기 위해 국가가 개입하는 사회법이 나타났다. 공법은 일반적으로 국가 생활 관계를 규율 대상으로 하는 법이고, 사법은 개인 생활 관계를 규율 대상으로 하고 있다. 사회법은 자본주의 발달에 따라 빈부 차이와 노사 갈등의 심화에 따라 국가가 개인 영역에 개입해 경제적 약자의 보호와 노사 간의 대립을 조정하여 공법적인 요소가 가미된 법의 영역을 말한다. 실체법과 절차법은 분쟁의 발생 시 실체적 내용은 절차법을 통해 현실화되어야 법의 목적이 달성되는 보완적 관계를 지니고 있다. 실체법은 직접적인 권리와 의무 관계를 규율하는 법이고, 절차법은 그러한 권리와 의무를 실현하는 절차를 규정한 법이다. 「헌법」 「민법」 등은 실체법이지만, 「형사소송법」 「민사소송법」 등은 절차법에 해당되는 것이다.

법의 내용에 따라 분류한 것에 의하면, 교육과정과 관련된 「교육법」은 사회법에 속하는 것으로 되어 있다. 교육과정과 관련된 법은 자본주의 발달에 따라 교육에 대한 권리를 보장하기 위해 국가가 적극적으로 개입한다는 측면에서 사회법으로 분류되고 있지만, 공법과 사법적인 요소도 동시에 지니고 있다. 동일한 사안의 경우에도 사립학교의 경우에는 민사소송 재판 절차를 밟지만, 국·공립의 경우에는 행정소송의 재판 절차를 거치기도 한다. 그래서 「교육법」은 어느 한 영역에 속하지 않는 특수한 성격을 갖는다고 하는 것이다. 이러한 것은 교육 분야뿐만 아니라, 다른 영역에서도 마찬가지 경우가 나타나고 있어 공법과 사법의 구별이 명확하게 이루어지는 것은 아니다. 교육과정은 교육활동의 매개 수단이 되므로, 특수법적인 성격을 지니고 있는 것이다.

2) 법의 해석에서 고려 사항

법을 위계적 관계에 의해 분류하거나 내용적인 면으로 분류하는 것은 법의 다양한 형태에 대한 이해를 도모하고자 하는 것도 있지만, 이와 달리 보다 실제적 측면에서 분류하는 경우도 있다. 여기서는 이러한 구분을 법의 해석에서 고려하여야 할 사항으로 제시하고자 하는 것이다. 또한 앞서 제시한 분류 방식에서 구분하지 않았지만, 법의 해석에서 고려하여야 할 사항으로 법 적용의 우선순위를 고려한 일반법과 특별법의 구분, 특례법에 대한 사항, 그리고 기본법의 법령 체계에서의 문제를 다루고자 한다.

(1) 일반법과 특별법

일반법과 특별법은 법이 지배하는 범위에 따른 분류 방식에 해당된다. 일반법은 법의 효력이 미치는 범위에 특별한 제한이 없는 법이고, 특별법은 일정한 범위 안에서만 효력을 가지는 법이다. 일반법과 특별법을 구별하는 이유는 법의 적용에서 동일한 사항에서 일반법에 대해 특별법이 우선하는 데 있다. 일반법과 특별법 구별은 법이 적용되는 지역적 범위, 인적 범위, 규율 사항 등을 표준으로 하여 구별하고 있다.[1] 지역적 범위에서 전국에 적용되는 법은 일반법인 데 대해 특정 지역에 적용되는 법을 특별법이라고 하는 것이다. 인적인 범위를 기준으로 하는 경우는, 모든 사람에게 적용이 되면 일반법, 특수한 범위의 사람에게 적용되면 특별법이 된다. 그리고 법이 규율하는 사항을 기준으로 하는 것이 있다. 개인의 사법 관계를 규율하는 것이 일반법인 데 대해 상인들의 상거래를 규율하는 상법은 특별법이 되는 것이다.

일반법과 특별법의 구별은 법령 상호 간에도 있지만, 동일한 법령 중의 규정 상호 간에도 존재한다. 그래서 이들의 구별은 절대적이라기보다는 상대적으로 보는 것이 적절할 것이다. 법령 상호 간의 구별이 되는 경우를 보면, 「초·중등교육법」 제23조에서는 교육부 장관이 국가 교육과정을 만들고 학교는 이를 운영하도록 되어 있다. 그러나 「영재교육진흥법」 제13조 제1항에서는 「초·중등교육법」 제23조 제2항이 적용되지 않도록 하고 있어 「초·중등교육법」에 대해 특별법적 성격을 지닌다. 또한 동일한 법령 중의 규정 상호 간에도 「초·중등교육법」 제23조의 국가 교육과정에 대한 규정은 「초·중등교육법」 제60조의3에 규정된 대안학교에서는 적용하지 않도록 하고 있는 예가 이에 해당하는 것이다.

(2) 기본법의 의미

교육에는 「교육기본법」이 존재하고 있으며, 그 외 「유아교육법」 「초·중등교육법」 「고등교육법」 등이 존재하고 있다. 여기서 「교육기본법」은 「초·중등교육법」과 동등한 법률인데, 그 법적 효력이 무엇이고 이러한 법이 왜 존재하여야 하는 것인지가 그 법률이 적용되는 데서 고려되어야 할 사항이 된다. 기본법은 여러 가지 의미로 사용되고 있지만, 교육과정과 관련된 교육관계법에서는 교육 분야의 정책에서 그 기본 방향을 제시하고 있는 법령을 지칭하고 있다. 이러한 의미로 사용되는 기본법은 그 구체적 내용을 규정할 경우에는 개별적인 법률을 만들어 제시한다.

예를 들어, 「교육기본법」 제9조 제4항에서는 "학교의 종류와 학교의 설립·경영 등 학교교육에 관한 기본적인 사항은 따로 법률로 정한다."라고 되어 있다. 이에 따라 「유아교육법」 제1조에서 "이 법은 「교육기본법」 제9조의 규정에 따라 유아교육에 관한 사항을 종합적으로 정함을 목적으로 한다." 또 「초·중등교육법」제1조에서는 "이 법은 「교육기본법」제9조의 규정에 따라 초·중등교육에 관한 사항을 정함을 목적으로 한다."와 같이 규정하여 「교육기본법」제9조의 내용을 구체화하고 있다.

「교육기본법」과 이를 구체적으로 정한 「초·중등교육법」은 법 체계상 동등한 법적인 효력을 가진다. 「교육기본법」은 「초·중등교육법」에 의해 구체화되고 있기 때문에, 「교육기본법」은 일종의 입법 의무를 규정한 것이라고 볼 수 있는 것이다. 기본법은 유사한 내용을 가진 법령군에서 공통적으로 적용될 사항의 통칙을 정하는 것이기 때문에 일반법에 해당되는 것이다. 다만, 같은 법률 사이에 모순이나 저촉이 발생할 경우에는 특별법 우선이나 신법 우선의 원칙이 적용될 뿐이다.

(3) 법의 적용 순서

법의 체계나 법의 분류 방식은 입법 실무상이나, 실제적으로 적용이 되는 순서에서 차이가 있다. 이들을 정리하면 다음과 같다.

첫째, 법 형식에 따른 소관 사항은 준수되어야 한다. 법은 법률, 대통령령, 교육부령 등의 법 형식이나 소관 사항이 있기 때문에, 이를 지켜야 한다. 교육과정은 법에 의해 교육부 장관이 고시하기 때문에, 다른 부처에서 이에 대한 내용을 규정하여 중복되거나 모순되지 않도록 하여야 한다.

둘째, 상위법은 하위법에 우선한다. 법령 체계에서 상위법은 하위법에 우선하기 때문에 상위법의 내용과 모순되거나 저촉되는 내용이 하위법에 제시되어서는 안 된다. 교육과정의 경우에도 법과 시행령 및 시행규칙에 이들 사항이 제대로 지켜져야 하는 것이다.

셋째, 신법은 구법에 우선한다. 신법과 구법은 법령의 성립 시기와 관련된 것이다. 같은 법령의 효력은 동일하지만, 나중에 나온 법령의 내용이 기존 법령과 내용이 다를 경우에는 기존 법령을 폐지하고 새로운 입법을 한 것으로 보아야 한다. 기존에 단일법전으로 되어 있던 「교육법」에서 「초·중등교육법」으로 변경되면서, 교육부 장관이 고시하는 교육과정은 신법에 의해 고시된 것으로 보면 된다.

넷째, 특별법은 일반법에 우선한다. 일반법과 특별법의 관계는 앞서 제시하였듯이 특별법이 우선한다. 동일 법령 상호 간이나 동일 법 내에서의 조문 간에도 이 원칙이 적용되고 있다.

2. 교육과정 관련 법 체계

1) 교육과정 관련 법 체계의 개관

교육과정에 대한 직접적 근거 조항은 「초·중등교육법」 제23조이다. 법 제23조에서는 국가와 지역수준의 교육과정 기준과 내용에 대한 기본적 사항이 제시되어 있고, 학교에서는 교육과정을 운영하도록 규정하고 있다. 그러나 이 직접조문만을 가지고 교육과정과 관련된 법을 전체적으로 이해할 수는 없다. 우리나라 기본권과 통치 조직의 기본이 되는 「헌법」 정신을 구현하여야 하고, 「헌법」 정신을 구체화한 「교육기본법」의 방향과도 부합되어야 한다. 그리고 「초·중등교육법」에 제시된 교육과정과 관련된 사항의 전체적 관계를 파악하여야 제대로 이해를 할 수 있다. 그리고 법 제23조 제2항에 근거해 고시된 교육과정의 구체적인 체제도 살펴보아야 교육과정과 관련된 법의 전반적 내용을 이해할 수 있다. 여기서는 이들 관계 전체에 대한 개관을 하고, 하위 항목에서 법률까지 규정된 교육과정에 관련된 내용과 교육부 장관이 고시한 교육과정으로 구분하여 구체적으로 알아보고자 한다. 교육과정과 관련된 전반적인 법 체제는 [그림 2-3]과 같다.[2)]

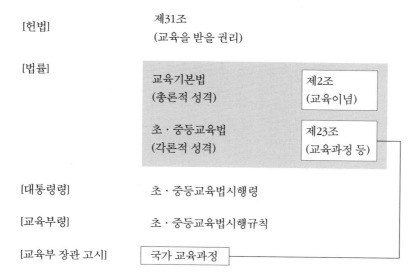

[그림 2-3] 교육과정과 교과용 도서 관련 법 규정 체제

「헌법」에서 교육이라는 용어가 들어간 조항은 제31조이다. 「헌법」은 국가의 통치 조직과 작용을 정하고, 국민의 기본권을 보장하는 국내 최고법이며, 교육과정도 여기에 규정된 기본 이념을 준수하여야 한다. 「헌법」 제31조는 제1항의 교육을 받을 권리를 기본으로 하여, 이를 구현하기 위해 의무교육, 교육의 자주성·전문성·정치적 중립성, 국가의 평생교육 진흥, 교육제도의 법률주의를 규정하고 있다. 교육과정과 관련해서는 제4항의 교육의 자주성 조항과 교육제도의 법률주의가 직접적으로 해당된다. 구체적인 내용은 국가 교육과정에 대한 규율 원리에 대해 논의한다.

「교육기본법」 제2조 교육이념에서 제시된 홍익인간은 국가 교육과정에서 추구하는 인간상과 각급학교 교육목표를 설정하는 주요 자원이 되고 있다. 그리고 「헌법」 제31조에 규정된 교육 관련 주체의 권리나 권한에 대한 내용이 구체적으로 제시되고 있다. 「초·중등교육법」 제23조에서는 교육부 장관이 교육과정의 기준과 내용의 기본적 사항을 '고시'할 수 있는 근거를 마련하고 있다. 교육과정의 기준과 내용의 기본적 사항이 '고시'의 형태로 이루어지기 때문에,「초·중등교육법시행령」과「초·중등교육법시행규칙」에는 이와 관련된 규정이 존재하지 않고 있다. 교육부 장관이 고시한 교육과정은 국가 교육과정 문서를 보아야 구체적인 내용을 알 수 있다.

2) 헌법과 법률에 근거한 체제

교육과정에 대한 직접적 근거는「초·중등교육법」에 제시되어 있지만, 법의 위계적 체제에 따라「헌법」에 모순됨이 없어야 하고,「교육기본법」의 기본 방향에도 부합하여야 한다. 우선,「헌법」의 규정부터 살펴본다.「헌법」에서 교육에 대한 직접적인 규정은 제31조이지만, 다른 조문이 직·간접적으로 관련된다.「헌법」내에서도 가장 기본이 되는 조항인 제10조의 인간으로서의 존엄과 가치, 행복추구권, 제11조의 평등권, 제21조의 언론·출판의 자유, 제23조의 학문의 자유 등이 관련된다.

「헌법」제31조의 교육을 받을 권리 조항은 제10조의 인간으로서의 존엄과 가치를 실현하기 위한 수단이 되는 것이기에 관련이 된다. 그리고「헌법」제23조의 학문의 자유는 통상적으로 대학의 교원에게 적용이 될 때 논의가 집중되지만, 초·중등학교 교원에게도 이에 대해서도 일정 부분 적용이 되는 것인지에 대해서는 제31조의 교육을 받을 권리와의 관계에서 해결되어야 하는 것이 있다. 초·중등학교 교원도 학생의 학습을 충족시키기 위해 교육내용과 교재를 연구하고, 이를 교육에 반영하여야 하므로 그 권리가 인정될 것이다. 그러나 이러한 교육에서 특정 정파나 종교적 편향성, 권력의 개입 등으로 편향된 사고를 가르치는 교육내용이 있다면, 이러한 것은 교육을 받을 권리를 보장하기 위해 부적절하게 되는 것이다.

「헌법」에 교육과정이라는 용어가 들어가지 않는다고 하더라도, 교육을 받을 권리조문과 더불어 여러 조문이 직·간접적으로 관련이 되는 것이다. 그리고 교육과정과 관련된 법적인 해석에서도 헌법조문의 여러 가지 규정을 종합적으로 파악하거나 교육의 기본 성격에 입각해 교육조문을 이해하는 등 다양한 관점에서 교육과정과 관련된 조문을 이해하여야 하는 것이다. 교육과정과 관련된 헌법조문의 관련성은 「교육기본법」과의 관계에서도 모순이나 충돌이 생기지 않도록 이해하여야 한다.

다음으로, 「교육기본법」에 대해 알아본다. 「교육기본법」은 자유민주주의 교육 체제를 지향하는 헌법 정신을 구현하여 학교교육과 사회교육을 포괄하는 교육에 관한 기본적인 사항을 규정하여 모든 교육관계법의 기본법으로 제정하고자 하는 데 제정의 취지가 있다. 교육과정과 관련해 가장 직접적으로 관련되는 조문은 제2조 홍익인간의 교육이념이다. 홍익인간의 교육이념은 교육과정에 제시된 추구하는 인간상, 각급학교 교육목표, 교과별 교육목표와 성취기준 등 교육과정 내용에 직접적으로 관련이 된다.

교육과정 내용에 직접적으로 반영되는 교육이념 이외에도, 교육과정에 담길 내용과 이를 결정하기 위해 교육과 관련된 여러 주체가 경합하게 되는데, 이러한 관계를 규율하는 구체적인 원리도 제시되어 있다. 교육의 자주성, 교육의 중립성 등이 그것이다. 「교육기본법」은 총칙과 교육 당사자, 교육의 진흥 등 3개장 29개 조, 부칙으로 이루어져 있다. 총칙에 제시된 내용은 교육이념, 학습권, 교육의 기회 균등, 교육의 자주성 등, 교육의 중립성 등이 규정되어 있으며, 제2장은 교육 당사자에 해당되는 학습자, 보호자, 교원 등에 대한 권리와 의무 관계를 규정하고 있다. 제3장은 특수교육, 영재교육, 유아교육, 직업교육 등에 대한 교육의 진흥을 위한 국가와 지방자치단체의 책무성을 규정하고 있다.

마지막으로, 「초·중등교육법」에 대해 살펴본다. 「초·중등교육법」 제23조는 국가, 지역, 학교수준의 교육과정에 대한 직접적 근거 규정을 토대로 교육과정을 운영하기 위한 여러 가지 직·간접적 규정이 존재하고 있다. 제23조는 「초·중등교육법」 제4장 학교를 규정한 제1절 통칙에 제시되어 있다. 통칙에는 교육과정이라는 용어 이외에 교육과정을 운영하는 데 필요한 조치가 제시되어 있다. 해당 조문을 예시하면 제24조는 수업, 제25조는 학교생활기록, 제26조는 학년제, 제27조는 조기진급 및 조기졸업 등, 제27조의 2는 학력인정 등, 제28조는 학습부진아 등에 대한 교육, 제29조는 교과용 도서의 사용, 제30조는 학교의 통합·운영, 제30조의 2는 학교회계의 설치, 제30조의 3은 학교회계의 운영, 제30조의 4는 교육정보 시스템의 구축·운영 등, 제30조의 5는 정보 시스템을 이용한 업무 처리, 제30조의 6은 학생 관련 자료 제공의 제한, 제30조의 7은 정보 시스템을 이용한 업무 처리 등에 대한 감독·지도, 제30조의 8은 학생의 안전 대책 등이 그것이다.

「초·중등교육법」 제23조의 규정은 초·중등학교에 대한 교육과정에 대한 규정이지만, 다른 법률에서는 예외의 규정도 존재하고 있다. 「유아교육법」 제13조는 유치원 교육과정에 대해 규정하고 있는데, 초·중등학교와 유사한 구조를 지니고 있다. 「장애인 등에 대한 특수교육법」은 제20조에서 교육부 '령'으로 정하도록 되어 있어, 초·중등교육에 해당되는 교육과정이 '고시'로 하게 되어 있는 것과 법령의 위계상 차이가 있다. 그리고 「영재교육진흥법」 제13조에서는 「초·중등교육법」 제23조의 규정이 적용되지 않음을 밝히고 있다.

3) 국가 교육과정 문서 체제

국가 교육과정은 「초·중등교육법」 제23조 제2항에 근거해 교육부 장관이 고시하도록 되어 있다. 유아교육의 경우는 초·중등교육과 유사한 체제를 지니고 있고, 장애인 등에 대한 특수교육대상자의 경우 역시 기본 교육과정을 제외하고는 초·중등학교 교육과정을 그대로 활용하고 있다. 영재교육대상자의 경우는 영재교육기관의 장이 교육과정을 정하여 운영하도록 하고 있기 때문에 자율적인 구조를 지니고 있다. 여기서는 일반적인 구조를 파악하는 데 초·중등학교 교육과정이 기본이 되기 때문에 이에 대해 살펴보도록 한다.

현재 국가 교육과정은 총론과 각론으로 구분되어 있다. 총론은 교과 교육과정에 대한 기본 방향의 제시와 모든 교과에 해당되는 사항을 통일적으로 규정해 놓은 것이다. 각론은 교과별 교육과정을 말하는 것으로, 교육현장에서 배우는 교과의 성격 및 내용과 관련된 사항을 제시하고 있다. 우선, 총론의 문서 체제를 제시한다. 총론은 교육과정의 개정 시기에 따라 구조상의 변화는 있지만, 담겨져 있는 주요 내용은 유사하다. 2015 개정 교육과정의 경우를 예시하면 〈표 2-1〉과 같다.

〈표 2-1〉에 제시된 국가 교육과정 총론의 문서 체제를 보면, 교육부 고시문이 있고, 교육과정의 성격이 제시되어 있다. 교육과정 성격은 초 · 중등학

〈표 2-1〉 2015 개정 교육과정의 문서 체제

영역	하위 영역
고시문	
교육과정의 성격	
Ⅰ. 교육과정 구성의 방향	1. 추구하는 인간상
	2. 교육과정 구성의 중점
	3. 학교급별 교육목표
Ⅱ. 학교급별 교육과정 편성 · 운영의 기준	1. 기본 사항
	2. 초등학교
	3. 중학교
	4. 고등학교
	5. 특수한 학교에서의 교육과정 편성 · 운영
Ⅲ. 학교 교육과정 편성 · 운영	1. 기본 사항
	2. 교수 · 학습
	3. 평가
	4. 모든 학생을 위한 교육기회의 제공
Ⅳ. 학교 교육과정 지원	1. 국가수준의 지원
	2. 교육청수준의 지원

교의 교육목적과 교육목표를 달성하기 위한 국가수준의 교육과정이며, 학교 교육과정의 편성·운영의 일반적 기준을 제시한 것으로 보고 있다. 문서의 본문에 해당되는 내용으로 교육과정 구성의 방향에서는 개정 교육과정의 교육목적에 해당되는 추구하는 인간상과 개정 교육과정에서 중점을 두는 사항, 그리고 학교급별 교육목표가 제시되어 있다. 학교급별 교육과정 편성·운영의 기준에서는 학교급별로 교과의 편제와 시간 배당이 제시되어 있고, 교육과정 편성·운영의 구체적 기준을 제시하고 있다. 학교 교육과정 편성·운영에서는 교육과정의 편성·운영과 교수·학습방법 및 평가 등에 대한 지도·조언의 내용이 제시되어 있다. 마지막으로, 학교 교육과정의 지원에서

〈표 2–2〉 교과 교육과정 문서 체제

영역	해설
1. 성격	• 교과가 갖는 고유한 특성에 대한 개괄적 소개 • 교과교육의 필요성 및 역할, 교과 역량의 제시
2. 목표	• 교과 교육과정이 지향해야 할 방향과 학생이 달성해야 할 학습의 도달점 • 교과의 총괄 목표, 세부 목표, 학교급 및 학년군별 목표 등을 진술
3. 내용 체계 및 성취기준	
가. 내용 체계	• 영역, 핵심 개념, 일반화된 지식, 내용 요소, 기능 등으로 구성
나. 성취기준	• 학생들이 교과를 통해 배워야 할 내용과 이를 통해 수업 후 할 수 있거나 할 수 있기를 기대하는 능력을 결합하여 나타낸 수업활동의 기준
4. 교수·학습 및 평가의 방향	
가. 교수·학습 방향	• 교과의 성격이나 특성에 비추어 포괄적 측면에서 교수·학습의 철학 및 방향, 교수·학습의 방법 및 유의 사항을 제시함
나. 평가 방향	• 교과의 성격이나 특성에 비추어 포괄적 측면에서 교과의 평가 철학 및 방향, 평가 방법, 유의 사항을 제시함

는 국가와 교육청의 역할을 구분해 행·재정적 지원과 교육용 자료의 개발과 보급 및 교원 연수 등에 대한 사항이 제시되어 있다.

다음으로, 교과별 교육과정에 해당되는 각론은 해당 교과별로 성격, 목표, 내용 체계 및 성취기준, 교수·학습 및 평가의 방향이 동일한 형식으로 제시되어 있다. 교과를 구성하는 목차와 그 의미를 도표로 제시하면 〈표 2-2〉와 같다.[3]

3. 교육과정에 대한 법의 규율 원리

교육과정에 대한 법의 규율 원리는 교육 관계법에 내재해 있는 정신에 두고 있다. 교육과정에 대한 규율 원리를 파악하기 위해 교육관계법 모두를 살펴보는 것이 맞겠지만, 그에 대한 내용 모두를 제시하는 것은 복잡하기도 하고, 그렇게 하지 않아도 기본 원리를 파악하는 것은 가능하다. 그 하나의 방법이 「헌법」과 「교육기본법」의 주요 내용을 검토하는 것이다. 「헌법」은 국민의 기본권을 보장하는 국내 최고법이기 때문에, 「헌법」의 교육조문에는 교육과정에 대한 규율 원리가 제시되어 있다. 그리고 「교육기본법」은 교육에 관한 기본적인 사항을 정하고 있고 「헌법」을 구체화하고 있어, 이들에 대한 내용을 살펴보는 것으로도 가능한 것이다.

「헌법」 제31조는 교육에 관한 직접조문으로 다음과 같이 규정되어 있다.

제31조 ① 모든 국민은 능력에 따라 균등하게 교육을 받을 권리를 가진다.
② 모든 국민은 그 보호하는 자녀에게 적어도 초등교육과 법률이 정하는
  교육을 받게 할 의무를 진다.
③ 의무교육은 무상으로 한다.
④ 교육의 자주성·전문성·정치적 중립성 및 대학의 자율성은 법률이 정

하는 바에 의하여 보장된다.

⑤ 국가는 평생교육을 진흥하여야 한다.

⑥ 학교교육 및 평생교육을 포함한 교육제도와 그 운영, 교육재정 및 교원
의 지위에 관한 기본적인 사항은 법률로 정한다.

「헌법」제31조는 「교육기본법」과 교육에 관계되는 모든 법률의 근거가 되는 조항이다. 제1항은 능력에 따라 균등하게 교육을 받을 권리, 제2항은 초등학교와 중학교에 자녀를 취학시킬 의무, 제3항은 의무교육의 무상 원칙, 제4항은 교육의 자주성·전문성·정치적 중립성의 보장, 제5항은 평생교육의 진흥, 제6항은 교육제도의 법률주의 원칙을 규정하고 있다. 이들 원리는 「교육기본법」에서 보다 구체적으로 제시하고 있다. 여기서는 교육의 기회 균등의 원칙, 교육을 받을 권리, 교육의 자주성과 전문성 및 정치적 중립성, 교육제도의 법률주의, 지방교육자치의 원리로 구분하여 살펴보고자 한다.

1) 교육의 기회 균등

교육의 기회 균등은 「헌법」제31조의 전단 "모든 국민은 능력에 따라 균등하게"에 해당된다. '모든 국민'은 교육을 받을 권리가 국가 내적인 권리이므로 국민의 권리로서, 외국인과 법인은 제외된다는 것을 의미한다. '능력에 따라'에서 능력은 정신적·육체적 능력을 말하며, 재산·가정·환경·성별·인종 기타에 의한 불합리한 차별은 허용되지 않는 것을 말한다. 그래서 '능력에 따라'는 정신적·육체적 능력에 상응한 교육을 말한다.[4] 그리고 능력에 따른 교육을 하기 위해서는 '취학의 기회'가 균등하게 보장되어야 한다는 것을 의미한다.[5] 교육의 기회를 설명하는 이러한 방식은 틀린 것은 아니지만, 이들의 의미를 충분하게 설명한 것은 아니다.

능력은 지력에 한정되는 것도 아니고, 보통교육의 단계에서는 정의적이고

심동적 영역들의 균형도 매우 중요한 것이다. 이러한 다양한 측면을 고려해야 인간의 능력을 제대로 측정할 수 있다. 그리고 시간적으로 보았을 때에는 아동들의 발전 가능성은 상이하게 나타난다. 특정 시점에서의 능력이 부족하다고 해서 낮은 수준의 교육을 행할 경우, 그 아동의 발전을 억제하는 결과도 가져올 수 있는 것이다. 따라서 여기서의 능력은 '아동의 능력의 다양성과 발전 가능성에 따라 그 능력을 최대한 발전시킬 수 있는 교육'[6]으로 보아야 할 것이다.

그리고 교육의 기회를 균등하게 한다는 것을 취학의 기회로 이해하는 것은 교육의 평등을 제한적으로 이해하는 것이다.[7] 우리나라의 현실을 보면, 교육의 불평등 문제는 취학의 기회가 불평등하다기보다는 학교에서 배우는 교육내용이 부적합한 데 있다. 각급학교 교육에서 주지주의적인 획일적 기준에 의한 교육내용의 선정과 조직은 교육활동에서 많은 소외 현상을 발생시키는 것이다. 교육과정과 교육법에서 교육의 기회 균등이 중요한 규율 원리로 등장하는 까닭이 여기에 있다.

2) 교육을 받을 권리

교육을 받을 권리에 대해서는 교육권 문제와 관련해 많은 논의가 있었다. 교육을 받는 것은 학습이므로 학습권이며, 이에 대응해 교육을 할 권리로서 교사의 교육권이 존재한다는 초기 형태의 교육권의 논의도 있었다. 그 뒤 교육권은 천부적 인권으로서 교육을 기본권으로 정립하고자 하는 노력도 나타났다. 기존의 「교육법」 제157조에 대한 헌법소원에서 헌법재판소는 수학권(修學權)이라는 용어를 사용하였다. 그러나 1998년에 제정·공포된 「교육기본법」에서는 학습권으로 조문 제목을 정하였다. 「교육기본법」 제2조는 조문 제목을 '학습권'으로 정하고, "모든 국민은 평생에 걸쳐 학습하고, 능력과 적성에 따라 교육 받을 권리를 가진다."라고 규정한 것이다.

교육을 받을 권리를 보장하기 위해서는 전문직으로서의 교사의 역량을 강화하고, 국가나 지방자치단체의 교육여건의 정비가 제대로 이루어져야 한다. 학습자의 능력의 다양성과 발전성에 따른 교육을 행하기 위해서는 전문직으로서의 교사의 역량이 최대한 발휘되어야 한다. 그러나 이러한 교육에서 개별 교사가 감당하기 어려운 부분이 있다. 교원의 수나 학급당 인원, 교육시설과 환경 등에 대해서는 국가나 지방자치단체의 역할이 요구된다. 교육을 받을 권리에 대응해 국가나 지방자치단체에 이러한 의무가 부과되어 있는 것이다. 교육과정의 운영에서 이러한 노력이 이루어지지 않는다면, 그 교육과정은 제대로 구현될 수 없을 것이다.

3) 교육의 자주성, 전문성, 정치적 중립성

「헌법」에서 교육의 자주성·전문성·정치적 중립성을 보장하는 이유는 교육이 외부 세력의 부당한 간섭에 영향을 받지 않도록 교육자나 교육전문가에 의해 주도되고 관할되어야 한다는 데서 비롯되었다. 우선, 교육의 자주성부터 살펴본다. 교육의 자주성은 교육은 가급적 교육자나 교육전문가에 의해 주도되고 관리되어야 한다는 취지에서 비롯된 것으로, 교육의 자주성이 보장되기 위해서는 '교육행정기관의 교육내용에 대한 부당한 권력적 개입이 배제'[8]되어야 한다는 것이다.

교육의 기본 성격이 인간의 성장에 있다면, 그러한 성장을 위해 외적인 압력이나 힘이 강제되어서는 아니 될 것이다. 현대사회는 대의정치를 기본으로 하고 있어 다수결의 원리에 의해 지배되고 있다. 그러나 다수결의 원리에 따라 교육과정이 결정되고 운영된다면 인간의 내면적 가치가 제대로 발현될 수 없으며, 획일화된 인간을 양산할 소지가 많아지게 된다. 그러한 의미에서 국가가 교육내용에 권력적으로 개입하는 것은 가급적 억제되는 것이 바람직한 것이다.

다음으로, 교육의 전문성에 대한 것이다. 교육의 전문성이란 교육정책이나 그 집행은 가급적 교육전문가가 담당하거나, 적어도 그들의 참여하에 이루어져야 함을 말한다.[9] 교육의 전문성은 교육의 자주성을 보장하기 위한 것으로 교육내용과 교육기구가 교육자에 의해 자주적으로 결정되고, 행정권력의 통제가 배제되는 자주성이 확립되어야 가능하다. 여기에는 교사의 교육시설 설치자·교육감독권자로부터의 자유, 교육내용에 대한 교육행정기관의 권력적 개입의 배제 및 교육관리기구의 공선제 등을 포함하는 교육의 자주성의 원리가 함께 작용한다.

마지막으로, 교육의 정치적 중립성이다. 교육의 정치적 중립성이란, 교육이 국가권력이나 정치적 세력으로부터 부당한 간섭을 받지 아니할 뿐만 아니라 그 본연의 기능을 벗어나 정치 영역에 개입하지 않아야 한다는 것을 말한다.[10] 교육의 정치적 중립성은 교육내용이나 교육방법이 특정 정치 세력이나 종교적 편향성에 의하여 부당하게 침해 또는 간섭당하지 않고 가치중립적인 진리교육이 행해질 수 있도록 보장되어야 한다는 것을 의미하는 것이다.

4) 교육제도의 법률주의

교육제도 법률주의는 국가의 백년대계인 교육이 일시적인 특정 정치 세력에 의하여 영향을 받거나 집권자의 통치상의 의도에 따라 수시로 변경되는 것을 예방하고 장래를 전망한 일관성이 있는 교육 체계를 유지·발전시키기 위한 것이며, 그러한 관점에서 국민의 대표기관인 국회의 통제하에 두는 것이 가장 온당하다는 의회민주주의 내지 법치주의 이념에서 비롯된 것이다.[11] 국민주권을 기본 바탕으로 하는 민주국가행정에서 법치주의적 행정을 구현하는 것이고, 국가권력적 교육행정제도를 민주화함에 있어 중요한 위치를 차지하는 행정상의 원리인 것이다.

교육제도의 법률주의에 의하여 교육의 근간이 되는 사항을 규정함과 동시에 대통령령 이하의 모든 관계 법령에서 그 시행에 필요한 세부적 사항을 규정하고 있는 것이다. 교육과정을 구현하기 위한 수단인 교과서제도는 이러한 원리에 기초하여 법률에 기본적 근거를 두고, 구체적인 것은 대통령령인 「교과용 도서에 관한 규정」에서 구체화하고 있다. 교육제도의 법률주의는 헌법이 교육을 받을 권리를 국민의 기본권으로서 보장하기도 하고, 다른 한편으로 이를 실현하는 의무와 책임을 국가가 부담하게 하는 교육 체계를 교육제도의 근간으로 하고 있음을 나타내는 것이라고 할 수 있다.

5) 지방교육자치제도

현행 지방교육자치제도의 헌법적 근거는 헌법상 보장되고 있는 지방자치제도의 이념과 함께 「헌법」 제31조 제4항의 "교육의 자주성·전문성·정치적 중립성 및 대학의 자율성은 법률이 정하는 바에 의하여 보장된다."라는 규정에서 찾을 수 있다.[12] 지방교육자치에 대한 헌법적 근거를 보면 두 가지 속성이 있다. 국민주권의 원리에 따른 지방자치권 보장의 일환으로 중앙권력에 대한 지방자치로서의 속성도 있으면서, 다른 한편으로는 교육의 자주성 등의 원리에 의한 문화자치로서의 속성도 있는 것이다.

이러한 '이중의 자치'의 요청으로 말미암아 지방교육자치의 민주적 정당성 요청은 어느 정도 제한이 불가피하게 되고, 결국 지방교육자치는 '민주주의·지방자치·교육자주'라고 하는 세 가지의 헌법적 가치를 골고루 만족시킬 수 있어야만 하는 것이다.[13] 이러한 지방교육자치는 교육과정의 직접적 근거 조항인 「초·중등교육법」 제23조에서도 나타난다. 법 제23조에서는 "교육감은 교육부 장관이 정한 교육과정의 범위에서 지역의 실정에 맞는 기준과 내용을 정할 수 있다."라고 하여 지역수준 교육과정의 기준과 내용을 정할 수 있도록 하고 있다.

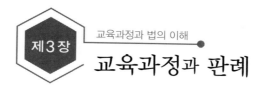

제3장 교육과정과 법의 이해
교육과정과 판례

1. 입법, 사법, 행정의 관계

1) 전통적인 권력분립과 그 변화

　권력분립은 국가권력을 그 성질에 따라 국가기관에 분산시켜 권력 상호 간의 견제와 균형의 원리를 통해 국민의 자유와 권리를 보호하려는 통치기구의 원리이다. 권력분립의 원리는 권력의 집중이 권력의 전제화와 횡포를 가져오고, 그 결과 인간의 자유와 권리를 유명무실하게 되는 것을 방지하고자 하는 인류 역사의 경험에서 나온 것이다. 전통적으로 권력분립은 그 성질에 따라 입법권·행정권·사법권으로 분류하고, 이들 각각을 의회·행정부·법원에 분산하여 맡기는 것으로, 이들 각 국가기관은 서로 그 권력의 행사를 가시하고 통제하는 역사적 유래에 의해 삼권분립이라고도 불리고 있다.

　전통적인 권력분립은 국가권력을 전제로 그것을 분리하고, 경계하며, 통제함으로써 국민의 자유와 권리를 보장하려는 소극적 원리의 성격을 지녔다. 그러나 현대적 의미의 국가에서는 이러한 소극적 원리를 벗어나 보다 적극적 원리로서 성격을 가지는 경향으로 발전하고 있다. 19세기 이후에 자본주의 발달과 더불어 개인들 간의 경제력의 차이 발생, 실업 문제 확대, 그리고 경제적인 공황의 발생 등의 문제는 국가의 경제에 대한 개입을 보다 적극화하고 있다. 기존에 소극적인 질서의 유지를 통해 개인의 자유를 최대한 보장하고자 하는 국가의 의미가 제대로 확보되지 않는 것이다.

현대사회로 갈수록 국가가 경제·사회적으로 소외된 자에 대한 복리적 기능을 확대하려는 경향과 더불어, 정당국가화되는 경향은 권력의 통합을 가져오는 원인으로 작용하게 된다. 정당국가화는 의회의 다수 당과 행정부의 일체성을 그 특징으로 하고 있으며, 전통적인 권력분립에서 의회와 행정부의 권력에 대한 분리와 견제 및 균형의 원리가 제대로 작동되지 않도록 하고 있다. 정당국가의 출현과 복지국가의 지향은 행정부의 권력을 강화함으로써 기능적인 측면에서의 권력의 분립도 어렵게 하는 원인이 되고 있다.

입법, 사법, 행정의 권력분립은 권력기관 간의 수평적 권력의 분립에 해당되지만, 수직적인 권력의 분립 현상도 나타나고 있다. 우리나라는 헌법 제117조와 제118조에 지방자치에 대한 사항을 규정하고 있어 중앙과 지방의 권력 분립과 그 역할에 대한 분화도 발생하고 있는 것이다. 그리고 지역 간의 이해관계 문제 역시 발생하고 있어, 지역 간의 힘의 균형을 어떻게 확보할 것인지도 쉽지 않은 문제가 되고 있다. 국가기관들 간의 수평적 권력의 분립, 중앙과 지방의 수직적 권력의 분립에 대한 내용이 혼재되어 있는 것이다.

전통적인 권력분립의 변화는 교육과정 분야에서도 나타나고 있다. 현재 교육과정에 대한 기준과 관련된 사항은 의회입법으로 제정이 되어 있다. 그러나 구체적인 사항은 행정부에 위임하여 행정입법의 형태로 제시되고 있다. 교육과정과 교과서에 관한 사항이 의회입법으로「초·중등교육법」에 제시하고 있다고 하더라도, 구체적인 사항은「초·중등교육법시행령」과「초·

중등교육법시행규칙」「교과용 도서에 관한 규정」 등의 행정입법 사항으로 규정하고 있다. 이러한 사항 이외에도 학업성취도 평가나 교과에 대한 사항 등 교육활동을 전개하기 위한 많은 부분에서 행정권에 입법적 기능을 부여하고 있다.

다른 한편으로는 중앙과 지방의 관계에서 수직적인 권력의 분립 현상도 존재하고 있다. 국가는 교육과정의 기준과 내용에 대한 기본적 사항을 정하도록 하고 있으며, 지역에서는 국가에서 정한 교육과정의 기준과 내용의 기본적 사항의 범위 내에서 지역의 실정에 적합한 기준과 내용을 정할 수 있도록 하고 있다. 그리고 국가와 지역에서 정한 교육과정의 범위 내에서 학교에서는 학교의 특성이나 실정에 적합한 교육과정을 만들 수 있도록 하고 있는 것이다. 이러한 사항은 교육과정에 대한 직접조항뿐만 아니라, 교과서에 대한 사항, 장학 지도 등에 대한 사항에도 존재하고 있다.

이처럼 교육과정과 관련된 사항에서 전통적인 권력의 분립이 유지되는 것이 아니라, 행정권에 의한 입법 기능 강화로 행정국가화되고, 교육부와 교육청의 권한이 독립적으로 존재하거나 권한을 위임하는 등 수평적·수직적 권력분립이 혼재하는 경향을 보이고 있다. 이러한 권력의 분립 현상은 다른 분야에 비해 교육에서 상당히 유연하게 변화된 형태로 존재하고 있다. 교육이 다른 사회제도의 분야와 달리 개인적 성장에 필요한 교육과정 내용과 그에 수반되는 자료를 마련하는 것은 외적인 통제와 규율로만 하기에는 한계가 있기 때문이다. 외적인 규율을 통한 통제는 교육과정을 매개로 교육활동을 전개하는 데 고충이 있는 인적·물적 여건을 정비하는 방향에서는 국가나 지역적 차원에서 보다 적극적으로 이루어지고 있다. 이러한 사항은 입법화하거나 사법부에 의한 재판을 통해 보완이 되고 있다.

2) 입법기능과 행정국가

전통적인 권력분립 체제에서 행정은 법의 집행과 관리 기능에 초점이 있었다. 그러나 사회·경제적 불평등과 이익단체의 출현, 그리고 복지국가의 경향은 국민의 자유를 보장하고, 질서 유지를 행하는 소극적인 행정의 기능을 변화시키게 되었다. 현대 행정은 기존의 질서 유지 기능에서 국민의 자유와 복리 증진을 위해 정책의 결정까지 담당하면서 변화 담당자로서의 기능까지 수행하고 있는 것이다. 경제적 발전과 도시화, 국제화에 따른 개방적 경제는 행정력의 확장을 더욱더 가져오고 있다.

우리나라는 식민 통치에서 독립하고 한국전쟁을 거치면서 더욱 강화된 국가 안보에 대한 요구, 그리고 경제 발전에 대한 국민의 기대와 요구 등으로 행정 기능의 확대를 가져왔다. 서구의 선진국에서 빈민이나 노동자의 복지를 위한 것과 소비자의 보호를 위해 독점 기업의 통제를 중심으로 행정국가가 전개되는 것과는 다소 상이하고 특징적인 면이 나타나고 있다. 특히 정당국가의 발달과 더불어 의회 여당과 행정부가 하나로 됨으로써 행정국가화 경향이 더욱 강하게 나타나고 있다.

이러한 행정국가화에 따라 정책 결정을 주도하기도 하면서 위임입법의 가능성과 범위를「헌법」에 명시적으로 보장해 줌으로써 위임입법의 범람을 초래하기도 하였다.[1] 위임입법의 증가는 입법부인 의회의 역할을 통법부화하는 현상을 초래하게 되고, 권력분립을 통한 견제와 균형의 역할에도 부정적 영향을 미치게 된다. 행정의 효율을 증대시키려는 노력을 기울이고 있는 것도 사실이지만, 정책의 결정이나 집행에서 각계의 참여와 참여자의 균형성을 확보하려는 민주성의 원리를 무시하는 경우가 나타나고 있는 문제도 발생하고 있다는 것이다.

이러한 문제에 대처하기 위해 행정국가화에 따른 행정입법과 그 통제를 위한 방안도 마련되고 있다. 그러한 통제 방안은 행정부에 의한 통제, 사법부에 의한 통제, 국회에 의한 통제 등으로 구분이 된다. 행정적 통제는 상급행정청이 하급행정청에 대해 지휘·감독권을 가지는 것이며,「행정절차법」과「법제업무운영규정」등에서 절차적인 규제를 하기도 한다. 그러나 행정부 자체적으로 하는 통제는 의미가 적다. 사법적 통제는 일반법원에 의한 재판 절차에 의해 행정입법의 심사가 이루어지지만, 사후적이면서 수동적이라는 한계를 지니고 있다. 이에 비해 입법적 통제는 국회가 가지는 법률 제정 권한을 가져온다는 점에서 중요한 의미를 지니고 있다. 입법적 통제는 직접적 통제와 간접적 통제로 구분된다.

국회가 행정부에 대해 가지는 간접적 통제는 국정감사와 조사, 예산의 심의 및 의결, 대정부 질문 등과 같은 것을 통해 이루어지고 있다. 그러나 이러한 간접적 통제 수단은 그 요건과 절차가 복잡하고, 정치적 파장도 있으며, 효율성이 떨어지는 단점이 있다. 직접적 통제는 행정입법의 성립이나 발효에 대한 동의나 승인권, 그리고 유효하게 성립된 행정입법의 효력을 소멸시키는 권한을 의회에 유보하는 방식이다. 이러한 국회의 행정입법에 대한 통제를 효율적으로 하려면 국회의 전문적 능력의 강화, 국회와 행정부처 간의 관계를 기능적 방향으로 개선, 국회의 국민 청원 절차 개선을 통해 국회를 소비자(국민)중심적으로 확대·심화시키는 것이 필요하다.[2]

교육과정 분야에서도 교육과정에 대한 직접적 근거는 법률에 규정되어 있지만, 구체적 내용은 교육부 장관이 정하도록 하여 행정입법으로 만들도록 되어 있다. 교과서에 대한 국·검·인정에 대한 규정 역시 마찬가지이다. 행정부나 사법부 통제는 자체적인 점검이나 사후적이라는 점을 고려하면 입법적인 통제가 더 의미가 있지만, 이들 규정에 대한 입법적인 통제가 쉬운 것은 아니다. 국가 교육과정의 경우, 교육부 장관이 고시하도록 되어 있어 입법예고 등의 절차적 측면이 누락되어 있고, 교과서 국·검·인정 구분 고시 역시 교육부 장관이 독자적으로 결정할 수 있다는 점에서는 마찬가지이다. 교육과정과 교과서에 대한 규정이 행정규칙의 성격으로 공포되기 때문에 절차적인 측면에서의 통제가 없는 것이다. 그러한 의미에서 이들 사항에 대한 절차적 측면에 대한 통제를 어떻게 할 것인지에 대한 논의는 의미가 있다고 생각된다.

그러나 최근 독도교육, 안전·건강교육 등 범교과 학습 주제를 국회입법을 통해 국가 교육과정에 반영하지 않고, 교육현장에 곧바로 적용이 될 수 있도록 하는 법률을 제정하는 것이 문제가 된다. 과거와 달리 최근 이익단체와 정부 부처가 입법활동에 적극적으로 개입함으로써 영향력을 행사하고 있다. 이 문제에 대한 구체적 논의는 제4장에서 이루어진다. 국가 교육과정은 행정규칙의 형식인 '고시'로 되어 있는데, 법률 차원에서 범교과 학습 주제처럼 가르칠 내용 요소와 시간 수 및 강의 방법까지 규정하는 것은 교육과정 내용의 조직과 운영에서 큰 문제가 된다.

교육과정 내용 조직은 학습자의 발달 단계를 고려해야 하는데, 법률 차원에서 규정하는 범교과 학습 주제는 그러한 고려가 제대로 이루어지지 않아 계열성과 통합성 등이 전체적으로 어긋날 수 있다. 그리고 이러한 범교과 학습 주제 운영에서 교과나 창의적 체험활동과 관련을 짓는 방법에서도 어느 정도의 범위에서 어떠한 방법으로 하여 운영하는 것이 적절하고, 별도로 운영하는 것이 적절한 것인지의 문제가 대두된다. 국회입법을 통해 국가 교육과정에 반영되지 않고 단위학교로 적용되는 교육과정은 정부 부처의 이기주의와 이익단체의 특수성을 반영하는 결과를 초래함으로써 전체 교육과정의 부실한 운영을 초래하고 있다. 법률로 학교 교육과정에 반영될 수 있도록 하는 사항을 규제하거나 통제할 수 있는 제도적 장치를 어떻게 마련할 것인지가 중요한 문제로 부각되고 있는 것이다.

3) 사법 기능의 확대와 그 경향

전통적인 권력분립의 원칙에 의하면, 사법은 단순히 분쟁의 해결 기능을 강조하고 있다. 당사자 간의 권리·의무와 책임을 둘러싼 관계를 사후적이고도 소극적으로 해결하는 데 초점을 두고 있는 것이다. 입법과 행정의 관계에서는 입법부가 만든 법을 행정부가 집행하는 과정이나 집행의 결과에 대한 갈등 관계를 해소하는 것에 있는 것이다. 그러나 현대 사법은 이러한 소극적인 기능을 벗어나 보다 적극적인 역할이 강화되고 있다. 현대사회가 행정국가화됨에 따라 경제적인 문제나 복지적인 문제에 대해 개인과의 권리·의무 관계뿐만 아니라, 이익집단과의 갈등이 높아지고 있다. 그리고 현대사회에서는 개인적인 문제가 집단적 이익 내지 공적인 것과 명확하게 구분되는 것도 아니다.

사적 이익과 집단 이익 구별의 곤란성은 국회입법뿐만 아니라, 행정에 대한 요구로 이어지면서 이들 갈등의 최후의 보루로서 사법적 역할이 개입하고 있다. 그렇다고 하더라도 사법이 이해관계 집단의 갈등을 사전에 중재하고, 그에 대한 대응력을 강화하는 것과 같이 적극적이고 능동적으로 대처하는 것은 쉽지 않다. 그리고 법적인 문제가 되더라도 현행법의 틀 내에서 새로운 변화에 대응성은 떨어질 수밖에 없다. 그래서 사법적 기능에서도 이러한 문제를 해결하기 위해 다양한 노력을 기울이고 있는 것이다.

이러한 문제에 대해 가장 적극적으로 대응하는 것은 헌법재판제도다. 19세기 초에 미국에서 헌법재판에 대한 기초가 확립된 이후 입법의 형성에 사법이 적극적 노력을 해 오고 있다. 헌법재판은 기존의 소극적 법질서의 유지 작용을 넘어 법의 개폐하는 능력을 지님으로써 법을 새로이 만들어 내는 창조적 기능으로 확대되고 있는 것이다. 우리나라에서도 헌법재판소가 만들어지고, 수많은 어려운 점의 해결을 통해 법의 개·폐 작용을 하면서 사법에 대한 적극적 경향을 띠게 되었다.

「헌법」에 대한 재판을 통해 법을 형성하고 창조하는 기능은 사법권이 확대되는 경향을 가져왔다. 이러한 현상은 전통적인 권력분립이 단순히 권력 분리에 따른 견제와 균형이 아니라 권력이 기능적으로 분리될 수도 있으며, 또기관의 분리에 따른 권력의 억제와 균형의 원리가 기능적으로도 조정되는 것을 보여 주는 것이다. 사법권의 확대 경향은 입법권과 행정국가화에 따른 새로운 권력분립에 대한 질서를 보여 주는 것이기도 하다.

교육과정 분야에서 사법의 적극적 역할은 교과서 위헌 심판과 같은 경우이다. 그것은 기존의 「교육법」 제157조에 대한 위헌 소송에서 국정교과서가 「헌법」에 위반되느냐에 대한 심판을 대표적 사례로 들 수 있다. 1992년 당시 다수의견이 교육의 자주성 · 전문성 · 정치적 중립성에 합리적이라고 보기 어렵지만, 입법정책의 판단이라는 점에서 헌법에 합치된다고 보았다. 반면, 소수의견은 교육의 자주성을 침해하여 위헌이라는 결정을 내렸다. 이 결정이 다수의견에 따라 합헌으로 유지되었지만, 소수의견이 다수의견으로 되었다면, 해당 법조문을 폐지하는 결과를 가져왔을 것이다. 그렇게 되었을 경우에는 새로운 법을 만들게 되어, 사법은 법을 창조하는 역할을 하게 되었을 것이다.

행정부도 당시 「교육법」 제157조의 규정에 의해 국 · 검 · 인정도서를 구분 고시하게 되어 있었는데, 위헌 결정이 되었다면 행정부의 역할에도 변화를 가져왔을 것이다. 이 사건은 교육과정과 관련된 내용을 설명하기 위해 직접적으로 관련된 헌법재판소의 결정문을 토대로 반대의 경우를 가정해 설명한 것이다. 교육과정에서 교육 분야로 확장해 보면, 실제 교육 분야에서 당시 현존하던 법을 개폐하는 결과를 낳은 경우도 있다. 「교육공무원법」 제11조 제1항에 대한 헌법소원에서는 동 조항이 위헌 결정이 되어 폐지되는 결과를 가져왔다.

당시 「교육공무원법」 제11조 제1항은 "교사의 신규 채용에 있어서는 국립 또는 공립의 교육대학 · 사범대학 기타 교원 양성기관의 졸업자 또는 수료자를 우선하여 채용하여야 한다."라고 규정하고 있었다. 이 조항은 사립대학 졸업자와 일반 대학 교직과정 이수자의 교육공무원으로 채용될 수 있는 기회를 박탈하거나 제한될 수 있다는 이유에서 헌법소원을 내 위헌 결정을 받은 것이다. 위헌 결정 즉시 이 조항은 효력이 정지되고, 당해(1990년) 12월 31일에 「교육공무원법」 제11조 제1항은 "교사의 신규 채용은 공개전형에 의한다."라고 개정되었다. 이러한 것은 단순히 분쟁의 해결이 아니라, 법을 폐지하고 새로운 법을 만들어 내는 적극적 행위를 한 사법권의 지위 변화를 말하는 것이다.

2. 사법의 체계와 그 역할

1) 사법의 기본 체계

우리나라 「헌법」에는 사법과 관련된 기관을 한꺼번에 규정하지 않고 장을 달리해 별도로 제시하고 있다. 「헌법」 제5장에는 법원, 제6장에는 헌법재판소를 규정하고 있다. 법원과 헌법재판소를 별도의 장으로 독립적으로 구분하여 있다고 하여 사법 작용과 헌법재판 작용을 별도로 이해할 필요는 없을 것 같다. 대법원 홈페이지에 제시된 법원의 권한에서는 법원은 헌법에 따라 원칙적으로 모든 법적 분쟁을 심판한다고 되어 있다. 예외적으로 헌법재판소가 헌법 분쟁 중 일부를 국회가 국회의원에 대한 자격 심사와 징계 처분을 담당한다고 되어 있는 것도 이러한 견해를 뒷받침하고 있는 것이다. 그러므로 현재의 사법 체계는 법원과 헌법재판소에 맡기는 것으로 이해하는 것이 적절하다.

법원	• 원칙적으로 모든 법적 분쟁을 심판 • 대법원, 고등법원, 지방법원, 특허법원, 가정법원, 행정법원
헌법재판소	• 헌법 분쟁 사항의 일부를 담당

[그림 3-1] 사법권의 기본 체계

「헌법」제101조 제1항에서는 "사법권은 법관으로 구성된 법원에 속한다."
라고 되어 있기 때문에 사법권은 원칙적으로 법원에 속하는 것으로 이해하여
야 하고, 예외적으로 「헌법」이 정하는 경우에는 그 정하는 바에 의하는 것이
다. 우리나라 사법권의 기본 체계는 법원과 헌법재판소 두 국가기관에 의해
행사되고 있다. 기본적으로 이러한 구분이 이루어진다고 하더라도, 법원과
헌법재판소 두 국가기관의 권한의 범위와 내용에 대한 관계가 명확하게 이루
어져야 하는 것이다. 두 기관의 권한에 대해 중복되는 영역이나 충돌이 될 가
능성, 그리고 역할 분담을 하였지만 두 기관의 어느 것에 속하지 않는 영역은
없는지에 대한 문제가 명확하게 규정될 필요가 있는 것이다. 이러한 관계가
제대로 이루어지지 않은 상태에서는 국민의 기본권이 제대로 보장되지 못하
는 경우도 발생할 수 있다. 여기서는 법원과 헌법재판소 각각에 대해 살펴봄
으로써 이들에 대한 이해를 돕고자 한다.

2) 법원의 체제와 그 역할

(1) 사법권의 의미와 개요

「헌법」제101조 제1항과 제2항에서는 사법권의 의미와 법원의 조직에 대해
규정하고 있다. 「헌법」제101조 제1항에서는 "사법권은 법관으로 구성된 법
원에 속한다."라고 규정하고, 제2항에서는 "법원은 최고법원인 대법원과 각
급법원으로 조직된다."고 하여 법원의 체제에 대한 규정을 하고 있다. 그리
고 「헌법」제102조 제3항에서는 "대법원과 각급법원의 조직은 법률로 정한
다."라고 규정하여, 「법원조직법」에서 구체적인 사항을 정하고 있다.

우선, 사법권의 의미와 법원 조직에 대한 개요를 살펴본다. 「헌법」제101조
는 법원이 원칙적으로 모든 법적 분쟁을 심판하는 기관임을 밝히고 있다. 그러
나 헌법재판소가 헌법 분쟁 중의 일부를 담당하는 기관임을 「헌법」제111조에
서 규정해 그 예외를 인정하고 있다. 그리고 「법원조직법」에서는 법원의 종

류를 대법원, 고등법원, 특허법원, 지방법원, 가정법원, 행정법원, 회생법원의 7가지로 구분하고, 그 담당 사건에 대해 규정함으로써 역할을 분담하고 있다. 법원의 종류 가운데 일반법원인 대법원, 고등법원, 지방법원이 기본적인 3심 구조를 이루고 있다. 전문법원 중 특허법원은 고등법원과 동급이며, 가정법원과 행정법원은 지방법원과 동급을 이루고 있다.

　재판의 절차는 단독판사나 3인의 법관으로 구성된 합의체에서 진행되며, 재판의 심리와 판결은 공개한다. 국가의 안전 보장·안녕질서 또는 선량한 풍속을 해칠 염려가 있을 경우에는 심리를 공개하지 않을 수 있지만, 판결은 공개하도록 되어 있다. 법정에서는 국어로 재판을 진행하며, 폭언·소란 등의 행위로 심리를 방해한 자에게는 20일 이내의 감치나 100만 원 이하의 과태료에 처하거나 이를 병과할 수 있도록 하고 있다. 2008년부터는 국민참여재판이 시행되면서 일반 국민도 형사재판에 참여하는 길이 열리게 되었다.

　상소와 관련해서는 제1심 판결에 불복하는 당사자는 항소할 수 있다. 항소심은 고등법원에서 행하는 것이 원칙이지만, 단독판사가 심리하는 사건은 지방법원에 설치된 항소부에서 심리한다. 상소심 판결에 대해 불복하는 당사자는 대법원에 상고할 수 있다. 대법원은 사실심을 거친 재판에 대해서 법령의 위배 여부만을 심사하여 재판하는 법률심이므로, 「민사소송법」과 「형사소송법」에서 정한 상고 이유가 있는 경우에만 상고를 제기할 수 있다.

(2) 대법원

　대법원은 대법원장을 포함해 14인의 대법관으로 구성되며, 대법관 중에서 보임되는 법원행정처장은 재판에 관여하지 않는다. 대법원은 고등법원, 특허법원, 지방법원, 가정법원의 민·형사, 행정, 특허 및 가사 사건 판결에 대한 상고 사건과 결정·명령에 대한 재항고 사건을 중심으로 심판하고, 특별한 경우 지방법원의 제1심 판결에 대한 비상상고도 재판한다.

　대법원의 심판권은 전원합의체와 대법관 3인 이상으로 구성된 부에서 행사한다. 전원합의체는 대법원장이 재판장이 되고, 대법관 전원의 3분의 2 이상으로 구성된다. 부는 대법관 4인으로 구성되고, 3개 부가 있다. 부에서는 대법관 전원의 의견 일치에 따라 재판하고, 전원합의체에서는 출석 과반수의 의견에 따라 재판한다. 대법원에 상고되는 사건은 주로 부에서 심판한다. 부에서 의견이 일치되지 못하거나 명령·규칙이 헌법이나 법률에 위반된다고 인정하는 경우, 종전에 대법원에서 판시한 헌법·법률·명령 또는 규칙의 해석 적용에 관한 의견을 변경할 필요가 있다고 인정하는 경우, 부에서 재판함이 적당하지 않다고 인정하는 경우는 전원합의체에서 재판한다.

「헌법」 제107조 제1항에서는 "법률이 헌법에 위반되는 여부가 재판의 전제가 된 경우에는 법원은 헌법재판소에 제청하여 그 심판에 의하여 재판한다."라고 되어 있어 헌법재판소와의 역할을 분담하고 있다. 대법원이 헌법재판소의 결정에 따르도록 한 것은 헌법적 분쟁에 대한 헌법재판소의 전문적 판단을 존중하려는 의미일 뿐, 이것이 대법원과 헌법재판소의 수직적 관계를 의미하는 것은 아니다.[3] 대법원과 헌법재판소는 각각 최고의 사법기관에 해당하며, 그 역할이 다른 것이다.

(3) 고등법원과 지방법원

고등법원은 지방법원과 가정법원 합의부 또는 행정법원 제1심의 판결·결정·명령에 대한 항소나 항고 사건을 심판한다. 고등법원의 심판권은 판사 3인으로 구성된 합의부에서 행사한다. 고등법원은 서울, 부산, 대구, 광주, 대전의 5개 주요 도시에 설치되어 있으며, 춘천, 청주, 창원, 전주, 제주에 원외재판부를 설치·운영함으로써 재판 당사자의 사법 접근성을 높이고 있다.

지방법원과 그 지원은 기본적으로 민사 및 형사 사건을 제1심으로 재판한다. 제1심 재판은 원칙적으로 단독판사가 하지만, 특히 중요하다고 법률이 정하고 있는 사건은 합의부가 심판한다. 지방법원 본원 합의부는 지방법원·지원 혹은 시·군 단위의 단독판사의 판결·결정·명령에 대한 항소나 항고 사건을 제2심으로 재판하기도 한다. 이러한 재판부도 일반합의부와 같이 3인의 판사로 구성되고, 이를 항소부라고 부른다. 현재 전국에는 18개의 지방법원이 있으며, 40개 지원이 있다.

3) 헌법재판소와 그 역할

헌법재판은 헌법의 규범 내용이나 헌법문제에 대한 다툼이 있는 경우, 그에 대해 유권적 해석으로「헌법」의 규범적 효력을 지키고, 헌정생활의 안정을 유지하려는「헌법」의 실현 작용을 말한다. 헌법재판은 현행「헌법」제6장에서 헌법재판소의 역할과 그 조직에 대해 규정하고 있다. 우선, 헌법재판소의 조직에 대해 살펴본다. 헌법재판소는 법관의 자격을 가진 9인의 재판관으로 구성되며, 재판관은 대통령이 임명한다. 그중에서 3인은 국회에서 선출하는 자를, 3인은 대통령이 지명하는 자를, 3인은 대법원장이 지명하는 자를 임명한다. 헌법재판소의 장은 국회의 동의를 얻어 재판관 중에서 대통령이 임명한다.

헌법재판소 재판관의 임기는 6년이며, 법률이 정하는 바에 따라 연임할 수 있도록 하고 있다. 헌법재판소 재판관은 정당에 가입하거나 정치에 관여할 수 없으며, 탄핵 또는 금고 이상 형의 선고에 의하지 아니하고는 파면되지 아니하도록 하였다. 구체적인 내용은「헌법재판소법」에 규정되어 있다.

다음으로, 헌법재판소의 역할에 대해 알아본다. 헌법재판소가 관장하는 사항은「헌법」제111조에서 규정하고 있다.

제111조 ① 헌법재판소는 다음 사항을 관장한다.
1. 법원의 제청에 의한 법률의 위헌 여부 심판
2. 탄핵의 심판
3. 정당의 해산 심판

4. 국가기관 상호 간, 국가기관과 지방자치단체 간 및 지방자치단체 상호
   간의 권한 쟁의에 관한 심판
5. 법률이 정하는 헌법소원에 관한 심판

　　법원의 제청에 의한 법률의 위헌 여부 판단은 「헌법」 제107조 "법률이 헌법
에 위반되는 여부가 재판의 전제가 되는 경우에는 법원은 헌법재판소에 제청
하여 그 심판에 의하여 재판한다."라는 구체적 규범 통제를 규정하고 있다.
위헌심사권에 대해서는 일반법원의 관할로 하고 있지만, 위헌결정권은 헌법
재판소에 부여하고 있는 것이다. 탄핵의 심판은 국회가 탄핵의 소추를 의결
하고(「헌법」 제65조 제1항), 헌법재판소가 탄핵심판을 하는 제도이다. 탄핵심
판제도는 고위 공직자의 헌법침해로부터 「헌법」을 보호하기 위한 것이다. 정
당의 해산 심판은 정당의 목적이나 활동이 민주적 기본 질서에 위배될 때 국
무회의의 시의를 거쳐 헌법재판소에 그 해산을 제소하고, 그에 대한 결정을
하는 것이다.

　　국가기관 상호 간, 국가기관과 지방자치단체 간 및 지방자치단체 상호 간
에 그 헌법적 권한과 의무의 범위 및 내용에 대해 다툼이 생긴 경우에, 이에
대한 유권해석과 심판을 하여 국가 기능을 원활히 하고, 권력 상호 간의 견제
와 균형을 유지시켜 헌법의 규범적 효력을 보호하는 것이다. 법률이 정하는
헌법소원에 관한 심판은 공권력의 행사나 불행사로 인해 헌법상 보장된 기본
권을 침해받은 자는 헌법소원을 제기할 수 있다. 헌법소원의 제소권자는 모
든 기본권의 주체로서 자연인뿐만 아니라 사법인도 헌법소원을 제소할 수 있
다. 헌법재판소의 역할에서 교육과정과 관련된 사항은 법률이 정하는 헌법
소원에 관한 심판이 대표적이다. 기존의 「교육법」 제157조에 대한 헌법소원
은 국정교과서에 대한 위헌 여부를 다툰 것이다.

　　현대적인 사법은 구체적인 사건뿐만 아니라, 사법의 판단 기준인 법 그 자
체에 대한 분쟁도 함께 고려하고 있다. 우리나라 「헌법」에서 사법 작용은 법

원 및 헌법재판소에서 이루어지고 있다. 법원은 구체적 사건에 대한 법적 분쟁에 대해 일반적인 재판권을 가지고 있다. 대법원은 명령·규칙에 대한 위헌·위법 여부가 재판의 전제가 된 경우에 한하여 최종적으로 심사할 권한을 가지고 있다. 헌법재판소의 관여 없이 대법원이 심판을 종료할 수 있다는 것이다. 그러나 대법원은 법률의 경우, 구체적으로 재판의 전제가 된 경우에 한해 그 위헌 여부를 헌법재판소에 심판 제청하고, 그 결정에 따라 재판을 받도록 하고 있다. 대법원과 헌법재판소는 위계적 관계가 아니라, 그 역할을 달리함으로써 각 기관의 전문적 역할을 분담하고 있는 것이다.

3. 판례의 역할과 교육과정 관련 재판

1) 교육법학이론과 교육재판

(1) 법의 존재 형식에 따른 판례의 역할

일반적으로 재판은 구체적인 쟁송이나 헌법문제에 다툼이 있는 경우, 재판관이 공적인 판단을 내리는 법률행위를 말한다. 교육재판은 교육과 관련된 구체적인 쟁송행위나 헌법과 관련된 문제에 대해 법적인 판단을 내리는 공권적 행위이다. 사적인 교육 체제와 달리 공적인 교육 체제에서는 교육관계법의 해석이나 판단을 요하는 문제가 많아지게 됨으로써, 그에 대한 판단을 법원이나 헌법재판소에서 내리게 된다. 재판은 그 나라의 법 체제가 어떻게 되어 있느냐에 따라 그 성격을 달리한다.

성문법을 근간으로 하고 있는 대륙법계에서 재판의 결과는 원칙적으로 그 사건에 한정해 영향을 미치고, 그 의미도 가지게 된다. 성문법주의를 취하는 국가는 독일이나 프랑스 등 주로 대륙에 위치해 있다는 점에서 대륙법주의라고도 한다. 성문법주의는 문자로 표시되어 있기 때문에 법의 존재가 명확하게 되어 있고, 제정법을 법원(法源), 즉 법이 생겨나는 근거나 존재 형식으로 인정하고 있다. 이러한 경우, 교육과정과 관련된 재판은 교육관계 사건을 해석하는 것에 가장 중점을 두고 있는 것이다. 일본과 같은 경우, 법해석 위주로 교육법학 관련 서적이 출간되고 있다.

불문법 중심으로 되어 있는 영미법계에서는 재판의 결과인 판결의 예가 법원(法源)이 된다. 불문법은 영국이나 미국 및 이들 국가에 영향을 받은 나라에서 취하고 있기 때문에 영미법주의라고도 하는 것이다. 교육과정과 관련된 재판에서 그 이후에 발생하거나 유사한 사건에 대해서 사실상의 법률과 같은 구속력을 가지게 된다. 그래서 불문법 국가에서는 판례가 법의 중심적역할을 수행하면서 판례주의를 채택하고 있는 것이다. 미국이나 영국에서발간된 교육과 법에 대한 전문서적들이 대부분 판례를 정리해 놓은 수준으로되어 있는 것은 이러한 이유에 있다.

우리나라는 성문법주의에 속하기 때문에, 판례는 해당 사건에 대해 의미를 지니고 있는 것으로 이해된다. 그러나 이러한 것은 원칙론적인 것에 해당되는 것이며, 실질적으로는 성문법주의 입장을 택하는 나라에서도 한 재판의결과가 동일하거나 유사한 사건에 대해 판례가 의미를 가지고 있다. 법률 해석의 일관성이나 법의 균등한 적용을 위해, 동일·유사 사건의 선례는 후속되는 사건에 대한 모범적 사례가 되기도 한다. 그러한 의미에서 판례는 살아있는 법이라고도 하는 것이다.

(2) 법해석과 판례

우리나라는 성문법주의를 취하기 때문에 교육과정과 관련된 재판에서 법의 해석이 주된 과제가 된다. 법의 해석은 법 규범이 가지는 의미와 내용을명확하게 확정을 짓는 것을 말한다. 성문법주의를 취하는 국가에서는 법의해석이 판례에 중요한 영향을 미치기 때문에 법의 해석에 대한 종류와 방법을 설명하고, 판례와의 관계를 설명하고자 한다. 첫째, 법의 해석 방법에 대

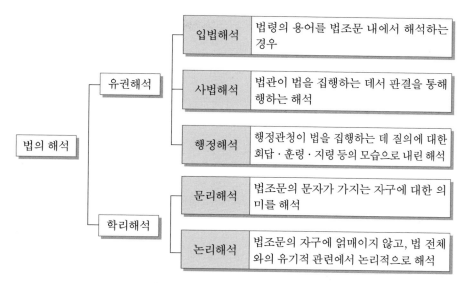

[그림 3-2] 법해석의 방법과 종류

해 살펴본다. 법해석의 방법은 유권해석과 학리해석으로 구분이 된다.

우선, 유권해석은 국가기관에 의해 권한이 있는 기관이 해석하는 것이다. 유권해석은 다시 입법해석, 사법해석, 행정해석으로 구분된다. 입법해석은 법조문 중에서 해석을 하는 경우로,「교과용 도서에 관한 규정」제2조 제2항에서 "교과서라 함은 학교에서 학생들의 교육을 위하여 사용되는 학생용의 서책 · 음반 · 영상 및 전자저작물 등을 말한다."와 같이 규정하는 것이 그 예이다. 사법해석은 법관이 법을 적용하기 위해 판결을 통해 행하는 해석이다. 행정해석은 행정관청이 법을 집행하기 위해 질의에 대한 회신 · 훈령 · 지령 등을 모습을 내리는 것이다. 교원자격검정에서「유치원 및 초등, 중등, 특수학교 등의 교사자격 취득을 위한 세부기준」에서 교직 이론의 과목 중 '그 밖의 교직이론에 관한 과목'이 무엇인가에 대한 질의에 대해 그 과목에 대해 공문으로 제시하는 것이 그 예이다.

다음으로, 학리해석은 국가기관에 의해 권한이 부여되어 있지 않고, 학리적 사고에 의해 해석하는 것이다. 이는 문리해석과 논리해석으로 구분된다.

문리해석은 법조문이 가지는 자구에 얽매여서 법규의 의미를 확장하는 방법이다. 논리해석은 법문의 자구에 얽매이지 않고, 법질서와 법전 전체의 유기적 관련을 통해 입법 목적이나 제정 당시의 사회 사정 등을 참작해 논리적 타당성을 모색하는 해석이다. 이것은 확장해석, 축소해석, 반대해석, 유추해석, 물론해석, 연혁해석, 변경해석 등의 여러 가지 방법으로 구분된다. 유권해석도 학리해석에 기초해 이루어진다.

이러한 구분은 법해석학과 판례의 관계를 파악하는 데 도움이 된다. 판례는 법의 해석에 의존하고 있지만, 재판에서 법이 적용되고 법원의 판단에 의해 내려진 결론은 공적인 권위를 가진다. 특히 최종심의 경우에는 이후 법원 심리에서 법을 해석하는 데 수용될 수 있는 확률이 높게 된다. 이에 반해 법해석학은 개인 자격의 사적 해석으로 어떠한 법적 구속력도 없다. 그러나 법해석학의 설득력 있고 지배력 있는 주장은 재판에 영향을 주게 된다. 판례는 법원의 공적인 행위이지만, 법해석학에서 법해석의 기준을 가져오게 되는 것이다.

법해석의 문제는 필연적으로 교육과정과 관련된 재판에도 영향을 주게 되며, 교육법해석학이 중요 문제가 된다. 교육법해석학은 교육재판과 판례를 연구하고 비판하며 학문적 영역을 구축하는 것이다. 법해석학이 교육이나 교육과정 재판과 밀접한 관계를 지니듯, 법사회학 역시 교육재판과 관계된다. 재판을 하는 것은 가치를 선택하는 행위이기 때문에, 사회의 변동에도 관심을 기울여야 할 필요가 있는 것이다. 동일한 교육재판이라고 하더라도, 사회 변화와 그에 따른 가치 체계의 변화는 상이한 재판 결과를 가져올 수 있는 것이다. 법사회학은 교육과 교육과정의 상황과 관련해 전개되는 사회 현상을 고려하면서 과학적 검증을 거쳐야 할 필요가 있다. 법사회학은 법해석학과 함께 통합적으로 고려되어야 하는 것이며, 이에 대한 법철학적 관점도 등장하고 있는 것이다.

2) 한국의 교육과 교육과정 재판

우리나라 조선시대의 사법제도는 재판기관과 행정기관이 명확하게 구분되지 않았다. 일본 제국주의 시대에는 한국의 모든 재판소가 폐지되고, 조선총독부가 입법·사법·행정을 장악함으로써 사법은 그 기능을 제대로 하지 못하였다. 광복 이후 1948년 제헌「헌법」에서 삼권분립의 원칙에 따라 사법권의 독립이 보장되었다. 현재의 기본 골격은 광복 이후에 성립된 것으로 교육이나 교육과정과 관련된 재판 역시 이때부터 재판을 통해 해결을 보게 되었다. 판례에 대해 집약적으로 제시하고 있는 성과물은 많지 않은 편이다.

교육부에서 펴낸 교육판례집을 보면, 기존의「교육법」과 법 시행령의 조문에 따라 판례를 제시하고 있으며,[4] 개인 연구자의 경우는 주제별로 판례를 제시하거나 판례 중심으로 교육법에 대한 연구를 하고 있다.[5] 일본의 경우는 주제별로 분류해 제시하는 방식을 취하고 있다.[6] 교육과정 개발·운영에 대한 과정론적 접근에서 분류한 주제별로 그에 대한 내용을 제시하면 다음과 같다.

(1) 교육과정 개발

교육과정 개발과 관련된 법적인 근거는「초·중등교육법」제23조가 해당된다. 법 제23조 제2항에 제시된 국가와 지역교육과정에 대한 기준과 내용의 기본적 사항에 대한 범위가 관련되고, 그 법적 성격과 관련된 사항 등이 문제가 된다. 우리나라 대법원과 헌법재판소 판례의 예는 다음과 같다.

- 교육과학기술부 고시 제2012-31호 II 위헌 확인(헌법재판소 2016. 2. 25. 2013헌마838)
  - 초·중등교육법 제23조 제3항의 위임에 따라 동법 시행령 제43조 제1항 제1호가 규정한 초등학교의 교과에 '외국어(영어)'가 포함되어 있음에

도 불구하고, 동법 제23조 제2항의 위임에 따라 제정된 '초·중등학교 교육과정'(교육과학기술부 고시 제2012-31호)이 초등학교 1, 2학년의 교과에서 영어 과목을 배제한 것이 헌법 제31조 제6항의 교육제도 법정주의에 위반되는지 여부(소극)

– 위 고시에서 초등학교 1, 2학년의 정규교과에 영어를 배제하고, 3~6학년의 영어교육을 일정한 시수로 제한하는 부분(이하 '이 사건 고시 부분'이라 한다.)이 청구인들의 인격의 자유로운 발현권, 자녀교육권을 침해하는지 여부(소극)

• 학생인권조례안 의결 무효 확인(대법원 2015. 5. 14. 선고 2013추98 판결)

– 학기당 2시간 정도의 인권교육의 편성·실시가 지방자치법 제9조 제2항 제5호에서 지방자치단체의 사무로 예시한 교육에 관한 사무로서 초등학교·중학교·고등학교 등의 운영·지도에 관한 사무에 속하는지 여부(적극)

– 교육부 장관이 관할 교육감에게, 갑 지방의회가 의결한 학생인권조례안에 대하여 재의 요구를 하도록 요청하였으나 교육감이 이를 거절하고 학생인권조례를 공포하자, 조례안 의결에 대한 효력 배제를 구하는 소를 제기한 사안에서, 위 조례안이 국민의 기본권이나 주민의 권리 제한에서 요구되는 법률유보원칙에 위배된다고 할 수 없고, 내용이 법령의 규정과 모순·저촉되어 법률우위원칙에 어긋난다고 볼 수 없다고 한 사례

– 조례안 재의결 무효 확인 소송에서 심리 대상의 범위 및 이러한 법리는 주무부 장관이 지방자치법 제172조 제7항에 따라 지방의회의 의결에 대하여 직접 제소함에 따른 조례안 의결 무효 확인 소송에도 마찬가지로 적용되는지 여부(적극)

국가 교육과정과 관련된 판례에서는 국가 교육과정에 대한 국가의 권한과

지방자치단체의 권한 및 학교의 권한 등에 대한 역할과 관련된 내용이 이들 판례의 내용을 이루고 있다. 일본의 경우도 다음과 같은 사항이 판례로 등장하고 있다.

- 학습지도요령의 법적 구속력 유무−전습관 고교 사건
- 교육법령에 위반한 재일조선인학교의 폐쇄
- 공립학교의 교육과정 편성에 대한 학부모 소송−오사카 야오(大阪 八尾) 고교 사건

(2) 교육과정 개발 후속 지원

교육과정 개발 후속 지원과 관련해서 교과서 소송이 많은 부분을 차지하고 있으며, 교원의 연수에 관한 내용도 존재하고 있다. 여기서는 교과서와 관련된 사항에 대한 기존의 판례와 사례를 중심으로 살펴본다. 기존 교과서와 관련된 판례를 몇 가지 제시하면 다음과 같다.

- 중 · 고등학교 교과서 검정에 있어서의 심사 범위와 그 부적 판정 처분의 위법 여부 판단 기준(88. 11. 8. 86누618)(92. 4. 24. 91누6634)(92. 4. 24. 91누6641)
- 교과서 검정에 있어서의 심사 결과 수정을 명할 수 있는 사항의 범위(92. 5. 12. 91누1813)
- 2종 교과서 합격 결정 처분에 대한 취소를 구할 법률상 이익이 없다고 한 사례(92. 4. 24. 91누6641)
- 2종 교과서 합격 결정 처분에 중대하고 명백한 하자가 없다고 한 사례(92. 5. 12. 91누1813).

최근 대법원의 결정에 대한 교과서 재판의 내용을 예시적으로 제시하면 다

음과 같다.

- 교과용 도서 검정 합격에 대한 수정명령 취소 사건(대법원 2013. 2. 15. 선고 2011두21485 판결)
  - 구「초·중등교육법」제29조가 교과용 도서에 관한 검정제도를 채택하고, 구「교과용 도서에 관한 규정」이 교과용 도서의 적합성 여부 심사를 위해 교과용도서심의회 심의를 거친 후 심사 결과에 따라 교육과학기술부 장관이 검정 합격 여부를 결정하도록 규정한 목적이나 입법 취지
  - 구「교과용 도서에 관한 규정」제26조 제1항에서 규정하고 있는 검정도서에 대한 수정명령의 요건과 절차의 해석 방법
  - 구「교과용 도서에 관한 규정」제26조 제1항의 의미 및 검정도서에 대한 수정명령의 대상이나 범위
  - 구「교과용 도서에 관한 규정」제26조 제1항에 따른 검정도서에 대한 수정명령의 내용이 이미 검정을 거친 내용을 실질적으로 변경하는 결과를 가져오는 경우 거쳐야 할 절차

(3) 교육과정 운영

교육과정 운영에서는 학교 교육과정 편성, 수업의 전개, 학년제나 진급 등의 여러 가지 사항이 존재하고 있다. 몇 가지 예를 제시하고, 한두 가지 사례에 대해 간략히 제시한다.

- 종립 사립 고등학교 종교교육 사건(대법원 2010. 4. 22. 선고 2008다38288 전원합의체 판결)
- 국기 경례 거부에 대한 제적 처분의 취소 청구 사건(1976. 4. 27. 대법원 제1부 75누249, 원판결 대구고법 73구90판결)

- 과외교습 관련 사설강습소에 관한 법률 위반 피고 사건(1984. 9. 11. 대법원 제1부 제1심 84도1451 서울남부지원 제2심. 서울형사지법 83노6941)
- 졸업 확인 청구 사건(1982.12.14. 대법원 81다269)
- 부교재를 알선한 교사에 대한 징계 처분(서울고법 1978. 4. 25. 선고 77구185호 판결)
- 초등학교 학생의 월반 졸업 사건(대법원 1977. 7. 12.선고 76누30호 판결)
- 수업 중에 발생한 학교 사고와 교사의 책임(서울고법 1972. 3. 28. 선고 71구255호 판결)

여러 가지 가운데 2015 개정 교육과정뿐만 아니라, 교육과정 개정 시마다 문제로 대두되는 종교교육과 관련된 대법원 판례를 제시하면 다음과 같다.

- 종립 사립고교 종교교육 사건(대법원 2010. 4. 22. 선고 2008다38288 전원합의체 판결)
  - 사인(私人)에 의한 '종교의 자유' 침해가 불법행위를 구성하는 형태
  - 고등학교 평준화정책에 따른 학교 강제 배정제도가 위헌인지 여부(소극)
  - 고등학교 평준화정책에 따른 학교 강제 배정으로, 종립학교가 가지는 '종교교육의 자유 및 운영의 자유'와 학생들이 가지는 '소극적 종교행위의 자유 및 소극적 신앙 고백의 자유'가 서로 충돌하는 경우, 그 해결 방법
  - 공교육 체계에 편입된 종립학교의 학교법인이 가지는 '종교교육의 자유 및 운영의 자유'의 한계
  - 종립학교가 고등학교 평준화정책에 따라 강제 배정된 학생들을 상대로 특정 종교의 교리를 전파하는 종파교육 형태의 종교교육을 실시하는 경우, 그 위법성의 판단 기준
  - 종립학교가 특정 종교의 교리를 전파하는 종파적인 종교 행사와 종교

과목 수업을 실시하면서 참가 거부가 사실상 불가능한 분위기를 조성
하는 등 신앙을 갖지 않거나 학교와 다른 신앙을 가진 학생들의 기본
권을 고려하지 않은 것은 학생의 종교에 관한 인격적 법익을 침해하는
위법한 행위이고, 그로 인하여 인격적 법익을 침해받는 학생이 있을
것임이 충분히 예견 가능하고 그 침해가 회피 가능하므로 과실 역시
인정된다고 한 사례
- 학교의 학생에 대한 징계 처분이 불법행위임을 구성하기 위한 요건
- 교육감이 사립학교의 교육관계 법령 등 위반에 대하여 시정·변경 명
  령 등 권한을 행사하지 않은 것이 직무상 의무를 위반한 것으로 위법
  하다고 인정되기 위한 요건
- 서울특별시 교육감과 담당 공무원이 취한 일부 시정 조치들만으로는
  종립학교의 위법한 종교교육이나 퇴학 처분을 막기에는 부족하여 결
  과적으로 학생의 인격적 법익에 대한 침해가 발생하였다고 하더라도,
  교육감이 더 이상의 시정·변경명령 권한 등을 행사하지 않은 것이 객
  관적 정당성을 상실하였다거나 현저하게 합리성을 잃어 사회적 타당
  성이 없다고 볼 수 있는 정도에까지 이르렀다고 하기는 어렵다고 한
  사례

(4) 평가

학교 평가와 학업성취도 평가와 관련된 판례는 다음과 같다.

• 학업성취도 평가 시험 감독 지시를 위반한 교사의 감봉 2월 처분 취소
  사건(대법원 2012. 10. 11. 선고 2012두10895 판결)
• 국가수준 학업성취도 평가 정보 공개 거부 처분 취소 등(서울고등법원
  2007. 4. 27. 선고 2006누23588 판결)
• 학업성취도 평가 관련 학교장 징계 사건(전주지방법원 2009. 6. 30. 선고

2009구합307 판결)
- 종합생활기록부제도 개선 보완 시행 지침 위헌 확인(헌법재판소 1997. 7. 16. 97헌마38 전원재판부)
- 학교생활기록부 작성 및 관리 지침 제7조 제3항 등 위헌 확인(헌법재판소 2016. 4. 28. 2012헌마630)

위에 제시한 사항 중 헌법재판소에서 결정한 종합생활기록부제도 개선·보완 시행 지침 위헌 확인에 대한 내용을 구체적으로 보면 다음과 같다.

- 종합생활기록부제도 개선·보완시행 지침 위헌 확인(1997. 7. 16. 97헌마38 전원재판부)
  - 판시 사항: 종합생활기록부에 의하여 절대평가와 상대평가를 병행, 활용하도록 한 교육부 장관 지침이 교육개혁위원회의 교육개혁방안에 따라 절대평가가 이루어질 것으로 믿고 특수목적 고등학교에 입학한 학생들의 신뢰 이익을 침해하는 것인지 여부(소극)
  - 결정 요지: 청구인들이 이른바 특수목적 고등학교인 외국어고등학교에 입학하기 위하여 원서를 제출할 당시 시행되었던 종합생활기록부제도는 처음부터 절대평가와 상대평가를 예정하고 있었고, 대학입학전형에 있어서 학생부를 절대평가방법으로 활용할 것인가 상대평가방법으로 활용할 것인가 등 그 반영 방법도 대학의 자율에 일임되어 있었다. 따라서 그 이후 공표된 이 사건 관련 제도 개선·보완 시행 지침은 1999학년도까지 대입전형자료로 절대평가와 상대평가를 병행하도록 하고 다만 종전 종합생활기록부제도의 문제점을 보완하기 위하여 과목별 석차의 기록 방법 등 세부적인 사항을 개선, 변경한 데 불과하므로, 이로 인하여 청구인들의 헌법상 보호할 가치가 있는 신뢰가 침해되었다고 볼 수 없다.

제 2 부

교육과정과 교육법

교육과정의 기본 사항과 교육법

제4장
교육과정의 기본 사항과 교육법
교육과정의 의미와 법적 대상화

1. 교육과정의 의미와 법적 측면의 사용

1) 교육과정 분야에서 사용되는 의미

교육과정 분야에서 사용되는 교육과정은 교육현장에서 가르치거나 학습하여야 할 그 '무엇'에 해당된다. 가르치는 입장에서 보면 교육내용이 되는 것이고, 학습자의 입장에서 보면 학습내용이 된다. 그러나 교육내용과 교육과정은 구분되는 개념이다. 교육내용은 가르칠 내용이 조직되지 않은 채로 있는 것이며, 교육과정은 교육내용을 교육활동에서 구현하고자 하는 목적에 맞게 일정한 원리에 따라 선정하고 조직해 놓은 것을 말한다. 그러므로 이 둘은 가르칠 내용으로 조직되어 있느냐의 여부에 따라 구분이 되는 개념인 것이다. 인터넷상에서 수많은 자료가 존재한다. 그러한 자료 가운데에서 내가 필요로 하는 것을 선택해 일정한 형태로 조직하게 되면 정보라고 한다. 자료와 정보가 구분되듯 교육내용과 교육과정은 구분이 되는 것이다.

교육현장에서는 교육과정보다 교과서가 보다 널리 알려져 있다. 가르치는 자가 배우는 자를 대상으로 상호작용하는 매개체가 교육과정에 해당되지만, 교육현장에서는 교과서를 매개로 상호작용하게 되는 것이다. 이러한 의미에서 보면 교육과정과 교과서가 동일한 범주의 것으로 볼 수도 있다. 그러나 교육과정과 교과서 역시 구분이 되는 개념이다. 교과서는 교육과정을 구현하는 하나의 수단에 해당된다. 교과서는 교육과정에 규정되어 있는 교과의 내용에 부합되게 학생이 학습할 내용으로 구체적으로 열거해 놓은 것을 말한다. 국정, 검정, 인정교과서는 이러한 교과서의 사용을 구분한 형태로 제시한 것을 말한다.

교과서와 더불어 교육현장에서는 교과나 과목이라는 말도 사용한다. 교과는 각급학교 교육과정에서 수업과 활동을 위한 단위를 가리키는 말이다.[1] 교과는 학문적 분류 체계에 의해 성립된 것도 있지만, 사회 · 문화적 생활이 요청하는 가치 기준에 의해 성립된 것도 있다. 과목은 교과를 보다 상세화한 것으로, 교과와 상대적으로 사용이 된다. 과학이 교과라고 한다면, 과목은 물리, 화학, 생물, 지구과학 등이 된다. 이러한 교과는 국가 교육과정 문서의 편제에 제시되어 있으며, 시대 · 사회에 따라 변화되는 성질을 지니고 있다. 교과는 교육과정을 구성하는 하나의 요인이 되기는 하지만, 교육과정과는 다른 것이다. 그리고 이러한 교과에 담길 내용을 구체적으로 표현한 것이 교과서가 되는 것이다.

이처럼 교육내용, 교육과정, 교과, 교과서는 구별이 되는 개념인 것이다. 교육과정은 체계적인 형태로 조직되지만, 구체적으로 담길 내용은 교육과정을 보는 관점이나 시각에 따라 다르게 전개된다. 전통적인 지적 체계를 중시하는 입장에서는 교과의 체제에 따라 논리적으로 조직을 하게 된다. 반면, 사회생활이나 사회 문제 혹은 학습자의 경험을 중시하는 입장에서는 학습자나 사회의 필요를 중심으로 조직하게 된다. 교육하는 방법과 평가 방식에까지 영향을 미치게 되는 것이다. 교육과정 분야에서는 교육과정이나 교과명의 결정, 그리고 교과나 교과서에 담길 내용을 어떻게 구성할 것인지에 초점을 두고 연구를 수행하고 있는 것이다.

2) 교육관계법에서 사용되는 의미

교육과정 분야에서 사용하는 이러한 개념은 법적인 근거를 가지고 있다. 교육과정은 「초·중등교육법」 제23조 제1항과 제2항을 법적 근거로 국가, 지역수준 교육과정이 고시되고, 이에 근거해 학교 교육과정이 운영된다. 교과는 「초·중등교육법」 제23조 제3항에서 대통령령으로 정하도록 하고 있다. 「초·중등교육법시행령」 제43조에서는 초·중등학교에서 배우는 교과가 제시되어 있다. 교과서는 「초·중등교육법」 제29조에 근거를 두고 「교과용 도서에 관한 규정」에서 교과용 도서의 정의와 편찬의 절차를 구체적으로 제시하고 있다.

교육과정에 대한 규정을 조금 더 구체적으로 보면, 법률상 교육과정이라는 용어가 직접적으로 등장한 것은 1981년 2월 13일 법률 제3370호 「교육법」 제155조 제1항에 "… 교육과정은 문교부 장관이 정한다."라고 규정한 데서 비롯된다. 「교육법」이 1949년 12월 31일 법률 제86호로 공포되어, 이 조문이 개정되기 전까지는 "… 각 교과의 교수요지, 요목급 시간 수는 문교부령으로써 정한다."라고 되어 있었다.[2] 교육과정에 대한 규정의 변천 내용에서 각 교과의 교수요지, 요목급 시간 수가 교육과정을 지칭하는 것이거나 교육과정에 포함되어야 한다는 것을 의미하는 것임을 알 수 있다.

이러한 규정은 1998년 3월부터 개정되어 적용된 「초·중등교육법」에서 변화가 나타난다. '교육과정'이라는 용어가 아니라, '교육과정의 기준과 내용의 기본적 사항'으로 명시되고 있는 것이다. 현재의 교육부 장관이 정하는 교육과정이 학교에서 곧바로 활용되고 있는 교육과정이 아니라, 교육과정의 기준과 내용의 기본적 사항이라는 것이다. 그리고 교육감 역시 교육부 장관이 정한 교육과정의 범위에서 지역의 실정에 맞는 기준과 내용을 정할 수 있도록 신설한 것이다. 기존의 교육과정이 교육과정의 기준과 내용의 기본적 사항에 해당되고, 이는 학교 교육과정에서 편성·운영하여야 할 기준으로 작용하고 있음을 명확히 제시한 것이다.

한편, 학교 교육과정과 관련해서도 교육과정이라는 용어가 사용되고 있다. 1991년 12월 31일 법률 제4474호로 「교육법」 제150조에서는 "각 학교는 소정의 교육과정을 수업하여야 한다."라고 규정하고 있었다. 그 이전에는 "각 학교는 소정의 교과과정을 수업하여야 한다."라고 하였다. 그리고 1998년 「초·중등교육법」으로 개정되면서 "학교는 교육과정을 운영하여야 한다."로 다시 문구가 수정되었다. 기존의 교과과정이 교육과정으로 대치되었고, 수업이 교육과정 운영으로 수정된 것이다.

교육과정과 관련된 근거 규정의 변천에 나타나는 특징은 첫째, 교육부'령'에서 교육부 장관 '고시'로 변화되었다. 사회 변화에 능동적으로 대처하기 위해 교육과정 개정의 탄력성을 보다 강화하기 위해 법 형식을 완화한 것이다. 둘째, 국가 교육과정이 각 교과의 교수요지, 요목급 시간 수에서 교육과정으로, 다시 교육과정의 기준과 내용의 기본적 사항으로 그 성격을 명료화하고 있다. 셋째, 지역수준의 교육과정이 법률 차원에서 명시적으로 규정하여, 지역의 역할을 제시하였다. 넷째, 학교 교육과정은 교과과정에서 교육과정으로 명칭을 수정하였다. 다섯째, 학교 교육과정의 실천을 수업이라는 제한된 영역에서 교육과정 운영의 영역으로 보다 확대하는 경향을 띠고 있다.

교육과정에 대한 법적인 근거를 토대로 변천의 과정을 살펴보는 이유는 교육과정 분야에서 사용하는 교육과정의 정의와 법적인 분야에서 사용하는 교육과정의 차이를 설명하기 위한 것에 있다. 법적인 영역에서 교육과정은 그 내용의 조직 형태가 아닌 교육과정을 결정하는 수준이나 결정의 주체, 권한과 관련이 된다. 국가나 지역수준에서 교육과정의 기준과 내용의 기본적 사항을 정하는 것은 그 내용적인 면이 아니라, 결정의 주체와 그 범위에 대한 것이다. 교육과정 분야에서 사용하는 교육과정의 의미와 법적인 측면에서 사용하는 교육과정의 용도가 다른 것이다. 교육과정과 교육법에서 논의하고자 하는 것은 교육과정의 구체적 내용이 지적인 체계로 되어야 한다거나 학습자의 경험 중심으로 이루어져야 한다는 것은 아니다. 교육과정을 결정하는 주체와 그 범위가 어느 정도가 되어야 하는 것에 관한 것이다. 따라서 교육과정학 분야에서 논의하는 교육과정과 법적 측면에선 논의하는 교육과정의 성격은 다른 것이다.

2. 공교육과 교육에 대한 권리

1) 공교육의 성립과 교육권

교육에 대한 권리의 발전은 공적인 교육 체제와의 관계에서 성립한다. 제도적 교육을 상정하지 않고는 교육에 대한 기회나 권리에 대한 논의는 큰 의미가 없다. 사교육 체제에서 교육을 하거나 하지 않는 것은 개인적 자유에 맡겨져 있는 것이고, 타인과의 관계성이 약화되어 있다. 그러나 공적인 교육에서는 한정된 재원으로 국가가 관리하고 지원하며 통제하기 때문에, 제한된 재원의 배분을 어떻게 할 것인지가 문제된다. 그리고 그러한 재원의 배분을 통해 국가적 차원에서 교육의 이념이나 방향을 결정하고, 실제 교육현장에서 배우는 교육내용에 개입을 할 수 있는 여지가 발생하게 된다. 국가의 개입에 의한 학교교육은 아동의 보호자인 학부모와 학생을 가르치는 교사 등 교육에 대한 권리 주체 간의 갈등 양상을 빚게 되고, 그에 합당한 권리나 권한을 행사하려고 한다.

국가가 교육을 관리하는 형태는 과거에도 있었지만, 현대적 의미의 공교육과 두 가지 정도에서 차이가 있다. 하나는 사립학교의 경우 국가의 관리가 이루어지지 않는다는 점이고, 다른 하나는 특수한 계급에 한정된 교육이 실시되었다는 점이다. 조선시대의 관학과 사학이 존재하였지만, 사학에 대해서 학습자가 의무적으로 수학하거나 국가가 통제하는 형태를 제대로 갖추지는 않았다. 그리고 양반 계급에 한정된 교육을 실시함으로써 국민 일반의 대중 교육의 형태 역시 마련하지 못하였다. 이에 비해 현대적 의미의 공교육은 모든 국민을 대상으로 국 · 공 · 사립을 가리지 않고, 국가의 관리에 의해 운영되고 있는 것이다. 기존의 국가 관리 형태의 교육은 모든 사람에게 교육의 기회를 균등하게 제공하려는 현대적 공교육제도와 거리가 있는 것이다.

현대적 공교육제도는 두 가지로 구분해 볼 수 있다. 하나는 프랑스혁명의 회에서 입안이 되어 시작된 교육제도이다. 프랑스혁명은 소수 특권 계급의 교육을 대중을 위한 교육으로 전환시키는 중요한 계기로 작용하였다. 다른 하나는 독일의 교육제도이다. 독일의 경우는 국가의 이익을 위해 국민교육 제도를 실시하였기 때문에, 프랑스의 평등주의적인 시민 정신에 의한 공교육과는 성격을 달리한다. 그러나 현대 공교육제도는 이들 두 나라가 채택한 방식의 어느 한 유형으로 전개가 되고 있다. 우리나라의 경우는 국가주도적 형태를 지니고 있는 것으로 보아야 한다. 조선시대 말기에 갑오경장에서 공적인 교육 체제의 형태가 나타나고, 일제 강점기를 거치면서 중앙통제적 형태는 더욱 강화되는 형태를 지녔다.

광복 이후 미군정기를 거치고, 1991년 지방교육자치제도가 실현된 이후의 시기에 지방분권적 형태의 교육이 실시되기도 하였지만, 실질적인 지방교육 자치의 실현이 제대로 정착되고 있다고 보기는 어렵다. 시간의 경과에 따라 의무교육대상 학교급이 확대되고, 고등교육까지 교육의 기회가 양적으로 확장되었지만, 초 · 중등학교의 경우는 여전히 국가에서 교육과정을 결정하고, 이를 운영하기 위한 교육재정 역시 국가에서 마련한 기준에 의해 지원되고 있다. 이러한 국가적 기준의 마련은 교육에서의 기회를 균등하게 하려는 중요한 일이기는 하지만, 이것이 개인의 성장을 제대로 보장하지 못하는 구조를 지닐 경우에는 그러한 기회의 제공이라는 취지를 제대로 살리지 못하게 된다.

　공적인 교육기관에서 제공하는 교육과정이 학습자의 개인적 성장에 적합하지 않을 경우에는 실질적 교육의 기회가 제한된다. 공적인 교육에서 이러한 교육의 기회가 제한되면, 사적인 교육의 왜곡 현상을 방지하려는 의미가 없어지게 된다. 그래서 헌법에서는 교육을 받을 권리의 규정과 더불어 이를 보장하기 위한 여러 가지 규정을 해 놓았다. 학습자의 교육은 일차적으로 교사에 의해 이루어지고, 그 교사는 학습자의 능력의 다양성과 발전성을 현실화시키기 위해 전문적 역량을 동원하는 것이 필요하다. 그러나 개별 교사가 그러한 일을 감당하기에는 한계가 있다.

　여기서 국가는 교원의 전문성을 향상시키기 위한 조치와 더불어 교육환경을 준비하는 일에 책무성이 부과되어 있는 것이다. 한편, 헌법에 규정되어 있는 교육의 자주성과 전문성 및 정치적 중립성을 규정하여 교육행정의 원리도 함께 제시하고 있다. 이러한 것은 교육의 자유를 기본으로 하는 교육권의 소재 문제와 관련된 것이다. 공교육에서 국가가 교육에 대한 관리를 하고 있지만, 교육의 자주성의 원리를 고려하면 어느 정도까지 권력적인 개입을 할 수 있는지는 쉽게 해결될 수 있는 문제가 아니다. 그리고 교육여건의 정비에 대한 책무성이 국가에 부과되어 있기 때문에, 국민 측에서는 그에 대해 어느 정도까지 적극적으로 국가에 대해 요구할 수 있는지 역시 쉽지 않은 문제이다. 공적인 교육에서는 교육에 대한 권리와 권한의 관계가 이러한 점에서 논의의 대상이 되고 있는 것이다.

2) 교육에 대한 권리의 접근 방식

(1) 전통적 접근 방식

교육에 대한 권리와 관련해 언급되는 교육권이라는 용어는 주로 일본의 교육법학 분야에서 많이 사용하고 있다. 일본에서 사용되고 있는 교육권의 개념은 실정법적 개념이라기보다는 학문적으로 사용되고 있는 개념이다. 그것은 국가교육권설과 국민교육권설의 대응을 전제로 한 국민교육권에서의 교육권의 개념으로 사용이 되고 있다. 일본에서 사용되는 교육권은 일반적으로 교육내용이나 교육방법을 결정하는 권리로 보고 있다.[3] 교육권은 교과서 검정 처분 취소 소송 사건 일심 판결(杉本判決, 1970. 7. 7.)을 중심으로 학설이나 판례상 크게 논의되었다.

국가교육권설의 논거는 공교육에서도 민주주의 원리가 타당하기 때문에 국민의 총의가 반영된 법률에 근거해 국가가 교육내용에 관여하는 것은 정당하다는 것이다. 그리고 법률에 의해 구체화된 교육내용에 대해 행정권이 관여하는 것은 당연하다는 의회민주주의 원리에서 찾고 있다.[4] 국가가 교육내용에 관여할 수 있는 폭이 어느 정도인가에 따라 국민 측에서의 교육의 자유는 그만큼 범위가 좁아지는 결과를 초래하게 된다. 그래서 국민교육권 측에서는 교육의 본질로부터 교육의 자유가 나온다고 주장한다. 교육의 본질은 인간의 성장에 있기 때문에, 정당정치를 배경으로 하는 다수결의 원리가 적용되는 것은 부적절하다는 것이다. 국가가 교육내용에 관여하는 것은 필연적인 것은 아니고, 교육을 육성하는 제 조건을 정비하는 것에 있다는 것이다. 그러나 국민교육권설은 국민의 개념이 다양하기 때문에 교육의 자유를 구하는 헌법적 근거는 교육을 받을 권리를 규정한 일본 「헌법」 제23조에서 찾기도 하고, 학문의 자유를 규정한 일본 「헌법」 제26조에서 교사의 교육의 자유를 구하기도 하는 등 통일되어 있지 않다.

일본에서 논의된 교육권의 개념은 우리나라에서도 유사하게 전개되고 있다. 교육권의 개념을 교육내용을 실시하는 권능의 형태로 본다거나, 일본에서 사용하고 있는 권리법력설에 따라 교육에 대한 일정한 권리를 보장하기 위해 법이 특정 개인이나 단체에 부여하여 그 의사를 주장할 수 있는 힘으로 보고, 교육과 관련된 주체의 교육권의 개념을 구체화하고 있다.[5] 헌법학 분

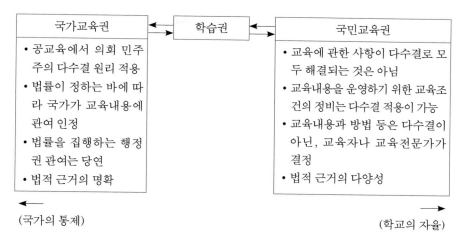

[그림 4-1] 국가교육권과 국민교육권의 관계

야에서는 교육권의 개념을 자녀·학부모·행정당국 내지 국가가 국민의 교육을 받을 권리와 어떠한 관계에 있느냐에 관한 문제로 파악하기도 하고,[6] 교육을 받을 권리를 좁은 의미의 수학권으로 보고, 넓은 의미로는 교육기회의 제공 청구권까지 포함하는 것으로 파악하면서, 교육권은 가르치는 권리로 보기도 한다.[7] 이러한 교육권 개념의 정립과 관련해 헌법상의 교육기본권과 하위법상의 권리나 권능을 구별하여 새로운 접근을 시도하는 견해도 나타나고 있다.

(2) 교육기본권 정립의 접근 방식

교육기본권을 정립하는 주된 논거는 국민교육권론은 헌법상의 교육기본권에 대한 이론이지만, 그 논쟁에서 교육권의 개념은 기본권이 아니라 하위법에서의 권리나 권능에 해당되는 교육내용 결정권을 의미하는 것이므로, 이들은 구별되어야 한다는 것이다. 그리고 교육을 받는 것에 대응하는 것으로 구분하는 것과 같이 개별 조문만의 해석에 의존할 것이 아니라, 교육에 관한 헌법 체계적 해석을 통해 파악되어야 한다는 것이다.[8] 교육을 받을 권리는 교육을 할 권리에 대응하는 개념이 아니라, 교육기본권으로 재정립되어야 한다는 것이다.

「헌법」 제31조에 제시된 교육을 받을 권리는 교육과 관련해 볼 때, 이 조문만으로 교육에 대한 의미를 파악하기는 어렵다. 헌법에 제시된 인간다운 생활을 할 권리, 학문의 자유 등의 개별 기본권뿐만 아니라, 인간으로서의 존엄과 가치 및 평등까지 직접적으로 관련이 되는 것으로 재구성되어야 할 필요가 있다. 교육기본권은 학습권과 교육권을 포괄하는 상위 개념으로 학습과 교육의 자유와 평등의 보장을 위해 구체적인 관련 당사자들의 권리와 의무관계를 명확하게 제시해 줄 수 있는 기준의 의미를 가질 수 있기 때문이다.

교육기본권에 대해 교육권은 국민의 교육기본권을 실현하기 위해 각 주체(관련 당사자)가 가질 수 있는 개별·구체적인 권리나 권한을 의미하는 것으로 구별된다. 교육기본권은 모든 인간의 인간적인 성장이나 발달을 위해 필요한 교육에 관한 헌법상의 포괄적인 기본적 인권에 해당되는 것이며, 교육권은 교육기본권 실현을 위해 교육 관련 주체의 권리나 권한으로 보는 것이다. 이 입장은 「헌법」에 제시된 교육을 받을 권리라는 표현만으로 교육에 관한 헌법상의 기본적 인권의 내용을 모두 파악할 수 없기 때문에, 헌법상 교육에 관련되는 모든 기본권을 종합적으로 파악하려는 개념으로 등장한 것이다. 이러한 의도는 교육에 관한 헌법적 의의와 규범력을 높이려는 경향성을 지니는 맥락과 상통한다.

3. 교육과정 결정 과정과 기구

1) 교육과정 결정 과정

우리나라 교육과정 결정의 과정은 교육과정의 개정 절차에 착수해 고시에 이르고, 이를 교육현장에서 활용하게 되는 일련의 절차를 말한다. 교육과정을 개정하는 구성 요소나 각 단계의 순서는 개정 시기마다 차이가 있지만, 교육과정을 개정하기 위한 기본 계획을 수립하고, 교육과정 총·각론을 연구·개발하며, 교육과정심의회의 심의를 거쳐 최종 확정하는 단계는 거의 유사하다. 그리고 이러한 개정의 과정은 국가수준에서 이루어지지만, 이를 토대로 지역수준과 학교수준에서도 교육과정을 개정하는 작업을 거치게 된다.

　교육과정을 개정하거나 결정하는 과정은 교육과정의 수준별로 볼 수도 있으며, 각 단계별 구체적인 세부 절차로 살펴볼 수도 있다. 우선, 수준별로 보면 일차적으로 교육부 장관이 교육과정의 기준과 내용에 대한 기본적 사항을 정하여 고시한다. 그러면 교육감은 이를 토대로 각 시·도 교육과정 편성·운영 지침을 작성하게 된다. 그리고 학교는 교육부와 교육청에서 고시한 교육과정을 토대로, 학교의 실정에 적절한 교육과정을 편성하여 운영하게 된다.

　다음으로, 앞서 교육과정의 수준에 따른 개정의 과정을 토대로, 여기서는 국가 교육과정의 개정 절차에 대해 살펴본다. 국가, 지역, 학교 교육과정의 모든 측면에 대해 살펴보는 것이 구체적인 내용 파악에 유용하다. 그러나 개정 절차의 구성 요소와 각 단계 간의 순서가 유사하고, 국가 교육과정이 교육의 지향하여야 할 방향과 그 내용을 직접적으로 규정하고 있기 때문에, 국가 교육과정의 개정 과정을 중심으로 논의하여도 큰 무리가 없다고 생각된다. 국가 교육과정의 개정에 대한 추진 절차는 [그림 4-2]와 같다.[9]

　[그림 4-2]는 교육과정 개정 절차에 대한 상세한 설명을 제공하고 있다. 이 그림에 제시되어 있는 내용을 보다 압축하여 표현하면, 교육부의 교육과정 개정 방향의 설정 → 개정 교육과정의 연구와 개발 및 시안 작성 → 교육과정심의회의 심의 → 교육과정 총·각론 확정 고시의 순서로 이어진다. 그리고 이러한 교육과정이 고시되면, 적용되기까지 일정한 시간이 소요된다. 2015 개정 교육과정을 예로 들면, 2015년 9월 23일에 개정 교육과정이 확정·고시되고,

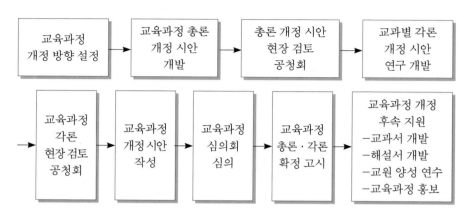

[그림 4-2] 국가 교육과정 개정 업무 추진 절차

2017년 3월 1일부터 초등학교 1, 2학년 적용, 2018년부터 초등학교 3, 4학년
과 중학교 1학년, 고등학교 1학년이 적용되고, 2020년이 되면, 중학교 3학년
과 고등학교 3학년까지 전면적으로 적용이 되는 구조를 지니고 있다. 개정된
교육과정이 확정·고시되고 난 후, 실제 교육현장에 적용이 되기까지 1년 6개
월 정도의 시간적 공백이 있는 것이다.

　이 시기에 교육부는 개정 교육과정에 대한 홍보와 교육현장에서 사용할
교과서의 개발, 그리고 교원 양성에 대한 연수를 행하여, 개정 교육과정의 현
장 적용을 위한 추가적인 준비를 한다. 교육부가 개정 교육과정에 대한 후속
조치를 행하는 가운데, 시·도 교육청에서는 교육과정 편성·운영의 지침을
개발하게 된다. 그리고 이러한 교육청의 교육과정 편성·운영 지침이 확정
되면, 단위학교에서는 개정 교육과정에 따른 학교 교육과정을 편성·운영하
게 된다. 학교 교육과정의 편성과 운영의 계획이 정비되고, 교육과정을 적용
할 때즈음 교과서 개발도 완료되어 사용 준비를 마치는 과정을 거치는 것이
다. 이러한 개정의 절차에 대한 법적인 규정은 존재하지 않고 있다. 다만 '교
육과정심의회'가 법정기구로 존재하면서 자문기구로 역할을 수행하고 있을
뿐이다. 그러나 교육과정심의회가 교육과정 개정의 어떠한 절차에서 역할을

하는 것인지에 대한 절차적 측면의 기술 역시 제대로 규정되어 있지 않다.

2) 교육과정 결정기구

교육과정을 결정하는 기구로 핵심적 역할을 수행하는 것은 교육부, 전문연구기관, 교육과정심의회가 있다. 이들 세 주체 가운데 법적으로 규정되어 있는 것은 교육부와 교육과정심의회이다. 여기서는 이들 주체 각각의 역할을 살펴보고 난 후, 법적 규정의 주요 내용을 살펴보고자 한다. 지역 교육과정과 학교 교육과정의 경우는 국가 교육과정의 결정기구에 대한 내용을 토대로 이해할 수 있는 부분이기 때문에 여기서는 국가 교육과정 결정기구 중심으로 살펴본다.

(1) 국가 교육과정 결정의 주요 기구

국가 교육과정 결정에서 주요 역할을 담당하는 각 기구의 역할을 살펴본다. 국가 교육과정 결정에서 교육부는 기본 계획을 수립하고, 최종적 의사결정을 하는 기구이고, 전문연구기관은 개정 교육과정에 대한 실질적 연구를 수행하며, 교육과정심의회는 개정 교육과정에 대한 자문 역할을 담당한다.

첫째, 교육부는 교육과정의 정책 수립부터 교육과정의 기본 계획 수립과 전체적인 일정 조율 및 교육과정 연구기관에 개발 위탁, 그 결과인 시안을 받아 확정·고시하기까지 주도적인 역할을 담당한다. 2009 개정 교육과정에서는 교육과정특별위원회를 두기도 하였다. 2015 개정 교육과정에서는 별도의 특별위원회를 구성하지 않고, 교육과정 개정 연구위원회를 두고, 실무적으로 연구하는 기관과 독립적으로 연구와 자문의 기능을 동시에 수행하였다. 개정의 시기에 따라 연구나 자문의 기구를 달리하고 있는 것이다.

둘째, 전문연구기관은 교육과정 시안을 만드는 데 중추적인 역할을 담당하고 있다. 개정 교육과정에서는 개정과 관련된 여러 주제를 세분화하여 대

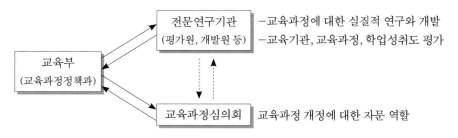

[그림 4-3] 국가 교육과정 개정기구

학에 재직 중인 연구자나 현장교원을 참여시켜 별도의 연구를 병행한다. 이들의 기존 연구를 조정하거나 별도의 연구를 수행하여 최종적 시안을 만드는 데 전문연구기관이 그 역할을 담당하는 것이다. 대표적인 전문연구기관이 한국교육과정평가원이며, 한국직업능력개발원과 국립특수교육원 등은 해당 분야에 대한 교육과정 개발에 주요 역할을 하고 있다. 2015 개정 교육과정에서는 한국과학창의재단이 수학과 과학에 대한 교육과정을 개발하는 데 주도적 역할을 담당하기도 하였다. 전문연구기관이 교육과정에 대해 어떠한 역할을 하는지 명시적인 법적 규정은 존재하지 않는다. 다만 이들 기관은 「정부출연연구기관 등의 설립·운영에 관한 법률」과 「과학기술기본법」 등 근거를 두고 설립되어, 해당 기관의 정관에서 교육과정에 대한 역할을 규정하고 있는 것이다.

셋째, 교육과정심의회는 개정 교육과정에 대한 자문을 하는 기구이다. 명칭은 교육과정에 대한 심의회이지만, 실제 성격은 자문기구에 가깝다. 교육과정심의회는 일반적으로 개정 교육과정 시안이 만들어지면 그에 대한 자문을 한다. 그러나 경우에 따라서는 교육과정 개정 작업이 진행되는 중간에 교육과정심의회를 개최하기도 한다. 2015 개정 교육과정의 경우는 교육과정 개정 작업을 진행하는 도중에 필요에 따라 교육과정심의회를 개최하였다. 2015 개정 교육과정 당시 교육과정심의회 심의위원은 총 746명이었다.

교육과정의 개정과 관련된 이들 기구는 교육과정의 개정 절차에 따라 그 역할을 달리하고 있으며, 이들의 역할이 조화될 때 개정 교육과정 작업이 원활하게 진행될 수 있다. 이들 세력 중 어느 한 세력이 우세하게 되거나 그 역할이 미미하게 된다면, 이들 기구의 존립 의의가 퇴색된다. 교육과정 결정에서 절차적 측면에 대한 합리적 운영과 더불어 이들 기구의 구조적 측면의 역할이 제대로 이루어질 때, 교육과정 결정이 제대로 이루어질 수 있을 것이다.

(2) 교육과정심의회의 구체적 내용

교육과정심의회는 교육과정 결정에서 교육부와 더불어 유일한 법정기구이다. 교육부의 수장인 교육부 장관은 교육과정을 최종 확정 · 고시하는 역할을 담당하는 법적 근거를 지니고 있지만, 그 외 특별히 교육부가 교육과정 개정이나 결정과 관련해서는 법적으로 규정되어 있는 사항은 제대로 마련되어 있지 않은 실정이다. 이에 비해 교육과정심의회는 대통령령으로서「교육과정심의회 규정」의 법적 근거에 의해 그 구조가 정립되어 있다.「교육과정심의회 규정」은 법률에 직접적으로 명시한 근거는 없다. 다만,「초 · 중등교육법」제2조의 학교의 종류에 대한 규정에 의해 학교의 교육과정의 제정 · 개정에 관한 사항을 심의하고, 이에 관한 조사 · 연구를 하게 하기 위하여 교육부에 교육과정심의회를 두도록 하였다.

「교육과정심의회 규정」은 1960년 12월 23일 국무원령 제132호로 공포되었다. 당시의 규정 제1조에서는 "문교부 장관의 자문에 응하여 … 교육과정의 제정에 관한 사항을 심의하며, 이에 관한 조사 연구를 하게 하기 위하여 …"라고 하여 자문기구임을 명시하였다. 그러나 2005년「교육과정심의회 규정」의 개정에서는 자문기구의 역할이 삭제되었다. 그러나 현재까지 자문기구로 운영이 되고 있다. 교육과정심의회의 전신으로는「교수요목제정심의회 규정」(1950. 6. 2. 문교부령 제9호로 제정, 1959. 3. 11. 문교부령 제81호로 폐지)이 있으며,「교과과정연구위원회직제」(1951. 3. 30. 문교부령 제16호로 제정, 1959. 3. 11. 문교부령 제81호로 폐지)가 있었다. 이들 직제 이전에는 조선교육심의회(교수

요목심의)와 한국교육위원회(제1차 교육과정개발 심의·자문)가 현대적 교육과
정의 기본 골격이 형성될 시점에서 활동하였다.[10]

교육과정심의회의 조직은 세 가지로 구분된다. 교과별위원회, 학교별위원
회, 운영위원회가 그것이다. 교과별위원회는 「초·중등교육법시행령」 제43조
의 규정에 의한 교과별로 소위원회를 구성하고, 교과별 교육과정에 관한 사항
을 조사·심의하는 위원회이다. 학교별위원회는 「유아교육법」 제2조 제2호
의 규정에 의한 유치원 및 「초·중등교육법」 제2조의 규정에 의한 학교의 교
육과정별로 다음 각호의 소위원회를 구성하고, 각급학교 교육과정의 조정에
관한 사항을 조사·심의하고 있다. 운영위원회는 교육과정 제·개정에 있어
서의 전체적인 원칙 및 목적 조정에 관한 사항과 다른 위원회에 속하지 아니
하는 사항을 조정, 심의하는 역할을 한다.

교육과정심의회는 교육과정 결정에서 긍정적 측면과 부정적 측면 모두를
가지고 있다.[11] 긍정적 측면은 교육과정의 제·개정에서 해당 분야의 학식이
나 경험이 풍부한 전문가의 의견을 제시해 교육과정 내용의 타당성을 검토할
수 있는 여지가 있으며, 교육부 장관이 교육과정에 대해 독자적으로 결정할
수 있는 체제에서 견제의 역할을 할 수 있다. 그리고 교육과정 개정에서 의견
을 수렴하기 위한 통로를 개방화하고, 다양한 교육 관련 주체를 참여시켜 민

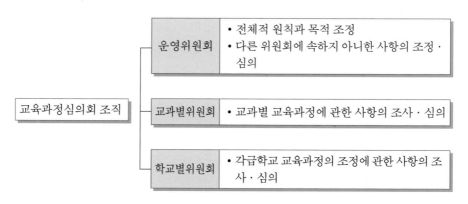

[그림 4-4] 교육과정심의회 조직

주성을 확보한 것은 헌법에 제시된 교육의 자주성과 전문성을 확보하기 위한 전제로 작용하고 있다는 점이다.

이에 비해 법률에 직접적인 근거가 없이 시행령에 규정됨으로 인해 그 지위가 다소 안정적이지 못한 점이 있으며, 학계, 정계, 언론계, 학부모, 경제계, 현장교원 등 다양한 교육 관련 주체가 참여함으로써 대표성은 확보되지만, 전문성이 떨어지는 약점도 있다. 또한 교육부 내에 독립적으로 설치함으로써 정치적으로 중립을 확보할 수 있는 여지는 있지만, 그 결과를 비공개함으로써 자문 의견이 교육과정 개정에서 어느 정도로 반영되는지 확인하기 어려운 점이 있다. 따라서 교육과정심의회의 법적 근거의 명확화와 절차적 측면의 정비, 교육 관련 주체의 전문성 확보 방안, 회의록의 공개를 통한 투명성의 강화 등에 대한 법제 정비의 필요성도 존재한다고 생각된다.

3) 교육과정 결정에 대한 평가와 교육권

(1) 교육과정 결정에 대한 평가

국가 교육과정 결정과 관련해 핵심적 역할을 하는 세 주체는 이제까지 교육과정 개정에서 주도적 역할을 담당하여 왔다. 이들 기관은 그 나름의 역할을 충실히 수행하면서 교육과정 개정에 임하였지만, 이들 기구들 간의 역할 관계에서는 힘의 균형이 완전하게 이루어지지 않고 있다. 이들 논의의 결과를 토대로 평가를 하면 다음과 같다.

첫째, 교육과정에 대한 법적인 근거가 다양하게 되어 있다는 점이다. 교육부 장관은 「초ㆍ중등교육법」 제23조에 근거해 직접적인 권한을 지니고 있는 일차적 기구이며, 기본 계획의 수립에서 확정ㆍ고시까지 일련의 과정 전체에 관여를 하고 있다. 교육과정심의회는 직접적인 법률의 근거가 없이 「교육과정심의회 규정」을 토대로 자문 역할을 담당하고 있다. 전문연구기관인 한국교육과정평가원, 한국직업능력개발원과 같은 경우는 「정부출연연구기관 등의 설립·운영에 관한 법률」에 근거를 두고 있으며, 한국과학창의재단은 「과학기술기본법」 제30조 제4항에 근거를 두고 있다. 교육과정을 결정하는 데 이들 주체가 상이한 법적 근거를 지니고 있으며, 전문연구기관 역시 다른 근거를 두고 있어 통일성이 결여되어 있다.

둘째, 교육과정 개발에 대한 절차적 측면에 대한 규정이 없다. 교육과정을 교육부 장관이 고시하게 되어 있지만, 개정의 주요 절차는 교육부에서 마련한 기본 계획에 의해 전개되고 있다. 교육부에서 교육과정 개정과 관련된 절차를 규정할 경우에는 시대·사회적 변화에 따라 탄력적으로 운영할 수 있으며, 기존의 개정 과정에서 나타난 문제를 수정·보완하여 보다 합리적인 의사결정을 내릴 수 있는 장점이 있다. 반면, 교육부의 필요에 따라 개정의 주요 절차가 마련됨으로써 개정 절차의 투명성이 약화될 수 있다. 개정의 절차와 관련된 사항을 법적으로 규정을 한다고 하더라도 마찬가지의 문제가 생긴다. 개정 절차를 법적으로 규정할 경우 형식화되고, 절차적 측면을 중시하게 되어 실효성 있는 개정을 담보하기 어려울 수 있다. 따라서 최소한의 절차인 법 구조의 토대에서 체계적으로 정립하여 이들 사항을 조화시킬 필요가 있다.

셋째, 교육과정 개발에 대한 구조적 측면에서의 각 기구별 역할 분담 관계도 명확하게 설정되어 있지 않다. 교육과정 개정의 구조나 기구와 관련해 이 글에서 제시한 것은 현실적으로 이루어지고 있는 주요 기구에 대해 설명한 것이다. 교육과정심의회의 경우는 교과나 학년 및 운영위원회별로 구체적인 조직을 구분해 그 역할을 명시하고 있지만, 교육부와 전문연구기관이 교육과정 개정에서 어떠한 역할을 하는 것인지 명확하지는 않다. 전문연구기관은 정관에서 교육과정에 대한 연구·개발을 한다고 규정하고 있지만, 이것이 교육과정 개정 절차의 전체적인 측면에서의 역할에 대한 직접적인 위치를 가늠하기는 다소 애매한 입장이다. 그리고 교육부, 교육과정심의회, 전문연구기관의 역할 분담 체계 역시 어떻게 상호작용하는지에 대한 설명도 부족한 실정이다.

넷째, 교육과정 개정의 주요 역할을 담당하는 세 주체의 힘의 균형에서 차이가 나고 있다. 교육부는 법적으로 교육과정 기준과 내용의 기본적 사항을 정할 수 있는 주체로 명확하기 때문에 통일성이 있으며, 계획중심적으로 추진할 수 있는 권한이 있다. 교육과정심의회는 법률에 명시적 규정은 없지만 대통령령으로 규정이 정비되어 있으며, 이에 따른 세부 조직의 역할 분담도 명확하게 되어 있다. 그러나 교육과정심의회 심의위원은 교육계뿐만 아니라, 정계나 경제계, 언론계 등 참여 범위가 넓어, 다양성·대표성을 추구하는 동시에 이익성을 추구하는 양면성을 지니고 있다. 전문연구기관은 상위법의 근거가 상이하고, 정관에서 교육과정의 연구·개발을 하도록 하고 있다. 전문연구기관은 교육과정 결정에서 전문적 성격을 띠고 있고, 연구기관의 다양성으로 인해 교육현장 문제 해결에 대한 견해가 상이하게 나타나는 다양성이 존재할 수 있다.

교육과정 개정에서 교육부, 교육과정심의회, 전문연구기관은 그 성격을 달리하기 때문에, 어느 한 기구의 힘이 우세하게 되면 그 기구의 성격이 교육과정 개정에 반영이 되어 편향성을 가질 수 있다. 교육부의 힘이 우세하게 되면 계획중심적이고 교육의 도구주의적인 경향이 나타날 소지가 있으며, 교육과정심의회의 힘이 우세하게 되면 교육과정 결정의 비합리성과 이익집단화가 될 소지가 있다. 전문연구기관의 힘이 우세하게 되면, 교육과정의 구체적 내용에서 다양성이 보장되지만, 교육현장이 실험의 장이 될 소지도 있다. 교육과정 내용은 어떻게 되어야 된다는 당위적 성격보다는 한 사회의 구성원의 합의된 가치가 되어야 하기 때문에, 이들 세력이 어떻게 조화되어야 할 것인지가 교육과정 결정에서 중요하게 될 것이다.

다섯째, 전문연구기관의 설립 근거와 주요 업무가 중복되는 경향이 있기 때문에, 이들에 대한 조정이 필요하다. 교육과정 개정에서 전문연구기관인 한국교육과정평가원, 한국직업능력개발원과 같은 경우는 「정부출연연구기관 등의 설립·운영에 관한 법률」에 근거를 두고, 정관에서 '고등학교 이하 각급학교 교육과정의 연구·개발 및 교육평가의 연구·실시'에 대한 내용을 규정하고 있다. 정관의 규정에 근거해 교육과정 개발에서 전문성을 발휘하고 있는 것이다. 반면, 한국과학창의재단은 「과학기술기본법」 제30조 제4항에 근거를 두고 있으며, 정관에서 '고등학교 이하 각급학교 수학·과학 교육과정의 연구·개발'에 대한 사항을 마련하고 있다. 한국교육과정평가원과 한국과학창의재단이 교육과정의 연구·개발에서 중복 내용이 나오는 것이다.

정관에 규정한 내용이 중복된다고 해서, 이들 기관이 복수로 교육과정을 연구하지는 않는다. 2015 개정 교육과정에서는 한국과학창의재단에서 수학과 과학 교육과정에 대한 전문적 연구를 수행하였다. 이들 기관 자체의 이름으로 하지만 공문을 통해 연구진을 구성하여 정책과제를 수행하고, 그 결과의 토대 위에 입장을 전개한다. 그렇다고 하더라도 이러한 기관들 간의 업무가 중복되는 것은 적절하다고 보기만은 어렵다. 다양한 기관에서 연구를 수행하는 것은 교육과정에 대한 내용을 보다 합리적으로 할 수 있는 여지도 있지만, 기관들 간의 갈등도 존재할 수 있다. 이들 전문연구기관을 설립하고 운영하는 기본 취지에 부합될 수 있도록 역할 분담을 보다 명확하게 정립할 필요가 있는 것이다. 교육과정 개발은 독립적인 교과로만 존재하는 것이 아니라, 융합이나 통합적 교육과정을 만들 때 교육과정 조직 원리로서 계열성이나 통합성 등을 저해하지 않아야 되는 문제도 있다.[12] 전문연구기관의 역할이 협력적이든 독립적이든 간에, 합리적 의사결정이 내려지도록 하는 구조가 되어야 할 것이다.

(2) 법률 차원에서 접근하는 교육과정의 문제

최근 국가 교육과정에 반영되지 않고 법률 근거에 의해 교육현장에 곧바로 적용되는 교육과정 문제가 커지고 있다. 국가 교육과정에 포함되지 않으면서 단위학교에 직접 강제하는 법령이나 국가의 정책적 요구에 의해 제시되는

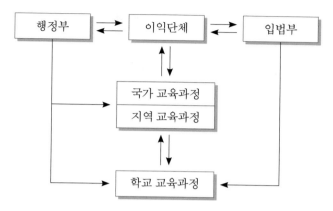

[그림 4-5] 학교 교육과정에 직접적으로 영향을 미치는 변인

범교과 학습 주제가 바로 그것이다. 현재 단위학교에 영향력을 발휘하고 있는 변인을 도식화하면 [그림 4-5]와 같다.[13]

[그림 4-5]에서 행정부는 입법부와 사법부에 대립되는 협의의 정부를 말하는 것으로, 교육과정과 관련해서는 교육부 교육과정정책과가 해당된다. 입법부는 법률을 제정하는 국회를 말하며, 이익단체는 자신의 신념이나 복지를 증진시키기 위해 노력하는 제반 집단이다. 이익단체는 교육과정 개정에 자신들의 의견을 반영하기 위해 교육부에 대해 영향력을 행사하고, 국회입법을 통해서도 자신의 이익을 관철시키기 위해 노력한다. 기존에는 교육과정 개정 시에 이익단체의 역할은 국가 교육과정에 자신들의 의견을 반영하기 위한 노력으로 나타났지만, 최근에는 입법부를 통해 국가 교육과정에 반영됨 없이 곧바로 학교 교육과정에 특정의 교육내용과 수업시수를 요구하는 경향이 늘고 있다. 이익단체뿐만 아니라, 정부 부처 간에서도 이러한 사항은 점차 증가하고 있어 교육과정 이외의 통로로 학교 교육과정에 의무적으로 반영하여야 할 내용과 수업시수가 증가하고 있다.

2014년 교육부 교육과정정책과에서 조사한 교육부 내에서의 담당 부서에서 요청한 범교과 관련 주제와 수업시수 확보 현황을 조사한 결과를 살펴보

〈표 4-1〉 교육부 내 담당 부서의 범교과 관련 수업시수 확보 요구 현황

번호	담당 부서	요구 근거		내용	시간	관련 근거
		법령	정책			
1	학생건강안전과	○		성교육	15	학교보건법
				보건교육	17	학교보건법
				생명존중교육	02	자살 예방 및 생명 존중 문화 조성을 위한 법률
				심폐소생술 등 응급처치교육	01	학교보건법
				안전교육	44	아동복지법
				식품안전 및 영양·식생활교육	20	식·생활교육지원법
2	특수교육정책과	○		장애이해교육 및 인권교육	02	장애인복지법시행령
3	직업교육정책과		○	산업안전·보건 및 근로관계법교육	17	교육부 정책
4	창의교수학습과		○	에너지절약교육	01	교육부 정책
5	학교정책과		○	통일교육	–	교육부 정책
계					119	

※ 여기서 제시한 시간은 매 학년 연간 수업시간 수로 환산하여 제시하였음.
※ 학생건강안전과의 식품 안전 및 영양·식생활교육은 교육대상(단위학교에서 결정)에게 월 2회 이상으로 되어 있어 총 10개월을 1년 단위로 환산하였음.
※ 관련 근거의 법률은 여러 개가 중복되어 대표성을 띠는 법률 규정으로 한정하여 제시하였음.
※ 직업교육정책과의 내용은 특성화 고등학교에 한정된 것임.

면 〈표 4-1〉과 같다.[14]

여기에는 법률 차원에서 접근하는 것이 있고, 정책적으로 접근하는 것이 있다. 우선, 법률의 규정에 따라 학교 교육과정에서 의무적으로 편성하고 운영하여야 할 교육내용과 수업시수를 살펴본다. 법률의 규정에 따라 학교 교육과정에 반영하고자 하는 교육과정 내용은 국가 교육과정에 반영이 되지 않고, 직접적으로 단위학교에 반영이 되고 있다. 대표적인 것이「학교보건법」
「자살 예방 및 생명 존중 문화 조성을 위한 법률」「아동복지법」「식생활지원
법」「장애인복지법시행령」 등이다. 이들 법령으로 요구하는 교육내용과 수
업시수는 '고시' 형태로 공포되는 국가 교육과정보다 상위법에 속하기 때문
에, 단위학교에서 의무적으로 수용하여야 하는 구조를 지니고 있다.「아동복
지법」제31조 제1항을 예로 들어보면 다음과 같다.

> 제31조(아동의 안전에 대한 교육) ① 아동복지시설의 장,「영유아보육
> 법」에 따른 어린이집의 원장,「유아교육법」에 따른 유치원의 원장 및「초 ·
> 중등교육법」에 따른 학교의 장은 교육대상 아동의 연령을 고려하여 대통
> 령령으로 정하는 바에 따라 매년 다음 각호의 사항에 관한 교육계획을 수
> 립하여 교육을 실시하여야 한다.
> 1. 성폭력 및 아동학대 예방
> 2. 실종 · 유괴의 예방과 방지
> 3. 감염병 및 약물의 오남용 예방 등 보건위생관리
> 4. 재난대비 안전
> 5. 교통안전

이 규정에 따라「아동복지법시행령」제28조 제1항은 다음과 같이 규정하
고 있다.

> 제28조(아동의 안전에 대한 교육) ① 아동복지시설의 장,「영유아보육
> 법」에 따른 어린이집의 원장,「유아교육법」에 따른 유치원의 원장 및「초 ·
> 중등교육법」에 따른 학교의 장은 법 제31조 제1항에 따라 교육계획을 수립
> 하여 교육을 실시할 때에는 별표 3의 교육기준에 따라야 한다.

〈표 4-2〉 아동의 안전교육에 대한 교육기준(제28조 제1항 관련)

구분		성폭력 및 아동학대 예방교육	실종 · 유괴의 예방 · 방지교육	감염병 및 약물의 오용 · 남용 예방 등 보건위생관리교육	재난대비 안전교육	교통안전교육
실시 주기 (총 시간)		6개월에 1회 이상 (연간 8시간 이상)	3개월에 1회 이상 (연간 10시간 이상)	3개월에 1회 이상 (연간 10시간 이상)	6개월에 1회 이상 (연간 6시간 이상)	2개월에 1회 이상 (연간 10시간 이상)
교육 내용	초 등 학 교	1. 성폭력을 포함한 아동학대 개념 2. 성폭력의 위험 상황 3. 성폭력 예방법과 대처법 4. 나와 타인의 권리 인식	1. 길을 잃을 수 있는 상황 이해하기 2. 유괴범에 대한 개념 3. 유인 전략 및 위험 상황 알기 4. 유괴 사고 발생 시 대처법 및 예방법 5. 유괴 · 유인 상황 목격 시 신고 요령	1. 감염병 예방을 위한 개인위생 실천 습관 2. 예방 접종의 이해 3. 약물 · 화학 제품의 필요성과 위험성 이해하기 4. 중독 · 오용 · 남용의 개념 알기 5. 중독 사고의 대처법과 예방법 6. 약물 · 화학 제품 오용 · 남용의 원인 알기 7. 오용 · 남용의 대처법과 예방법 8. 올바른 약물 · 화학 제품 사용법	1. 화재의 원인과 예방법 2. 화재 시 대처법 3. 화재 신고 요령 4. 화상 대처법 5. 소화기 사용법 6. 자연 재난의 개념과 안전한 행동 알기	1. 안전한 통학로 알기 2. 상황에 따른 안전한 보행법 3. 바퀴 달린 탈것의 안전한 이용법 4. 교통수단의 안전한 이용법 5. 교통법규 이해하기
교육 방법		1. 전문가 또는 담당자 강의 2. 장소 · 상황별 역할극 실시 3. 시청각교육 4. 사례 분석	1. 전문가 또는 담당자 강의 2. 장소 · 상황별 역할극 실시 3. 시청각교육 4. 사례 분석	1. 전문가 또는 담당자 강의 2. 시청각교육 3. 사례 분석	1. 전문가 또는 담당자 강의 2. 시청각교육 3. 실습교육 또는 현장학습 4. 사례 분석	1. 전문가 또는 담당자 강의 2. 시청각교육 3. 실습교육 또는 현장학습 4. 일상생활을 통한 반복 지도 및 부모교육

그리고 [별표 3]에서는 교육기준을 〈표 4-2〉와 같이 규정하고 있다. 지면 관계상 교육내용 부분은 초등학교 취학 전과 중·고등학교의 교육내용을 제외하고, 초등학교에 해당되는 내용만을 제시하였다.

이와 같이 법률의 규정에 의한 교육내용과 교육방법의 규정 및 수업시수의 학교 교육과정 반영의 의무적 부과는 학교에 대한 상당한 부담을 줄 뿐만 아니라, 교육과정 내용 조직의 원리에도 상당한 문제를 발생시킨다. 법률과 국가정책, 교육청의 정책 등에 따른 의무적 부과 형태의 수업시수는 283시간에 달할 정도로 많게 된다.[15] 하루 4시간 주 5일 수업을 한다는 가정을 하면, 14주 이상의 시간이 소요된다. 국가 교육과정에 제시된 한 학기 기준이 17주임을 가정하면, 얼마나 많은 시간을 의무적으로 부과하고 있는지 가늠할 수 있다. 이들을 정규 교과나 창의적 체험활동 등에 수업할 수 있도록 하지만, 그러한 작업은 쉽지 않은 것이다.

이러한 것은 학습자의 발달 단계를 고려해 적정한 학습 분량을 초과하게 되어 학습권을 침해하게 되고, 교사의 교육의 자유 역시 제한하는 결과를 가져오게 된다. 각 이익단체나 국가 부처의 이기주의로 인하여 부과되는 내용의 학습에 대한 실효성도 떨어뜨리게 된다. 이러한 문제를 해결하기 위해 법률로 부과되는 수업시수를 조정할 수 있는 기구의 필요성, 교육부 내 전문 인력의 확보와 조정기구 설치의 법적 근거의 마련 등의 법제 정비에 대한 방안이 제시되기도 한다.[16]

법률에 근거한 학교 교육과정에 대한 교육내용의 반영 요구는 국가 교육과정 자체의 문제에 논의를 집중하는 차원을 넘어선 것이다. 교육과정 결정에서 교육부나 전문연구기관, 그리고 교육과정심의회의 주체 간의 견제와 균형에 대한 논의를 하였지만, 법률을 통한 교육과정의 접근은 이들 문제를 능가하는 것이다. 외적으로 교육과정이 결정되는 것은 교육의 자주성과 전문성을 침해하게 되고, 교육방법까지 결정하는 것은 교사의 교육의 자유에 대한 권리도 침해하는 결과를 가져오며, 종국적으로는 학습권에 대한 중대한 제한을 가져오게 된다. 교육의 도구주의화를 초래하게 되는 것이다. 또 법적인 측면 이외에도 교육내용 간의 난이도나 계열성 등을 확립하지 못하게 되어 교육과정 그 자체에 심각성을 더해 주게 된다. 이러한 구조를 개선할 수 있는 법과 제도의 정비가 필요한 것이다.

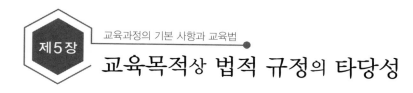

제5장 교육과정의 기본 사항과 교육법

교육목적상 법적 규정의 타당성

1. 교육목적 체제의 개관

1) 교육목적에 대한 법적 논의 맥락

교육목적은 교육활동의 방향을 명백하게 함으로써 교육에 대한 통제적 기능을 수행한다. 교육활동의 세 주체 중 하나인 교육내용은 교육목적이 어떻게 규정되어 있느냐에 따라 달라진다. 교육목적은 교육내용과 밀접한 관련을 맺고 있으며, 이들을 분리된 것으로 보기는 어렵다. 교육내용과 관련된 법적인 측면에 대한 연구는 여타 분야에 비해 상당히 낙후되어 있고, 교육과 법은 밀접하기보다는 거리가 멀다는 생각으로 제대로 이루어지지 않았다. 그러나 교육내용의 방향과 법의 방향이 일치되지 않거나 갈등 양상이 벌어지지 않도록 이론적으로 구축할 필요가 있다. 그것이 교육과정과 법에 대한 관계를 연구하는 목적이 되며, 보다 거시적으로는 교육내용과「교육법」에 대한 문제를 추출하고, 그에 대한 이론적 쟁점을 명확하게 하는 것이 된다.

교육내용은 자유로운 분위기에서 이루어져야 학습자에게 적절한 내용을 제시할 수 있고, 강제적이고 통제적일 경우에는 획일화된 인간을 만들어 내기 때문에 부적절하게 된다. 공적인 교육 체제에서 국민의 학습에 대한 발달을 위해 적절한 교육내용이 존재하고, 교육격차를 방지하기 위해 유효적절한 여건을 정비하여야 할 필요가 있다. 교육목적은 법적으로 규정되는 교육내용의 방향을 정하는 일차적 관건이 된다. 교육목적이 법적으로 규정하는 것에 대해서는 우리나라뿐만 아니라 세계 여러 나라에서도 내용이 제시되어 있다. 현재 우리나라는「헌법」에 교육의 목적을 명시적으로 규정하기 보다는 법률에 제시하고 있다. 「헌법」의 정신을 구현하기 위해 교육의 방향을 법률 차원에서 설정하고, 그 방향은 교육과정에서 구체화되고 있다.

교육목적이 법에 규정됨의 타당성 여부에 대해서 찬성과 반대의 입장이 나뉘지만, 현재「교육기본법」과「초 · 중등교육법」에서는 교육이념과 각급학교 교육목적이 규정되어 있다. 법에 규정되어 있는 교육목적이 상세할수록 교육 관련 주체가 교육과정 내용을 자유로이 결정할 수 있는 정도는 그만큼 제한된다. 법률에 제시된 교육목적의 방향뿐만 아니라, 상세화 수준에 따라 교육활동의 자율성 범위도 달라진다. 이러한 점에서 교육목적을 법에 명시하는 것이 어느 정도의 타당성을 지니고, 어느 정도 수준까지 정하는 것이 합리적이며, 어떠한 방식으로 규정되어야 하는가를 검토할 필요가 있는 것이다. 여기서는 교육목적과 관련 사항이 교육현장까지 어떻게 관련되어 있는지 개관하고, 법률과 국가 교육과정에 제시된 내용을 분석하고자 한다.

2) 교육목적의 체제 개관

교육목적은 교육목표와 구별이 되지만, 사용하는 맥락에 따라 혼용하여도 크게 문제가 되지 않는다. 그러나 교육목적의 체계와 관련해 언급할 경우에는 이들 용어를 구별하지 않을 경우 어색하거나 혼란이 올 수 있다. 여기서는 교육목적과 관련된 개념의 정의를 살펴보고, 법률과 국가 교육과정에 제시된 교육목적 관련 사항이 어떻게 교육현장의 수업까지 연결되는지 알아보고자 한다. 「교육기본법」과 「초·중등교육법」에서는 교육이념과 각급학교 교육목적이라는 조문 제목을 각각 붙이고 있으며, 국가 교육과정에서는 추구하는 인간상, 각급학교 교육목표, 교과별 목표, 교과별 성취기준 등이 제시되어 있어, 이들 용어를 구분하고 있다. 현행 법률과 2015 개정 교육과정을 토대로 이들 관계를 도식화하면 [그림 5-1]과 같다.[1]

[그림 5-1]은 법률과 국가 교육과정에 규정된 교육목적 관련 사항을 추출해 제시한 것이다. 여기서는 이들 규정에 제시된 개념을 정의하고, 이들에 대한 구체적 사항은 항을 달리해 설명하고자 한다. 법률에 규정된 교육목적과 관련된 사항은 「교육기본법」에 제시된 교육이념과 교육목적, 「초·중등교육법」 제38조(초등학교), 제41조(중학교), 제45조(고등학교)에서 각급학교 교육목적을 제시하고 있다. 국가 교육과정에서는 추구하는 인간상과 핵심역량,

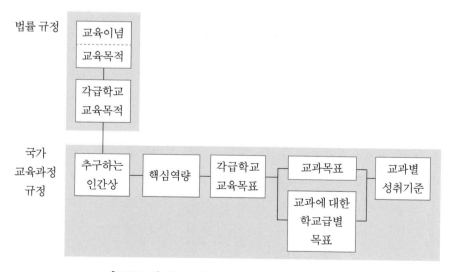

[그림 5-1] 법과 교육과정에 제시된 교육목적 체계

각급학교 교육목표가 총론에 규정되어 있고, 교과목표와 교과별 성취기준은 각론에 규정되어 있다.

　교육이념은 "교육의 가치 면을 철학적, 이론적 체계로 표현한 것"[2]이거나 "목표의 설정에서만이 아니라 내용의 선정과 방법의 기용에서도 그 규제의 기능을 하는 것이고, 모든 교육계획과 교육활동에 논리적으로 선행하는 것"[3]이다. 교육이념은 모든 교육활동의 포괄적인 판단 기준이며, 법적으로 규정된 경우 교육과 관련된 법의 지도 원리인 동시에 법해석의 기준이 되는 것이다. 법률에는 교육이념을 구체화한 교육목적도 존재하고 있다. 교육이념은 초·중등학교로 구분해 교육목적이 구체화되고 있다. 교육목적은 학교급별 교육활동에서 지켜야 할 준거에 해당된다.

　국가 교육과정에서는 총론에서 추구하는 인간상, 핵심역량, 각급학교 교육목표가 제시되어 있고, 교과별 교육과정에서는 교과별 목표와 성취기준이 존재하고 있다. 추구하는 인간상은 개정 교육과정의 교육과정정책의 변화를 통해 기르고자 하는 인간의 특성을 표현한 것이며, 각급학교 교육목표는 개정 교육과정의 교육적 인간상을 학교급별로 구체화한 것이다. 2015 개정 교육과정에서는 핵심역량을 추구하는 인간상과 학교급별 교육목표 중간에 위치시키고 있으며, 추구하는 인간상을 구현하기 위해 핵심역량을 설정한 것으로 명시하고 있다. 핵심역량은 학습자 입장에서 본 것으로 교육의 입장에서 본 것과 관점의 차이가 있다. 그러나 2015 개정 교육과정에서는 이를 일종의 교육목적으로 규정하고 있다.

　교과별 교육과정에서는 각 교과별로 목표를 설정하고, 성취기준을 제시하고 있다. 교과별 교육목표는 교과 교육과정이 지향해야 할 방향과 학습의 도달점을 나타내는 것이고, 성취기준은 교과에 대한 수업활동의 기준을 나타내는 것이다. 교육목표는 교육목적을 실현할 때, 어느 수준에서 완성하고자 하는 바를 가리키는 용어로 사용하는 것으로, 내용이 정해진 이후에 세울 수 있다.[4] 개념적으로 교육목적과 교육목표가 구분이 된다고 하더라도, 이러한 구

분은 상대적인 것이다. 성취기준은 교과별 교육목표의 구체적인 영역의 주
요 내용을 달성하기 위해 보다 구체적 수준으로 제시한 것이다.

　　법률과 국가 교육과정에 제시되어 있는 교육목적과 관련된 사항은 구체성
의 정도에 따라 개념을 구분하기 위해 사용하고 있다. 그리고 이러한 교육목
적의 체제는 그 목적에 담긴 내용을 검토해 보아야 구체적 방향을 알 수 있는
것이다. 교육의 이념이나 각급학교 교육목적이 개개 인간에 중점을 둘 경우
와 사회에 초점을 둘 경우에 따라 하위의 교육목적이나 교육목표에 영향을
미치게 된다. 그러나 교육이념과 교육목적과 같은 경우는 교육활동에서 큰
의미를 지니지는 못한다. 구체적인 교육활동의 단위에서 작용하는 수업목표
와 같은 것이 피부에 닿는 의미를 지니는 것이다. 이러한 의미에서 교육목적
의 다양한 수준의 내용은 상호 관련이 되는 것이고, 통일적이고도 일관성이
있도록 규정이 되어야 하는 것이다.

2. 법률상 교육목적의 근거와 내용

1) 교육목적에 대한 법적 규정의 근거

　　교육목적을 법적으로 규정하는 것에 대해서는 찬반이 엇갈린다. 교육목적
은 법적 효력이 없기 때문에 폐지하여야 한다는 주장과 교육목적은 교육관계
법해석의 중요한 기준이 되기 때문에 중요한 법적 의미를 지닌다는 것이 그
것이다. 이에 대한 의견이 우리나라에서는 아직까지 체계적으로 정리되지 않
은 상태로 있다. 여기서는 교육목적의 법정화에 대한 정당성의 근거를 일본
의 학설을 토대로 논의하고자 한다. 일본교육법학계에서는 교육목적을 법적
대상으로 정하는 것에 대해 여섯 가지의 학설로 구분하고 있다.[5] 역사적 사정
설, 교육내용 요구권설, 헌법 내재설, 보편적 가치설, 내용적 제도기준설, 국

가권력 구속설이 그것이다. 여기서는 이들 여섯 가지를 우리 현실과 관련지어 살펴보고자 한다.

첫째, 역사적 사정설이다. 역사적 사정설은 광복 후 식민지 시대 교육을 극복하고, 자주적 교육 체제를 수립할 필요성에서 비롯된 것으로 새로운 교육이념을 제시할 필요성에서 찾고 있다. 이 견해는 역사적인 형편이나 이유에서 그 정당화 논리를 찾는 것이다.

둘째, 교육내용 요구권설이다. 교육내용 요구권설은 법에 의한 교육목적의 제시를 적극적으로 받아들이되, 국민은 이들 이념에 기초해 교육내용을 국가에 대해 요구할 수 있는 권리를 갖게 된다는 것이다.

셋째, 헌법 내재설이다. 「교육법」에 제시된 교육목적은 「헌법」에 내재해 있는 교육목적의 확인 규정이라고 보는 것이다. 역사적 사정설이 정치적 이유에 의한 정당화를 제공하는 것이라면, 헌법 내재설은 법적인 정당화를 제시하는 것이다.

넷째, 보편적 가치설이다. 교육법상에 제시되어 있는 교육이념이나 목적은 인류의 보편적인 가치 원리에 입각해 있다는 데서 그 정당성의 근거를 찾는 것이다.

다섯째, 내용적 제도기준설이다. 법적으로 정해져 있는 교육목적은 교육의 외적인 골격이나 전제 조건이 되는 학교제도의 틀을 정하는 기준이 된다고 보는 것이다. 교육법상의 교육목적 규정은 그 자체로서 교육내용을 직접 도출해 내거나 교육내용을 직접적으로 규율하는 것은 아니라는 입장이다.

여섯째, 국가권력 구속설이다. 이 입장은 교육목적의 규율 대상이 되는 객체를 구분하여 각각의 입장을 달리 보는 것이다. 국가권력에 대해서는 재판 규범으로 보는 것이고, 국민에 대해서는 훈시 규정으로 보는 것이다.

이들 여섯 가지 교육목적의 법적 규정에 대한 근거는 그 나름의 타당성이 존재하고 있다. 그러나 이들 각각이 현재의 시점에서 모두 정당화되기 어려운 점도 있다. 역사적 사정설과 같은 경우는 현재 시대적 상황과 부합하지 못하고, 교육의 정치적 중립성 원리에도 모순되는 점이 있다. 교육내용 요구권설의 입장은 국민이 국가에 대해 교육내용을 요구할 수는 있지만, 추상적인 내용을 토대로 직접적인 요구를 하는 것은 쉽지 않을 것이다. 헌법 내재설은 「헌법」의 정신에 입각해 「교육기본법」과 「초·중등교육법」에서 교육이념과 교육목적을 제시한 것의 타당성은 존재하지만, 법이라는 제도적 틀에 의해 교육목적을 논의하는 제한이 따른다. 보편적 가치설은 전 세계적인 보편적 이상을 추구한다는 점에서 의미가 있지만, 한 나라의 특수성이 배제된다는 점에서는 제약이 있다.[6]

현실적으로 보다 설득력이 있는 것은 내용적 제도기준설과 국가권력 구속설이라고 생각이 된다. 교육목적과 교육목표는 상대적 개념이기는 하지만, 교육목적은 내용을 선정하기 이전에 상정되어 있거나 성립되어 있어야 하는 것이므로, 교육목적에서 교육내용을 직접 도출하고자 하는 것은 타당성이 있는 것이다. 또한 한 나라의 교육제도의 기준이 된다는 점에서도 의미가 있다. 그리고 국가권력 구속설은 현실적인 측면에서 의미가 있을 것으로 생각된다. 비록 「교육법」에 제시된 교육목적이 추상적이기는 하지만, 훈시적 규정과 규범적 규정이 동시에 내포되어 있는 것이다.[7] 일본에서 교육기본법의 전문과 교육을 선언한 것은 인류 보편의 훈시적 규정이며, 교육목적에서 전통의 존중, 애국심의 육성, 국가의식의 함양 등은 규범적 성질을 가진 것으로 보고 있다.

교육목적에 대한 법적 규정의 근거는 주로 교육법학자들에 의해 제기된 것이고, 본격적으로 논의되었다고 보기는 어려울 것이다. 교육학 분야에서 교육목적을 논의한 경우는 교육목적과 교육목표를 개념적으로 구분하거나 이들을 규정하는 자원이 무엇인지와 같은 구체적인 내용에 치중하고 있다. 교육과정 분야에서도 국가 교육과정 개발에서 법적으로 규정된 교육이념과 교육목적에 대한 현대적 해석을 시도하지는 않고 있다. 이들은 별개로 하고, 개정 교육과정에 대한 비전과 인간상을 설정하고, 이에 대응해 각급학교 교육목표를 설정하고 있는 것이다. 법적으로 규정된 교육목적에 대한 타당성과 구체성에 대한 논의가 교육의 기본 성격에 비추어 규명될 필요가 있다고 생각된다.

2) 교육이념과 각급학교 교육목적

(1) 「교육기본법」의 교육이념과 교육목적

「교육기본법」 제2조에서는 조문 제목을 교육이념으로 제시하고 있지만, 여기에는 교육이념과 더불어 교육목적이 동시에 규정되어 있다.

> 제2조(교육이념) 교육은 홍익인간(弘益人間)의 이념 아래 모든 국민으로 하여금 인격을 도야(陶冶)하고 자주적 생활 능력과 민주시민으로서 필요한 자질을 갖추게 함으로써 인간다운 삶을 영위하게 하고 민주국가의 발전과 인류공영(人類共榮)의 이상을 실현하는 데에 이바지하게 함을 목적으로 한다.

첫째, 홍익인간의 교육이념부터 살펴본다. 교육이념으로 설정된 홍익인간은 삼국사기와 제왕운기에 기록되어 있는 말로, 널리 인간을 이롭게 한다는 의미를 지니고 있다. 유교의 인의 사상이나 불교의 대자대비의 마음, 기독교의 박애, 평등의 정신과 관련이 된다. 홍익인간은 설화적 표현이기는 하지만, 상해임시정부의 건국강령에서도 최고의 공리로 인정하고 있다. 1949년 법제정 당시에 교육이념으로서 홍익인간에 대해 건국이념이지 교육이념이 아니라는 주장, 사대사상으로 해석될 수 있다는 주장, 민주공화국의 현재 정치 체제에 맞는 문구를 사용해야 한다는 주장 등 다양한 의견이 제시되면서 격론을 벌였지만,[8] 원안대로 홍익인간은 교육이념으로 정착되었다.

1990년대 중반 이후 「교육법」 개정을 위한 시안 작성과 개정안 발의에서 홍익인간의 교육이념에 대한 타당성에 대한 논쟁이 있었다. 1988년 박석무 외 70인은 교육이념으로 자주, 민주, 통일을 지향하는 민족ㆍ민주교육과 인간성을 바탕으로 하는 자주적이며, 창의적 인간을 형성하는 인간화 교육으로 설정하였고, 1989년 강삼재 외 57인은 민족, 민주, 통일교육으로 한다는 내용을 제시하였다.[9] 그러나 교육부와 교육개혁위원회에서는 1949년「교육법」제정 당시의 취지인 우리나라의 독자성과 역사성, 모종의 상징성 차원에서 홍익인간의 교육이념은 그대로 유지하기로 결정하였다. 그러나 현대사회에서 교육적으로나 법적 판단의 기준으로 작용하기 위해서는 홍익인간에 내재해 있는 용어를 현대적 관점에서 새로이 이론화하여야 하는 과제가 있다.

「교육기본법」제2조는 홍익인간의 교육이념 이외에 교육을 받는 당사자의 인격의 도야, 자주적 생활 능력, 민주시민의 자질 구비라는 목적을 규정하고 있다. 또한 교육의 실시에 대한 주체로서 국가의 입장에서 본 민주국가의 발전과 인류공영의 이상 실현이라는 목적도 동시에 규정하고 있다. 교육을 받는 입장에서의 세 가지 직접 목적과 교육을 실시하는 주체의 입장에서 나오는 두 가지 간접적인 목적이 동시에 포함되어 있는 것이다. 교육이념과 교육목적을 분리하여 이 조문의 내용을 도식화하면 [그림 5-2]와 같다.[10]

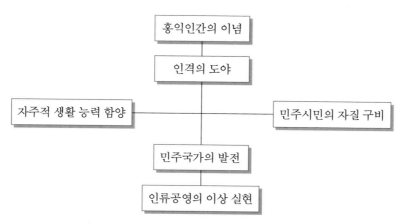

[그림 5-2] 「교육기본법」 제2조의 교육이념과 교육목적

둘째, 교육목적에 대한 것이다. [그림 5−2]의 설명과 같이 홍익인간의 교육이념 조문에는 교육목적이 동시에 제시되어 있다. 홍익인간과 마찬가지로 교육목적도 추상적 형태로 되어 있어 실제 교육활동이나 법적인 규율 원리로 기능하기에는 어려운 점이 있다. 이들 용어는 법적 개념이라기보다는 교육학에서 사용되는 용어에 해당된다고 보는 것이 적절할 것이다.

교육을 받는 당사자에 대한 목적에 해당되는 세 가지부터 살펴본다. 인격의 도야는 모든 국민이 사회생활에 적응할 수 있는 정신적 소양을 갖는다는 것이고, 자주적 생활 능력은 현대사회에 적응할 수 있는 경제적 생활인을 양성한다는 것이며, 민주시민의 자질 구비는 교육적으로 올바른 교육을 받고, 정치 참여와 사회생활의 조력에서 교양 있게 처신할 수 있도록 하는 것을 의미한다.[11] 인격의 도야가 인문주의적 교육사상에 영향을 받았다면 자주적 생활 능력은 실용주의 철학의 영향을 받은 것이며, 민주시민의 자질은 법률적 의미의 참정권과 다른 의미의 교양인을 뜻하는 것이다.

다음으로, 간접적인 교육목적 두 가지로서 민주국가의 발전에 기여한다는 것은 모든 국민이 민주국가 발전에 헌신적으로 봉사한다는 것이고, 인류공영의 이상 실현은 국가나 민족을 민주적으로 발전시켜 나가는 데 봉사함으로써 전체 인류가 함께 공존하고 번영할 수 있도록 한다는 것이다. 인류공영은 홍익인간이라는 말과 유사한 의미로 사용이 되고 있는 것이다. 교육이념과 교육목적에 제시된 내용은 법률상의 권리 주체로서 사용되는 용어라기보다는 교육학적 개념으로 사용되는 것이며, 의무교육제도와 교육과정에 반영하여야 하는 기준으로 작용하고 있는 것이다.

(2) 「초 · 중등교육법」에 나타난 각급학교 교육목적

각급학교 교육목적은 「초 · 중등교육법」 제38조, 제41조, 제45조에 각각 규정되어 있다. 각급학교 교육목적은 독립적인 조문으로 존재하고 있지만, 구체적 내용에서는 위계적 관계로 연계되어 있다.

　제38조(목적) 초등학교는 국민생활에 필요한 기초적인 초등교육을 하는
　　　　　　　것을 목적으로 한다.
　제41조(목적) 중학교는 초등학교에서 받은 교육의 기초 위에 중등교육을
　　　　　　　하는 것을 목적으로 한다.
　제45조(목적) 고등학교는 중학교에서 받은 교육의 기초 위에 중등교육 및
　　　　　　　기초적인 전문교육을 하는 것을 목적으로 한다.

　첫째, 초등학교 교육목적부터 살펴본다. 초등학교는 초등교육을 실시하는 기초학교에 해당된다. 초등학교의 기본적 성격은 의무교육 실시기관이고, 모든 국민을 위한 기초적인 초등교육을 실시하는 기관이며, 초등은 교육의 정도를 나타내고 있다. 현행 「헌법」에서 의무교육은 초등교육과 법률이 정하는 교육으로 명시하고 있고, 이에 따라 「교육기본법」 제8조에서는 6년의 초등교육과 3년의 중등교육으로 한다고 구체화하고 있으며, 「초·중등교육법」 제12조에서도 국가의 의무교육 실시와 이에 따른 시설 확보의 의무를 규정하고 있다.

　다음으로, '기초적인 초등교육'은 전문화 이전의 교육임과 동시에 인간이면 누구나 받아야 하는 공통교육을 말한다. 하나의 인격체로서 인간이 사회 구성원으로서 기능을 다하기 위해 필요한 기초적인 교양이 필요한 것이다. 그리고 초등교육은 그 정도가 초등 수준임을 말하는 것으로, 각국의 사회·경제적 배경에 따라 차이가 있지만, 일반적으로 만 7세에서 만 12세 정도로 되어 있다.

　둘째, 중학교 교육목적에 대해 알아본다. 중학교는 초등학교 교육의 기초 위에서 중등교육을 실시하는 것을 기본 목적으로 하고 있다. 중학교 교육은 초등학교에 이어 실시되는 교육이며, 고등학교 교육으로 넘어가는 중간 단계의 중등교육에 해당된다. 여기서 중등은 등급이나 수준을 말하며, 고등교육 이전의 교육 단계를 말하는 것이다.

[그림 5-3] 각급학교 교육의 교육수준

셋째, 고등학교 교육목적에 대한 것이다. 고등학교는 중등교육의 최종 단계로서 중학교에서 받은 교육의 기초 위에 실시되는 교육이며, 기초적인 전문교육을 동시에 실시하는 성격을 지니고 있다. 여기서 전문교육은 대학에서 양성하는 특별한 전문직에 해당되는 변호사, 의사, 약사, 교사 등과 같은 것을 말하기보다는 개인의 특성이나 능력 및 취미 등에 맞추어 그 목적과 내용을 특수화시켜 교육을 실시하는 것을 말한다. 현재 고등학교가 일반 고등학교뿐만 아니라, 특수목적 고등학교, 특성화 고등학교, 산업수요 맞춤형 고등학교 등으로 다양화되어 있는 것은 이러한 전문교육에 해당되는 내용과 밀접한 관련이 있는 것이다. 그리고 초등, 중등과 같은 단계를 나타내는 표현은 법령상으로 명확하게 구분하기는 어렵고, 학문적인 통념에 의해 구분을 할 수밖에 없다. 개인적 수준과 사회적 여건 등을 고려해 그 수준과 범위를 판단하여 교육과정에 반영하고 있는 것이다.

3. 국가 교육과정의 교육목적 구조와 내용

1) 총론에 제시된 교육목적과 내용

국가 교육과정 총론의 교육목적 관련 사항은 추구하는 인간상, 핵심역량, 각급학교 교육목표가 해당된다. 먼저 추구하는 인간상부터 살펴본다. 2015 개정 교육과정에서 추구하는 인간상은 다음과 같이 규정하고 있다.[12]

우리나라의 교육은 홍익인간의 이념 아래 모든 국민으로 하여금 인격을 도야하고, 자주적 생활 능력과 민주시민으로서 필요한 자질을 갖추게 함으로써 인간다운 삶을 영위하게 하고, 민주국가의 발전과 인류공영의 이상을 실현하는 데에 이바지하게 함을 목적으로 하고 있다.

이러한 교육이념과 교육목적을 바탕으로, 이 교육과정이 추구하는 인간상은 다음과 같다.

가. 전인적 성장을 바탕으로 자아정체성을 확립하고 자신의 진로와 삶을 개척하는 자주적인 사람

나. 기초 능력의 바탕 위에 다양한 발상과 도전으로 새로운 것을 창출하는 창의적인 사람

다. 문화적 소양과 다원적 가치에 대한 이해를 바탕으로 인류 문화를 향유하고 발전시키는 교양 있는 사람

라. 공동체 의식을 가지고 세계와 소통하는 민주시민으로서 배려와 나눔을 실천하는 더불어 사는 사람

추구하는 인간상의 진술 구조는 「교육기본법」 제2조에 제시된 홍익인간의 교육이념과 교육목적을 구현하기 위해 추구하는 인간상을 제시한 것으로 되어 있다. 추구하는 인간상은 개정 교육과정의 교육목적이며, 이는 홍익인간의 교육이념과 교육목적에 기초하고 있는 것이다. 추구하는 인간상은 자주적인 사람, 창의적인 사람, 교양 있는 사람, 더불어 사는 사람의 네 가지이다. 이들 네 가지 추구하는 인간상은 문장에 개념의 정의가 들어 있기 때문에 특별한 부연 설명을 할 필요는 없을 것으로 생각된다.

여기서 추구하는 인간상이 홍익인간과 교육목적의 어떠한 부분을 토대로 도출이 되었는지에 대해서는 명확한 설명이 없다. 홍익인간이 현대적 의미에서 어떠한 인간적 특성을 지니고 있으며, 그 방향이 어떠한 것인지, 그리고 교육목적의 주요 내용에 대해서도 구체적인 분석을 통해 추구하는 인간상의

모습으로 구체화되는지에 대한 설명력이 떨어지고 있는 것이다. 기존의 교육과정과 다르게 2015 개정 교육과정에서는 핵심역량을 국가 교육과정 문서에서 공식적으로 등장시켰다. 역량은 무엇을 할 줄 아는 능력에 관한 것으로 학습자의 관점에서 바라본 것이다. 교육목적이라기보다는 학습의 결과에 해당되는 것이기 때문에, 교육목적으로 보는 것에 부정적인 시각도 존재하고 있다. 핵심역량은 다음과 같이 제시되어 있다.[13]

> 이 교육과정이 추구하는 인간상을 구현하기 위해 교과교육을 포함한 학교교육 전 과정을 통해 중점적으로 기르고자 하는 핵심역량은 다음과 같다.
>
> 가. 자아정체성과 자신감을 가지고 자신의 삶과 진로에 필요한 기초 능력과 자질을 갖추어 자기주도적으로 살아갈 수 있는 자기관리 역량
>
> 나. 문제를 합리적으로 해결하기 위하여 다양한 영역의 지식과 정보를 처리하고 활용할 수 있는 지식정보 처리 역량
>
> 다. 폭넓은 기초 지식을 바탕으로 다양한 전문 분야의 지식, 기술, 경험을 융합적으로 활용하여 새로운 것을 창출하는 창의적 사고 역량
>
> 라. 인간에 대한 공감적 이해와 문화적 감수성을 바탕으로 삶의 의미와 가치를 발견하고 향유하는 심미적 감성 역량
>
> 마. 다양한 상황에서 자신의 생각과 감정을 효과적으로 표현하고 다른 사람의 의견을 경청하며 존중하는 의사소통 역량
>
> 바. 지역·국가·세계 공동체의 구성원에게 요구되는 가치와 태도를 가지고 공동체 발전에 적극적으로 참여하는 공동체 역량

2015 개정 교육과정에서는 추구하는 인간상을 구현하기 위해 중점적으로 기르고자 하는 핵심역량을 자기관리 역량, 지식정보 처리 역량, 창의적 사고 역량, 심미적 감성 역량, 의사소통 역량, 공동체 역량의 여섯 가지를 제시하

고 있다. 추구하는 인간상과 마찬가지로 각 역량의 개념 앞에서는 이에 대한 정의를 제시하고 있기 때문에 별도의 부연 설명을 하지 않아도 되는 구조를 지니고 있다. 이러한 핵심역량에 이어 각급학교 교육목표를 제시하고 있다. 여기서는 초등학교의 경우를 예시한다.[14]

　　가. 초등학교 교육목표
　　초등학교 교육은 학생의 일상생활과 학습에 필요한 기본 습관 및 기초 능력을 기르고 바른 인성을 함양하는 데에 중점을 둔다.
　1) 자신의 소중함을 알고 건강한 생활 습관을 기르며, 풍부한 학습 경험을 통해 자신의 꿈을 키운다.
　2) 학습과 생활에서 문제를 발견하고 해결하는 기초 능력을 기르고, 이를 새롭게 경험할 수 있는 상상력을 키운다.
　3) 다양한 문화활동을 즐기고 자연과 생활 속에서 아름다움과 행복을 느낄 수 있는 심성을 기른다.
　4) 규칙과 질서를 지키고 협동 정신을 바탕으로 서로 돕고 배려하는 태도를 기른다.

　2015 개정 교육과정의 목표는 일반목표를 제시하고, 명세목표를 진술하는 방식으로 되어 있다. 학교급별 교육목표는 「초·중등교육법」에 제시되어 있는 학교급별 교육목적을 반영하면서, 교육적 인간상을 학교급에 적합한 형태로 구체화하는 형식을 취하고 있다. 초등학교의 경우 「초·중등교육법」 제38조에서 규정하고 있는 교육목적을 구체화하여 교육목표로 제시하고 있다. 법 제38조에서 "초등학교는 국민생활에 필요한 기초적인 초등교육을 하는 것을 목적으로 한다."라는 내용을, 국가 교육과정에서는 "초등학교 교육은 학생의 일상생활과 학습에 필요한 기본 습관 및 기초 능력을 기르고 바른 인성을 함양하는 데에 중점을 둔다."라고 제시하고 있는 것이다.

국가 교육과정에 제시된 초등학교 교육목표에서 명세목표는 네 가지로 제
시하고 있다. 이 네 가지는 추구하는 인간상의 네 가지와 대응 관계를 맺고 있
다. 예를 들어, 추구하는 인간상의 '자주적인 사람'은 "자신의 소중함을 알고

〈표 5-1〉 2015 개정 교육과정의 추구하는 인간상과 학교급별 교육목표

추구하는 인간상	초등학교 교육목표	중학교 교육목표	고등학교 교육목표
「초 · 중등교육법」의 제38조, 제41조, 제45조의 교육목적	초등학교 교육은 학생의 일상생활과 학습에 필요한 기본 습관 및 기초 능력을 기르고 바른 인성을 함양하는 데에 중점을 둔다.	중학교 교육은 초등학교 교육의 성과를 바탕으로, 학생의 일상생활과 학습에 필요한 기본 능력을 기르고 바른 인성 및 민주시민의 자질을 함양하는 데에 중점을 둔다.	고등학교 교육은 중학교 교육의 성과를 바탕으로, 학생의 적성과 소질에 맞게 진로를 개척하며 세계와 소통하는 민주시민으로서의 자질을 함양하는 데에 중점을 둔다.
자주적인 사람	자신의 소중함을 알고 건강한 생활 습관을 기르며, 풍부한 학습 경험을 통해 자신의 꿈을 키운다.	심신의 조화로운 발달을 바탕으로 자아존중감을 기르고, 다양한 지식과 경험을 통해 적극적으로 삶의 방향과 진로를 탐색한다.	성숙한 자아의식과 바른 품성을 갖추고, 자신의 진로에 맞는 지식과 기능을 익히며 평생학습의 기본 능력을 기른다.
창의적인 사람	학습과 생활에서 문제를 발견하고 해결하는 기초 능력을 기르고, 이를 새롭게 경험할 수 있는 상상력을 키운다.	학습과 생활에 필요한 기본 능력 및 문제 해결력을 바탕으로, 도전 정신과 창의적 사고력을 기른다.	다양한 분야의 지식과 경험을 융합하여 창의적으로 문제를 해결하고, 새로운 상황에 능동적으로 대처하는 능력을 기른다.
교양 있는 사람	다양한 문화활동을 즐기고 자연과 생활 속에서 아름다움과 행복을 느낄 수 있는 심성을 기른다.	자신을 둘러싼 세계에서 경험한 내용을 토대로 우리나라와 세계의 다양한 문화를 이해하고 공감하는 태도를 기른다.	인문 · 사회 · 과학기술 소양과 다양한 문화에 대한 이해를 바탕으로 새로운 문화 창출에 기여할 수 있는 자질과 태도를 기른다.
더불어 사는 사람	규칙과 질서를 지키고 협동 정신을 바탕으로 서로 돕고 배려하는 태도를 기른다.	공동체 의식을 바탕으로 타인을 존중하고 서로 소통하는 민주시민의 자질과 태도를 기른다.	국가 공동체에 대한 책임감을 바탕으로 배려와 나눔을 실천하며 세계와 소통하는 민주시민으로서의 자질과 태도를 기른다.

건강한 생활 습관을 기르며, 풍부한 학습 경험을 통해 자신의 꿈을 키운다.”
라는 내용으로 구체화되고 있는 것이다. 이러한 구조는 중학교와 고등학교에
서도 마찬가지로 적용이 된다. 이들 관계를 표로 제시하면 〈표 5-1〉과 같다.

　〈표 5-1〉에서는 초 · 중등교육법의 각급학교 교육목적과 국가 교육과정
총론의 추구하는 인간상이 각급학교 교육목표와 어떠한 대응 관계를 나타내
고 있는지 보여 주고 있다. 핵심역량의 경우 추구하는 인간상과 각급학교 교
육목표 가운데 위치하지만, 이들처럼 일대일 대응 관계에 있는 것은 아니다.
핵심역량은 학습자의 입장에서 보는 관점이기 때문에 통일적인 형식으로 나
타나지 않고 있다. 총론에 제시되어 있는 교육목적과 관련된 사항이 형식적
으로는 「교육기본법」과 「초 · 중등교육법」에 제시되어 있는 교육이념과 교육
목적, 각급학교 교육목적과 연결이 되도록 되어 있는 것으로 보인다. 그러나
내용적인 측면에서는 이들이 구체적 관계가 제대로 설명되는 부분도 있지만,
그렇지 않은 부분도 있어 이에 대한 연구가 보다 심화되어야 할 필요가 있다
고 생각된다.

2) 각론에 제시된 교육목적과 내용

　총론과 구별하기 위해 각론이라는 용어를 사용하기는 하지만, 각론은 흔히
교과별 교육과정으로도 불린다. 교과별 교육과정은 교육현장에서 배우는 각
교과별 교육과정을 제시한 것이다. 2015 개정 교육과정에서 교과 교육과정
은 교과별로 성격, 목표, 내용 체계 및 성취기준, 교수 · 학습 및 평가의 방향
의 네 가지 영역으로 구분해 제시하고 있다. 이들 네 가지 영역에 대한 의미
는 국가 교육과정 문서의 교과별 교육과정의 ‘일러두기’에서 제시하고 있다.
일러두기의 내용은 교과 교육과정의 전체적인 윤곽을 파악하는 데 도움이 되
고, 교과별 교육목적과 관련된 사항을 이해하는 데도 도움이 된다. 일러두기
의 내용을 제시하면 [그림 5-4]와 같다.[15]

1. 성격	• 교과가 갖는 고유한 특성에 대한 개괄적인 소개 • 교과교육의 필요성 및 역할(본질, 의의 등), 교과 역량 제시
2. 목표	• 교과 교육과정이 지양해야 할 방향과 학생이 달성해야 할 학습의 도달점 • 교과의 총괄목표, 세부목표, 학교급 및 학년군별 목표 등을 진술
3. 내용 체계 및 성취기준 　가. 내용 체계	• 내용 체계-영역, 핵심 개념, 일반화된 지식, 내용 요소, 기능으로 구성 　-영역: 교과의 성격을 가장 잘 나타내 주는 최상위의 교과 내용 범주 　-핵심 개념: 교과의 기초 개념이나 원리 　-일반화된 지식: 학생들이 해당 영역의 알아야 할 보편적인 지식 　-내용 요소: 학년(군)에서 배워야 할 필수 학습 내용 　-기능: 수업 후 학생들이 할 수 있거나 할 수 있기를 기대하는 능력으로 교과 고유의 탐구 과정 및 사고 기능을 포함
나. 성취기준 　　(1) 영역명 　　　(가) 학습 요소	• 성취기준-학생들이 교과를 통해 배워야 할 내용과 이를 통해 수업할 수 있거나 할 수 있기를 기대하는 능력을 결합하여 나타낸 수업활동의 기준
(나) 성취기준 설명	• 성취기준에서 학생들이 배워야 할 학습내용을 핵심어로 제시한 것임
(다) 교수 · 학습방법 및 유의 사항	• 제시한 성취기준 중 자세한 해설이 필요한 성취기준에 대한 부연 설명으로, 특별히 강조되어야 할 성취기준을 의미하는 것은 아님
(라) 평가 방법 및 유의 사항	• 해당 영역의 교수 · 학습을 위해 제안한 방법과 유의 사항 • 학생 참여중심이 수업 및 유의미한 학습 경험 제공 등을 유도하는 내용 제시
4.교수 · 학습 및 평가의 방향 　가. 교수 · 학습 방향	• 해당 영역의 평가를 할 수 있도록 제안한 방법과 유의 사항 • 해당 영역의 교수 · 학습방법에 따른 다양한 평가, 특히 과정중심 평가가 이루어질 수 있도록 관련 내용 제시
나. 평가 방향	• 교과의 성격이나 특성에 비추어 포괄적 측면에서 교수 · 학습의 철학 및 방향, 교수 · 학습의 방법 및 유의 사항을 제시함 • 교과의 성격이나 특성을 비추어 포괄적 측면에서 교과의 평가 철학 및 방향, 평가 방법, 유의 사항을 제시함

[그림 5-4] 교과별 교육과정 목차의 의미

　　교과별 교육과정에서 각 교과별로 제시하고 있는 교과의 성격에서는 교과
가 갖는 고유한 특성을 소개하고 있다. 2015 개정 교육과정에서는 기존의 교
육과정과 달리 핵심역량을 강조하는 관계로, 각 교과별 교육과정의 성격에서
도 교과의 특수역량을 제시하고 있다. 교과의 특수역량은 총론에 제시되어
있는 역량을 각 교과별 특성에 적절한 형태로 구체화한 것이다. 예를 들면,
국어과는 비판적·창의적 사고 역량, 자료·정보 활용 역량, 의사소통 역량,
공동체·대인 관계 역량, 문화 향유 역량, 자기성찰·계발 역량을 들고 있으
며, 과학과는 과학적 사고력, 과학적 탐구 능력, 과학적 문제 해결력, 과학적
의사소통 능력, 과학적 참여와 평생학습 능력 등을 제시하고 있다. 총론의 핵
심역량이 모든 교과를 포괄하는 것이라면, 교과 역량은 각 교과별 특수성을
기르기 위한 것으로 나타나고 있는 것이다.

　　교과의 목표 영역은 각 교과별 교육목표를 명시적으로 드러내고 있다. 교
과별 교육목표는 교과 교육과정이 지향해야 할 방향을 제시하고 있으며, 교
과의 총괄목표와 세부목표, 학교급 및 학년군별 목표 등을 진술하고 있다. 수
학과 교육과정을 예로 제시하면 다음과 같다.[16)]

　　　수학의 개념, 원리, 법칙을 이해하고 기능을 습득하며 수학적으로 추론
　　하고 의사소통하는 능력을 길러, 생활 주변과 사회 및 자연 현상을 수학적
　　으로 이해하고 문제를 합리적이고 창의적으로 해결하며, 수학 학습자로서
　　바람직한 태도와 실천 능력을 기른다.

　　가. 초등학교
　　(1) 생활 주변 현상을 수학적으로 관찰하고 표현하는 경험을 통하여 수학
　　　　의 기초적인 개념, 원리, 법칙을 이해하고 수학의 기능을 습득한다.
　　(2) 수학적으로 추론하고 의사소통하며, 창의·융합적 사고와 정보처리
　　　　능력을 바탕으로 생활 주변 현상을 수학적으로 이해하고 문제를 합

리적이고 창의적으로 해결한다.

(3) 수학 학습의 즐거움을 느끼고, 수학의 유용성을 인식하며, 수학 학습
자로서 바람직한 태도와 실천 능력을 기른다.

나. 중학교

(1) 사회 및 자연 현상을 수학적으로 관찰, 분석, 조직, 표현하는 경험을
통하여 수학의 개념, 원리, 법칙과 이들 사이의 관계를 이해하고 수
학의 기능을 습득한다.

(2) 수학적으로 추론하고 의사소통하며, 창의 · 융합적 사고와 정보처리
능력을 바탕으로 사회 및 자연 현상을 수학적으로 이해하고 문제를
합리적이고 창의적으로 해결한다.

(3) 수학에 대한 흥미와 자신감을 갖고, 수학의 가치를 인식하며, 수학
학습자로서 바람직한 태도와 실천 능력을 기른다.

　　수학과 교육과정에서는 수학과의 목표를 일반목표로 기술하고 난 후, 수학
교과에 대한 학교급별 목표를 명세화하여 진술하는 방식을 취하고 있다. 이
러한 교과별 교육목표가 수업을 행할 때, 구체화되는 방식은 내용 체계에 대
한 이해가 선행되어야 할 필요가 있다. 일반적으로 내용 체계는 교육현장에
서 가르칠 내용과 교과서를 만드는 기준이 되고 있다. 2015 개정 교육과정에
서는 내용 체계와 더불어 성취기준을 제시하고 있다. 내용 체계는 교과의 성
격을 잘 드러낼 수 있는 영역, 핵심 개념, 일반화된 지식, 내용 요소, 기능 등
으로 구성되어 있다. 과학과를 예시하면 〈표 5-2〉와 같다.[17]

　　내용 체계에 제시되어 있는 '내용 요소'와 '기능'은 성취기준에 반영되는 요
소에 해당되기 때문에, 내용 체계는 성취기준의 출발점이 되는 것이다. 성취
기준은 학습자가 배워야 할 학습 내용을 핵심어로 제시한 것으로, 교과 역량
을 구현하는 역할을 수행하는 것이다. 성취기준은 단순한 교수 · 학습활동이

〈표 5-2〉 과학과 교육과정의 내용 체계

영역	핵심 개념	일반화된 지식	내용 요소			기능
			초등학교		중학교	
			3~4학년	5~6학년	1~3학년	
물질의 성질	물리적 성질과 화학적 성질	물질은 고유한 성질을 가지고 있다.	• 물체와 물질 • 물질의 성질 • 물체의 기능 • 물질의 변화	• 용해 • 용액 • 용질의 종류 • 용질의 녹는 양 • 용액의 진하기 • 용액의 성질 • 용액의 분류 • 지시약 • 산성 용액 • 염기성 용액	• 밀도 • 용해도 • 녹는점 • 어는점 • 끓는점	• 문제 인식 • 탐구 설계와 수행 • 자료의 수집·분석 및 해석 • 수학적 사고와 컴퓨터 활용 • 모형의 개발과 사용 • 증거에 기초한 토론과 논증 • 결론 도출 및 평가 • 의사소통
		혼합물은 여러 가지 순물질로 구성되어 있다.	• 혼합물	• 공기	• 순물질과 혼합물	
		물질의 고유한 성질을 이용하여 혼합물을 분리할 수 있다.	• 혼합물의 분리 • 거름 • 증발		• 증류, 밀도 차를 이용한 분리 • 재결정 • 크로마토그래피	
	물질의 상태	물질은 여러 가지 상태로 존재한다.	• 고체, 액체, 기체 • 기체의 무게	• 산소 • 이산화탄소		
		물질은 상태에 따라 물리적 성질이 달라진다.		• 온도에 따른 기체 부피 • 압력에 따른 기체 부피		
		물질의 상태는 구성하는 입자의 운동에 따라 달라진다.			• 입자의 운동 • 기체의 압력 • 기체의 압력과 부피의 관계 • 기체의 온도와 부피의 관계	

아닌 학습의 결과로, 학습자가 할 수 있어야 하는 '수행'인 것이다. 그래서 성취기준의 진술 방식은 지식을 적용하고 실천할 수 있는지를 드러내는 '수행'의 용어로 진술되고 있다. 〈표 5-2〉의 내용 체계에 해당되는 성취기준을 예시하면 〈표 5-3〉과 같다.[18]

〈표 5-3〉을 보면, 내용 체계의 '내용 요소'와 '기능'이 성취기준에 어떻게 반영되었는지를 구체적으로 확인할 수 있으며, 성취기준에 밑줄로 표시된 것은 '기능'을 구체화한 것이라고 볼 수 있다. 물질의 상태 영역 중 일반화된 지식 "물질은 고유한 성질을 가지고 있다."를 중심으로 성취기준을 살펴보면, 물질의 고유한 성질에 대한 내용 요소는 학년(군)별로 심화되고 있다. 성취기준에 포함된 기능은 학습자가 내용 요소를 학습하는 데 적합한 교과 기능이 적용되었다. 학년(군)별로 교과의 기능이 반복하여 활용되어 학생들은 학습활동에서 교과 고유의 탐구 과정 및 사고 기능을 충분히 익히게 된다.

여기서 '내용 요소'는 일반화된 지식을 습득할 수 있도록 도와주는 구체적 요소이며, '기능'은 교과 고유의 탐구 과정 및 사고 기능을 의미하는 것이다. 내용 체계를 바탕으로 해서 만들어진 성취기준은 학습자가 알고 할 수 있어야 하는 학습 결과이며, 교사가 학습활동을 계획할 때, 반영해야 할 기준이 되는 것이다. 이러한 내용 체계에 이어 교수·학습 및 평가의 방향이 제시되어 있다. 여기에서는 교육활동을 전개하는 과정에서 그 방향이나 유의 사항 및 평가 방법 등에 대한 사항이 제시되고 있다. 교육목적 그 자체라기보다는 교육목적을 달성하기 위한 직접적인 활동이고, 그 증거를 확인하는 작업에 해당되는 것이다.

국가 교육과정에서는 교육목적과 관련된 사항이 여기까지 제시되어 있다. 실제 교육현장에서 단원목표와 한 시간 수업에 대한 차시 수업목표는 교사가 작성하여 실천에 옮기게 된다. 교사가 작성하게 되는 구체적인 수업목표의 진술 내용과 그 방식은 교사가 가지고 있는 교육관에 따라 달라질 수 있으며, 구체적 수업의 실천에서도 상이한 활동을 전개할 수 있다. 2015 개정 교

〈표 5-3〉 과학과 성취기준

핵심 개념	물리적 성질과 화학적 성질
일반화된 지식	물질은 고유한 성질을 가지고 있다.
내용 요소	성취기준
〈초3~4학년〉 물체와 물질 물질의 성질 물체의 기능 물질의 변화	〈초등학교 3~4학년 (1) 물질의 성질〉 [4과01-01] 서로 다른 물질로 만들어진 물체들을 <u>비교</u>하여 물체의 기능과 물질의 성질을 <u>관련지을</u> 수 있다. [4과01-02] 크기와 모양은 같지만 서로 다른 물질로 이루어진 물체들을 <u>관찰</u>하여 물질의 여러 가지 성질을 <u>비교</u>할 수 있다. [4과01-03] 서로 다른 물질을 섞었을 때 물질을 섞기 전과 후의 변화를 <u>관찰</u>하여 어떤 성질이 달라졌는지 <u>설명</u>할 수 있다. [4과01-04] 여러 가지 물질을 선택하여 다양한 물체를 <u>설계</u>하고 장단점을 <u>토의</u>할 수 있다.
〈초5~6학년〉 용해 용액 용질의 종류 용질의 녹는 양 용액의 진하기	〈초등학교 5~6학년 (3) 용해와 용액〉 [6과03-01] 물질이 물에 녹는 현상을 <u>관찰</u>하고 용액을 <u>설명</u>할 수 있다. [6과03-02] 용질의 종류에 따라 물에 녹는 양이 달라짐을 <u>비교</u>할 수 있다. [6과03-03] 물의 온도에 따라 용질의 녹는 양이 달라짐을 <u>실험</u>할 수 있다. [6과03-04] 용액의 진하기를 상대적으로 비교하는 방법을 <u>고안</u>할 수 있다.
용액의 성질 용액의 분류 지시약 산성 용액 염기성 용액	〈초등학교 5~6학년 (8) 산과 염기〉 [6과08-01] 우리 주변에서 볼 수 있는 여러 가지 용액을 다양한 기준으로 <u>분류</u>할 수 있다. [6과08-02] 지시약을 이용하여 여러 가지 용액을 산성 용액과 염기성 용액으로 <u>분류</u>할 수 있다. [6과08-03] 산성 용액과 염기성 용액의 여러 가지 성질을 <u>비교</u>하고, 산성 용액과 염기성 용액을 섞었을 때의 변화를 <u>관찰</u>할 수 있다. [6과08-04] 우리 생활에서 산성 용액과 염기성 용액을 이용하는 <u>예를 찾아</u> <u>발표</u>할 수 있다.
〈중1~3학년〉 밀도, 용해도 녹는점, 어는점 끓는점	〈중학교 1~3학년 (13) 물질의 특성〉 [9과13-02] 밀도, 용해도, 녹는점, 어는점, 끓는점이 물질의 특성이 될 수 있음을 <u>설명</u>할 수 있다.
기능	문제 인식, <u>탐구 설계와 수행</u>, <u>자료의 수집 · 분석 및 해석</u>, 수학적 사고와 컴퓨터 활용, 모형의 개발과 사용, <u>증거에 기초한 토론과 논증</u>, <u>결론 도출 및 평가</u>, 의사소통

육과정의 핵심역량을 기르기 위해 유용한 수업 설계 방식은 위긴스와 맥타이(Wiggins & McTighe)가 제안한 백워드 설계이다. 백워드 설계는 단원 목표와 학습내용을 설정하고 난 뒤, 교과 역량 및 성취기준 도달에 대한 증거 수집 방안을 결정(평가 계획)하고, 마지막으로 학습활동을 계획하고 전개하는 세 단계를 거치도록 하고 있다. 이러한 교육목표 설정과 그 운영은 최종적으로 교사에 의해 전개가 되는 형식을 취하고 있다.

교육과정의 기본 사항과 교육법

제6장 교육과정의 법적 문제와 쟁점

1. 의의

교육과정과 관련된 재판에서는 교육과정보다는 교과서와 관련된 재판이 더욱 많이 이루어지고 있다. 국정교과서를 제외하고는 일반 국민이 교과서를 저작할 수 있는 권리를 가지고 있으며, 검정이나 인정 심사에서 통과 여부와 교과서 내용의 수정 명령에 대해 저작자와 국가가 충돌하는 경향이 나타나는 것이 그 예에 해당된다. 그러나 교과서 재판의 견해에서 현재 교육계의 주요 쟁점이 되는 문제의 중심은 교육과정에 관한 문제로 귀결된다. 교과서는 교육과정에 제시되어 있는 내용을 토대로 작성이 되기 때문이다.

교육과정과 관련된 법적인 문제는 편성에서부터 운영에 이르기까지 상당히 많은 범위에 걸쳐 있지만, 법적인 문제의 핵심적 사항은 두 가지로 압축이 된다. 첫째는 교육과정 기준의 문제이다. 교육과정 기준에 대한 문제는 교육과정의 기준을 설정하는 국가가 어느 정도 범위까지 설정하는 것이 적절하며, 그 법적 성격은 어떠한 것인가의 문제로 구체화된다. 국가의 기준 설정 범위가 넓고 법적인 구속력이 강할수록 교육현장의 자율성이 위축되고, 그 반대의 경우는 교육현장의 자율성이 확대되기 때문이다.

둘째는 교육과정 편성권의 소재 문제이다. 교육과정 편성권의 소재 문제는 교육과정의 편성과 운영에서 그 주체가 누가 되어야 하는가를 말하는 것이다. 교육과정 편성권에 대한 주체가 국가나 관리자에게 있을수록 권력적 개입의 여지가 커지므로, 교사의 교육과정 편성·운영에서의 자유는 제한이된다. 여기서 사용하는 교육과정의 의미는 교육과정 분야에서 사용하는 교육과정의 의미가 아니라, 교육과정과 관련된 권리 주체의 권리나 권한 행사와 관련된 것이다.

교육과정에 대한 법적인 문제에 대한 이들 사항의 핵심은 교육과정 내용에 대한 국가의 통제와 교사나 학교의 자율 간 갈등에 있다. 국가적 통제가 강할수록 교사나 학교의 자율은 제한되고, 통제의 범주가 완화되면 교사나 학교의 자율이 강화될 수 있다. 이러한 국가의 통제와 교사 자율의 갈등 관계나 힘의 균형에서 어느 쪽이 우세한가에 따라 교육의 본질을 구현하는 데 촉진적일 수도 있고 그렇지 않을 수도 있다. 교육은 인간의 성장을 위해 의미 있는 장을 마련하는 데 있고, 이를 위해서는 다양한 교육과정 구성이 필요하게 된다. 공적인 교육이 교육의 기회를 균등하게 하는 데 있다면, 교육내용이 적절하게 마련되어 교육에서 소외되는 사람이 없도록 해야 하는 것이다.

교육과정 기준 설정이 국가에 의해 결정되고, 그것이 '고시'라는 행정상 입법에 의해 정립되며, 학교 교육과정의 편성과 운영에서의 권한 관계는 국가 기준에 의해 그 정도가 달리 나타나므로, 여기서는 행정입법이 무엇인지에 대해 논의하면서 이들 사항을 다루고자 한다.

2. 교육과정의 법적 성격과 구속력

1) 행정입법의 필요성과 의의

근대 입헌국가에서는 입법권, 행정권, 사법권이 분리되어 있고, 국민의 권리·의무에 관한 법규의 정립은 국민의 대표기관인 국회의 의결에 의한 형식적 법률을 원칙으로 하였다. 행정권은 법 아래에서 법을 집행함으로써 국가목적의 구체적 실현을 책무로 하였다. 그러나 19세기 말에 이르러 행정권이 강화되면서 행정국가화 경향이 나타났다. 행정국가는 삼권분립을 전제로 하고, 이 중 행정이 제일 우월한 지위에 있는 것을 말한다. 그래서 행정국가화는 행정 기능이 확대되고, 질적인 변화가 나타나며, 권력의 강화가 수반되는 특징을 지니고 있는 것이다.

행정국가화되기 이전의 행정은 법을 집행하거나 관리 기능을 주로 담당하면서 현상 유지, 질서 유지 및 통제 등의 안정적 기능을 담당하였다. 그러나 행정국가화되면서 입법부의 독점 기능인 정책 결정 기능까지 담당하게 되면서 안정을 유지하고자 하는 기능뿐만 아니라, 변화 담당자로서의 역할까지 맡게 되었다. 변화 담당자로서의 역할은 환경으로부터 갈등 문제에 대한 신속한 해결을 하는 경우도 있으며, 능동적으로 변화를 도모하는 적극적 역할을 하는 경우도 있다. 사회·경제적 기반이 취약한 경우는 발전 지향적이 될 것이고, 사회·경제가 비교적 안정되어 있는 상황에서는 다소 소극적 행정 기능을 발휘할 것이다.

우리나라는 광복 이후 새로운 행정의 역할이 적극적으로 나타났으며, 한국전쟁 시기에는 안보행정, 1960년대 이후 경제 발전을 위한 발전 계획의 수립으로 행정의 역할이 확대·강화되었다. 최근에는 복지 분야에 대한 행정까지 확대됨으로써 행정이 담당하는 범위가 더욱 확대되고, 그 역할도 강화되고 있다. 이러한 행정국가의 경향은 전통적인 권력분립의 토대를 그대로 유지하기 어렵게 만들고 있다. 행정국가의 시대에서 법률로 규율할 대상이 복잡하게 되고, 예측이 불가능한 상황이 만들어짐으로써 국회가 이러한 일에 전문적으로 대처하는 데 어려움을 겪을 수밖에 없게 되었다. 그 결과 행정권에 의한 입법의 필요성이 증대되는 경향으로 전개되었다.

행정권에 의한 입법은 행정국가화에 따른 행정의 양적인 확대와 질적인 발전에 대응해 법이 만들어져야 하고, 사회적 환경의 변화에 탄력적으로 대응할 수 있는 입법이 요청되며, 사회 분야별 특수한 사정에 대한 대처할 수 있는 규율 사항의 증가 등으로 인해 요청되고 있다. 전통적인 입법의 역할을 하는 의회는 정책의 기본적 사항이나 골격에 해당되는 사항에 대해 입법을 하고, 그 외 전문적·기술적 사항, 탄력성이 요청되는 입법, 특수사정에 대처하기 위한 사항은 행정부에 위임하는 형태의 행정입법의 경향이 강화되고 있는 것이다.

행정입법의 강화는 부작용도 나타나고 있다. 행정입법은 의회에서 제정한 법률에서 위임한 범위 내에서 법의 취지에 부합하도록 이루어져야 한다. 그러나 행정입법의 현실은 행정의 편의를 위한 방편으로 활용되는 경우가 적지 않고, 이에 따라 행정입법이 양적·질적으로 남용되는 경우가 증가하고 있다. 그리고 사회 변화에 대한 탄력적 입법은 법의 예측 가능성과 안정성을 저해하는 요인이 된다. 행정입법에서는 이러한 문제를 방지하기 위해 행정입법에 대한 통제를 하고 있다. 행정기관 내에서는 행정감독이나 절차적인 면을 강화해 통제를 하고, 국회에서는 행정입법의 성립과 발효의 동의나 승인, 그리고 국정감사 등을 통해 통제를 하며, 법원에서는 위헌·위법 심사를 통해 통제를 하는 것이다.

국가 교육과정은 시대·사회적 변화에 따라 개정이 이루어지는 탄력적 성격을 지니고 있다. 이러한 이유로 교육과정은 의회가 제정하는 법률로 정하지 않고, 교육부 장관이 고시하는 형식으로 이루어지고 있다. 의회가 제정하는 법률에 근거를 두고 있지만, 그것은 교육과정에 대한 근거만이 제시되어 있을 뿐, 교육과정에 포함될 요소나 개정의 절차와 같은 통제적 기능도 약한 편이다. 이러한 이유로 교육과정에서 행정입법에 대한 기본적 사항에 대한 이해가 필요한 것이다.

2) 행정입법의 종류와 성격

행정입법은 실정법상의 개념이거나 전문가들 사이에 일치된 개념으로 사용되는 것도 아니며, 위임입법, 종속입법, 준입법 등의 용어로도 사용되고 있다. 행정입법은 행정권에 의한 입법을 말하는 것으로, 조금 더 구체적으로 정의를 하면, 행정입법은 국가나 준국가적 자치조직의 행정 주체가 일반적 · 추상적인 규정을 정립하는 작용을 말하는 것이다. 넓은 의미에서 행정입법은 국가에 의해 행해지는 입법과 지방자치단체가 행하는 자치입법을 포함한다.

국가행정권에 의한 입법의 종류는 전통적으로 대외적 · 일반적으로 법규로서의 성질을 가지는 법규명령과 행정조직 내부에서의 규율에 그치는 행정명령으로 구분이 된다.

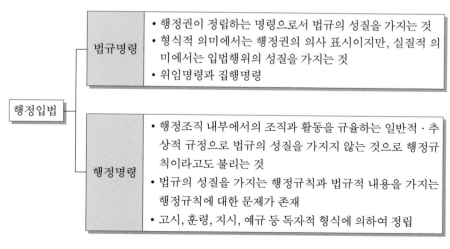

[그림 6-1] 행정입법의 의의와 종류

첫째, 법규명령에 대한 것이다. 법규명령은 행정권이 정립하는 명령으로서 법규의 성질을 가지는 것이다. 법규명령은 형식적인 의미에서는 행정권의 의사 표시에 해당되지만, 실질적으로는 입법행위의 성질을 가지는 것이다. 법규명령은 법규로서의 성질을 지니고 있기 때문에, 국가와 국민에 대해 일반적인 구속력을 가진다.

법규명령의 종류는 다양한 기준에 의해 구분을 하지만, 교육과정과 관련해서는 위임명령과 집행명령으로 구분하여 이해하는 것이 유용하다. 위임명령은 법률이나 상위명령에 의해 위임된 사항을 규정하는 것으로, 위임된 범위 내에서 개인의 권리 · 의무에 관한 사항을 정할 수 있다. 집행명령은 법률이나 상위명령에 규정된 범위 내에서, 그 시행에 필요한 세부적인 사항을 정하는 것으로, 새로운 법률 사항을 정할 수 없는 것이다.

위임명령은 행정국가에 따른 입법권의 위임의 필요는 인정하지만, 개인의 권익을 보호하기 위해 한계를 가진다. 그 한계는 입법권 위임의 범위, 위임입법권의 재위임과 처벌 규정의 위임 등이다. 위임입법에 대해 일반적 · 포괄적 위임이나 구체적 위임의 경우에도 위임된 사항이 객관성을 띠지 않은 위임은 위헌적인 것이 된다. 위임입법권에 대해 다시 하위명령에 위임하는 것은 일반적으로 허용되지 않는다. 다만 일반적 기준을 정한 다음 세부적 사항을 하위명령에 위임하는 것은 가능하다고 본다. 처벌 규정은 상위법에서 범죄 구성 요건의 구체적 기준이나 벌의 한도를 정하여 위임하는 것에 한해 가능하다고 보고 있다.

둘째, 행정명령에 대해 살펴본다. 행정명령은 행정 내부 관계에서 조직과 활동을 규율하는 일반적 · 추상적 규정을 말한다. 행정명령은 행정조직 내부의 관계에 대한 사항을 정하기 때문에, 일반 국민의 권리 · 의무 등에 관하여 정하는 것은 아니다. 행정명령의 종류 역시 여러 가지 기준에 의해 구분을 하지만, 교육과정과 관련해서는 형식에 의한 구분을 알아보는 것이 유용하다. 행정명령은 그 형식에 따라 훈령, 지시, 일일명령, 예규, 고시 등으로 구분을 하고 있다.

　훈령은 상급기관이 하급기관에 대해 장기간에 걸쳐 권한 행사를 일반적으로 지시하기 위해 발하는 명령이다. 지시는 상급기관이 직권이나 하급기관의 문의에 대해 개별적·구체적으로 발하는 명령이다. 예규는 법규문서 이외의 문서로서 반복적 행정 사무의 기준을 제시하는 것이다. 일일명령은 당직, 출장, 시간외 근무, 휴가 등 일일 업무에 관한 명령이다. 고시는 행정청이 결정한 사항이나 기타 일정한 사항을 일반에게 알리는 통지행위의 성질을 가지는 것이다. 행정명령은 법령과 상급행정기관의 행정규칙에 위반되지 않고, 특정의 행정목적의 달성을 위해 필요한 한도 내에서 제정하여야 하며, 재량의 범위를 넘어 법령에서 정하지 아니한 법률관계를 새로 정할 수 없다.

　행정명령에서 문제가 되는 것은 법규의 형식을 취하거나 법규적 내용을 가지는 행정규칙의 성질이 문제가 된다. 행정규칙은 고시나 훈령 등 독자적인 형식에 의해 정립되지만, 경우에 따라 법률이나 법규명령의 형식으로 정립되는 경우도 있다. 그럴 경우, 행정규칙이 성질이 변하여 법규로 되는가의 문제가 있는 것이다. 이에 대해서는 적극설과 부정설로 견해가 나뉘고 있다. 다음으로 법규적 내용을 가지는 행정규칙도 있다. 고시나 훈령 등의 형식을 취하는 행정규칙 중에서 법률이나 명령의 집행을 위해 제정되는 규칙은 원칙적으로 법규의 집행적 성질을 지니지만, 경우에 따라 법규의 보충적 성질을 가지는 것이 있다. 공업입지 기준 고시나 식품영업허가 기준 고시 등이 그것이다. 국가 교육과정의 고시는 이러한 종류에 해당되는 것이다.

3) 교육과정의 법적 성격

　국가 교육과정은 「초·중등교육법」 제23조 제2항에 근거해 교육부 장관이 고시하도록 되어 있다. 고시는 형식적으로 행정규칙에 해당되며 대외적인 구속력을 지니지 않는다. 형식적인 측면을 그대로 적용하면 교육부 장관의 고시인 국가 교육과정은 법적인 구속력이 없는 것이다. 그러나 국가 교육과정 고시는 교육부 장관이 상위법의 근거 없이 독립적으로 행한 것은 아니다. 「초・중등교육법」에 그 근거를 두고 있는 것이다. 행정규칙의 형식으로 제정되는 규범이라고 하더라도, 상위법령의 수권에 따라 정립되어 그에 대한 보충적인 기능을 수행할 경우에는 대외적인 구속력을 갖는 법규명령으로서의 효력을 가지는 경우가 존재하는 판례와 견해가 존재한다.

「양도소득세 부과 처분 취소」 사건(대법원 1987. 9. 29. 선고 86누484 판결)에서 대법원은 행정규칙의 형식으로 제정된 규범이지만, 상위법의 근거에 따라 정립되어 보충적 기능을 수행하는 경우 법적 구속력을 가진다고 판시하였다. 헌법재판소의 경우 '공무원임용령 제35조의 2에 대한 헌법소원'(1992. 6. 26. 91헌마25 전원재판부)에서 동일한 내용의 결정을 하고 있다.[1]

> 법령의 직접적인 위임에 따라 수임 행정기관이 그 법령을 시행하는 데 필요한 구체적 사행을 정한 것이면, 그 제정 형식은 비록 법규명령이 아닌 고시, 훈령, 예규 등과 같은 행정규칙이더라도, 그것이 상위법령의 위임한계를 벗어나지 아니하는 한, 상위법령과 결합하여 대외적인 구속력을 갖는 법규명령으로서 기능하게 된다고 보아야 한다.

행정규칙 형식의 법규명령은 법률 자체에 근거를 가진 경우와 대통령령에 근거를 가진 경우로 구분이 된다. 이들은 다시 제정 권한을 행정 각부의 장관에게 부여한 경우와 행정 각부의 장관 이외의 자에게 부여하는 경우로 세분화된다. 국가 교육과정은 교육부 장관에게 제정 권한을 부여하고 있으며, 지역 교육과정은 교육감에게 제정 권한을 부여하고 있다.

고시 등의 행정규칙의 제정 근거가 된 개별 법령의 규정을 보면, 일반적으로 "… 가 …을 정한다." 혹은 "… 정하여 고시한다."라는 문구를 사용하고 있다. 국가 교육과정의 경우는 「초・중등교육법」 제23조 제2항에서 "교육부 장관은 제1항에 따른 교육과정의 기준과 내용에 관한 기본적인 사항을 정하며, …"라고 되어 있다. 국가 교육과정은 법률 자체에서 명시적 규정을 통해 교육부 장관이 고시라는 입법 형식으로 제정할 수 있도록 규정하고 있다. 법률에 근거를 두고 있는 것을 기준으로 한다면, 법률을 보충하는 형식을 취하여 법규명령의 한 형식으로 인정이 될 수 있을 것이다. 그러나 '교육과정의 기준'이 무엇인지, '내용의 기본적 사항'이 무엇인지에 대한 구체적인 범위를 제대로 설정하고 있지 않고 있어 이에 대한 논쟁을 불러일으키고 있다. 이들에 대해서는 절을 달리하여 설명한다.

　고시의 법규명령의 효력에 대해 비판적 입장도 존재한다. 교육과정 기준과 내용의 기본적 사항 이외에도, 국가 교육과정을 고시로 제정하는 것의 타당성에 대해서는 문제가 되는 부분이 지적되고 있다. 그것은 법규명령과 행정규칙의 제정과 공포 절차에서의 차이, 관련 법령의 입법 방식의 타당성 여부에서 논의가 된다. 「법제업무운영규정」과 「법령 등 공포에 관한 법률」 등에 의하면, 법령은 법률, 대통령령, 총리령, 부령을 말하고, 고시와 같은 행정규칙은 법령에 해당되지 않는다는 것이다. '고시'는 입법계획이나 입법예고, 법제처의 사전 심사 등 사전적 통제의 대상에서 완전히 제외되므로, 국민의 권익 보장 차원에서 문제가 된다는 것이다. 주권재민이나 대의제 원칙, 의회입법의 원칙 및 연성헌법의 원칙 등 입법에 관한 헌법상의 제 원리에도 부합하지 않으며, 법률이 구체적인 범위를 정하지 않고, 대외적 효력이 있는 고시를 인정하는 것 역시 국민의 권리 보호가 제대로 되지 않을 수 있다는 것이다.[2] 이러한 비판이 있지만, 국가 교육과정의 주요 내용을 보면 대외적인 법적 효력이 있는 법규명령의 형식으로 보는 것이 타당할 것이다.

　국가 교육과정의 경우에도 기존에는 부령의 형식을 취하였다. 1949년 12월 31일 법률 제86호로 제정·공포된 「교육법」 제155조 제1항에서는 "대학·사범대학·각종 학교를 제외한 각 학교의 학과, 교과는 대통령령으로, 각 교과의 교수요지, 요목급 수업 시간 수는 문교부령으로써 정한다."라고 되어 있었

다. 그러나 이 조문은 1997년 12월 31일 법률 제3054호로 "대학·사범대학·
각종 학교를 제외한 각 학교의 학과, 교과는 대통령령으로, 각 교과의 교수
요지, 요목급 수업 시간 수는 문교부 장관이 정한다."라고 개정되면서, 제4차
교육과정부터는 고시의 형식으로 변경되었다. 고시로 변경한 이유는 시대·
사회적 변화에 대한 대응성을 높이기 위한 것에 있었다.

3. 교육과정의 기준과 지도·조언 행정

1) 교육과정 규정과 기준의 의미

교육현장에서 적용되는 교육과정에 대한 직접적 근거는 「초·중등교육법」
제23조에 있으며, 제1항에서는 학교 교육과정, 제2항에서는 국가 교육과정
과 지역 교육과정에 대해 규정하고 있다.

> 제23조(교육과정 등) ① 학교는 교육과정을 운영하여야 한다.
> ② 교육부 장관은 제1항에 따른 교육과정의 기준과 내용에 관한 기본적
>   인 사항을 정하며, 교육감은 교육부 장관이 정한 교육과정의 범위에
>   서 지역의 실정에 맞는 기준과 내용을 정할 수 있다.
> ③ 학교의 교과(教科)는 대통령령으로 정한다.

교육현장에서 적용되고 있는 교육과정은 제1항과 제2항을 총체적으로 이
해하여야 한다. 제2항은 교육과정의 기준과 내용에 대한 기본적 사항을 정
한 것이며, 제1항은 제2항을 토대로 학교 교육과정을 편성·운영하도록 하
고 있다. 제2항을 보다 구체적으로 보면, 교육부 장관은 교육과정의 기준과
내용에 대한 기본적 사항을 정하고, 교육감은 그 범위 내에서 지역의 실정에

맞는 기준과 내용을 정할 수 있도록 하고 있다. 넓은 의미의 교육과정 기준과 내용의 기본적 사항은 교육부 장관과 교육감이 정하는 국가 교육과정과 지역 교육과정이 되는 것이며, 좁게는 교육부 장관이 정하는 교육과정 기준과 내용에 대한 기본적 사항을 정하는 것을 말하는 것이다.

　그러나 법조문의 내용만으로 교육과정의 기준과 내용의 기본적 사항이 무엇을 의미하는 것인지는 명확하게 파악하기 어렵다. 우리나라와 유사한 법제를 지닌 일본은 「학교교육법시행규칙」 제52조에서 교육과정에 대해 "교육과정의 기준으로서 문부과학성장관이 별도로 공시한 초등학교 학습지도요령에 의한다."라고 규정하고 있다. 제74조의 중학교 교육과정, 제84조의 고

〈표 6-1〉국가 교육과정 총론 목차

> Ⅰ. 교육과정 구성의 방향
> 　1. 추구하는 인간상
> 　2. 교육과정 구성의 중점
> 　3. 학교급별 교육목표
>
> Ⅱ. 학교급별 교육과정 편성 · 운영의 기준
> 　1. 기본 사항
> 　2. 초등학교
> 　3. 중학교
> 　4. 고등학교
> 　5. 특수한 학교에서의 교육과정 편성 · 운영
>
> Ⅲ. 학교 교육과정 편성 · 운영
> 　1. 기본 사항
> 　2. 교수 · 학습
> 　3. 평가
> 　4. 모든 학생을 위한 교육기회의 제공
>
> Ⅳ. 학교 교육과정 지원
> 　1. 국가수준의 지원
> 　2. 교육청수준의 지원

등학교 교육과정의 경우에도 마찬가지 내용으로 되어 있다. 이 규정에 대해 일본 학자들도 교육과정의 모형, 교육과정 편성의 기준, 교육과정 편성과 운영의 기준 등 다양하게 해석될 여지를 제공하고 있다.[3] 일본의 경우는 그 기준을 교육과정의 편성과 운영의 기준으로 해석하는 것이 유력설이며, 우리나라의 경우도 교육과정의 기준을 교육과정 편성·운영의 기준으로 보는 것이 적절할 것 같다.[4] 국가 교육과정 총론에서도 교육과정 편성·운영에 대해 규정하고 있어 이에 대한 이유 설명에 적절하다. 2015 개정 교육과정 총론의 목차를 보면 이에 대한 이해가 쉽게 간다.

교육과정 구성의 방향에서는 교육과정의 목적과 관련된 사항이 제시되어 있다. 교육과정 목적과 관련된 사항은 추구하는 인간상, 교육과정 구성의 중점, 학교급별 교육목표가 이에 해당된다. 다음으로, 학교급별 교육과정 편성·운영의 기준에서는 초1에서 중3까지의 공통 교육과정과 고등학교 선택 교육과정, 학년군의 설정, 교과군의 재분류, 집중이수의 실시, 창의적 체험활동의 중점 사항, 범교과 학습 주제, 계기교육 등에 대한 사항이 있다. 그리고 각급학교에 해당되는 사항은 교과 편제와 시간(단위) 배당 기준이 제시되고 있으며, 학교급별 특성을 감안한 교육과정 편성·운영의 기준을 제시하고 있다. 학교 교육과정 편성·운영에서는 민주적 절차에 의한 교육과정 편성과 운영, 교수·학습 및 평가에 대한 중점 사항을 정하고 있다. 마지막으로, 학교 교육과정 지원에서는 국가와 교육청수준에서의 행·재정적 지원 등에 대한 사항을 제시하고 있다.

2) 교육과정 기준의 범위

교육과정의 기준과 내용의 기본적 사항이 학교 교육과정 편성·운영의 기준과 내용의 기본적 사항을 정한 것으로 해석한다고 하더라도 그 기준과 내용의 기본적 사항이 어느 정도의 범위에 걸치는지에 대한 문제는 해결되지 않고 있다. 이 문제에 대해서는 교육과정의 법적인 구속력의 범위와 관련해 살펴보아야 한다.

교육과정의 법적 구속력과 관련해 다양한 학설이 제기되고 있다. 이들 학설을 모두 검토하는 것이 교육과정의 기준과 내용의 기본적 사항을 정교하게 이해하기 용이하지만, 전체적인 맥락 이해에 지장이 없도록 세 가지로 정리해 살펴보고자 한다. 세 가지 입장은 법적인 구속력을 긍정하는 입장, 부정하는 입장, 대강적 기준을 취하는 입장이다. 교육과정의 법적인 구속력과 그 범위는 행정입법에서 살펴본 법규명령과 행정명령의 어느 입장을 취하느냐와도 밀접하게 관계된다. 여기서는 일본에서 이 분야에 대한 이론이 정립되어 있는 관계로, 일본의 이론을 바탕으로 한국의 내용을 검토하고자 한다.

첫째, 법적인 구속력을 긍정하는 입장이다. 법적인 구속력을 긍정하는 입장은 「학교교육법」 제20조 규정에 의해 문부성령, 학교교육법시행규칙, 학습지도요령의 순으로 법률을 보충하는 성격을 지니고 있기 때문에 법적 구속력이 있다는 것이다.[5] 학습지도요령은 우리나라의 교육과정에 해당되는 것으로, 그 내용은 교육과정의 기준에 해당되는 부분과 참고하여야 할 부분으로 구분되어, 법적 구속력의 강약에는 차이가 있지만 전체적으로 법규명령의 성격을 가지는 것으로 보는 것이다.

우리나라 「초·중등교육법」 제23조 제2항의 교육과정 기준과 내용의 기본적 사항에 따라 교육부 장관이 고시하는 교육과정은 일본과 동일한 구조를 지니기 때문에 법적 효력을 전체적으로 인정할 수 있다고 할 수도 있다. 그러나 국가 교육과정에는 교수·학습과 평가에서 지도와 조언에 해당되는 내용이 등장하고 있으며, 교육현장에서 실제 수업을 하는 구체적인 방법까지 규제하는 것은 부적절하기 때문에 이 입장을 완전하게 수용하기는 어렵다.

둘째, 법적 구속력을 부인하고, 지도·조언만의 효과를 지닌다는 입장이다. 이 입장은 일본의 「학교교육법」 제28조 제6항의 "교유(教諭)는 아동의 교육을 관리한다."라는 규정을 근거로 교사의 교육의 자유는 독립적으로 존재한다는 것을 들고 있다. 교육과정 기준이 법규명령의 성격을 지니고 있다고 하더라도, 교육과정은 탄력성을 지니고 있어 법규로서의 구속력이 명확한 것은 아니라고 한다. 교육과정 기준의 의미는 지도 · 조언을 위한 전문적 · 기술적 자료이면서 참고 자료에 불과한 것이다.[6]

우리나라도 「초 · 중등교육법」 제20조 제3항에 이와 유사한 규정이 있다. "교사는 법령이 정하는 바에 따라 학생 또는 원아를 교육한다."라는 것이 그 것이다. 이 규정을 근거로 논의한다면, 일본에서 지도 · 조언에 해당되는 것으로만 인정을 할 수도 있다. 그러나 학생을 교육한다는 것은 교과활동과 생활지도를 한다는 것을 의미하며, 그것도 법령이 정하는 바에 따라 독립적으로 교육하도록 하고 있다. 기존에는 "교장의 명을 받아 학생을 교육한다."라고 되어 있었다. 그러나 「초 · 중등교육법」 제23조 제1항과 제2항의 규정에 따라 만들어진 교육과정을 실천하는 것과 관련된 것이지, 이 조문만을 독립적으로 분리해 교사의 교육의 자유를 확대 해석하는 것은 다소 무리가 있을 것으로 생각된다.

셋째, 법적 구속력을 인정하되, 대강적(大綱的) 기준에 대해서만 인정하는 것이다. 이 입장은 교육과정의 대강적 기준에 대해서는 문부대신의 권한을 인정하지만, 학습지도요령은 교육내용에 대해 상세하게 정해져 있어 문부대신의 권한을 넘어선 것으로 보는 것이다. 대강적 기준이 무엇인가에 대해서는 법해석상으로는 어렵지만, 성령(省令)에서 규정하고 있는 교육과정의 구성 요소(교과 학습, 특별교육활동), 교과명, 수업시수가 해당되는 것은 명백하고, 그 외 교육내용 · 교육방법 등에 대해서 어느 정도로 국가가 기준입법을 만들 수 있는가는 교육학을 중심으로 검토하여야 할 사항이라고 한다.[7] 일본의 경우는 많은 학설이 제기되고 있지만, 대강적(大綱的) 기준설이 다수 의견이다.[8]

우리나라의 경우에도 대강적 기준에 의한 입장이 타당하게 적용된다. 국가 교육과정 총론에서는 교육목적과 교과 및 시간(단위) 배당 등이 제시되어 있는데, 이들 사항은 교육현장에서 지켜야 할 사항과 관련된다. 교과의 명칭이나 연간 수업일수, 학기의 시작 등은 「초 · 중등교육법」과 「초 · 중등교육법시행령」에 직접적으로 규정하고 있기 때문이다. 그러나 학교 교육과정 편성 · 운영에 대한 사항이나 교과별 교육과정에 제시되어 있는 교수 · 학습 및 평가 등에 대한 사항은 지도 · 조언의 내용이 대부분이다. 법적으로 지켜야 할 사항과 지도 · 조언의 사항이 혼재되어 있는 것이다. 대강적 기준이 무엇인가는 현행 교육과정에 대한 조문이 개정되기 이전에 교육부 장관이 정하도록 되어 있는 학과, 교과, 각 교과의 교수요지, 요목급 시간 수, 수업량 등을 「교육법」에서 규정한 것은 참고가 될 수 있는 사항이며, 교육과정 분야에서 보다 깊이 있게 논의되어야 할 부분이다.

3) 교육과정 기준과 지도 · 조언행정

교육과정의 편성과 운영은 교육활동의 중심이며 교사의 교육의 자유의 핵심을 이룬다. 교사의 교육의 자유에 대한 법적 근거에 대해서는 헌법상의 권리로 보는 입장도 있지만 법률상의 직무권한에서 나오는 것으로 보는 등 견해가 상이하다. 교사의 교육의 자유와 관련해 문제가 되는 것은 「초 · 중등교육법」 제23조 제2항의 교육과정의 기준과 내용에 대한 기본적 사항을 결정하는 교육부와의 관계에 있다. 그 관계는 교육과정 기준과 내용의 기본적 사항의 범위를 어디까지로 하느냐에 관한 것이 된다.

이 문제는 앞서 논의되었지만, 국가의 입장에서 보면 교육과정 편성과 운영에서 교육행정이 해야 할 임무와 그 한계는 무엇인가와 관련이 된다. 기존 교육법에서 교육과정에 관한 직접 조문의 규정이 "각 학교의 학과, 교과는 각령으로, 각 교과의 교수요지, 요목급 수업 시간 수 등을 문교부령으로써 정한다."거나 "교육과정은 교육부 장관이 정한다." 등으로 되어 있었다. 이러한 규정은 교육과정의 기준이나 내용의 기본적 사항이라는 용어 자체도 없었고, 교육감의 역할도 존재하지 않은 중앙집권적 성격이 강했다. 교육과정의 결

정구조가 교육부 장관, 교장, 교사로 이어지는 수직적 관계가 설정되었고, 국
정교과서제도와 지휘·감독 위주의 장학제도는 위에서부터 아래까지 법적
구속력을 토대로 규제하여, 교사는 정해진 교육내용을 학생에게 충실하게 전
달하는 것을 강조하고 있었다.

　그러나 1991년에「지방교육자치에 관한 법률」이 만들어지고, 1998년 새로
공포된「교육기본법」과「초·중등교육법」에서는 국가뿐만 아니라, 지역과 학
교의 자율성을 강조하는 형태로 변화되었다. 국가의 교육과정 기준과 내용
의 기본적 사항에 따라 각 지역은 지역적 특성과 실정에 적합한 교육과정을
만들도록 하고 있는 것이다. 국가의 지역수준 교육과정 기준과 내용의 기본
적 사항은 교육과정을 실질적으로 운영하는 교사에게 시사를 주고자 하는 것
이며, 교육의 획일화를 기하고자 하는 것은 아닌 것이다. 교육과정의 국가와
지역적 기준과 내용의 기본적 사항은 국민 전체의 교육에 대한 일정 수준을
유지하기 위해 설정한 것이며, 그 자체가 교육내용과 방법 및 평가를 획일화
하려는 것은 아닌 것이다. 교사는 교육과정을 안내자로 삼아 학생의 특성과
학교 및 지역사회의 실정을 감안해 가장 적절한 교육을 행할 수 있도록 연구
를 해야 하는 것이다.

　학교 교육과정의 편성과 운영에서 교사는 교장과 동료의 협력을 얻고, 교
육부에서 정한 대강적 기준을 준수하며, 교육감이 정한 교육과정 편성·운
영 지침의 안내를 따라 학교의 독자적인 교육과정을 편성하고 운영하는 것
이다.「헌법」제31조 제4항에서 교육의 자주성을 규정하고,「교육기본법」에
서 이를 다시 확인하는 것은 이러한 의미에 있다. 교육에서 자주성이 확립되
기 위해서는 단위학교의 교육과정 편성과 운영에 대한 민주적 의사결정과 더
불어 학교의 개성을 살리는 것을 요청하고 있는 것이다. 공적인 교육 체제에
서 교육내용에 대한 국가의 역할을 무시할 수 없지만, 교육의 자주성을 존중
이라는 입장에서 그 개입은 대강적 기준과 같은 사항에 한정하여야 한다. 그
것도 국가와 지역의 역할을 분담하는 체제로 지역의 역할도 강화되는 방향이

되어야 할 것이다.

현재의 국가 교육과정은 교육과정 내용과 더불어 교수·학습방법 및 평가에 이르기까지 상당히 많은 부분을 제시하고 있다. 국가 교육과정 총론과 교과별 교육과정에 해당되는 별책을 합하면, 교육부 장관이 고시하는 교육과정은 수천 페이지에 달한다. 이들이 모두 법적인 구속력을 가지고 있다고 보기는 어려울 것이다. 교육의 일정 수준을 유지하기 위해서 국가와 지역은 대강적 기준의 범위 내에서 이루어져야 한다. 그리고 교육과정을 편성하여 운영하고자 할 때, 개별 교사가 감당하기 어려운 사항에 대해서는 교원의 충원과 재정을 투입하여야 하는 사항에 대해서는 국가가 적극적으로 관여하여 교육여건을 정비하여야 한다.

국가 교육과정은 지역적 특수성과 학생 및 학교의 상황을 고려해 교사가 탄력적으로 만들 수 있는 여지가 있으면서도, 전국적인 공통성을 가지고 있는 성격도 동시에 지니고 있다. 국가적 공통성과 학교의 특성과 다양화를 조화시키기 위해서는 국가 교육과정의 대강화의 규명에 대한 노력이 더욱더 깊이 있게 이루어져야 한다. 동시에 직접적인 교육활동은 교사가 학습자의 특성에 적합하게 구성할 수 있도록 탄력적이어야 한다. 그러기 위해서 교육과정의 대강적 기준을 토대로 국가는 교사에 대해 지도·조언의 행정을 하여야 한다. 그리고 교육활동이 효과적으로 이루어질 수 있도록 교육여건을 정비하는 측면에서는 적극적으로 관여해야 하는 것이다.

4. 교육과정 편성권의 주체

1) 교육과정 편성 관련 규정과 그 해석

교육과정과 관련된 두 번째 문제는 교육과정 편성의 주체와 관련된 문제이다. 그러나 교육과정 편성이라는 용어는 「초・중등교육법」에서 제시되지 않고 있고, 운영과 관련된 용어만 사용이 되고 있다. 「초・중등교육법」 제23조 제2항에서 "학교는 교육과정을 운영하여야 한다."라고 규정한 것이 그것이다. 이 규정에서 드는 의문은 교육과정의 편성에 대한 규정이 없다는 것이고, 또 편성의 주체가 누구에게 있느냐에 대한 것이다. 이 문제에 대한 답은 「초・중등교육법」 제23조 제1항의 해석과 밀접하게 관련되어 있다.

여기서는 「초・중등교육법」 제23조 제1항에서 교육과정 편성에 대한 용어가 누락되어 있어, 어디에 근거가 있는지에 대해 살펴본다. 국가에서 제시하고 있는 교육과정 해설서에서 이 조문은 "단위학교 수준에서 지역이나 학교의 실정에 알맞게 학교 교육과정을 편성・운영하는 법적 근거"[9]라고 밝히면서, 학교에서 정상적인 교육과정을 운영하지 않을 경우에는 같은 법 제63조에 따라 행정 제재를 받게 된다고 설명하고 있다. 법조문에서는 편성에 대한 용어가 사용되지 않고 있는데, 해설서에서는 편성이라는 용어가 사용되고 있는 것이다.

교육과정 운영은 문서화되어 있거나 이미 만들어져 있는 교육과정을 실천에 옮기는 것을 말한다. 교육과정 편성이라는 용어는 국가 교육과정에서 사용하고 있지만, 교육과정 연구 분야에서는 그다지 많이 사용하지 않는다. 반면, 교육과정 운영이라는 용어는 교육과정 연구 분야나 법 규정에 공통적으로 등장하고 있다. 교육과정 운영은 만들어져 있거나 문서화되어 있는 교육과정을 실천에 옮기는 것을 말한다. 그러한 실천은 계획된 교육과정이나 개발된 교육과정이 있어야 가능한 것이다. 따라서 교육과정 편성이라는 용어는 교육과정 연구 분야에서 사용하는 교육과정 개발이나 계획과 유사한 의미로 이해하는 것이 적절하다.

교육과정 편성과 운영에 대한 개념은 구분되지만, 「초・중등교육법」 제23조 제1항의 "학교는 교육과정을 운영하여야 한다."라는 규정에서의 운영에는 편성의 의미가 내포되어 있는 것으로 보는 것이 합리적일 것이다. 법의 문구를 엄밀하게 해석하면 학교는 교육과정 편성권이 없다. 그러나 편성과 운영의 개념이 구분되는 것이고 운영이 이미 만들어져 있는 문서화된 교육과정의 존재를 가정한 것이라면, 이 조항은 교육과정 편성의 의미가 내포되어 있다고 보아야 할 것이다. 국가와 지역에서는 교육과정의 기준과 내용에 대한 기본적 사항을 의미하는 것이고, 그 외 교육과정에 대한 편성을 할 수 있거나 해석할 수 있는 여지가 없기 때문이다. 학교수준이 아니라, 교사수준에서는 「초·중등교육법」 제20조에서 "교사는 법령이 정하는 바에 따라 학생을 교육한다."라고 하는 규정이 별도로 있다. 그러나 이 조문은 학교 교육과정을 매개로 직접적인 교육활동을 전개하는 제한적인 것에 해당되는 것으로, 교육과정 운영의 한 부분에 불과한 것이다.

「초·중등교육법」 제23조 제1항이 교육과정 편성의 의미를 내포하고 있는 것은 국가 교육과정의 문서 내용을 통해서도 확인이 된다. 국가 교육과정 문서에서 각급학교 교육과정은 교과와 창의적 체험활동으로 크게 구분하고 있다. 창의적 체험활동은 교과 이외의 활동으로서 교과와 상호 보완적 관계에 있다. 창의적 체험활동은 "학생의 자주적 실천활동을 중시해 학생과 교사가 공동의 협의나 학생들의 힘으로 활동 계획을 수립하고 역할을 분담하여 실천"[10]하는 것으로, 학교 자체적으로 편성하여 운영할 수 있다. 국가 교육과정에서는 자율활동, 동아리활동, 봉사활동, 진로활동의 네 영역으로 구분하여 각각의 성격과 활동을 제시하고 있다.

교과와 양대 축을 이루고 있는 창의적 체험활동을 학교 자체적으로 편성하고 운영할 수 있는 것이라면, 학교 교육과정에서도 편성을 할 수 있는 권한이 존재하는 것으로 보아야 한다. 「초·중등교육법」과 교육부 장관이 고시한 교육과정에 의하면, '교육과정'과 '교육과정의 기준과 내용의 기본적 사항'은 구별되는 것이다. 교육과정의 기준과 내용의 기본적 사항의 결정은 국가에 있고, 교육과정 편성에 대한 권한은 학교에 있는 것이다. 다만 학교 교육과정 편성은 국가와 지역의 교육과정 기준과 내용에 대한 기본적 사항을 준수하면

서 학교의 특성을 고려해 만들어지기 때문에, 학교가 독자적으로 만드는 것
으로 이해하는 것은 부적절할 것이다.

2) 교육과정 편성 주체의 해석

「초·중등교육법」제23조 제1항과 제2항의 규정에서 교육과정의 결정과 관
련해 국가, 지역, 학교가 역할 분담을 하고 있는 것은 나타나지만, 교육과정
편성권의 주체가 어디에 있는지에 대해서는 명확하지 않다. 우리나라에서는
이 부분에 대한 연구 성과가 적어 일본의 것을 참고로 제시하면서 논의한다.
일본에서는 교육과정 편성의 주체에 대해 문부대신, 교장, 교직원회의의 세
가지 정도의 견해가 제시된다.[11] 이들에 대한 검토를 하면 다음과 같다.

첫째, 문부대신에 있다고 보는 견해이다. 이 견해는 일본의 「학교교육법」
제20조(소학교의 교과에 관한 사항은 제17조[소학교 교육목적] 및 제18조[소학교 교
육목표]의 규정에 좇아 감독관청이 이를 정한다.)와 제106조(… 제20조 …에 규정
한 것을 정하는 권한을 가진 감독청은 당분간 이를 문부대신으로 한다. 다만 문부대
신은 정령의 정하는 바에 의하여 그 권한을 다른 감독관청에 위탁할 수 있다.), 지방
교육행정조직 및 운영에 관한 법률의 규정을 들어 교육과정 편성권이 우리나
라의 교육부 장관에 해당되는 문부대신에게 일차적으로 있고, 이차적으로 교
육위원회에 있다는 것이다.[12] 여기서의 「학교교육법」은 그 당시의 법조문을
적시한 것이며, 현재는 그 조문의 위치와 그 내용이 변경되었다.

이 입장은 우리나라 기존의 단일법전인 「교육법」에서 "교육과정은 교육
부 장관이 정한다."라는 문구가 그대로 존재할 경우에는 교육부 장관에서 그
권한이 있다고 해석을 할 여지가 있다. 그러나 기존의 단일법전이 분화되어
초·중학교 교육과정이 「초·중등교육법」에서 상이한 내용으로 규정되면서
이러한 해석의 타당성은 결여되고 있다. '교육과정의 기준과 내용의 기본적
사항'은 '교육과정'과 구분되고, 교육부 장관은 교육과정의 기준과 내용의 기

본적 사항을 정하며, 학교에서 교육과정을 운영하도록 역할 분담을 하고 있기 때문이다.

둘째, 교장에게 있다는 것이다. 이 입장은 교육부 장관과 교육감은 교육과정의 기준과 내용에 대한 기본적 사항을 정하고, 학교는 이 범위 내에서 교육과정을 편성하여야 운영할 수 있기 때문에 학교의 총 책임자로서 교장에게 있다는 입장이다. 일본에서는 「학교교육법」 제37조 제4항 "교장은 교무를 총괄하고 소속 직원을 감독한다."라는 것에 근거를 두고 있다. 이 견해는 문부대신과 교육위원회가 '교육과정의 기준'을 설정할 권한이 있다는 것을 인정하고, '교육과정'을 편성할 권한은 교장에게 있다고 보는 것이다.

우리나라의 「초 · 중등교육법」 제20조에서도 교직원의 임무를 제시하고 있다. 같은 법 제1항에서는 "교장은 교무를 통할(統轄)하고, 소속 교직원을 지도 · 감독하며, 학생을 교육한다."라고 규정하고 있다. 이러한 규정은 행정가의 기능을 규정한 일본과 유사하지만, 그 외에 교육적인 기능도 추가되어 있다. 교장은 관리자인 행정가로서의 기능과 교육자로서의 기능이 혼합된 이중성을 갖고 있는 것이다. 교장의 임무에서 교육자로서의 기능을 배제하면, 일본의 「학교교육법」 규정과 유사하게 되어 동일한 논리로 교육과정 편성의 권한이 교장에게 있다고 할 수 있을 것이다.

그러나 이 입장은 「초 · 중등교육법」 제20조의 교직원의 임무에서 '교장의 복무 규정'을 제시한 것이 '학교'와 동일시할 수는 없다는 점에서 한계가 있다. 그리고 국가 교육과정에서도 "학교는 …"이라고 하고 있지, 교장이라는 용어를 사용하지 않는다. 법에 제시된 교장의 복무 규정과 국가 교육과정에 제시된 학교라는 용어는 교장과 학교를 동일시한다는 의미가 아니다. 교장은 학교를 경영 · 관리하는 행정가인 동시에 학교를 대표하는 교육자로서의 기능을 함께 가지고 있는 학교 구성원에 해당된다. 그러므로 교육과정 편성권이 교장에게 있다고 하는 것은 그 타당성이 제한된다.

셋째, 교장과 교감을 포함한 교직원회의에 있다는 견해이다. 이 입장은 일본의 「학교교육법」 제37조 제11항 "교사는 아동을 교육한다."라는 규정에 근거해 주장하는 논리이다. 이 조문은 교사의 교육권 행사에 대한 규정으로 교사집단은 학교에 대해 공동 책임을 담당하고 있다는 것이다. 그리고 교육의 전문성에 비추어 보아도 교장과 교감만으로 교육과정 편성을 하는 것은 어렵다는 것이다. 교장은 학교의 대외적 표시·대표 권한을 가지는 것은 정당하지만, 학교교육활동은 교장과 교감을 포함한 교직원 전체 회의에서 심의·결정하는 것이 요구된다는 것이다.[13]

우리나라 「초·중등교육법」 제20조 제4항에서 교사의 임무로서 "교사는 법령에서 정하는 바에 따라 학생을 교육한다."라는 규정은 '법령이 정하는 바에 따라'를 제외하면 일본의 교사 임무 규정과 유사하다. 개별 학생의 소질과 재능을 가장 정확히 파악하는 위치에 있는 사람은 교사이다. 학교교육은 한두 명의 교사에 의해 이루어지는 것은 아니다. 개별 학생을 담당하는 다른 교사와의 협력 관계는 필수적이고, 이러한 관계에 의해 각 교사의 전문적 역량은 학교 운영이라는 집단적 자율로 이어져야 한다. 교직원회의 혹은 교무회의는 이러한 요구나 필요를 충족시켜야 하는 것이다.[14] 교과와 교과 외 활동이 충실히 이루어지기 위해서는 보조교사나 양호교사, 행정직원 등의 참여도 고려되어야 하기 때문에, 교육과정 편성은 교직원회의에 있다고 보는 것이 적절하다. 교장은 교사의 집단자율로 만들어진 교육과정에 대한 결정 사항을 대외적으로 표시하는 대표자로서의 기능을 하는 것이다.

교직원회의의 법적 성격에 대해서는 견해가 나뉘고 있다. 보조기관이나 자문기관으로 보는 입장이 있으며, 최고 의결기관으로 보는 입장도 있다. 보조기관이나 자문기관으로 보는 입장은 교장은 학교 경영에 대해 포괄적·최종적 결정권을 가지고 있기 때문에 교직원회의는 교장의 직무 집행상 보조기관에 불과하다는 것이다.[15] 최고 의결기관으로 보는 입장은 교장의 직무권한에서 소속 직원을 감독하는 것을 교육활동에까지 지휘명령의 관계로 설정하는 것은 부적절하며, 교사의 교육의 자유와 학문의 자유 및 교육행정의 임무 등을 근거로 들고 있다.[16] 일본 문부성과 교육위원회가 채택하는 입장은 자문기관의 입장이다. 그러나 최근 교직원회의의 법적 성질과 권한은 교육의 내적 사항과 외적 사항을 구별해 내적 사항에 대해서는 의결기구로 작용하고, 외적 사항에 대해서는 심의기구로 작용하여야 한다는 주장이 제기되어 설득력을 얻고 있다. 교육과정의 심의 방법에 대해 학교운영위원회가 법정기구로 되어 있는 것을 감안하면, 교직원회의에 대한 논의와 법제 정비도 요청된다.

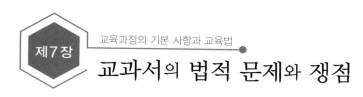

제7장

교육과정의 기본 사항과 교육법

교과서의 법적 문제와 쟁점

1. 교과서의 법적 규정

1) 의의

교과서는 교육과정의 내용 체계와 성취기준을 토대로 만들어진다. 우리나라는 국정교과서와 검정교과서를 의무적으로 사용하게 되어 있다. 교과서는 교육활동에서 가르치는 자와 배우는 자를 매개하는 핵심적 역할을 하는 것이다. 우리나라와 달리 서구의 경우는 국·검정제와 달리 인정제나 자유발행제를 활용하고 있다. 한 사회의 역사·사회적 배경에 따라 상이한 제도적 형식을 취하고 있는 것이다. 이러한 제도적 형태는 국가주도적 형태와 민간주도적 형태로 크게 구분이 되고 있다.

교과서제도에서 민간주도적 입장을 취하는 형태는 교과서의 저작과 발행 및 채택을 민간에 부여하는 형태로 자유발행제를 지향할수록 민간주도적이

[그림 7-1] 교과서제도

게 된다. 이에 비해 국가주도적 교과서제도는 교과서의 저작에서 발행 및 채택에 이르기까지 국가의 관여가 강하고, 민간의 참여가 제한적이다. 국정교과서를 지향할수록 국가주도적인 구조를 지니게 되는 것이다. 교과서 자유발행제는 국가의 제약 없이, 일정한 자격 요건을 가진 저작자는 교과서를 자유롭게 개발할 수 있도록 허용하는 제도이다. 이에 비해 국정과 검정 및 인정의 경우는 국가가 정한 일정한 기준을 충족시켜야 교과서로 활용이 될 수 있는 제도적 형태이다.

한 나라가 처한 교과서제도는 교과서를 개발의 참여자와 결정 구조에 대한 외적인 범주를 결정하게 된다. 그러나 이러한 외형적 범주는 구체적인 교과서 내용에 대한 것을 설명해 주지는 않는다. 어떠한 교과서제도를 채택하고 있든 교과서에 담길 내용은 교육과정을 보는 관점과 교과의 내용적 특성에 따라 달라진다. 그래서 교과서에 담기는 내용은 논리적 체계를 중심으로 학습할 지식과 기술 및 태도를 담고 있는 경우도 있으며, 반대로 교육과정이 정한 내용적 범주 내에서 학생이 경험하여야 할 것을 중심으로 만들어지는 경우도 있다.

법적인 대상으로 교과서에 대한 연구에서는 교과서에 담길 내용 그 자체에 대한 논의를 하는 것은 아니다. 교과서는 교육활동을 전개하는 데 학생과 교사의 주요 매개체이다. 교과서는 학생의 성장에 유의미하게 작용하기 위해서 그 내용이 학생에게 적합해야 되는 것이다. 그것은 교육의 기회 균등 원리를 실현시키는 중요한 수단도 되는 것이다. 학생의 학습에 대한 권리를 보장하기 위해 국가의 입장에서는 교육의 일정한 수준을 유지하기 위한 노력도 기울인다. 그럴 경우, 교과서제도를 정책적으로 어떻게 하여야 할 것인지에 대한 판단을 하게 되는 것이다. 교과서제도의 정책적 판단에 따라 교과서 내용에 대한 국가의 통제 수준과 범위가 결정되고, 그러한 통제는 교사나 학교의 자율을 제한하는 결과를 초래한다. 교과서 내용에 대한 국가의 통제와 학교의 자율 간에 갈등이 생기는 것이다. 교육과정을 구현하기 위한 중요한 수단이 교과서이기 때문에, 교육과정에서 주요 문제로 나타나는 교과서 내용에 대한 국가의 통제와 학교의 자율에 대한 사항은 동일한 맥락에서 제기되는 문제인 것이다.

2) 법적 규정과 종류

우리나라의 교과서제도에 대한 직접적으로 규정한 법은 「초 · 중등교육법」 제29조와 그 시행령인 「교과용 도서에 관한 규정」이다. 「초 · 중등교육법」 제29조에서는 교과용 도서의 사용 구분과 교과서 개발 절차에 대해 규정하고 있다.

> 제29조(교과용 도서의 사용) ① 학교에서는 국가가 저작권을 가지고 있거나 교육부 장관이 검정하거나 인정한 교과용 도서를 사용하여야 한다.
> ② 교과용 도서의 범위 · 저작 · 검정 · 인정 · 발행 · 공급 · 선정 및 가격 사정(査定) 등에 필요한 사항은 대통령령으로 정한다.

「초 · 중등교육법」 제29조 제1항은 교과용 도서의 사용 구분을 규정하고 있으며, 제2항은 그 절차에 대한 규정을 제시하고 있다. 제1항의 규정을 보면, 교과용 도서는 국가가 저작권을 가진 국정도서를 우선 사용하여야 하고, 국정도서가 없을 경우에는 검정도서를 사용하여야 한다. 국정과 검정도서가 없는 경우에는 인정도서를 사용할 수 있다. 국정이나 검정이 아닌 도서를 사용하였을 경우에는 행정상 제재를 받게 된다.

교과용 도서는 「교과용 도서에 관한 규정」 제2조 제1항에서 "교과용 도서라 함은 교과서 및 지도서를 말한다."라고 규정하고, 제2조 제2항에서는 "교과서라 함은 학교에서 학생들의 교육을 위하여 사용되는 학생용의 서책·음반·영상 및 전자저작물 등을 말한다."라고 규정하고 있다. 지도서는 학생들의 교육을 위해 사용하는 것임을 밝히고 있다. 문서화되어 있는 전통적인 교과서 이외에, 최근의 사회·경제적 상황을 반영해 음반이나 영상 및 전자저작물 등도 포함하고 있다.

「초·중등교육법」 제29조 제1항에 규정된 국정, 검정, 인정도서는 「교과용 도서에 관한 규정」 제2조의 제4항, 제5항, 제6항에서 각각 정의하고 있다. 국정도서는 교육부가 저작권을 가진 교과용 도서를 말하고, 검정도서는 교육부 장관의 검정을 받은 교과용 도서를 말하며, 인정도서는 국정도서·검정도서

〈표 7-1〉 국·검·인정도서의 구분

구분	국정도서	검정도서	인정도서
정의	교육부가 저작권을 가진 교과용 도서	교육부 장관의 검정을 받은 교과용 도서	국정도서·검정도서가 없는 경우 또는 이를 사용하기 곤란하거나 보충할 필요가 있는 경우에 사용하기 위하여 교육부 장관의 인정을 받은 교과용 도서
심의권자	장관 (심의위원 위촉)	장관 (검정심사기관에 위탁)	장관 (시·도 교육감에게 위임)
절차	편찬 → 심의	개발 → 심의 → 선정	개발 → 신청 → 심의 → 선정
저작자(발행권자)	교육부 장관	저작자(발행사)	저작자(발행사)
과목	초·중등 교과용 도서 국·검·인정도서 구분 고시에 따름	초·중등 교과용 도서 국·검·인정도서 구분 고시에 따름	국·검정도서 이외의 교과용 도서

가 없는 경우 또는 이를 사용하기 곤란하거나 보충할 필요가 있는 경우에 사용하기 위하여 교육부 장관의 인정을 받은 교과용 도서를 말한다. 국·검·인정도서가 어떻게 다른 것인지는 교육부에서 제시한 〈표 7-1〉을 보면 구체적으로 확인된다.[1]

　교과서를 국정으로 할 것인지 검정으로 할 것인지, 아니면 인정으로 할 것인지는 교육부 장관이 결정하도록 되어 있다. 교육과정이 개정되면, 개정 교육과정에 제시된 교과에 따라 구체적인 교과목을 결정하고, 그 교과목에 대한 교과서를 국정·검정·인정 중 어느 것으로 할 것인지의 정책적 결정을 하여 고시하게 된다. 교육과정의 개정 시기별로 국정과 검정 및 인정교과서의 종류가 다를 수 있는 것이다.

　2015 개정 교육과정이 확정·고시된 이후 2009 개정 교육과정에서의 교과서 사용 구분이 변경된 예를 보면 쉽게 확인된다. 국사 교과서는 중·고등학교 모두 검정도서였지만, 국정도서로 전환되었다. 반면, 중학교의 수학, 과학, 영어 교과와 고등학교 수학, 과학, 영어 교과의 일반선택과목은 인정도서에서 검정도서로 전환되었다.

3) 교과서 저작과 채택의 과정

　교과서 개발을 위한 계획과 단위학교에서 교과서가 사용되는 일반적인 절차는 국·검·인정 모두 유사하다. 실질적인 차이는 교과서를 실제 개발하는 주체와 관련된다. 국정교과서는 교육부에서 개발하고, 검정교과서는 위탁기관을 통해 개발하며, 인정교과서는 시·도 교육청에서 개발한다. 교과서 개발의 일반적 절차는 [그림 7-2]와 같다.[2]

　교과서는 교육과정을 구현하기 위한 중요한 수단에 해당되기 때문에 국가 교육과정이 확정·고시된 이후에 이루어진다. 국가 교육과정에 제시되어 있는 교과(목)은 교과서에 의해 구체화된다. 국가 교육과정에 제시된 교과(목)

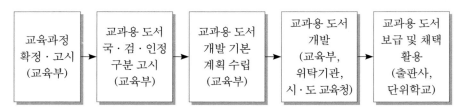

[그림 7-2] 교과용 도서 개발 절차

는 교육부 장관이 개정 교육과정에 따라 교과용 도서 국·검·인정 구분 고시를 하게 되며, 구분 고시된 교과목에 대한 국·검·인정교과서에 따라 교육부에서는 교과용 도서 개발 기본 계획을 수립하게 된다. 수립된 기본 계획은 교과용 도서를 개발하는 방향과 구체적인 개발에 반영이 되어 실제 개발 과정에 들어가게 된다. 검정교과서와 인정교과서는 심사 기준이 매우 중요한 역할을 하게 된다. 심사 기준에 통과하지 못하게 되면 교과서로 출판할 수 있는 자격이 없어지기 때문이다. 교과서로 사용할 수 있도록 합격이 결정되면, 출판사에서 교과서를 제작·보급해 단위학교에서는 학생과 학교의 실정에 적합한 교과서를 선정해 사용하게 된다. 이들에 대해 설명하면 다음과 같다.

첫째, 교육과정의 확정·고시 단계이다. 국가 교육과정은 총론 및 교과별 교육과정에 대한 정책 연구, 교육과정 포럼의 개최, 지속적인 의견 수렴, 공청회의 개최와 교육과정심의회의 심의를 거쳐 최종 확정·고시하게 된다.

둘째, 교과용 도서의 국·검·인정 구분 고시 단계이다. 교육부 장관은 「교과용 도서에 관한 규정」 제4조(국정도서), 제6조(검정도서), 제14조 제1항(인정도서)에 의거해 국·검·인정도서로 구분 고시하여 관보에 게재한다.

셋째, 교과용 도서 개발 기본 계획의 수립 단계이다. 국가 교육과정이 개정에 대한 기본 계획을 수립하듯이 교과용 도서 역시 개정 교육과정 정신을 구현하기 위해 정책의 방향이 시기에 따라 달라진다. 정책의 방향에서는 기본적 목표를 설정하고, 목표 달성을 위해 국정, 검정, 인정도서별로 중점적으로 개선하기 위한 계획이 수립된다. 여기에는 교과용 도서의 심사나 교과용 도서의 사용 구분에 따른 비중, 관리 체제 등 다양한 분야에 걸쳐 기존과 다른 방향을 수립하게 된다.

넷째, 교과용 도서 개발 단계이다. 교과용 도서 개발 단계에서는 국정, 검정, 인정도서별로 상이한 절차를 거치게 된다. 국정도서는 국가가 저작권을 가지지만, 연구기관이나 대학 등에 위탁하여 편찬할 수 있다. 검정도서는 교육부 장관이 고시한 검정 개발 대상 도서를 대상으로 검정 실시 공고를 하고, 검정 신청을 받아 일정한 기준을 충족한 도서에 대해 합격을 결정하고 공고한다.

인정도서는 시 · 도 교육청 자체 개발 인정도서와 출판사 출원 인정도서로 구분이 된다. 교육청 자체 개발 인정도서는 교육청에서 개발 계획을 수립하고, 자체 개발이나 위탁기관을 선정하여 도서를 개발하며, 해당 도서에 대한 심의를 통해 합격 여부가 결정된다. 출판사 출원 인정도서는 교육청에서 인정 실시 공고를 하고, 출판사에서 집필을 하며, 교육청 인정도서심의회에서 심사를 거쳐 합격 여부를 판정하게 된다. 인정 심사의 기준은 검정 심사의 기준과 대동소이하다.

다섯째, 교과용 도서 보급 및 채택 활용 단계이다. 국 · 검 · 인정도서로 합격한 도서는 출판사를 통해 인쇄되고 일선 교육현장에 보급이 된다.

이와 같은 단계를 거치는 교과서는 국정과 검정 및 인정교과서별로 국가의 교과서 내용에 대한 통제의 정도가 다르기 때문에, 쟁점이 되는 부분이 다르게 나타난다. 국정교과서와 같은 경우는 국가에 저작권이 있기 때문에 교육의 자주성과 관련해 그 정당성이 약한 점을 드러내고 있다. 검정교과서는 민간이 교과서 저작에 참여하지만 검정을 통과하여야 하므로, 그 심사 기준이 쟁점이 되는 것이다. 주요 이슈는 다르다고 하더라도 여기에 내재해 있는 사항은 국가의 교과서 내용에 대한 통제와 교육현장의 자율성 간의 갈등에 대한 것으로 압축된다.

2. 국정교과서와 교육의 자주성 문제

1) 국정교과서의 편찬 절차와 교육의 자주성

국정교과서 개발은 교과서 개발의 일반적 절차에 의해 이루어진다. 교육과정이 확정·고시되고, 교과용 도서에 대한 국·검·인정 구분 고시에 의해 국정으로 확정된 교과서에 대해 국정도서 개발 기본 계획을 수립하고, 교과용 도서를 개발·발행하게 된다. 교과서 개발의 일반적 절차에서 검·인정교과서 개발과 차이가 나는 것은 국가가 저작, 발행하게 되어 민간이 참여할 수 없으며, 교육현장의 교과서 선택이나 사용에 대한 권리나 권한이 없다는 데 있다. 이 문제는 「헌법」에 제시된 교육의 자주성 문제와 직접적으로 관련이 된다. 여기서 살펴보는 것은 국정교과서가 검·인정에 비해 차이가 나는 저작과 교과서 선택의 문제를 교육의 자주성 원리와 관련해 살펴보고자 한다.

우선, 교과서 저작에 대해 민간의 참여가 배제되는 부분에 대한 것이다. 국정교과서는 저자가 국가기관인 교육부에 있고, 일반 민간이 교과서 저작에 관여할 수 없는 구조이다. 편찬기관을 지정하거나 공모하여 외부인의 참여를 도모하지만, 국가가 저작에 대한 근본적인 문제를 해결하기는 어렵다. 2015 개정 교육과정의 경우에는 국정교과서에 대한 현장교사와 전문가 중심의 현장 적합성에 대한 검토를 강화하였다. 2009 개정 교육과정과 비교해 현장 검토본의 완성도를 제고하기 위한 노력은 [그림 7-3]과 같다.[3)]

교과서 저작에서 현장교사와 전문가 중심으로 검토를 하는 것은 내용의 오류를 줄이고, 학생의 학습 부담을 최소화해 학생의 발달 단계에 적합한 교과서를 개발하기 위한 노력에 해당된다. 그러나 교과서 저작에서 국가가 주도하고, 그 외 교육 관련 주체의 참여가 배제되어 있다는 점은 국가의 권한을 강조하게 되어 교육현장의 자율성이 제한되게 되는 결과를 초래하고 있다.

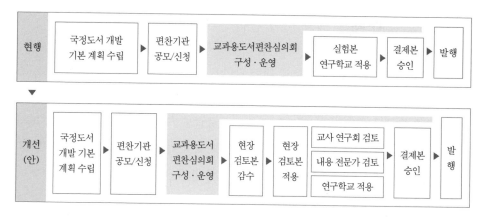

[그림 7-3] 국정도서 현장 적합성 검토 방식 개선(안)

　다음으로, 교육현장에서 교과서 선택이나 사용이 제한되어 있다는 것이다. 국정교과서는 하나의 교과(목)에 여러 종류의 교과서를 개발하지는 않는다. 한 교과(목)에 하나의 교과서만을 제작하여 출판하고 있다. 그러한 점에서 교사가 교과서를 선택할 수 있는 여지는 전혀 없다. 국정교과서는 국가가 교육의 일정 수준을 유지하고, 교육의 기회를 균등하게 한다는 취지에서 편찬하지만 교육현장에서 교과서를 매개로 학습하는 학생은 획일적이고 규격화된 내용을 배울 수밖에 없는 제한이 따르는 것이다.

　국정교과서의 저작과 채택 및 사용에 민간의 참여가 배제되는 것은 교육의 자주성 원리와 관련해 검토가 된다. 교육의 자주성은 특정 세력이 과도한 힘을 행사함으로써 교과서 내용이 왜곡되는 것을 방지하기 위해 「헌법」과 「교육기본법」에서 보장하고 있는 것이다. 교육의 자주성은 교육자나 교육전문가가 교육을 담당하게 함으로써 교육에서 소외되는 학생이 발생하지 않도록 하고자 하는 것이다. 국정교과서는 민간의 참여가 전적으로 배제되고 있어, 민간의 한 주체로 등장하는 교사나 교육전문가의 의견이 제대로 반영되지 않을 수 있는 여지가 많다. 이러한 점에서 교육의 자주성 원리와 합치된다고 보기 어려운 것이다.

2) 국정교과서에 대한 헌법 판단

국정교과서의 위헌성 여부에 대한 판단은 1992년 11월 12일 '교육법 제157조에 대한 헌법소원'에 대한 헌법재판소 결정(1992. 11. 12. 89헌마88)에서 이루어졌다. 이 사건의 원고인 서울 휘경여자중학교 국어 교사로 재직 중인 교사는 '개편 교과서 지침서 중학 국어 1-1'을 출판하고, 새로운 형태의 중학교 국어 교과서를 저작·출판하기로 하고, 그 방법을 모색하고 있었다. 그런데 중학교 국어 교과서가 1종 도서로 지정됨에 따라 해당 교과서의 저작과 출판이 원천적으로 불가능함을 알고 「교육법」 제157조에 관한 헌법소원을 낸 사건이다. 해당 사건에서 다수 의견에 따라 합헌 결정이 내려졌지만, 위헌이라는 반대 의견도 제시되었다. 여기서는 이들 양 쪽의 견해를 제시해 국정교과서에 대한 헌법 판단에 대한 내용을 살펴보고자 한다.

우선, 합헌 결정을 내린 다수 의견에 대한 논거이다. 다수 의견은 교육에 대한 헌법의 이념과 원리로서 교육제도의 법률주의를 설명하고, 기본권 침해 여부를 다루고 있다. 기본권 침해 여부는 학문의 자유 침해 여부, 언론·출판의 자유 침해 여부, 교육의 자주성·전문성·정치적 중립성과의 관계를 설명하고 있다. 첫째, 교육제도의 법률주의는 교육이 특정 정치 세력에 의해 영향을 받거나 집권자의 통치상 의도에 따라 변경되는 것을 예방하고, 일관성 있는 교육 체제를 유지·발전시키기 위한 것으로 국민의 대표기관인 국회의 통제하에 두는 것이 온당하다는 법치주의 원리로 설명한다. 교과서는 교육제도 법률주의의 일환이므로 「교육법」 제157조와 「교과용 도서에 관한 규정」을 두고 있다는 것이다.

교육과정이나 교과서 선택에서 국가가 관여하는 형태는 교과서 저작과 사용에 관여한다. 교과서 저작에 관여하는 것은 국정과 검정제도이며, 사용에 관여하는 것은 인정제도에 해당한다. 국가가 관여하는 이유는 교육의 기회 균등을 위한 국가의 책무와 보통교육 단계에서 가치 편향적이거나 왜곡된 학문의 논리를 비판하고 선별하기 어렵기 때문에 공교육의 책임자로서 관여하게 되는 것이다. 그러한 관여의 정도는 초·중등교육의 단계, 교과(목)에 따라 달라질 수 있고, 국가의 관여에서도 지방교육자치제를 어느 정도 허용하느냐에 따라 다양하게 나타난다.

둘째, 기본권의 침해 여부를 살펴본다. 다수 의견은 학문의 자유와 관련해서 교사의 수업권을 직무권한(직권)으로 보고, 수업권은 국민의 수학권 보장을 위해 일정 범위 내에서 제약을 받는 것으로 보고 있다. 보통교육의 단계에서 국가는 교과서에 대해 관여할 수밖에 없으며, 국·검정제로 하거나 자유발행제로 하는 것은 재량권을 갖는다고 보고 있다. 언론·출판의 자유와 관련해서는 국정제가 교과서를 국가가 독점하는 것이어서 위헌성을 다툴 수 있지만, 교과서 이외의 저작물로 출판할 수 있다. 또 실제 발행하는 과정에서 대학 등의 전문연구기관에 위탁해 제작하기 때문에 내용의 통일성과 교육 평준화의 실현 등에 기여할 수 있다.

교육의 자주성·전문성·정치적 중립성과의 관계에서는 국가의 교육내용에 대한 권력적 개입이 가급적 억제되어야 한다. 이러한 측면에서 보자면 교과서 국정제도는 교육부의 행정 관료에 의해 교육내용이 영향을 받을 수 있어 교육의 자주성과 모순이 되는 점이 있으므로 바람직한 제도라고 보기는 어렵다는 중론이다. 그러나 국가는 문화복지정책의 일환으로 교육정책을 입안·연구·시행할 책임이 있음을 전제로 할 때, 그 범위는 외적인 제 조건의 정비·확보뿐만 아니라, 수학권 보호와 사회 공공의 이익 증진을 위해 필요하다고 인정하는 상당한 범위 내에서 교육내용에 대한 결정권을 포함한다는 것이다.

다음으로, 위헌 결정을 내린 소수 의견의 논리이다. 소수 의견은 이 사건의 핵심을 초·중등학교 교과서 제작을 교육부에 독점시킨 것이 교사의 교육권이나 교육의 자유를 침해한 것인지의 여부로 보고 있다. 교육의 자주성·전문성·정치적 중립성의 원리는 교육의 자유의 보장을 통해 실현될 수 있으므로, 교사의 저작과 선택권을 완전히 배제한 것은 위헌이라는 것이다. 그리고 「교육법」 제157조는 교육제도의 본질적 사항에 속하는 교과서의 저작·출판·선택에 대한 구체적 기준과 방법 및 절차의 사항을 규정하고 있지 않고, 행정권에 백지위임하고 있다는 것이다. 그래서 「교육법」 제157조의 규정은 교육제도 법률주의를 규정한 「헌법」 제31조 제6항, 포괄적 백지위임을 금지한 「헌법」 제75조 및 본질적 사항의 법률 유보를 내용으로 하는 법치주의 원리에 위배된다는 것이다.

헌법재판소의 국정교과서 위헌 여부에 대한 다수 의견과 소수 의견은 국가 교육권과 국민교육권 가운데 어느 입장을 취하느냐에 있다. 다수 의견은 국가교육권의 입장이고, 소수 의견은 국민교육권의 입장에 있다. 교육의 일정 수준의 유지와 교육의 기회 균등을 기하기 위해 국가가 교과서 내용에 대해 일정한 관여를 할 수밖에 없지만, 그것이 학습자의 성장을 표준화하거나 규격화하는 것은 적절하다고 보기는 어렵다. 국정교과서제도의 채택 여부가 한 나라의 입법정책의 문제라고 하더라도, 특정 교과를 국정교과서로 정하는 합리적 기준과 그 내용이 제대로 마련된 상태에서 필요한 최소한의 범위에서 이루어져야 할 것이다.

3. 교과서 검정 기준의 문제

1) 검정교과서의 편찬과 기준

검정교과서는 국가가 교과서 저작에 간접적으로 관여하는 방식이다. 교과서 저작은 민간이 하지만, 교육부 검정 기준을 통과하여야 교과서로 사용할 수 있는 것이다. 검정교과서의 편찬은 교육부 장관이 고시한 검정 개발 대상 도서를 대상으로 검정 실시 공고를 하고, 검정 신청을 받아 일정한 기준을 충

족한 도서에 대해 합격을 결정·공고를 한 후, 교과서로 출판하여 교육현장
에서 사용하게 되는 과정을 거친다.

우선, 교과서 검정의 신청 단계에서는 저작자 혹은 발행자가 하거나 이들
이 공동으로 할 수 있다. 저작자의 경우는 특별한 제한이 없지만, 발행자는
교과목에 따라 편집 인력과 출판 실적의 기준을 충족하여야 한다. 다음 단계
인 검정 심사의 절차와 방법은 기초조사, 본심사(1차 심사, 2차 심사), 이의 신
청 심사, 견본 검수의 단계를 거치게 된다. 기초조사 단계에서는 내용 및 표
기·표현의 오류를 조사한다. 본심사 단계는 1차와 2차로 구분되는데, 1차
심사에서는 검정 기준에 따른 심사를 하고, 2차 심사에서는 수정·보완 및

〈표 7-2〉 공통 검정 기준

심사 영역	심사 관점
I. 헌법 정신과의 일치	1. 대한민국의 정통성과 국가 체제를 부정하거나 왜곡·비방하는 내용이 있는가?
	2. 대한민국의 자유민주적 기본 질서와 이에 입각한 평화 통일 정책을 부정하거나 왜곡·비방하는 내용이 있는가?
	3. 대한민국의 영토가 한반도와 그 부속 도서임을 부정하거나 왜곡·비방하는 내용이 있으며, 특별한 이유 없이 '독도' 표시와 '동해' 용어 표기가 되어 있지 않은 내용이 있는가?
	4. 대한민국의 국가 상징인 태극기, 애국가 등을 부정하거나 왜곡·비방하는 내용이 있으며, 바르지 않게 제시한 내용이 있는가?
	5. 성별·종교 또는 사회적 신분에 의하여 정치적·경제적·사회적·문화적 생활의 모든 영역에 있어서 차별을 조장하는 내용이 있는가?
	6. 특정 국가, 인종, 민족에 대해 부당하게 선전·우대하거나, 왜곡·비방하는 내용이 있는가?
II. 교육의 중립성 유지	7. 정치적·파당적·개인적 편견을 전파하거나, 특정 종교교육을 위한 방편으로 이용된 내용이 있는가?
III. 지식 재산권의 존중	8. 타인의 공표되지 아니한 저작물을 표절 또는 모작하거나, 타인의 공표된 저작물을 현저하게 표절 또는 모작한 내용이 있는가?

감수 지시 사항 이행 여부를 확인하여 교과용 도서로서의 적합성 여부를 심사한다. 1차 심사의 공통 기준과 교과별 기준은 시기별로 차이는 있지만, 기본적으로 들어가는 사항은 대동소이하다. 교과용 도서 검정에서 가장 중요한 부분이 심사 기준이므로, 이에 대해서는 상세하게 설명하도록 한다. 1차 심사에서의 공통 기준은 〈표 7-2〉와 같다.[4]

공통 기준에 의한 심사는 검정위원이 개별적으로 "있음" "없음"으로 판정하고, 검정위원 1명이라도 "있음"으로 판정하게 되면 교과용도서검정심의회의 심사를 거치게 된다. 심의회 심의 결과, 심사 항목 중 1개 항목이라도 "있음"으로 판정된 도서는 불합격 처리된다. 1차 심사에서의 교과별 기준에 의한 심사 기준은 〈표 7-3〉과 같다.[5]

교과별 기준에 의한 심사에서 심사 영역 내 심사 항목의 가중치, 배점, 심사 관점은 검정위원회에서 협의하여 본심사 이전에 결정을 한다. 검정위원별로 심사 항목별 점수를 산정하고, 이를 합산해 최종 점수를 산정한다. 심사 영역별 심의회 최종 점수가 배점 기준의 60% 이상이 되고, 심의회 최종 점수를 모두 합한 점수가 80점 이상이 되어야 1차 심사를 통과하게 된다. 2차 심사는 수정·보완 및 감수의 이행 여부를 심사하는 것으로, 수정·보완을 모두 이행하고 전문기관의 감수를 받고 감수 사항을 모두 이행한 도서라야 2차 심사를 통과하게 된다.

이의 신청 단계에서는 본심사 결과 불합격 판정 통지 시 이의 신청 접수 기간을 정하여 안내한다. 불합격 통지를 받은 검정 신청자가 이의 신청을 접수한 경우 그 타당성 여부를 심사하고, 접수한 날로부터 60일 이내에 그 결과를 통지하여야 한다. 견본 검수의 단계에서는 본심사 혹은 이의 신청 심사에서 합격 판정을 받은 도서에 대해 견본을 제출하도록 하고, 견본이 심사본과 일치하는지의 여부를 살펴 이상이 없을 경우 최종 합격 공고를 내게 된다.

〈표 7-3〉 교과목별 검 · 인정 기준(예시)

심사 영역	심사 항목	배점
I. 교육과정의 준수	1. 교육과정에 제시된 목표를 충실히 반영하였는가? 2. 교육과정에 제시된 내용 체계 및 성취기준을 충실히 반영하였는가? 3. 교육과정에 제시된 교수 · 학습방법을 충실히 반영하였는가? 4. 교육과정에 제시된 평가를 충실히 반영하였는가?	
II. 내용의 선정 및 조직	5. 내용의 수준과 범위 및 학습량이 적절한가? 6. 내용 요소 간 위계가 있고, 연계성을 가지고 있는가? 7. 학생들이 배운 내용을 다양한 방식으로 일상생활에 적용함으로써 창의력, 문제 해결력 등 교과 역량 함양이 가능하도록 교육내용을 조직하였는가? 8. 일상생활과 연계되어 흥미와 관심을 유발할 수 있도록 다양한 주제, 제제, 소재 등을 선정하였는가? 9. 학습자의 자기주도적 학습을 지원할 수 있도록 구성하였는가? 10. 융 · 복합적 사고를 촉진하는 제제를 선정하였는가? 11. 학생 관점에서 이해하기 쉽게 기술하고 있는가? 12. 교과서의 집필 기준을 준수하였는가? (* 집필 기준이 있는 과목에 한함)	
III. 내용의 정확성 및 공정성	13. 사실, 개념, 용어, 이론 등은 객관적이고 정확한가? 14. 평가 문항의 질문과 답에 오류는 없는가? 15. 사진, 삽화, 통계, 도표 및 각종 자료 등은 공신력 있는 최근의 것으로서 출처를 분명히 제시하고 있으며, 해당 내용에 대한 설명으로 적합한가? 16. 특정 지역, 문화, 계층, 인물, 성, 상품, 기관, 종교, 집단, 직업 등을 비방 · 왜곡 또는 옹호하지 않았으며, 집필자 개인의 편견 없이 공정하게 기술하였는가? 17. 한글, 한자, 로마자, 인명, 지명, 각종 용어, 통계, 도표, 지도, 계량 단위 등의 표기가 정확하며, 편찬상의 유의점에 제시된 기준을 충실히 따랐는가? 18. 문법 오류, 부적절한 어휘 등 표현상의 오류가 없고 정확한가?	
IV. 교수 · 학습 방법 및 평가	19. 융 · 복합적 사고와 교과 지식의 적용 및 활용을 유도하는 다양한 교수 · 학습방법 및 평가를 제시하였는가? 20. 체험중심의 인성교육이 구현될 수 있도록 학생 참여와 협력 학습이 강화된 다양한 교수 · 학습방법 및 평가를 제시하였는가? 21. 학생들이 스스로 학습하고 과제를 해결할 수 있는 다양한 교수 · 학습방법 및 평가를 제시하였는가? 22. 교사와 학생, 학생과 학생 간의 상호작용이 가능한 다양한 교수 · 학습활동을 제시하였는가?	
합계		100

2) 검정의 법적 성격

교과서 검정행위의 법적 성질은 확인행위설, 허가행위설, 특허행위설로 구분된다.[6] 국가교육권의 입장은 특허행위로 보고 있으며, 국민교육권의 입장은 허가행위로 보고 있다. 이들에 대한 각각의 내용을 살펴본다.

첫째, 확인행위로 보는 입장이다. 확인행위는 특정 사실이나 법률관계에 대해 의문이 있는 경우 공식적으로 그 존부(存否)나 정부(正否)를 판단하는 행위이다. 이 입장에서 교과서 검정은 국가의 검정 기준에 의해 교과서로 신청한 도서를 심사해 검정 기준에 합치된다고 판단되는 경우에 국가기관이 확정·선언하는 행위를 말한다. 우리나라 행정법학계에서는 이 입장을 취하는 경우가 다수로 나타나고 있다.[7] 법원에서 모종의 사건에 대해 판결하는 것과 비슷한 선언적 행위로서 사법행위의 일종으로 보는 것이다.

둘째, 허가행위로 보는 입장이다. 허가는 일반적으로 금지되어 있는 것을 특정한 경우에 해제함으로써 적법한 행위를 할 수 있도록 자유의 상태를 회복시켜 주는 행정행위를 말한다. 교과서 검정에서 검정에 합격된 도서는 교과서로 사용할 수 있지만, 그렇지 아니한 도서는 교과서로 사용될 수 없는 것이다. 교과서로 사용될 수 있는지의 여부를 사전에 심사하게 되기 때문에 「헌법」의 표현 자유와 검열 금지 등과 관련해 논의가 되고 있다. 우리나라에서는 1986년 고등법원 판결에서 "교과용 도서를 저작·발행하는 것은 헌법이 보장하는 표현의 자유에 속한다 할 것이고, 교과용 도서로서 발행하는 데 대한 사전 허가적 성격을 지닌 것으로 …"[8]라고 하여 이 입장을 취한 예가 있다. 일본의 교과서 검정제도 판결(三本判決)에서도 교과서 검정을 실질적으로 사전 허가적 성격의 것으로 본 사례가 있다.[9]

셋째, 특허행위로 보는 입장이다. 특허는 사람이 원래 가지고 있지 않은 법률상의 힘으로서 권리·능력을 특정한 사람에게 새로이 설정하는 행위를 말한다. 교과서 검정에서 검정을 통과한 경우에는 교과서로 사용될 수 있는 권리가 부여되고, 그렇지 않은 경우에는 그러한 법률상의 힘이 없어지게 되는 것이다. 우리나라의 1992년 「교육법」 제157조에 대한 헌법소원에서 다수 의견은 이 입장을 취하고 있다.[10]

> 교과서에 관련된 국정 또는 검·인정제도의 법적 성격은 인간의 자연적 자유의 제한에 대한 해제인 허가의 성질을 갖는다기보다는 어떠한 책자에 대하여 교과서라는 특수한 지위를 부여하거나 인정하는 제도이기 때문에 가치 창설적인 형성적 행위로서 특허의 성질을 갖는다고 보아야 할 것이며, 그렇게 본다면 국가가 그에 대한 재량권을 갖는 것은 당연하다고 할 것이다.

1988년 우리나라 대법원에서도 이와 동일한 견해를 취하였고, 일본의 경우에도 이 입장을 취하는 것의 예(東京高裁가, 1986. 3. 19. 判決)가 존재하고 있다.

교과서 검정의 법적 성질을 특허적인 입장으로 보면, 국가가 교과서 내용에 관여하는 것이 정당화되고 허가적 입장으로 보게 되면 교사의 교육의 자유를 보다 강조하는 성격을 띠게 된다. 국가교육권과 국민교육권의 입장이 갈등하게 되는 것이다. 그리고 교과서 검정의 법적 성질을 어떻게 보느냐는 교과서 검정의 심사 범위와도 밀접하게 관계된다.

3) 교과서 검정 심사 범위

교과서 검정 심사 범위는 교과서 검정 심사를 특허로 보는 입장에서는 국가의 개입을 확대하고자 하고, 허가행위로 보는 입장에서는 국가의 개입보다는 교사의 교육의 자유를 강조해 국가의 개입을 제한적으로 보려고 한다. 이들 각각에 대해 판례와 더불어 살펴본다.

우선, 교과서 검정 심사 범위를 제한적으로 보는 입장이다. 1986년 '2종 교사용 지도서 1차 심사 결과 부적 판정 취소 사건'(서울고법 83구910 1986. 8. 12.

제6특별부판결)에서 교과서와 교사용 지도서를 구별하지 않고, 모두 검정 심사 범위를 "오기, 오식 등 명백한 객관적 오류, 제본 등 기술적 사항에 그쳐야 하며, 저자의 교육적 견해의 당부는 국민 및 교육을 담당한 교사들에 의하여 평가되어야 할 것"으로 제시하였다. 이 판결은 교육내용에 대한 결정권이 국민에게 있다는 것을 명확히 하여 교사의 교육의 자유를 폭넓게 인정하고 있다.

일본의 제2차 교과서 소송 제1심 판결(東京地判, 1970. 7. 17. 三本判決) 역시 이와 같은 맥락에 있다. 이 판결에서는 교과서 검정에서 심사는 교과서의 오기, 오식, 기타 객관적으로 명백한 오류, 교과서의 제본, 기타 교과서에 관한 기술적 사항 및 교과서 내용이 교육과정의 대강적 기준의 틀 내에 있는지의 제점에 그쳐야 할 것으로 보고 있다. 교과서 기술 내용의 당부에까지 미치는 것은「교육기본법」제10조에 어긋난다는 것이다.

다음으로, 교과서 검정 심사의 범위를 확장 해석하는 입장이다. 이 입장은 앞서 제시한 고등법원의 판결이 대법원에서 파기, 환송되면서 이루어졌다. 고등법원의 입장처럼 오기, 오식 등을 검정 심사의 범위로 보는 것은 부당하고, 검정행위는 교과서로 사용될 것인지의 여부를 판정하는 것이며, 그 책의 출판을 막는 것은 아니라고 보았다. 그러면서 "현행 교육제도하에서는 피고가 중·고등학교 교과용 도서를 검정함에 있어서 그 저술한 내용이 교육에 적합한 여부를 심사할 수 있다."[11]라고 하여 국가가 교육내용에 대한 당부에 직접적으로 관여할 수 있다고 보았다. 교육내용의 결정권이 국가에 있음을 밝히고, 국가교육권적인 입장에 서 있는 것이다.

동일한 사안이라고 하더라도, 판례에서는 국가교육권의 입장과 국민교육권의 입장이 대립하고 있는 것이다. 공교육에서 국가가 교과서 내용에 대해 전혀 관여할 수 없다거나 폭넓게 적극적으로 관여할 수 있는 논거는 학생의 학습권을 중심으로 야기되고 있다. 지적으로 미성숙한 아동의 교육을 위해서는 특정 사상이나 정파에 편향되지 않고, 다양한 시각을 공정하게 가르쳐야 할 필요가 있다. 이를 위해 국가와 교사는 각자의 입장에서 권리나 권한을 주장하고 있는 것이다. 교과서 검정의 심사 기준은 국가 교육과정에 제시되어 있는 내용 체계와 성취기준에 의거하여 행하고 있다. 그래서 국가 교육과정에 제시되는 교육과정은 교과서 검정의 심사 범위를 결정하는 중요한 잣대가 되고 있는 것이다.

4. 인정교과서 정의의 문제

1) 인정교과서 규정과 편찬 절차

인정교과서는「초·중등교육법」제29조의 교과용 도서의 사용에 대해 제시한 규정에 근거를 두고,「교과용 도서에 관한 규정」에서 구체적으로 제시하고 있다.「교과용 도서에 관한 규정」제2조에서는 인정도서의 정의, 제3조에서는 인정교과서의 사용, 제14조에서는 인정교과서의 신청, 제15조는 인정기준, 제16조는 인정교과서의 인정, 제17조는 인정교과서의 사용 범위에 대해 규정하고 있다. 제2조와 제3조를 제외한 제14조 이하의 규정은 제40조의 행정권한을 교육감에게 위임하고 있다.

> 제40조(권한의 위임 등) ① 교육부 장관은「초·중등교육법」제62조에 따라 같은 법 제29조에 따른 교육부 장관의 교과용 도서에 관한 권한 중 다음 각호의 권한을 교육감에게 위임한다.
> 1. 제14조 제1항·제3항 및 제16조에 따라 각급학교(「국립학교 설치령」별표 1에 따른 학교 중 고등학교, 특수학교 및 각종 학교와 공립의 방송통신중학교 및 방송통신고등학교는 제외한다.)에서 사용할 인정도서의 인정
> 2. 제1호의 규정에 의하여 교육감이 인정하는 인정도서에 관한 제15조의 규정에 의한 인정 기준의 결정

3. 제1호에 따라 교육감이 인정한 인정도서에 대한 제17조 제4항에 따른 인정의 취소 처분

4. 제1호의 규정에 의하여 교육감이 인정한 인정도서에 대한 제26조 제2항의 규정에 의한 내용 수정의 요청

5. 제1호에 따라 교육감이 인정한 인정도서에 대한 제33조 제2항에 따른 가격 조정명령, 같은 조 제5항에 따른 이의 신청의 접수 및 결과 통지

6. 제3호의 규정에 의하여 교육감이 행한 취소 처분에 대한 제39조 제1호의 규정에 의한 청문

② 교육감은 제1항 제1호 또는 제5호에 따라 인정도서를 인정하거나 인정도서에 대한 가격 조정명령을 한 경우에는 이에 관한 사항을 연 1회 교육부장관에게 보고하여야 한다.

③ 제1항에 따라 교육감에게 위임된 인정도서의 인정 및 인정도서에 대한 가격 조정명령에 관한 사항을 심의하기 위하여 특별시 · 광역시 · 특별자치시 · 도 및 특별자치도의 교육청에 인정도서심의회를 둔다. 이 경우, 인정도서심의회의 구성 및 운영 등에 관하여 필요한 사항은 교육규칙으로 정한다.

인정교과서에 대한 개발에 대한 행정권한의 위임에 따라 교육청에서 개발하는 절차는 [그림 7-4]와 같다.[12)]

교육청에서 인정도서를 개발할 경우 개발 계획을 수립하고, 자체적으로 개

[그림 7-4] 시 · 도 교육청 자체 개발 인정도서 개발 과정

발할 것인지 위탁 개발할 것인지를 결정한다. 그리고 인정도서를 편찬하는 작업을 거쳐 심의를 통해 최종 확정하게 된다. 확정된 도서는 학교에서 선정과 주문을 하게 되면 수업에서 활용할 수 있게 된다. 교육청 개발 도서의 집필진 구성은 분야별 대학교수 및 교원, 현장 실무 전문가 등의 전국단위 인력풀을 구성하고 참여를 유도하도록 하고 있다. 그리고 인정도서 감수 및 수정·보완 등에 적극적으로 참여한 경험이 있는 교원 및 교수, 현장 경험이 풍부한 자 등이 집필에 참여할 수 있도록 권장토록 하고 있다. 교육청이 인정도서를 개발하는 과정 이외에 출판사 출원 도서도 인정도서로 개발할 수 있다. 출판사 출원 도서는 개발 예정자 조사에서 출원 예정을 신청한 도서로 민간 출판사가 개발하고, 교육청이 심사하도록 되어 있다.

2) 인정 기준과 그 성격

교과서 인정 기준은 시·도 교육청에서 개발하도록 되어 있다. 개발 대상은 중·고등학교 보통교과 및 전문교과 I에 해당되는 교과이다. 시·도 교육청에서는 교과목별 개발팀을 구성해 교육부에서 제시한 편찬상의 유의점(안)과 인정 기준(안)을 분담된 교과(목)의 특성에 적합하게 수정하거나 개발

〈표 7-4〉 공통 및 교과(목)별 편찬상의 유의점 및 인정 기준 개발

구분	개발 방향 및 주안점
편찬상의 유의점	• 2015 개정 교육과정의 교과 내용 체계와 성취기준 등을 구체적으로 구현하기 위해 편찬상의 유의점을 상세화 • 편찬상의 유의점(공통 사항)과 연계하여 교과별 특성을 고려한 교과용 도서 모형의 구체적 적용 방법 제시 • 교과목별 교과용 도서의 적정한 분량(쪽수)을 제시하고 불필요한 부록 등이 수록되지 않도록 지침 제시 • 2009 개정 교육과정 대비 교과서 평균 쪽수의 20%를 감축하여 기준 쪽수 제시

인정 기준	• 대한민국 법질서 준수, 교육의 중립성 및 공정성 등의 유지를 위한 엄정한 심의 기준 개발 • 2015 개정 교육과정에 따른 교과(목)별 성격과 특성, 성취기준 등이 교과용 도서에 구현되었는지 여부에 대한 인정 심의 기준 개발 • 교과별 특성에 맞게 새 교과서 모형이 구성 체제와 학습 내용 등에 적정하게 적용되었는지의 인정 심사의 기준 개발

한다. 교육부에서 제시하는 편찬상의 유의점과 인정 기준에 대한 내용은 〈표 7-4〉와 같다.[13]

이러한 방향에 따라 각 시·도 교육청은 인정도서 기준을 만들어 인정도서 개발 작업에 들어가게 된다. 2015 개정 교육과정에 따른 인정도서 기준은 공통 기준과 교과(목)별 기준을 마련하였다. 부산광역시교육청이 2015년에 마

〈표 7-5〉 부산광역시교육청 인정도서 공통 기준

심사 영역	심사 관점
Ⅰ. 헌법 정신과의 일치	1. 대한민국의 정통성과 국가 체제를 부정하거나 왜곡·비방하는 내용이 있는가?
	2. 대한민국의 자유민주적 기본 질서와 이에 입각한 평화 통일 정책을 부정하거나 왜곡·비방하는 내용이 있는가?
	3. 대한민국의 영토가 한반도와 그 부속 도서임을 부정하거나 왜곡·비방하는 내용이 있으며, 특별한 이유 없이 '독도' 표시와 '동해' 용어 표기가 되어 있지 않은 내용이 있는가?
	4. 대한민국의 국가 상징인 태극기, 애국가 등을 부정하거나 왜곡·비방하는 내용이 있으며, 바르지 않게 제시한 내용이 있는가?
	5. 성별·종교 또는 사회적 신분에 의하여 정치적·경제적·사회적·문화적 생활의 모든 영역에 있어서 차별을 조장하는 내용이 있는가?
	6. 특정 국가, 인종, 민족에 대해 부당하게 선전·우대하거나, 왜곡·비방하는 내용이 있는가?

II. 교육의 중립성 유지	7. 정치적·파당적·개인적 편견을 전파하거나, 특정 종교교육을 위한 방편으로 이용된 내용이 있는가?
III. 지식 재산권의 존중	8. 타인의 공표되지 아니한 저작물을 표절 또는 모작하거나, 타인의 공표된 저작물을 현저하게 표절 또는 모작한 내용이 있는가?

런한 인정 기준의 공통 사항을 제시하면 〈표 7-5〉와 같다. 각 교과별 교육과정은 검정 기준과 유사하기 때문에 공통 기준만 예시하도록 한다.[14]

인정교과서는 교과서 인정의 기준을 정하고, 그 기준을 충족시킬 경우에 교과서로 출판할 수 있는 권리가 부여된다. 인정행위의 법적 성격은 검정행위의 법적 성격과 마찬가지로 확인행위설, 허가행위설, 특허행위설로 구분할 수 있고, 국가교육권의 입장에서는 특허행위가 되며, 국민교육권의 입장에서는 허가행위가 된다. 여기에 대해서는 검정행위의 법적 성질에서 논의하였으므로 생략한다.

3) 인정도서 정의의 문제

인정교과서는 사회 변화와 학생들의 다양한 요구를 반영하여 다양하고 창의적인 교과서 보급, 시·도 교육청 및 단위학교의 자율성을 강화하여 학교교육의 만족도 제고라는 취지에서 제7차 교육과정 이후 더욱 확대되었다. 2010년에는 교과서 선진화 방안을 통해 국·검정 위주였던 교과서 체제를 인정중심의 교과서 체제로 전환하는 방안을 발표하면서, 고등학교 전문교과 교과서가 모두 인정교과서로 전환되었다. 그리고 초·중·고 보통 교과도 인정도서로의 전환이 지속적으로 확대되고 있다. 2011년 8월 16일에는 「초·중등학교 교과용 도서 국·검·인정도서 구분 고시」에 의해 중·고등학교 교과용 도서 대부분을 인정도서로 전환하였다.

인정교과서에 대한 지정 권한이 교육부 장관에게 부여되어 있기 때문에 개

〈표 7-6〉 국 · 검 · 인정도서 대상 과목 수 변화   (단위: 종, %)

구분	국정	검정	인정	계
제7차 교육과정('97)	721(69.2)	187(17.9)	134(12.9)	1,042(100.0)
2007 개정 교육과정('07)	537(56.1)	181(18.9)	239(25.0)	957(100.0)
2009 개정 교육과정('09)*	334(39.2)	136(16.0)	382(44.8)	852(100.0)
2009 개정 교육과정('11)**	53(9.0)	42(7.0)	494(84.0)	589(100.0)

* 총론 개정
** 각론 개정

정 교육과정 시기별로 비중의 차이가 상이하게 나타나고 있다. 그러나 제7차 교육과정 이후 그 비율이 상당한 정도로 증가한 것은 사실이다. 증감 현황은 〈표 7-6〉과 같다.[15]

〈표 7-6〉에서와 같이 2011년에는 인정교과서 비중이 전체 교과서의 84%를 차지할 정도로 많아졌다. 국정과 검정 교과서 제도를 기본 골격으로 하고 있으면서, 인정교과서 비중이 현재와 같은 수준으로 계속 유지되는 것은 교과서제도의 근간이 타당한 것인지 검토의 여지가 있다. 그것은 인정교과서가 국 · 검정도서가 없는 경우 또는 이를 사용하기 곤란하거나 보충할 필요가 있는 경우에 사용하는 것으로 규정하고 있기 때문이다. 이러한 문제에 대해 인정교과서의 법적 정의에서 국 · 검 · 인정교과서의 위계 관계에 따른 보충 및 보완 교재라는 의미의 소거, 인정교과서를 중심으로 하는 교과용 도서 체제의 구축, 국정과 검정도서는 특별한 경우에 개발 · 보급되는 법규 개선의 방안을 제시하는 경우[16]도 있다.

그러나 이러한 안은 인정교과서에서 보충성을 배제할 경우 검정교과서와 인정교과서가 어떠한 차이가 있는지의 문제 대두, 차기 교육과정 개정에서 교육부 장관이 인정교과서의 범위를 축소하여 고시할 경우 보충적 성격이 다시 살아날 수 있는 것이다. 그렇기 때문에 현재의 국 · 검 · 인정교과서제도를 그대로 유지하면서 인정교과서의 개념을 재정립하려는 시도는 한계가 있을 수밖에 없다.[17] 개념의 변화가 수반된다면 현재 교과서제도의 전체적인 변경과 이에 따른 상위법의 개정 또는 「교과용 도서에 관한 규정」의 개정은 동시에 고려해야 할 필요가 있다.

인정교과서 확대 정책과 더불어 시·도 교육청의 인정교과서 개발 업무 역시 재검토가 요구되는 부분이다. 인정교과서를 확대하는 정책은 시·도 교육청에서 자체적으로 모든 인정교과서를 개발하는 체제로 진행되지 않았다. 시·도 교육청 인정도서협의회를 구성해 지역별로 과목을 분담해 개발하는 체제로 진행된 것이다. 인정교과서는 사회적 변화에 대한 대응성을 높이고, 학교와 지역적 특수성을 반영하는 체제로 개발되어야 한다. 그러나 실제 개발에서 교과를 시·도별로 분담하는 것은 이러한 역할을 제대로 수행하고 있는 것으로 보기 어렵다. 이 문제는 인정교과서에 대해 교육부 장관이 교육감에게 행정권한을 위임한 문제와 관련해 보다 깊이 논의되어 개선 방안을 모색하여야 할 것이다.

5. 자유발행 교과서제도의 도입 법안과 정부정책

1) 자유발행 교과서제도 도입 법률안

자유발행 교과서는 학계에서 지속적으로 논의되어 왔지만, 법률안으로 본격적으로 제기되기 시작한 것은 2017년에 들어와서라고 생각된다. 2015년 8월 17일에 오영훈 의원을 대표로 하여 자유발행 교과서제도 도입을 위한 「초·중등교육법」 일부 개정안이 발의되었다. 당시 자유발행 교과용 도서를 제안한 이유는 국가에서 교과용 도서를 제한적으로 허용함에 따라 「헌법」에서 보장하고 있는 교육의 자주성과 전문성을 확보하지 못하고 있다는 지적에 의해 교육부 장관이 정하여 고시하는 교과목에 한해 교육감이 지정하는 자유발행 교과용 도서를 각 학교의 실정에 맞도록 선정 · 사용할 수 있도록 함으로써 교육의 자율성을 제고하려는 데 두었다.[18]

자유발행 교과용 도서 이외에도 검 · 인정 교과서의 가격에 상한을 두어 그 범위 내에서 가격을 정할 수 있도록 유도함으로써 교육부와 출판사 간의 가격 사정에 대한 논란을 벗어나 교과용 도서의 가격 안정성을 제고하려는 취지도 동시에 담고 있다. 오영훈 의원 등이 제시한 법률 개정안 조문을 제시하면 다음과 같다.[19]

〈표 7-7〉「초 · 중등교육법」신 · 구 조문 대비표

현행	개정안
제29조(교과용 도서의 사용) ① 학교에서는 국가가 저작권을 가지고 있거나 교육부 장관이 검정하거나 인정한 교과용 도서를 사용하여야 한다. 〈단서 신설〉	제29조(교과용 도서의 사용) ① ─────────────────────────검정 또는 인정하거나 교육감이 지정한 자유발행 ───────. 다만, 자유발행 교과용 도서는 교육부 장관이 정하여 고시하는 교과목에 한한다.
② 교과용 도서의 범위 · 저작 · 검정 · 인정 · 발행 · 공급 · 선정 및 가격 사정(査定) 등에 필요한 사항은 대통령령으로 정한다.	② ──────────인정 · 자유발행 · 편수용어 · 발행 · 공급 · 선정 · 수정 및 가격 결정(제조원가와 평균 소비자 물가상승률 등을 감안한 검정도서와 인정도서의 가격 상한 설정을 포함한다.)───────.

제출된 법안은 현재 국정, 검정, 인정교과서에서 자유발행 교과서를 추가하는 형식을 취하고 있고, 자유발행 교과서는 교육부 장관이 정하여 고시하는 교과목에 한정해 교육감이 지정하도록 하는 방식을 취하고 있다. 현재까지 이 법률안은 국회에 계류 중이며, 이 법률안이 통과되는지의 여부에 따라 하위 법인 「교과용 도서에 관한 규정」의 주요 내용이 상이한 형태로 전개될 여지를 남기고 있다.

2) 자유발행 교과서제도에 대한 정부의 정책

자유발행 교과서제도의 도입에 대한 법률안의 제출과 더불어 교육부에서도 법령의 정비를 위한 작업에 들어갔다. 첫째, 2018년 2월에 교과서 자유발행 추진위원회를 발족하였다. 교과서 자유발행 추진위원회는 학계, 전문직, 교과서 관련 담당자, 현장 교원 및 출판계를 포함한 20명의 위원으로 구성되었으며, 위원장(1명), 기획·연구위원회(6명), 법·제도개선위원회(6명), 현장적용위원회(7명)의 소위원회를 두어 운영하였다. 위원회는 임기 2년으로 자문기구의 성격을 지니고 있으면서, 자유발행 교과서제도 도입을 위한 자유발행 교과서의 개념 정립, 현장의 요구와 전문가의 견해를 바탕으로 미래형 교과서의 기본 방향 제시, 그리고 국가·사회적 요구를 반영하여 국·검·인정의 틀을 뛰어넘는 교과서 발행 체제 개편을 지원하는 역할을 수행하는 것을 기본 골자로 하고 있다.

둘째, 2018년 12월 31일 「교과용 도서에 관한 규정」 일부 개정령안을 입법예고하여 2019년 2월 11일까지 40일간 국민의 의견을 듣고 있다. 교육부가 「교과용 도서에 관한 규정」의 일부 개정 작업을 진행하고 있는 것은 국회에 제출된 자유발행 교과서제도 도입을 위한 「초·중등교육법」 일부 개정안이 국회에 계류 중인 상태가 지속되고 있어, 시행령에서 인정도서의 인정 기준을 달리해 교과(목)에 따라 자유발행 도서로 활용할 수 있는 방안을 모색하려는 데 있다. 「교과용 도서에 관한 규정」 일부 개정의 이유는 다음과 같다.[20]

인정도서의 개념을 재정립하여 국정·검정도서와 동일한 지위를 부여하도록 하는 한편, 일부 인정도서는 인정 기준을 별도로 정하여 시대 변화에 탄력적 대처가 필요한 교과에 자유발행제를 도입하고, 인정 취소 절차 완화 등 현행 규정의 미비한 사항을 보완하여 교과용 도서의 개발, 선정 및 활용의 자율성을 강화하고자 하는 것임

「교과용 도서에 관한 규정」 일부 개정의 이유에서는 인정도서 개념의 재정립과 별도의 인정 기준 마련을 통해 자유발행 교과서제도를 도입하려는 내용이 제시되어 있다. 이러한 개정 이유에 따라 변화되는 주요 내용을 제시하면 다음과 같다.[21]

가. 현행 인정도서 정의를 교육부 장관의 인정을 받은 교과용 도서로 개정하여 국정 검정도서와 동일한 지위를 부여(안 제2조, 제3조)

　　1) 인정도서의 대체 · 보충적 지위는 삭제

　　2) 학교에서 사용할 교과용 도서의 선정 순위를 폐지하여 학교의 장이 국정, 검정 또는 인정도서 중에서 선정하도록 함

　　3) 교과용 도서를 변경하려는 경우에 종전과 달리 최초 선정 절차와 동일한 기준을 적용하도록 변경 절차를 완화

　　4) 교육감이 학교별 특성을 반영하여 교과용 도서의 선정에 필요한 세부 사항을 정할 수 있도록 개선

나. 시대에 탄력적 대처가 필요한 교과는 자유발행 도서로 발행할 수 있도록 대상 교과의 성격 및 인정 절차에 관한 조항 신설(안 제16조)

　　1) 특수 분야의 전문적인 교육을 목적으로 하는 경우 등 인정도서의 인정 기준을 교과목에 따라 달리 정할 수 있도록 함

다. 집필진의 창의성 · 전문성 보장을 위해 수정 지시를 요청으로 완화하고 발행자의 사후 질 관리 성실 이행 조항 신설(안 제26조)

　　1) 검 · 인정도서의 수정 명령을 요청으로 완화하여 집필진의 전문성을 존중하도록 함

　　2) 교과용 도서를 편찬하거나 발행하는 자가 교과서 품질 제고를 위해 노력하도록 함

　　3) 교과서 수정 · 보완에 관한 사무를 연구기관 또는 대학에 위탁할 수 있는 조항 신설

라. 교육과정 변경 시 인정도서 취소의 청문 절차 폐지(안 제17조, 제39조)
  1) 교육과정이 변경된 경우 인정도서의 인정을 당연 취소할 수 있도
    록 하고 취소 통보 및 청문 절차를 폐지토록 함

개정의 주요 내용에서 안 제2조와 제3조의 내용은 2018년에 7차례 개최한 교과서 개선 포럼에서 교육현장과 출판계 등의 인식과 요구에서 비롯된 것이다. 인정도서의 대체 · 보충적 지위 삭제는 국 · 검정과 대등한 지위를 부여하고, 자유발행 교과서제도 도입을 위한 개념의 재구조화를 위한 것에 있다. 그래서 인정도서의 개념에서 "국정도서 · 검정도서가 없는 경우 또는 이를 사용하기 곤란하거나 보충할 필요가 있는 경우에 사용하기 위하여"라는 문구를 삭제하고, "인정도서라 함은 교육부 장관의 인정을 받은 교과용 도서를 말한다."라고 새로이 규정한 것이다.

그리고 학교의 장이 국정이 없을 때 검정을 사용하고 검정이 없을 때 인정도서를 사용하도록 한 규정은, 교육현장에서 국정이 가장 중요하고 검정이 그다음이며 인정이 제일 하위에 있는 교과로서 교육현장에서 사용하고 있는 교과의 중요도를 인정하는 것으로 오해하는 경우가 많았다. 그리고 이러한 의식은 자유발행 교과서로 지정이 되는 교과(목)는 더욱 경시되는 교과(목)가 될 수 있다는 우려가 제기되기도 하여 교과용 도서의 선정 순위를 폐지한 것으로 생각된다.

교과용 도서 변경에서 최초 선정 절차와 동일한 기준을 적용하여 변경 절차를 완화하는 것은 교과용 도서의 사용의 유연성을 제고하려는 데 있다. 그리고 교육부 장관이 교과용 도서의 선정에 필요한 세부 사항 결정권을 교육감이 정할 수 있도록 한 것은 행정 권한의 위임이 아니라, 교육감에게 일정한 권한을 부여하기 위한 조치에 해당한다.

개정안 제16조에서 일부 인정도서에 대한 인정 기준을 별도로 정할 수 있도록 한 것은 자유발행 교과서제도 도입과 관련이 된다. 개정안에서 규정하

고 있는 특수 분야의 전문적 교육, 특정 분야 인재양성 목적이나 자연현장실
습 등 체험 위주 교육을 전문적으로 실시하는 교과목 등은 특성화 고등학교
에 해당되는 교과목을 말하는 것으로 이해하면 될 것으로 생각된다. 우리나
라에서 인정도서나 심의 없는 인정도서 등에서 자유발행 교과서가 지니고 있
는 장점을 반영하여 운영하였지만, 자유발행 교과서제도를 직접적으로 운영
해 본 경험은 거의 없다고 보아야 할 것이다.

따라서 처음부터 모든 교과(목)에 자유발행 교과서제도를 도입하는 것은
상당한 부담이 된다. 국·검정 교과서제도를 기본 골격으로 운영한 경험에
비추어 보면, 교과서 자유발행제는 상당한 부담이 따를 수밖에 없다. 그러나
시대·사회 구조의 변화에 대응성을 고려한다면, 그러한 부담을 외면하고서
는 교과서제도와 그 제도 운영의 발전을 기하기는 어려울 것이다. 따라서 전
면적이기보다는 적용상의 문제와 개선 방안을 모색하면서 점진적으로 타 교
과로 이행하는 것이 적절할 것이다. 그것이 교과서제도의 질적 성장을 담보
할 수 있는 방법이 될 것이다.

개정안 제26조는 집필진의 창의성과 전문성을 보장하기 위해 기존의 검정
도서에 대한 수정 명령권을 삭제하고, 검·인정도서의 '수정'을 '요청'으로 완
화하는 조치를 한 것이다. 그리고 자유발행 교과서제도를 채택하고 있는 나
라에서 가장 어려운 점이 질 관리가 제대로 이루어지지 못하고 있다는 점이
지적되고 있다. 그래서 자유발행 교과서제도가 도입되는 교과(목)의 도입에
대비해 질 관리를 행할 수 있는 제도적 장치의 마련이 필요하였고, 그에 따라
이러한 조문이 정비된 것이다. 그러나 이 조문은 국·검정 교과서제도에도
마찬가지로 적용이 되는 것이다. 「교과용 도서에 관한 규정」 일부 개정령에
서 여기서 논의된 사항과 직접적으로 관련된 것에 한정해 신구 대조표를 제
시하면 〈표 7-8〉과 같다.[22]

셋째, 2019년 1월 3일에는 초등학교 국정도서의 검정도서 일부 전환과 검
정도서 심사제도 규제 완화를 통한 다양하고 창의적인 교과서 개발을 지원하

〈표 7-8〉「교과용 도서에 관한 규정」일부 개정 신구 대조표

현행	개정안
제2조(정의) 이 영에서 사용하는 용어의 정의는 다음과 같다.	제2조(정의) ––––––––––––––––––––––––––.
1. ~ 5. (생략)	1. ~ 5. (현행과 같음)
6. '인정도서'라 함은 국정도서 · 검정도서가 없는 경우 또는 이를 사용하기 곤란하거나 보충할 필요가 있는 경우에 사용하기 위하여 교육부 장관의 인정을 받은 교과용 도서를 말한다.	6. –––––––– 함은 ––.
7. · 8. (생략)	7. · 8. (현행과 같음)
제3조(교과용 도서의 선정) ① 학교에서 사용할 교과용 도서는 학교의 장이 선정한다. 다만, 신설되는 학교에서 최초로 사용할 교과용 도서는 해당 학교를 관할하는 교육감 또는 교육장이 선정할 수 있다.	제3조(교과용 도서의 선정) ① –––––––––––––––––––––––––––– 장이 국정도서, 검정도서 또는 인정도서 중에서 ––. ––––––––––––––––––––––––––––––––––.
② 제1항에 따른 교과용 도서는 다음 각호의 구분에 따라 국정도서 또는 검정도서 중에서 선정한다.	〈삭제〉
1. 국정도서가 있고 검정도서는 없는 경우: 국정도서를 선정	
2. 국정도서가 없고 검정도서는 있는 경우: 검정도서 중 선정	
3. 국정도서와 검정도서가 모두 있는 경우: 국정도서와 검정도서 중 선정	
③ 제2항에도 불구하고 다음 각호의 어느 하나에 해당하는 경우에는 인정도서를 선정할 수 있다.	〈삭제〉
1. 국정도서와 검정도서가 모두 없는 경우	
2. 국정도서 또는 검정도서를 선정 · 사용하기 곤란하여 인정도서로 대체 사용하려는 경우	
3. 국정도서 또는 검정도서의 보충을 위하여 인정도서를 추가로 사용하려는 경우	

④ 학교의 장은 제1항 본문에 따라 교과용 도서를 선정하려는 경우 미리 다음 각호의 구분에 따른 절차를 거쳐야 한다. 다만, 제2항 제1호에 해당하여 국정도서를 선정하는 경우에는 그러하지 아니하다.

1. 교육과정의 전면 개정 또는 부분 개정에 따라 발행된 교과용 도서를 최초로 사용하기 위한 선정을 하려는 경우: 소속 교원의 의견 수렴 후 학교운영위원회(학교운영위원회가 구성되지 아니한 학교는 학교운영위원회의 구성 방법에 준하여 구성되는 학교운영에 관한 협의기구를 말한다. 이하 같다)의 심의(사립학교의 경우에는 자문을 말한다. 이하 같다)

2. 교육과정의 개정 없이 이미 선정된 교과용 도서 대신 다른 교과용 도서로 변경하여 사용하기 위한 선정을 하려는 경우: 소속 교원의 의견 수렴 후 학교운영위원회의 심의. 이 경우 학교운영위원회는 재적위원 과반수의 출석으로 개의(開議)하고 출석위원 3분의 2 이상의 찬성으로 의결한다.

⑤ 제1항부터 제4항까지에서 규정한 사항 외에 교과용 도서의 선정에 필요한 세부 사항은 교육부 장관이 정한다.

제16조(인정도서의 인정) (생략)

〈신설〉

④ 학교의 장은 교과용 도서를 선정 또는 변경하려는 경우 소속 교원의 의견 수렴 후 학교운영위원회의 심의를 거쳐야 한다(사립학교의 경우에는 자문을 말한다) 다만, 1교과 1도서만 있는 경우 선정 절차를 거치지 아니할 수 있다.

〈삭제〉

〈삭제〉

⑤ ――――――――――――――――― 교육감――――――.

제16조(인정도서의 인정) ① (현행 제목 외의 부분과 같음)

② 제1항에도 불구하고 다음의 교과는 인정도서의 인정 기준을 따로 정할 수 있다.

1. 특수 분야의 전문적인 교육을 목적으로 하는 교과목

	2. 특정 분야의 인재 양성을 목적으로 하는 교과목 또는 자연현장실습 등 체험 위주의 교육을 전문적으로 실시하는 교과목
	3. 그 밖에 교육부 장관이 정하는 교과목 〈삭제〉
⑤ 제4항에 따른 취소는 통보 후 1년이 경과한 날부터 그 효력을 가진다.	
제26조(수정) ① 교육부 장관은 교과용 도서의 내용을 수정할 필요가 있다고 인정될 때에는 국정도서의 경우에는 이를 수정하고, 검정도서의 경우에는 저작자 또는 발행자에게 수정을 명할 수 있다.	제26조(수정) ①―――――――――――――――――――――――――――― 검정 및 인정도서―――――――――――――― 요청――――――.
②제16조의 규정에 의하여 인정도서의 인정을 한 교육부 장관은 인정도서의 내용을 검토하여 수정이 필요하다고 인정하는 때에는 당해 인정도서의 저작자에게 수정을 요청할 수 있다.	〈삭제〉
③ (생략)	③ (현행과 같음)
〈신설〉	④ 교과용 도서를 편찬하거나 발행하는 자는 사용자에게 평가를 받는 등 교과서 품질 제고를 위해 노력한다.
〈신설〉	⑤ 교육부 장관은 다음 각호의 사무를 연구기관 또는 대학 등에 위탁할 수 있다. 이 경우 수탁기관은 각호의 결과를 교육부 장관에게 보고하여야 한다.
	1. 교과용 도서의 수정·보완 사항
	2. 교과용 도서의 모니터링
	3. 기타 교과용 도서 질 제고에 관한 사항

려는 정책을 발표하면서 고교 전문교과 중 일부 자유발행제 도입·추진 보도자료를 배포하였다. 이 보도자료에는「교과용 도서에 관한 규정」개정의 내용도 포함되어 있지만, 이 부분은 앞서 다루었기 때문에 이를 제외한 내용을 살펴보고자 한다.

보도자료의 내용을 보면, 초등학교 교과서 일부를 2022년 국정에서 검정으로 전환하고, 검정도서의 심사제도를 개선하며, 고교 전문교과 중 일부를 자유발행제를 도입해 추진하겠다는 것이 주요 골자이다. 이들 내용을 요약해 제시하면 다음과 같다.[23]

우선, 초등학교 국정도서의 검정도서 일부 전환에 대해 알아본다. 이 정책의 목적은 다양하고 창의적인 교과서 발행을 통해 교육과정 자율화를 지원하고, 경쟁을 통한 품질 향상과 교사·학생의 선택권을 보장하는 데 있다. 검정도서 일부 전환 대상 교과는 초등 3~6학년 사회, 수학, 과학 교과용 도서 65책에 해당된다. 그러나 초등 1~2학년 전 과목, 국어 및 도덕 등 기초·기본 교육, 국가정체성 관련 교과는 현행과 같이 국정도서를 유지하는 방향으로 설정하고 있다. 적용 일정은 2015 개정 교육과정에 따른 현행 국정도서의 4년 현장 사용 이후 학년군별 단계 적용을 예정하고 있다. 적용 일정 예시안을 보면, 초등 3~4학년군은 2019년 7월부터 2020년 10월까지 신규 도서의 개발을 하고, 2010년 10월에서 2021년 9월까지 심사 및 선정의 과정을 거쳐 2022년 3월에 현장에 적용하는 것으로 되어 있다. 그리고 초등 5~6학년군 역시 2019년 7월부터 2020년 10월까지 신규 도서의 개발을 하지만, 심사 및 선정은 2021년 11월부터 2022년 9월에 이루어지며, 2023년 3월에 현장에 적용할 예정으로 제시되어 있다.

다음으로, 검정도서의 심사제도 개선에 대한 것이다. 검정도서 심사제도 개선의 목적은 2019년 검정 심사제도의 규제 완화를 통해 교과용 도서의 질을 보장하면서 다양하고 창의적인 교과서 개발을 지원하는 것에 있다. 대상 도서는 2019년 검정 심사 대상 도서 총 14책(중학교 3학년 국어, 수학, 과학, 역사①/② 등과 고등학교 한국사)이 해당 교과목이 된다. 제도 개선의 주요 내용은 연구위원 수와 기초조사 기간 확대 등 표현·표기 및 오류를 조사·수정하는 기초조사를 강화하고, 1~2차 본심사의 통합, '수정 지시'를 '수정 권고'로 완화 및 합격도서에 대한 심의진의 질적 평가 의견(교육과정 적합성 및 창의

적 교육과정 해석, 기타 개선 사항 등)을 공유 등으로 제시하고 있다. 적용 일정
은 「2019년 검정 수정 계획」을 수립한 이후 2019년 1월에서 8월 사이에 검정
심사를 운영할 예정으로 되어 있다.

마지막으로, 고교 전문교과 중 일부 자유발행제 도입 · 추진에 대한 것이
다. 그 목적은 교과서의 개발, 선정 및 사용의 과정에서 교사의 교육적 판단
과 민간의 전문성이 활용될 수 있도록 점진적 자유발행제 추진에 두고 있다.
대상 교과(목)는 시대 변화에 탄력적 대처가 필요한 고등학교 전문교과 I(특
수목적고 전공과목), 전문교과 II(산업수요 맞춤형 및 특성화고 전공과목) 284책
및 학교장 개설 과목으로 하고 있다. 그러나 전문교과 II 과목 중 대학수능과
목 6책과 NCS 294책은 현행 기준을 적용하도록 하고 있다.

자유발행 교과서 적용은 고등학교 도서 중 기존 인정도서는 현행대로 사
용하고, 신규 출원 과목 및 학교장 개설 과목에 한해 개선된 제도를 적용토록
하고 있다. 그리고 심사에서는 자유발행 대상 과목과 고등학교 학교장 개설
과목의 교과서 신규 출원 시 심사 기준의 완화와 절차를 간소화하는 내용을
담고 있다. 그리고 교사 등 현장 전문가의 연구 · 집필, 현장 검토 등을 지원
하고, 2018년 기본 계획을 수립하여 2019년 제도 적용을 하며, 2020년 3월부
터 현장에서 사용하는 것으로 하고 있다.

자유발행 교과서제도 도입을 위한 법률안과 정부의 정책은 이제까지 국정
과 검정이 기본 골격으로 되어 있는 교과서제도의 변화를 위한 시도에 해당
이 된다. 교과서 자유발행 도입을 위한 법률안이 통과된다면, 그에 따라 정부
에서 정책적으로 추진하고 있는 「교과용 도서에 관한 규정」의 전면적인 개편
이 필요할 것이다. 그러나 법률안이 폐기될 경우를 가정하면, 현재 추진 중
인 인정도서의 재개념화를 통해 자유발행 교과서제도의 취지를 살리는 방향
으로 전개될 것이다. 중 · 장기적 관점에서 본다면 우리나라의 교과서제도는
국가주도형에서 민간주도형으로 그 중심이 옮겨지면서 이들이 공존할 수 있
는 조화의 지점을 모색할 것으로 생각된다.

제**3**부

교육과정과 교육법

교육과정 운영과 교육법

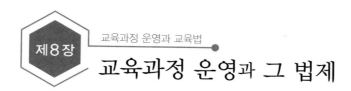

교육과정 운영과 교육법

제8장 교육과정 운영과 그 법제

1. 의의

교육과정 운영에 대한 법적 논의의 주요 쟁점은 국가의 교육과정 운영에 대한 통제와 단위학교 교육과정 운영의 자율성의 관계에 대한 것이다. 단위학교 교육과정 운영의 자율성은 학교자치와 관련된 것으로 학교 교육과정 운영을 위한 조직과 교사의 자율적 교육과정 운영 등이 그 중심을 이루고 있다. 여기서는 교육과정 운영이라는 개념에 대한 사항을 살펴보고, 그에 따라 논의의 범주를 설정하고자 한다.

교육과정 운영이라는 개념은 「초·중등교육법」과 국가 교육과정 문서에 등장하고 있다. 「초·중등교육법」 제23조 제1항은 "학교는 교육과정을 운영하여야 한다."라고 하여 교육과정을 운영하도록 규정하고 있다. 이 규정은 동법 제2항의 교육부 장관과 교육감이 교육과정의 기준과 내용의 기본적 사항을 결정한 범위 내에서 교육과정을 운영하는 것으로 이해하여야 한다. 그러나 창의적 체험활동과 같이 단위학교에서 교육과정을 편성할 수 있는 권한이 있는 경우도 있으므로, 교육과정 운영을 단순히 주어진 교육과정을 실천하는 것만을 의미한다고 보기는 어렵다. 교육과정의 운영에 교육과정의 편성의 의미도 내재해 있는 것으로 보는 것이 적절할 것이다.

한편, 2015 개정 교육과정의 국가 교육과정 총론에는 '학교 교육과정 편성 · 운영'과 '학교 교육과정 지원'에 해당되는 영역에서 교육과정 운영이라는 용어가 제시되어 있다. 이 영역에서의 교육과정 운영은 단위학교의 역할이 중심이 되지만, 교육부와 교육청의 역할도 부여되어 있다. 단위학교의 역할에서는 교육과정에 대한 교수 · 학습과 평가, 교사의 교육활동 개선을 위한 내용 등이 포함되어 있다. 그리고 교육부와 교육청은 학교 교육과정 운영을 위한 지원과 더불어 질 관리도 행할 수 있도록 하고 있다.

「초 · 중등교육법」과 국가 교육과정 문서에 의하면, 교육과정 운영은 학교와 개별 교사가 중심적 역할을 하면서, 교육부와 교육청의 지원과 질 관리가 총체적으로 결합되어 문서화되어 있는 교육과정을 실천하는 교육활동에 해당된다. 여기에서 학교가 교육과정 운영을 자율적으로 할 수 있는 범위와 교육부와 교육청이 관여할 수 있는 범위가 명확하지 않아 갈등이 발생하게 된다. 학교에서는 학생의 개성과 소질에 부합하는 교육을 행하기 위해 자율을 요청하고, 교육부와 교육청은 교육의 일정 수준 유지와 교육의 기회 균등을 위해 관여 혹은 통제를 하고자 한다.

이러한 갈등은 교육과정 운영의 개념과 체제를 어떻게 정립하느냐의 문제와 관련된다. 교육과정 운영을 넓은 의미에서 본다면 교육활동 그 자체가 되지만, 좁은 의미에서는 국가 교육과정을 실천하는 수업행위로 제한된다. 그리고 교육과정 운영의 체제는 국가, 지역, 학교라는 세 주체 역할과 관련에서 성립된다. 교육과정 운영의 개념과 그 체제를 어떻게 보느냐에 따라 교육과정 운영의 논의 대상과 범주가 달라진다. 교육과정 운영에 대한 전체적 윤곽을 살펴보기 위해 「초 · 중등교육법」과 국가 교육과정 문서의 내용을 토대로

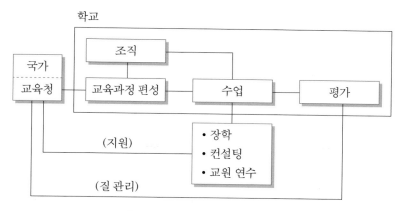

[그림 8-1] 교육과정 운영 체제

교육과정 운영 체제를 도식화하여 [그림 8-1]과 같이 제시한다.[1]

2. 민주적 교육과정 운영 방식

1) 민주적 교육과정 운영의 중요성

　교육과정을 민주적으로 운영해야 할 필요는 교육의 자율성을 보장하기 위함이다. 그것은 교육부와 교육청과 같은 외부의 권력적 개입을 배제하는 것을 말하고, 단위학교의 내부 관계가 민주적으로 운영할 수 있는 조건이 마련되어야 한다는 것을 의미한다. 학교 내의 교육과정 운영이 위계적인 관계에 의해 움직이게 된다면, 외적인 개입이 배제되어도 교육과정의 민주적 운영은 보장되지 못한다.

　단위학교에서 교육과정 운영의 자율성이 요청되는 궁극적 이유는 개별 교사가 아동의 성장을 위해 적절한 교육과정을 편성하고 운영하여 학생의 학습에 대한 권리를 충족시키고자 하는 데 있다. 교육현장에서 개별 교사의 역할이 중요하다고 하더라도, 학교 교육과정의 편성과 운영은 한 명의 교사가 아닌 다수의 교사와 직원의 협력에 의해 이루어진다. 학교 교육과정의 운영 주체는 교장, 교감, 교과 교사, 비교과 교사이다. 교사의 경우 성별과 경력, 보유 자격증 등이 상이하다. 또한 교육과정 운영의 보조를 위해 교육행정직 및 교육공무직이 배치되어 있다. 교육과정 운영을 위해서는 교직원 간의 역할의 분담과 더불어 협력 체제가 적절하게 조직되어야 한다.

교직원의 역할 분담은 학년과 학급 및 교과에 대한 적절한 배치가 이루어져야 하고, 교사들 간의 원활한 상호작용과 비판 등을 통해 협력 체제가 마련되어야 한다. 학교 교육과정의 운영은 교사와 전체 학생이 참가하는 행사와 교육활동이 있다. 이러한 교육과정 운영에는 관련 사무가 발생한다. 이러한 과제를 해결하기 위해서는 전체 교직원의 전문적 역량을 하나로 결집시킬 수 있는 민주적 교육과정 운영의 방식이 마련되어야 하는 것이다. 학교 교육과정 운영이 민주화되지 않으면, 개별 교사의 교육과 연구의 자유가 보장되지 않게 되어 단위학교의 자율성이 제한될 수밖에 없다.

이러한 의미로 본다면 민주적 교육과정 운영은 개별 교사의 교육의 자유를 확대하고, 개별 교사의 교육의 자유는 교직원 전체의 전문적 역량으로 결집되어 나타나게 되어 교육과정 운영의 자율성을 기할 수 있게 된다. 교육과정 운영의 자율성 확립은 결과적으로 학습자의 학습에 대한 권리를 제대로 보장할 수 있게 되는 것이다.

2) 교육과정 운영과 교육관계 당국

교육과정 결정의 분권화와 더불어 교육과정의 자율성이 확대된 시기는 제6차 교육과정(1992년 고시)부터이며, 법적인 뒷받침은 1998년 「초 · 중등교육법」 제23조에서 이루어졌다. 제6차 교육과정의 교육과정 성격에서는 이 교육과정이 전국의 초등학교에서 편성하고 운영하여야 할 공통적이며 일반적인 기준을 제시한 것임을 밝히고 있으며, 「지방교육자치에 관한 법률」 제27조 제6호에 의거해 지역별 특수성과 학교의 실정에 맞게 교육과정을 편성·운영할 수 있는 지침을 정할 수 있도록 하였다. 국가 교육과정 문서에 제시된 이러한 내용은 제7차 교육과정(1997년 고시)과 2007 개정 교육과정, 2009 개정 교육과정 및 2015 개정 교육과정에 이르기까지 지속되고 있다.

2009 개정 교육과정에서는 교육청 수준에서 교육과정 자율 편성과 창의적 체험활동의 효율적 운영을 위한 교육과정 컨설팅 등 지원기구를 조직해 교육과정 편성·운영을 위한 각종 자료를 연구·개발하여 보급하도록 지원하는 지침을 마련하였다. 2015 개정 교육과정에서도 교육청수준에서 교육과정 컨설팅 지원을 위한 사항은 지속되고 있다. 교육과정 컨설팅은 교사가 교육과정 운영에서 해결되지 않는 문제를 의뢰하고, 의뢰 과제 전문가와 지속적 만남을 통해 의뢰인이 문제를 해결하는 과정이다. 이는 장학관(사)의 입장에서 문제를 규정하고, 그 해결 방안을 제시해 문제가 해소되는 과정을 거치는 교육과정 장학과 다른 것이다.[2]

현대적 의미의 교육과정에 대한 기본 틀이 만들어지고 난 이후의 교육과정 결정 구조의 분권화는 교육과정 운영에서 학교와 교육관계 당국이 수직적 관계에서 수평적 관계로 외형적 변화를 가져왔다. 교육과정 운영이 국가중심적 접근에서 교사중심적 접근으로 변화함으로써 교육현장의 자율성이 강화되었고, 교사의 전문성 신장을 위한 노력이 이루어졌다. 이러한 국가 교육과정에 제시된 학교와 관계 당국의 역할에 대한 변천은 「교육법」의 개혁이 이루어지면서 법제적으로 뒷받침되고 있다.

법제에서 교육과정 운영과 관련된 사항의 변화를 확인할 수 있는 조문은 교직원의 임무와 관련해 교사가 학생교육을 어떻게 해야 하는지와 관련이 된다. 광복 이후 1949년에 만들어진 「교육법」은 교직원의 임무에 관해 제75조에 규정하였다. 「교육법」 제정 당시의 제75조 제1호에서는 "교장은 교무를 통할하고, 소속 직원을 감독하며 학생을 교육한다" "교사는 교장의 명을 받아

학생을 교육한다."라고 되어 있었다. 이 규정은 1997년 「교육법」의 일부 개정
에서 교사의 역할에서 "교사는 교장의 명을 받아 학생을 교육한다."로 '받어'
를 '받아'로 자구를 수정하였을 뿐, 내용은 그대로 지속되었다.

　그러나 1998년 단일법전으로 되어 있던 「교육법」이 「교육기본법」 「초·중
등교육법」 「고등교육법」으로 새로이 제정되면서 교사의 역할과 관련된 변화
가 나타났다. 기존의 교장과 교사의 역할과 관련된 것은 「초·중등교육법」
제20조에 규정되었다. 법 시행 당시에는 유아교육을 담당하는 원장과 원감
등에 대한 규정이 함께 존재하였지만, 2005년 「유아교육법」이 제정되면서,
유아와 관련된 교직원은 제외되었다. 유아교육과 관련된 교직원의 임무를
제외하고는 1998년 만들어진 교장과 교사의 내용은 현재까지 동일하게 유지
되고 있다.

　현재 「초·중등교육법」 제20조에 규정된 교장과 교사의 역할을 보면, 제1항
에서 "교장은 교무를 통할하고, 소속 교직원을 지도·감독하며, 학생을 교육
한다."라고 하여 교장의 역할을 규정하고 있다. 제4항에서는 "교사는 법령에
서 정하는 바에 따라 학생을 교육한다."라고 되어 있다. 교장의 역할은 단일법
전 형태의 「교육법」의 규정과 동일하다. 그러나 교사의 경우는 기존에는 '교
장의 명을 받아'라고 되어 있던 것이, '법령에 따라'로 변경되었다. 교사의 역
할에 대한 제4항의 규정은 교사의 임무가 학생교육에 한정된다는 것을 의미
하고, 기존에는 '교장'의 명에 따라야 되는 것이 '법령'에 따르도록 한 것이다.

　학교의 교육활동이 이루어지는 것이 교육과정 운영에 해당되는 것이라면,
교장의 명이 아닌 법령에 따라 교육과정 운영을 하는 것으로 이해된다. 이 조
문의 해석에서 교육 이외의 다른 임무 수행 여부와 관련해서는, 교육 이외의
업무 수행은 원칙적으로 교사의 업무에 속하지는 않는다고 보아야 하며, 교
무의 수행상 부득이한 경우에 한하여야 한다고 보는 것이 적절하다고 생각된
다. 교육과정 운영의 주체인 교사의 역할과 관련된 법제도 교육과정 문서와
마찬가지로, 단위학교의 자율성을 확보하기 위해 교장과의 수직적 관계가 아

닌 형태로 정립되어 있는 것이다.

국가 교육과정 문서와 「초·중등교육법」의 규정 변화는 교육과정 운영에서 국가중심적 성격을 탈피해 교사중심적 접근의 형태로 발전되고 있음을 알 수 있다. 이러한 변화는 「헌법」에서 규정하고 있는 교육의 자주성을 확보하고, 창의적 교육과정 운영이 되도록 하는 제도적 조건을 정비하고 있는 것에 해당된다고 할 것이다. 이들 제도적 조건을 충실하게 활용하기 위해서는 교사의 자주성과 교육과정 운영의 개성을 살리고, 교사집단 전체의 전문적인 지식을 결집해야 할 필요가 있다.

3) 학교 운영과 그 법률론

학교 교육과정의 민주적 운영을 위해서는 「헌법」과 「교육기본법」의 정신에 따라 교육관계 법령을 올바르게 해석하고, 교육과정 운영과 관련된 주체의 인식을 정립할 필요가 있다. 모든 행정 업무와 공적인 사무의 처리는 법적인 근거와 절차에 따라 시행이 되고 있다. 교육부, 교육청, 학교 역시 마찬가지이다. 여기서는 법적인 근거에 따른 처리가 교육활동이나 교육과정 운영 전반에 걸쳐 타당한 것인지에 대한 검토를 하고자 하는 것이다. 그와 같은 검토는 국·공립학교가 영조물로 보는 시각과 관련이 있다.

교육과정 운영과 관련된 법률론을 전개할 경우, 학교를 보는 관점과 밀접한 관련이 있다. 국가중심적 관점에서 국·공립학교는 영조물에 해당하므로, 행정법학의 전통적인 일반 법리인 영조물 관리론을 그대로 학교에 적용한다. 학교 외부의 관계에서 학교의 설치 주체로서 교육부와 교육청은 영조물 관리권으로서 학교 운영에 대하여 포괄적인 지배권을 가지며, 교장 이하 교직원을 지휘하고 감독하는 지위에 있다고 본다. 그리고 학교 내부적 관계에서는 교장이 학교 운영의 최고 관리자로서 학교 운영의 최종 결정권을 가지고, 교무를 통할하며, 소속 직원을 지휘·감독할 수 있다고 본다.

　　이러한 해석이 타당한 것인지 알기 위해서는 학교라는 기관이 일반적인 영조물과 동일하게 보는 것이 적절한 것인지에 대한 검토가 필요하다. 학교가 영조물이라고 하지만 학교에서 행해지는 교육과정 운영과 같은 교육활동은 다른 행정의 영역에서 볼 수 없는 특수성이 존재하고 있다. 영조물로 이해되는 기관에 해당되는 연구기관, 교도소, 도서관, 박물관, 병원 등과 비교해 보아도 쉽게 알 수 있다. 교육의 특수성은 학생 개개인에게 적절한 교육과정과 교육방법 및 평가를 통해 개인이 지닌 소질과 적성을 현실화시키기 위한 것에 있다. 이를 위해 학교의 교육과정은 전문적으로 될 필요가 있으며, 운영의 자율성을 요구한다. 표준화, 규격화된 교육과정과 교육방법 및 평가 체제로는 학생의 소질과 적성을 구현하는 데 부적절하기 때문에 다른 일반의 영조물과 다른 특수성을 가진다고 본다.

　　그러므로 「교육법」을 「행정법」의 하위 영역으로 인식하여 「행정법」의 법리를 학교교육이나 교육과정 운영에 그대로 적용하는 것은 부적절하다. 「교육법」은 교육행위의 특수성에 따른 법 원칙을 지닌 독자적 법 영역을 형성하고 있으며, 「헌법」과 「교육기본법」을 정점으로 하여 체계적인 구조를 지니고 있는 것이다. 따라서 학교 관리와 교육과정 운영은 교육의 본질에서 찾아야 한다고 생각된다. 교육의 본질이 학생의 성장에 유의미한 장을 마련하는 것에 있다면, 이를 위해 교사는 수업에 충실해야 하고, 교사 전체가 협력할 필요가 있다. 그래서 학교의 전체적인 교육수준을 향상시켜야 하고, 학교의 상황이나 지역적 특수성에 부합하는 목표를 설정하고, 이를 추구할 필요가 있는 것이다.

　　이러한 의미에서 교육과정 운영은 개별 교사를 넘어 교사집단에 맡겨져야 할 필요가 있는 것이다. 교육과정 운영과 같은 교육활동은 위계적 관계로 전개하는 것은 적절하지 않고, 영조물에 관한 전통적인 법리를 학교에 그대로 적용하는 것은 합리적이지 않은 것이다.

3. 교육부 · 교육청과 학교의 관계

1) 영조물 견해와 교육과정 운영

학교 교육과정 운영은 학교와 교육부 및 교육청의 관계를 어떻게 이해하느냐에 따라 달라진다. 학교 교육과정 운영의 자율성은 교육부와 교육청의 학교 교육과정 운영에 개입하는 정도와 밀접하게 관련되어 있다. 교육부와 교육청은 학교 설치자의 교육행정기관으로 관할 내의 학교에 대한 관리권을 가지고 있다. 교육부와 교육청의 학교 관리권을 전통적인 영조물에 의거해 학교에 대해 포괄적 지배권이라고 해석하게 되면, 학교의 인적 · 물적 관리 및 운영 관리 전반에 대해 포괄적인 지휘 · 감독권과 학생의 학교 이용에 대한 규제 권한을 포함하게 된다.

이러한 관점으로 접근하게 되면, 학교라는 영조물의 이용 관계가 공법적 성질(특별 권력 관계)을 강조하게 된다. 전통적으로 영조물 이용 관계를 공법적 성질로 파악하는 견해는 비판을 받고 있으며, 현재는 영조물 이용에 공법적인 것, 사법적인 것, 양자가 혼합된 것 등이 있다는 것에 의견이 모아지고 있다.[3] 영조물 이용 관계에 대한 전통적인 공법적 접근 방법은 학교의 경영을 기업의 경영과 마찬가지로 보는 것이다. 교장 이하 교직원을 경영 및 관리층, 작업층 등으로 구분해 실질적으로 위계적 관계를 형성하는 구조로 보는 것이다. 이러한 관계에서 교육과정 운영은 자율성 확보를 위해 요청되는 민주적 운영 방식이 부적절하게 된다.

전통적인 관점으로 본다고 하더라도, 학교 교육과정 운영에서 자율성을 존중하고 허용하고 있다. 그러나 이러한 것은 운영론의 문제인 것이지, 법률론의 문제는 아니다. 법적으로는 교육부와 교육청에 포괄적 지배권을 부여하여 일반적인 상황에서는 교육과정에 대한 자주적 운영이 가능하다. 그러나 특정 사안에 대해 교육부와 교육청은 필요할 경우에는 언제든지 권력적인 개입을 할 수 있는 것이다. 교육과정 운영에서 권력적 개입은 교육이론에 따른 검토와 대응을 곤란하게 하고, 교육현장의 원만한 문제 해결을 저해하게 된다. 이러한 의미에서 전통적인 영조물의 개념으로 학교 교육과정의 운영에 접근하는 것은 적절하지 않다.

2) 영조물의 의미와 그 관리권

영조물 혹은 공영조물은 넓은 의미로 국가 등 행정 주체가 그의 목적을 달성하기 위하여 제공한 인적·물적 시설의 종합체를 의미하고, 좁은 의미로는 넓은 의미의 영조물 가운데 주로 정신·문화적 또는 진료적 목적에 계속적으로 제공된 것만을 의미한다.[4] 그러한 영조물의 예는 국·공립 교육기관이나 연구기관, 교도소, 박물관, 병원 등을 들 수 있다. 이러한 의미에서 국·공립학교는 영조물에 해당된다. 영조물은 넓은 의미의 영조물과 동일한 의미를 지니지만, 좁은 의미에서는 이윤을 추구하는 기업성을 띤 공기업과 구별이 된다. 그리고 영조물은 유체물의 집합체로서 공물(公物)의 일종인 공공시설과 구분된다. 공공시설과 영조물을 동일하게 보는 견해도 있지만, 인적·물적 시설의 종합체인 영조물과 구분이 된다고 보는 것이 적절할 것이다.

영조물은 국민에게 경제적·문화적 서비스를 제공하는 기업활동을 하기 때문에, 시설과 설비를 구비하고 어떻게 운영하며 이용 조건을 어떻게 할 것인지에 대한 경영의 문제가 생기게 된다. 경영을 위해 기본적인 사항을 법령에 정해 두고 그에 근거해 정하기도 하지만, 재량에 따라 합리적으로 운영할 수도 있다. 그러한 운영의 관계를 영조물 관리권이라고 부를 수 있을 것이다. 국·공립학교는 영조물의 일종에 해당되기 때문에, 이러한 경영의 문제가 발생한다. 여기서 학교 관리권이 교육부, 교육청, 학교 중 어디에 있으며, 어떻게 배분되는가가 중요한 문제가 된다.

전통적 영조물에 대한 일반적인 법리는 원칙적으로 관리 행정청에 속한다. 그러나 모든 공공체를 동일하게 해석하기에는 무리가 있다. 현재 영조물 이용에서 공법, 사법, 양자의 혼합 등이 있다고 보는 견해는 공공체 해석의 통일성과는 차이를 나타내고 있는 사항이 된다. 그것은 각 기업의 특성이나 적용하는 법의 존재 방식에 따라 정해질 수 있는 것이기 때문이다. 이러한 의미에서 학교의 관리를 전통적인 영조물 관계로만 이해하는 것은 적절하다고 보기 어렵다. 학교는 일반적인 영조물과 달리 교육에 대한 특수한 관리 관계로 보는 것이 합리적이다. 이와 관련된 사항은 교육의 특수성을 언급한 내용과 관련이 있다.

교육과 관련된 일의 기초적 단위는 학교가 된다. 교육활동과 교육과정의 운영은 고도의 전문성과 창조성을 요구하게 되고, 이를 위해서는 교육의 자주성이 요청된다. 「헌법」과 「교육기본법」에서 교육의 자주성과 전문성 및 정치적 중립성 등을 규정한 것은 이러한 의미와 관련이 있다. 여기서 학교가 교육부, 교육청의 포괄적 관리권에 의해 규정되는 것만으로 볼 것이 아니라, 고유의 내재적인 관리권이 있다고 해석하는 것이 합리적이라고 생각된다.

교육부와 교육청의 포괄적 지배권을 전제하는 경우, 학교와 교육부 및 교육청의 원활한 관계를 위해 적절한 사무 배분과 권한 배분이 필요하다고 볼 수 있다. 이러한 권한 배분에서 법령에 정해진 교장의 직무 등에 대해 교육부나 교육청이 교장에게 위임한 것이라고 볼 수 있다. 위임된 이들 규정은 교장의 고유 권한이 아니라고 보는 것이다. 교육부나 교육청은 관리기관으로서 하급기관에 지휘·명령권을 보유하고 있어 사무 처리가 부적절하다고 판단이 될 경우에는 변경을 요구할 수 있다는 것이다. 교육과정의 운영과 관련된 사항에서도 교육부나 교육청이 필요하다고 판단되면, 언제든지 학교의 교장이 대외적으로 표시한 교육과정 운영과 관련된 사항을 수정을 명령할 수 있다는 것이다.

현재 「초·중등교육법」에서는 교육과정의 결정과 관련해 교육부, 교육감이 교육과정의 기준과 내용의 기본적 사항을 결정할 수 있도록 하고, 학교는 교육과정을 운영하도록 하고 있다. 그리고 교직원의 임무에서 교장이 교무를 통할하고 교사는 법령에 따라 교육한다고 되어 있어, 이러한 영조물의 관리권을 전통적 의미로 해석하여 교육부와 교육청이 학교에 대한 포괄적 관리권을 가지고 있다고 보기 어려운 점도 있다. 학교 교육과정 운영에서의 전문적 자율성에 맡겨야 하는 사항의 결정은 교육관계 당국과 권한 배분을 통해 학교의 내재적 관리권을 보다 명료하게 확인하는 규정으로 해석하는 것이 적절할 것이다. 학교가 고유하게 지닌 권한을 학교에 위임한다고 보는 것은 불합리하기 때문이다.

3) 학교자치와 교육과정 자율성

교육과정 운영과 관련해 교육부, 교육청, 학교의 권한 배분에서 직접적인 교육활동과 관련된 교육과정 운영 사항은 학교의 전문적 자율에 맡기고, 인적·물적 사항과 학교 이용의 원칙에 관한 사항 등 교육조건을 정비하는 사항은 교육부와 교육청의 권한에 있다고 구분하여 보는 것이 합리적일 것이다. 이들 사항에 대해 교육과정 운영에서 직접적인 교육활동과 관련된 영조물활동에 대한 사항, 인적·물적 관리를 구분하여 살펴보기로 한다.

첫째, 영조물의 활동에 대한 사항이다. 영조물활동이 다소 어색하기는 하지만, 여기서 사용하는 의미는 교육과정 운영에서 직접적인 교육활동에 해당되는 사항을 말하며, 영조물을 이용하는 학생에 대한 관리에 대한 것을 말하는 것은 아니다. 여기서의 교육과정 운영은 직접적인 수업활동만을 의미하는 것이 아니라, 그 이외의 활동까지 포함하는 넓은 의미로 사용한 것이다. 수업행위에 해당되는 관리는 교사집단의 교육할 권리에 해당되기 때문에, 교육부와 교육청은 지도·조언하는 행위를 중심으로 그 관리를 행하는 것이 적절하다.

「초·중등교육법」제23조에서 교육부와 교육감이 교육과정의 기준과 내용의 기본적 사항을 정하고, 학교는 교육과정을 운영하도록 하고 있으며,「지방교육자치에 관한 법률」제20조 제6호에서 교육과정 운영에 관한 사항을 교육감의 관장 사무로 규정하고 있다.「초·중등교육법」의 규정에 의하면 학교와 교육부 및 교육감의 권한이 구분되어 있지만,「지방교육자치에 관한 법률」에서는 교육과정 운영에 대한 것을 교육감의 권한으로 제시하여 교육과정 운영이 무엇을 의미하는 것인지 정확하지 않아 권한 배분에 있어서도 다소 애매한 점이 있다. 그러나 이들 관련 법의 전체적 맥락을 고려하고,「초·중등교육법」제32조 제3호에서 국·공립학교 학교운영위원회의 기능으로 학교 교육과정의 운영 방법에 대한 사항을 정할 수 있는 것으로 고려한다면, 교육행정기관이 교육과정 운영과 관련해 할 수 있는 것은 교육과정의 원칙적인 기준과 내용의 기본적 사항에 한정되어 있다고 보는 것이 합리적이다.

교과서와 교재의 경우,「초·중등교육법」제29조와「교과용 도서에 관한 규정」에 따라 교육부에서 교과서의 저작이나 사용에 관여할 수 있다. 그리고「지방교육자치에 관한 법률」제20조 제11호에서 교구(敎具)에 관한 사항을 교육감의 관장 업무로 규정하고 있지만,「초·중등교육법」제32조 제4호에서 교과용 도서와 교육자료의 선정에 대해 학교운영위원회의 기능으로 제시하고 있어 교과서와 교육자료의 채택에 대한 권한은 학교에 부여하고 있다고 보아야 할 것이다. 학교를 교사집단의 종합적 의사결정체로 보면, 교과서 채택은 교육의 자유의 일환이고 교사의 권한으로 일부 인정할 수 있는 것이다.

취학이나 입학, 학기의 시작 등은 국가의 권한에 속하지만, 수업일수나 휴업일 등은 법령이 정하는 바에 따라 학교에서 정할 수 있도록 하고 있다. 이러한 사항을 보면 교육과정 운영과 관련해 수업과 같은 직접적 교육활동은 학교의 고유한 권한에 속한다고 보는 것이 합리적일 것이다. 결과적으로 교육부, 교육청은 교육과정의 기준과 내용에 대한 기본적 사항을 정하고 이에 대한 관리를 할 수 있지만, 이러한 기준과 내용의 기본적 사항에 따른 학교

교육과정 편성과 운영에 대해서는 학교에 그 권한이 있다고 보아야 할 것이다. 여기서 교육과정의 기준과 내용의 기본적 사항이 무엇을 의미하는 것인지에 대해서는 교육학적인 검토가 필요할 것이다. 이에 대한 성과가 축적되어야 교육과정 운영과 관련된 사항에 대해서도 보다 합리적인 권한 배분에 대한 논의가 이루어질 수 있을 것이다.

둘째, 인적 · 물적 관리와 관련된 것이다. 교원의 임용과 승진 및 신분 보장 등에 대한 사항은 「교육공무원법」에서 규정하고 있다. 「교육공무원법」 제1조는 "이 법은 교육을 통하여 국민 전체에게 봉사하는 교육공무원의 직무와 책임의 특수성에 비추어 그 자격 · 임용 · 보수 · 연수 및 신분 보장 등에 관하여 교육공무원에게 적용할 「국가공무원법」 및 「지방공무원법」에 대한 특례를 규정함을 목적으로 한다."라고 하여 교원의 인적 관리에 대한 사항을 규정하고 있다. 이 법에서 교사의 교육의 자유나 전문적 자율성에 속하는 영역에 대해 교육부와 교육청의 복무명령권은 부당하다고 보아야 할 것이다. 다만 관련 규정에서 교사가 직무와 관련해 외형적(지각, 결근 휴가의 승인 등)인 감독권은 인정이 된다고 보아야 할 것이다.

교육학 분야에서도 교육행정에서의 인사 관리는 주로 행정적인 입장에서 논의가 되고 있다. 그러나 교육현장이 교육과정을 중심으로 운영되어야 한다는 점을 고려한다면, 교육과정중심의 교원 인사가 이루어져야 원활한 교육활동이 전개될 수 있다. 그렇지 않게 되면 배치되어 있는, 혹은 배치하는 교사의 경력, 연령, 전공 분야 등에 따라 교육과정이 운영되어 학생의 교과 선택권을 제한하게 되고, 결과적으로 학습에 대한 권리를 충족시키지 못하게 된다. 행정적 입장에서 인사가 이루어지게 되면 교사의 교육의 자유가 제대로 보장될 수 없게 되고, 교육부와 교육청과 수직적 관계가 형성되어 관료적 교육과정이 운영되게 된다. 따라서 교무분장과 같은 경우, 행정적 입장이 아니라 교육과정 운영의 입장에서 이루어져야 한다. 이를 통해 교사와 교사집단이 전문성을 발휘해 창의적으로 교육활동에 임할 수 있게 하여야 한다.

물적인 관리의 경우는 대부분 국가와 교육청의 권한에 속하는 것으로 생각된다. 공적인 교육 체제에서 국가와 이에 준하는 자치단체가 개별 교사나 학부모가 감당할 수 없는 교육시설이나 설비 등을 정비해 주어야 교육과정 운영이 원활하게 이루어질 수 있기 때문이다. 다만 교재나 도서관 도서의 구입 및 교구의 선정 등은 교육과정 운영에 따른 재량적 사항이기 때문에 학교의 권한으로 인정이 되어야 한다. 그리고 이러한 물품을 보관하거나 이용하는 것 등 교육과정의 관리에 속하는 것은 학교의 권한으로 고려해야 한다.

4. 교직원회의와 교육과정 운영

1) 교직원회의의 의미

교직원회의는 논의 대상이나 맥락에 따라 교무회의, 직원회의 등의 용어와 혼용되고 있다. 교직원회의는 법적으로 명문화되어 있지 않고, 관습적으로 사용하고 있는 용어이다. 여기서는 직원회의, 교직원회의와 함께 교무회의라는 용어도 사용되고 있기 때문에, 교무라는 용어를 검토하면서 교직원회의의 의미를 살펴보고자 한다. 법적으로 교무라는 용어는 「초·중등교육법」 제20조 제1항 "교장은 교무를 통할(統轄)하고, 소속 교직원을 지도·감독하며, 학생을 교육한다."에 규정되고 있다. 여기서의 교무는 학교의 사무를 간추린 교무(校務)를 말하는 것으로, 넓은 의미로는 학교의 존립 목적인 교육에 관계되는 모든 사무를 가리키는 것이며, 좁은 의미로는 학교의 모든 업무 중 교원의 교육활동(교수·학습 그 자체 및 그에 집적 관련되는 업무)에 관한 사항을 제외한 것을 가리킨다.[5] 교원의 교육활동은 일률적으로 논의할 성질이 아니라 구체적 사인에 따라 판단하여야 할 것이지만, 교사의 교육의 자유의 관점에서 보면 여기서 말하는 교무에 포함시키지 않는 것이 타당하다고 생각된다.

일본의 경우에도 교장의 직무와 관련해 「학교교육법」 제37조 제4항에서 "교장은 교무를 담당하고 소속 직원을 감독한다."라고 되어 있고, 그 해석도 마찬가지로 하고 있다. 문부성은 교무는 학교에서 이루어지는 일의 전체로서 교육활동도 포함하고 있다고 보고 있다. 교사의 교육활동도 교장의 권한에서 유래되므로, 교장의 내부 위임을 통해 교육활동을 전개하는 것으로 보고 있는 것이다. 그러나 교사의 교육활동 그 자체는 교사의 고유권한이므로, 교무에 포함시키지 않은 것이 적절하다는 유력한 견해가 제시되고 있다.[6]

교장의 권한과 관련해 사용되는 교무(校務)와 달리 교무(敎務)라는 용어가 있다. 여기서의 교무는 직접적인 교육활동과 관련된 직접적인 교육활동과 관련된 학생지도 부문의 사무에 국한된 것으로, 교육계획, 교육과정 운영과 수업연구, 각종 학교 행사의 추진, 생활지도, 그 밖에 교직원의 관리 문제가 이에 해당한다. 이러한 의미의 교무는 학교 사무 전체를 의미하는 의미와 다른 용도로 사용이 되고 있는 것이다. 교무회의는 교장의 직무와 관련되어 사용하는 교무와는 다른 차원의 것으로 이해하여야 한다.

교무(敎務)라는 것은 교사의 직접적인 교육활동과 관련된 사항으로, 교장 권한의 보조 집행으로 수업이 전개되는 것으로 보는 입장이 바람직하지 않다는 것이다. 직접적인 교육활동은 교사가 가지는 교육의 자유라는 점에서 권리로 보장되어야 하는 것으로 보는 것이 타당할 것이다. 개별 교사가 직접적인 교육활동뿐만 아니라, 이를 지원하는 교육활동을 포함하는 전체적인 교육과정 운영으로 통합되어야 할 것이다. 뿐만 아니라, 개별 교사의 교육의 자유는 교사집단의 자유로 확대 해석되어야 한다. 각 교사의 전문적 역량은 교육과정 운영, 나아가 학교 운영의 전체적 활동으로 통합되고 결집된 교사집단의 자율을 통해 길러진다. 교직원회의는 이러한 요구를 충족시켜야 하며, 교직원회의에 의한 교육과정 운영은 교육의 자유를 보장하고, 학교 교육과정 운영의 정상화를 위해 필연적이다.

교장과 교감이 교직원회의에 참석하는 것은 위계적 관계에 따른 것이 아니라, 다년 간의 교육적 경험에 기반한 지도·조언자로서의 역할을 담당하는 것이다. 그리고 교장은 교직원회의의 결과를 대외적으로 표시하는 대표자로서의 지위를 갖고 있다고 보아야 한다. 교직원회의는 학습자의 학습에 대한 권리를 보장하기 위해 교육현장에서 교육활동을 전개하는 전문적 집단의 교육적 의사결정을 보장하는 조직체로 이해해야 한다. 교직원회의가 교장 권한의 단순한 보조적인 집행기관이 아닌 것으로 보는 것은 이러한 이유에서 찾을 수 있을 것이다. 교장과 교사, 교직원회의의 관계는 이러한 측면에서 접근하여야 민주적인 학교 교육과정 운영이 제대로 이루어질 수 있을 것이다.

2) 교직원회의의 법적 성격

민주적 교육과정 운영을 위해 필요한 교직원회의의 중요성에도 불구하고, 현행 교육관계법에서는 명문의 규정이 없다. 교직원회의는 관례적으로 교장의 자문기구로 운영되고 있는 실정이다. 그러나 교직원회의의 법적인 성격에 대한 학설은 자문기관설 이외에 보조기관설, 의결기관설, 심의기관설, 복수기능설 등 다양하게 전개되고 있다. 교직원회의에 대한 법적 성격은 우리나라보다는 일본에서 주로 논의되고 있어, 일본에서 제시된 견해 위주로 정리하면서 우리나라 법제와 관련해 살펴보고자 한다. 여기서는 교장의 권한과의 관계에서 대립된 견해로 제시될 수 있는 보조·자문기관설과 의결기관설로 구분해 살펴보고자 한다.

첫째, 보조 자문기관으로 보는 입장이다. 이 입장은 교장은 학교 경영에 관해 포괄적이고도 최종적 결정권을 지닌 최고책임자로 보고, 교직원회의는 교장의 직무를 집행에 대한 보조기관으로 보는 것이다.[7] 일본의「학교교육법」제37조 제4항에서 "교장은 교무를 담당하고 소속 직원을 감독한다."라는 규정이 직접적인 근거 조항이 되고, 문부성과 교육위원회가 채택하는 입장이다. 우리나라의 경우에도 「초·중등교육법」 제20조 제1항의 교장의 직무권한으로 "교장은 교무를 통할(統轄)하고, 소속 교직원을 지도·감독하며, 학생을 교육한다."라는 규정은 일본의 「학교교육법」에 규정된 교장의 직무상의 권한과 유사하게 되어 있어 이러한 해석을 할 수 있다. 그리고 기존의 교육인적자원부에서도 교직원회의를 자문기관으로 보고 있어 이러한 입장을 취하는 것과 유사하다.[8]

둘째, 의결기관으로 보는 견해이다. 교직원회의를 의결기관으로 보는 입장은 교장의 직무권한에서 직접적인 교육활동과 관련된 사항은 배제한다고 보는 것이다. 일본의 「학교교육법」 제37조 제4항에 규정된 교장의 직무권한에서 '소속 직원을 감독한다'는 것이 교육활동에까지 미치는 것은 아니기 때문에, 이를 지휘·명령 관계로 설정하는 것이 부적절하다고 하면서 비판적 입장에 서는 것이다.[9] 이 입장은 논리적으로 민주적 학교 운영에 대한 근거를 확립하고 있으며, 법적 근거로는 일본의 「헌법」 제23조의 학문의 자유, 「교육기본법」 제10조의 교육행정의 임무, 「학교교육법」 제37조 제4항의 교사의 교육의 자유를 들고 있다. 우리나라도 「헌법」 제31조의 교육의 자주성, 제22조의 학문의 자유, 「교육기본법」 제5조의 교육의 자주성 등에 대한 규정 등을 토대로 이에 대한 논거를 제시하는 것이 가능하다.

교직원회의의 법적 성격에서 보조 또는 자문기관으로 보는 견해와 의결기관으로 보는 견해는 교장의 직무권한과 관련해 직접적 교육활동에 대한 개입을 할 수 있느냐와 밀접한 관련이 있다. 보조기관이나 자문기관으로 보는 견해는 고등학교 이하의 학교에서는 학문의 자유가 보장되지 않으므로 대학 자치와 같은 자치는 인정이 될 수 없고, 교육권의 독립은 보장되지 않으며, 교장은 영조물의 장으로서 인적 구성의 최고 위치에 있어 학교 교육과정 운영에서 최종적인 결정권을 갖는다고 본다.

이에 비해 의결기관으로 보는 입장은 교육활동은 모든 학생의 성장을 목적으로 하여 개별 교사가 수업뿐만 아니라, 교육과정 운영 전반에 걸쳐 전문적 영향을 끼치고 창의성을 발휘하여야 하며, 이를 위해 각 교사의 전문적 역량은 학교 교육과정 운영이라는 전체 활동으로 통합·결집되어야 한다고 본다. 교직원회의는 이러한 필요를 충족시키고, 학교 교육과정 운영은 교육의 자유가 보장되어야 하며, 학교 교육과정 운영에 대해 의사결정기관으로서의 성격을 갖는 것으로 보고 있다.

교직원회의와 교장의 관계에서 교장은 직원회의의 결정 사항을 집행하는 위치에 있고, 대외적으로 학교의 의사를 표시하는 대표자에 해당된다. 고등학교 이하의 과정에서 교사의 학문의 자유 여부와 관련해서는 많은 논의가 필요하겠지만, 학생의 교육을 위해 필요한 사항에 대해 연구하고 이를 실제 교육활동에서 전개할 필요가 있다. 다만 미성숙한 학생임을 고려할 때, 특정한 당파나 종교 등에 대해 편향적 교육을 하는 것은 부적절하며, 이러한 의미에서 교사의 교육의 자유는 일정한 제약을 받을 수밖에 없을 것이다. 교사의 교육의 자유라는 입장에서 보면, 교장이 할 수 있는 일은 수업과 같은 직접적 교육활동에 대한 개입이 아니라, 직무명령이나 복무 감독 등 근무의 외형적 측면에 대한 감독을 할 수 있는 것으로 보아야 한다고 생각된다. 교장은 다년간의 교육적 경험에 비추어 교사의 교육과정 운영에 대한 지도·조언을 하는 것이다. 교장의 뛰어난 지도·조언의 능력은 학교 교육과정 운영에서 중요한 역할을 담당할 수 있다는 것을 의미하는 것이다. 교육과정 운영에서 교장의 역할이 중요하다는 것은 이러한 취지에서 이해하는 것이 합리적일 것이다.

교육과정 운영과 교육법

제9장

교육과정 편성 · 운영과 주민의 요구*

1. 의의

「헌법」제31조 제1항에서는 국민의 교육을 받을 권리를 규정하고, 이를 구현하기 위해 제2항에서 제6항의 규정을 하고 있다. 「헌법」의 이념은 「교육기본법」에서 보다 구체화되고 있다. 「헌법」제31조에 규정된 국민의 교육을 받을 권리는 교육에 대한 직접 규정이지만, 「헌법」제19조의 양심의 자유, 제22조의 학문과 예술의 자유 및 저작권 등의 유기적 관련을 통해 국민의 교육의 자유에 대한 헌법적 자유를 보장하고 있다. 이러한 이유로 「헌법」에 제시된 교육관련 조항은 교육의 본질에 의한 해석, 「헌법」의 다른 조항과의 유기적 관계에 의한 해석, 「헌법」과 「교육기본법」과의 관계에 의한 해석 등 해당 사건에

---

*이 글은 2017년 4월 한국교육과정학회 창립 50주년 기념 학술대회에서 발표하고, 그 해 11월 「열린교육연구」에 게재한 "교육과정 편성과 주민의 요구"의 일부 내용을 수정 · 보완한 것임.

대해 여러 가지 접근 방식이 도출되고 있다.[1]

「헌법」제31조 제4항의 교육의 자주성 등을 규정한 조항과 제6조의 교육제도의 법률주의는 교육과정과 관련해 중요한 규율 원리로 작용하고 있다. 교육이 특정한 당파나 부당한 힘에 의해 권력적으로 개입하는 것을 방지하는 규정을 두고 있는 것이다. 이러한 교육의 자주성과 관련된 규정 이외에 「헌법」제117조와 제118조에서는 지방자치제도에 대한 규정도 두고 있다. 지방자치제도는 지방자치단체가 그 지역의 공동 관심사를 단체의 자치기구에 의해 스스로의 책임하에 처리해 국가의 과제를 덜어 줌과 동시에 지역주민의 자치 역량을 기르도록 하고 있는 것이다. 그래서 민주정치와 권력분립의 이념을 실현시키는 자유민주적 통치기구의 중요한 조직 원리로 기능하고 있는 것이다.

우리나라는 지방교육자치제도를 별도로 규정하고 있다. 「지방자치법」제121조에서는 교육·과학 및 체육에 관한 기관에 대한 규정을 별도로 두도록 하고 있다. 「지방교육자치에 관한 법률」이 따로 마련된 것은 이 규정에 의한 것이다. 이 법률은 1991년 구 「교육법」에서 분리해 별도로 규정한 것이다. 「지방교육자치에 관한 법률」의 헌법적 근거에 대해서는 교육의 자주성을 규정한 「헌법」제31조 제4항에서 구하는 것이 다수 의견이지만, 이에 대한 반대 의견도 제시되고 있다.

교육과정에 대한 주민자치는 교육의 자주성의 원리와 지방교육자치의 원리와 관련되어 논의되는 것이다. 교육과정에 행정권력의 개입이나 특정 정파의 영향력을 배제하기 위해서는 교육의 자주성이 요청되고, 그러한 자주성을 위해서는 민주적 교육과정 운영이 요청된다. 민주적 교육과정 운영과 관련된 주민자치는 지방교육자치의 원리의 하나로 작용이 되고 있다. 이제까지 교육과정에 대한 논의가 「초·중등교육법」제23조를 중심으로 국가 교육과정에 집중이 되면서, 교육현장의 자율성 확보를 위한 논의가 집중되었다. 그러나 교육현장의 자율성을 강화하고, 교육과정의 집단적 자율을 보장하기 위해서는 주민의 자치와 관련된 사항이 동시에 논의되어야 한다. 교육과정에 대한 국가의 통제에서 국가라는 주체는 법적으로 규정되어 있어 명확하다. 그러나 주민이라는 것은 법적으로 명확하게 규정되어 있지 않고, 사용하는 용어도 다양해 주민을 직접적으로 규정하기는 어려운 점이 많다. 국가의 경우와 달리 국민에 대한 규정이 어려운 것처럼, 지역에서도 주민을 규정하는 것이 쉽지 않기 때문이다.

　　여기서는 교육과정 편성과 운영에서 주민의 요구가 중요함에도 불구하고 이에 대한 고려가 제대로 이루어지지 않은 문제를 제시하기 위해 법적 측면에서 고려되는 사항을 논의하고자 한다. 그러나 주민을 부모나 그 지역의 교사 혹은 지역 인사에 초점을 두지 않고 광범위하게 살펴보았다. 그 이유는 교육과정 편성·운영에서 주민의 요구와 관련된 제반 사항을 검토하기 위함이다.

2. 교육의 자주성 원리와 주민의 교육 요구

1) 교육의 자주성과 교육과정

　　교육과정 분야에서는 자주성이라는 용어보다는 자율성이라는 용어를 보다 선호한다. 그러나 법적 논의에서는 자주성이라는 용어가 빈번히 사용된다. 「헌법」 제31조 제4항에서도 교육의 자주성이라는 용어를 규정하고 있다. 교육의 자주성은 정치적·종교적·사상적이거나 기타 개인의 편견 등의 부당한 지배가 배제되어야 함을 의미하는 것이다.[2] 지방교육자치에 대한 법적 근거는 「헌법」 제31조 제4항에 규정되어 있는 교육의 자주성 등과 관련된 규정에서 찾고 있는 것이 다수 견해이다. 그러나 교육의 자주성이 교원과 학교의 교육의 자유를 의미하는 것이지 교육의 자치를 의미하는 것은 아니라고 보는 견해도 존재하고 있다.[3] 다수 의견에 의하면, 교육의 자주성 원리는 지방교육자치의 원리로 작용하고 있다고 주장한다.

「교육기본법」 제5조에서도 교육의 자주성 등에 대한 규정을 하면서, 지역의 교육과 관련해 규정하고 있다.

> 제5조(교육의 자주성 등) ① 국가와 지방자치단체는 교육의 자주성과 전문성을 보장하여야 하며, 지역 실정에 맞는 교육을 실시하기 위한 시책을 수립·실시하여야 한다.
> ② 학교 운영의 자율성은 존중되며, 교직원·학생·학부모 및 지역주민 등은 법령으로 정하는 바에 따라 학교 운영에 참여할 수 있다.

「교육기본법」 제5조 제1항에서는 국가와 지방자치단체에 대한 교육의 자주성 확립을 위해 지역적 실정에 부합하는 교육을 실시하여야 함을 규정하고 있으며, 제2항에서는 교육의 자주성 확보를 위해 학교 운영의 자율성을 규정하고 있다. 학교 운영의 자율성을 위해 교직원, 학생, 학부모 및 지역주민 등이 법령에 따라 학교 운영에 참여할 수 있도록 하고 있다. 이러한 문구는 학교의 자율성을 위해서는 민주적인 학교 운영이 요청되며, 지역적 특성이나 학교의 특성을 고려해 학교의 개성을 확립하여야 하는 것을 말하는 것이다. 이렇게 함으로써 법적으로 규정되어 있는 교육의 자주성이 확보될 수 있다고 보는 것이다.

법적인 측면에서 지방교육자치는 교육행정을 일반행정으로부터 분리·독립시켜 교육·학예에 관한 사무의 자치권과 행정권을 가지고, 자주적인 경영으로 교육행정의 제도 조직을 통해 교육의 자주성·전문성·정치적 중립성을 보장하려는 제도를 말하는 것으로 보고 있다.[4] 교육의 자주성이라는 용어가 교육과정에 적용되면, 교육기관의 운영과 교육과정이 가급적 교육자나 교육전문가에 의해 자주적으로 결정되어야 하는 것을 말하게 된다. 교육의 자주성의 원리는 지방교육자치의 원리에 대한 근거 조항이 되며, 그것은 단위학교의 자치와 교사의 교육의 자유 보장을 위한 중요한 원리가 되는 것이다.[5] 교육과정의 결정과 결정된 교육과정의 운영은 단위학교의 자치와 더불어 교육의 자유의 일환으로 이루어지는 것이며, 그것은 교육의 자주성 보장이라는 「헌법」의 원리에 근거하고 있는 것이다. 법적 기반에 기초한 연구는 아니더라도, 교육과정 운영 실태에 대한 연구는 교육의 자주성이 필요함을 시사하기도 한다.[6] 교육과정의 편성과 주민의 자치와 관련된 내용을 규율하는 원리로 교육의 자주성은 중요한 헌법적 가치를 담고 있는 것이다.

2) 주민의 요구와 교육과정

지방자치는 지방자치단체가 독자적인 자치기구를 설치해 자치단체의 고유 사무를 국가의 관여 없이 스스로의 책임 아래 처리하는 것을 말한다. 지방자치가 실시될 경우, 지역의 주민이 지역의 공동 관심사를 자율적으로 처리하려는 의욕과 더불어 피부에 와 닿는 업무 처리가 이루어지며, 정치적인 다원주의를 실현할 수 있게 된다. 교육의 경우에도 마찬가지로 적용이 된다. 그러나 우리나라의 경우에는 외국의 경우와 달리 지방자치와 지방교육자치가 분리되어 있다. 한 자치단체에 기관장이 두 명이 있는 구조로 되어 있으며, 이들은 모두 선출직으로 되어 있다.

지방교육자치의 원리로서 주민 참여의 원리는 지역의 주민이 선거를 통해 참여하거나 그 대표를 선출해 교육정책을 의결하는 형태를 말한다. 지역 주민이 지방교육에 참여한다는 것을 말하는 것이다. 주민이 교육에 참여하는 것은 교육행정에 대한 일반 민간의 지배가 가능하다는 것이지만, 행정의 전문화와 기술적인 부분에서는 한계를 지닐 수밖에 없다. 다시 말해, 주민 참여의 원리는 대표성을 갖고 있으나, 전문성에서는 한계를 갖고 있다. 따라서 이 둘을 어떻게 조화할 것인가는 중요한 문제이다.

교육행정 분야에 대한 주민의 참여는 교육과정 분야에도 적용이 된다. 교육과정 분야에서 참여할 수 있는 주민의 정의와 참여 범위, 참여 방법에 대해서는 명확하게 논의되고 있지는 않다. 교육과정 분야에서 참여할 수 있는 주민은 넓은 의미의 일반적인 주민과 학교 교육과정 편성과 운영에 참여하는 협의의 주민으로 구분할 수 있다. 넓은 의미에서의 주민은 학교와 학교 이외의 교육의 장에서 교육활동을 지원하거나 협력하는 관계일 수 있다. 좁은 의미에서의 주민은 학교 교육과정활동에 직접 참여하여 의사결정권을 행사할 수 있는 사람을 말한다. 주로 학부모와 교사 등이 해당된다.

교육과정의 결정에서 주민의 참여가 제대로 이루어지고, 학교 교육과정이 원활하게 운영되기 위해서는 학교자치와 주민의 요구가 수렴될 수 있는 조직, 그리고 학교교사와 지역의 주민이 함께할 수 있는 협의체가 충실하게 이루어져야 할 것이다. 국가와 지역에 대한 교육과정에 대한 결정 권한의 배분이 이루어지고, 그러한 권한 배분에서 참여할 수 있는 주체와 그 권한의 행사 방법 및 범위 등에 대한 내용이 제대로 정리되어야 교육의 지방자치가 이루어지고, 주민의 요구가 제대로 반영된 교육과정이 운영될 수 있을 것이다.

3. 교육과정 결정 · 운영과 주민 요구의 법적 현황

1) 교육과정 결정에 대한 법적 구조

교육과정 결정과 관련된 법조항은 「초 · 중등교육법」에 있다. 직접적으로 교육과정 결정에 대한 규정은 「초 · 중등교육법」 제23조가 해당된다. 그리고 제34조와 제35조의 학교운영위원회 규정과 이를 보다 구체적으로 규정한 법 시행령이 해당된다. 먼저 「초 · 중등교육법」 제23조를 살펴본다.

제23조(교육과정 등) ① 학교는 교육과정을 운영하여야 한다.

② 교육부 장관은 제1항에 따른 교육과정의 기준과 내용에 관한 기본적
인 사항을 정하며, 교육감은 교육부 장관이 정한 교육과정의 범위에
서 지역의 실정에 맞는 기준과 내용을 정할 수 있다.

「초·중등교육법」 제23조 제2항에서는 국가와 지역의 교육과정 기준과 내
용에 대한 기본적 사항을 정할 수 있는 권한을 부여하고 있다. 이들 기준과
내용이 교육과정의 편성과 운영에 대한 기준인지는 명문화되어 있지는 않지
만, 제1항의 내용에 근거하면 그렇게 보는 것이 적절하다. 그러나 이들 규정
외에 교육과정에 대한 규정은 「초·중등교육법시행령」과 시행규칙에는 별도
의 규정이 존재하지 않고 있다. 하위법에 그에 대한 규정이 존재하지 않는 관
계로 교육부 장관과 교육감이 교육과정의 기준과 내용에 대한 기본적 사항을
결정하는 구조와 절차에 대해서 알 수 없는 것이다.

국가 교육과정에서 교육과정 결정 구조와 절차에 대한 내용이 부재하고 하
위법에도 그에 대한 명문의 규정이 없기 때문에 교육과정의 결정이 교육부
장관에 백지위임되어 있는 것에 대한 비판이 제기되고 있다.[7] 동일한 논리로
보면, 지역의 교육과정에 대한 결정권을 지니고 있는 교육감의 경우 역시 마
찬가지이다. 지역의 교육과정 결정을 위한 기구나 역할에 대한 구조적 측면
에 대한 내용이 없고, 그 절차에 대한 규정이 없다는 문제점이 있다.

다음으로, 학교운영위원회와 관련된 규정이다. 학교운영위원회는 「초·중
등교육법」 제31조에서 제34조의 2에 걸쳐 규정되어 있다. 학교운영위원회의
설치와 교육과정과 관련된 심의 사항을 제시하면 다음과 같다.

제31조(학교운영위원회의 설치) ① 학교 운영의 자율성을 높이고 지역의
실정과 특성에 맞는 다양하고도 창의적인 교육을 할 수 있도록 초등학
교·중학교·고등학교 및 특수학교에 학교운영위원회를 구성·운영
하여야 한다.

② 국립 · 공립학교에 두는 학교운영위원회는 그 학교의 교원 대표, 학부
모대표 및 지역사회 인사로 구성한다.

제32조(기능) ① 국립 · 공립학교에 두는 학교운영위원회는 다음 각호의
사항을 심의한다.

3. 학교 교육과정의 운영 방법

4. 교과용 도서와 교육자료의 선정

6. 정규학습시간 종료 후 또는 방학 기간 중의 교육활동 및 수련활동

제34조(학교운영위원회의 구성 · 운영) ①제31조에 따른 학교운영위원회
중 국립학교에 두는 학교운영위원회의 구성과 운영에 필요한 사항은
대통령령으로 정하고, 공립학교에 두는 학교운영위원회의 구성과 운
영에 필요한 사항은 대통령령으로 정하는 범위에서 시 · 도의 조례로
정한다.

② 사립학교에 두는 학교운영위원회의 위원 구성에 관한 사항은 대통령
령으로 정하고, 그밖에 운영에 필요한 사항은 해당 학교법인의 정관으
로 정한다.

학교운영위원회에 대한 규정에서 주민 요구나 교육과정과 관련된 사항을
위주로 살펴보면, 학교운영위원회의 설치는 학교의 자율성을 높이고 지역사
회의 특성에 부합하도록 하는 교육을 실시하기 위해 설치하고 있음을 알 수
있다. 이러한 설치 목적에는 지방교육자치의 원리에서 제시된 교육의 자주
성과 주민의 요구에 부합하기 위한 것임이 드러나 있다. 학교운영위원회의
구성은 학부모대표, 교원대표, 지역사회 인사로 구성하도록 되어 있다. 해당
지역의 인사와 학생의 친권자로서 학부모, 그리고 학교교원으로 구성하도록
되어 있는 것이다.

학교운영위원회의 기능에서는 교육과정의 운영 방법과 교과용 도서와 교
육자료의 선정, 그리고 정규 교육과정 이외의 교육과정 운영에 대한 심의(사

립의 경우는 자문)를 하도록 하고 있다. 학교 교육과정에 대해 일정한 범위에서 참여를 할 수 있는 역할을 부여하고 있는 것이다. 그리고 학교운영위원회의 구성과 운영에 필요한 사항에 대해 공립학교의 경우는 시 · 도의 조례로 정하도록 하여 지방자치의 원리에 부합하도록 하고 있다. 이러한 규정을 보면 학교운영위원회는 학교교육활동에서 교육과정에 대해 일정 부분 참여를 하고 있으며, 그 역할을 하고 있는 것이다.

교육과정과 관련된「초 · 중등교육법」의 내용은 국가와 지역 및 학교의 역할을 규정하여 나름의 역할을 하고 있는 것처럼 보인다. 그러나 이러한 규정에는 몇 가지 문제 역시 존재하고 있다. 교육청의 교육과정 결정을 위한 기구의 역할과 구조에 대한 내용이 누락되어 있고, 교육과정 결정 과정에 대한 절차적 측면 역시 제대로 나타나 있지 않은 문제가 있다. 학교운영위원회는 지역의 역할을 충분히 담아내면서 교사와 학부모 및 지역사회 인사의 참여를 통해 주민의 요구를 학교교육에 반영하고 있다. 그러나 이러한 반영 구조에서 교육청과 학교 간의 매개체나 역할 관계를 규정하는 내용이 존재하지 않고 있다. 교육과정에 대한 지역의 역할이 제대로 규정되지 않고, 국가권한이 강할 경우에는 국가와 학교의 이원화된 체제로 교육과정의 결정이 이루어진다는 오해가 생길 수 있다.

2)「지방교육자치에 관한 법률」 등에 제시된 구조

우리나라의 경우, 1991년「지방교육자치에 관한 법률」제정 당시에는 하나의 지방자치단체에 두 개의 의사결정기관과 두 개의 집행기관이 존재하였다. 교육 · 학예에 대한 사항은 지방자치단체 내의 교육위원회와 교육감이 담당하였으며, 그 외의 사항에 대해서는 지방의회와 지방자치단체의 장이 관장하였다. 교육위원과 교육감을 주민 직선제로 변경하면서 2007년 1월 1일 시행된 지방교육자치에 관한 법률에서는 교육위원회를 시 · 도 의회의 상임위원회에 두도록 하는 방향으로 변경되었다.

이는 유럽의 경우처럼 교육 · 학예에 대한 권한을 일반 지방행정기관에 속하게 하거나, 미국의 경우처럼 일반자치단체와 교육자치단체를 분리해 교육구제도를 운영하는 것과 다른 것이다. 현재는 「초 · 중등교육법」에 규정된 교육과정의 결정에서 교육감이 행하도록 되어 있고, 「지방교육자치에 관한 법률」 제20조 제6호에서 '교육과정의 운영에 관한 사항'을 관장하도록 되어 있다. 교육위원회에 대한 명문의 규정과 그 역할에 대한 사항은 없는 것이다.

이러한 구조를 보면 기존의 의결기관으로서 교육위원회와 집행기관으로서 교육감의 역할을 규정한 법률 체제가 다르고, 역할 구분도 명확치 않게 되어 있다. 「지방교육자치에 관한 법률」에서 교육감이 교육과정에 대한 역할을 할 수 있도록 규정하고 있는 것이 대부분 해당된다고 보아야 할 것이다. 교육감이 기타 교육과 관련된 사항의 원활한 운영을 위해 행정협의회를 두도록 하고 있지만, 이의 활성화 여부는 두 단체장의 성향에 따라 달라질 여지가 있다.

「지방교육자치에 관한 법률」에서 교육과정에 대한 사항은 교육감의 권한 사항으로 부여되어 있지만, 그 내용은 교육과정 운영에 대한 사항으로 한정적으로 되어 있다. 기존의 교육과정과 더불어 교과용 도서에 대한 사항도 그 권한으로 함께 규정한 것에 비하면, 오히려 권한이 축소된 느낌이 든다. 여기서 규정된 사항을 보면, 주민의 요구를 담아내는 기구나 교육과정을 활성화하기 위한 교원 등의 협의체 구축과 운영 등에 대한 사항이 제대로 보이지 않고 있다. 「초 · 중등교육법」에 제시된 학교운영위원회에서 포함되어 있는 사항에 비해 부족한 부분이 있다.

일본에서는 교육에서의 주민자치와 학교자치에 대해 교육위원회와 PTA에 대한 법률 위주로 논의하여 학교와 지역의 연결 고리를 찾기도 한다.[8] 그리고 학교의 자치를 위해 교육위원회의 성격에 대한 구체적 논의도 전개되고 있다.[9] 외국의 사례가 반드시 좋은 것이라서 이를 따라야 한다는 것은 아니지만, 우리의 입장과 상황을 고려하여 외국의 규정을 참고할 필요가 있다. 우리나라의 경우, 교육과정과 관련된 사항에서 국가와 지역 및 학교의 결정 사항에 대한 주민의 요구를 수렴하여 활성화할 수 있는 제도적 장치가 외국의 경우에 비해 다소 산만하게 흩어져 있거나 누락되어 있음을 알 수 있다.

4. 주민의 요구와 교육과정 편성

1) 부모의 교육 책임과 주민의 요구

사교육은 사적인 일로서 교육의 질서가 법에 의해 소극적으로 질서 유지가 되는 체제이지만, 공교육은 이에 그치지 않고 지도 및 조언, 공공 비용의 조성과 교육과정의 기준 설정 및 의무 무상 교육 실시 등과 같은 국가의 조장적 조치에 의해 적극적으로 지원이 요청되는 체제이다. 공적 교육은 가정에서 부모가 행하는 사적 교육을 보완하는 것이다.[10] 공교육은 교육이 사적인 일이 됨으로 인해 생기는 여러 가지 왜곡을 방지하고, 사적인 일로서의 교육을 보다 조직화된 형태로 보장하는 것이다.

사적인 교육에서 발생하는 왜곡을 방지하고 교육을 조직한다는 뜻은 학교에 취학하지 못하여 교육을 받지 못하거나, 교육을 받는다고 하더라도 어느 정도 수준에서 이루어져야 할 것인지를 조정하는 것을 말한다. 국가가 교육의 기회 균등과 일정 수준의 교육을 유지하고자 하려는 책무를 지니는 것이다. 이를 위해 국가에서는 취학의 기회를 균등하게 하기 위한 노력을 기울이고, 교육내용의 기준을 설정하는 작업을 행한다. 공적인 교육에서는 국가의 역할이 등장하면서, 교육을 담당할 주체와 학교에 학생을 보내는 부모 간에 권리나 권한 관계가 발생하는 것이다.

교육에 대한 권리 관계에서 부모는 학생의 대리권자로서 국가에 학생을 맡기는 입장에서 일정 부분 권리나 권한을 행사할 수 있는 것이다. 국가는 추상적 실체이기 때문에, 교사를 채용해 교육을 담당하도록 한다. 그러한 관계로 국가와 교사 및 부모는 교육에 대한 권리나 권한 관계에서 갈등을 빚기도 한다. 이 문제는 부모가 학교 교육과정에 대해 관여할 수 있는 구조를 나타내는 것이기도 하다.

교육의 기회를 균등하게 하기 위해, 국가는 아동이 일정한 연령에 도달하면 학교에 취학시켜야 할 의무를 「헌법」에서 부과하고 있다. 의무교육을 위반할 경우에는 일정한 행정 제재가 가해진다. 한 사회의 구성원으로서 일정한 교육을 받지 못할 경우, 생존이나 인간다운 삶을 제대로 영위할 수 없기 때문이다. 교육을 받게 할 부모의 의무를 위반한 경우의 제재는 국가에 대해서도 마찬가지로 적용된다. 이런 관계는 법원의 판결에서 나타나고 있다.

우리나라의 경우는 이러한 사항에 대해 본격적인 판결보다는 사회적 이슈가 되었다. 예를 들면, 학교교육활동에 관계가 없는 유관기관이나 단체 주관의 행사에 학생을 동원하여 신체적인 피로나 수업시간의 결손 등이 정당한 것인가에 대한 문제와 그에 대해 학생이나 부모가 학교 교육과정에 관여할 수 없는 것인가와 같은 것이다. 미국의 경우, 교육과정 판례에서 교육과정 관계 법령에서 인정되지 않는 과목의 교수행위의 위법성 여부에 대해서 지속적인 다툼의 내용이 제시되고 있다. 미국 연방법원에서 판결한 최초의 교육과정 판례로서 사립학교와 공립학교에서 8학년을 이수하지 못한 학생에게 외국어의 교수를 금지한다는 네브라스카(Nebraska)주의 법령에 위반한 1923년의 판결이 있다.[11]

마이어 대 네브라스카(Meyer v. Nebraska) 사건은 주 고등법원이 초등학교 학생에게 독일어 독본의 교수를 하였다는 이유로 사립학교 교사를 해고한 것을 지지한 고등법원의 판결을 파기하면서 부모와 학생의 권리를 보장한 최고 연방법원의 판례이다. 이 판례에서는 주가 의무취학과 영어교수에 대한 규정을 제정할 권리를 가지는 것은 맞지만, 영어 이외의 다른 언어의 교수가 금지될 만큼 그것이 해를 끼치는 긴급성은 발생하지 않았고, 외국어교육의 효율성은 조기교육에 달려 있으며, 그것은 건강이나 도덕 및 일상생활에서 해가 되지 않는다는 것이다. 이 판결에서 연방최고법원은 가르칠 교사의 권리와 자녀를 교사에게 신탁한 부모의 권리 및 유용한 지식을 얻을 학생의 권리는 수정 연방헌법 제14조의 적법 절차 조항에 의해 보호되어야 하는 자유로 본 것이다.

우리나라에서 사회적으로 이슈가 되거나 외국에서 교육과정과 관련된 부모의 권리를 인정하고 있는 이러한 판례는 공적인 교육에서 부모가 그 지역의 주민으로서 학교 교육과정에 관여할 수 있는 권리가 있음을 보여주는 것이다. 그러나 지역의 주민이 학교 교육과정에 관여하기 위해서는 법적 근거를 통해 학교교육에 참여할 수 있는 일정한 통로를 마련해 줄 필요가 있다. 우리나라의 학교운영위원회 같은 것이 그 예가 될 것이다.

2) 교육과정 편성 · 운영에서 주민과 교사집단

「초 · 중등교육법」 제23조에 제시되어 있는 교육과정에 대한 규정은 학교 교육과정의 편성 · 운영에 대한 근거 조항이다. 법 제23조 제2항에서 교육부장관과 교육감은 교육과정의 기준과 내용의 기본적 사항에 대한 결정을 하도록 되어 있다. 그리고 제1항에서는 학교는 교육과정을 운영하여야 한다고 되어 있다. 제1항의 규정에 학교의 교육과정 편성에 대한 용어가 없다고 해서, 학교는 교육과정을 편성할 수 있는 권한이 없다고 단정 짓기는 어렵다.

교육과정의 기준과 내용의 기본적 사항을 정하고 있는 국가 교육과정 문서를 보면, 학교에서는 교육과정을 편성하고 운영할 수 있도록 하고 있다. 국가 교육과정에 제시되어 있는 창의적 체험활동 같은 경우는 학교에서 편성하고 운영하여야 할 사항이 된다. 그러므로 동 조항은 학교 교육과정의 편성에 대한 권한이 내재해 있다고 해석하는 것이 합리적일 것이다. 그러나 학교에서 교육과정을 편성한다고 할 경우, 그 권리(권한)가 누구에게 있느냐는 또 다른 문제가 된다.

이에 대해 일차적으로 교장에게 있다고 할 수도 있으며, 교사에게 있다고 할 수도 있고, 교사집단에게 있다고 할 수도 있다. 이러한 문제는 학교를 어떻게 규정하느냐와 밀접한 관련이 있다. 교육과정 편성권을 해석하는 방법은 다음과 같다.[12] 우선, 교육과정의 편성이 교장에게 있다고 보는 경우이다. 교장은 학교를 관리하고, 최고 의사결정권을 지니고 있는 주체이다. 교육과정에 대해서도 마찬가지로 적용을 할 수 있다. 그러나 학교를 교장과 동일시할 수 있느냐에 대해서는 이견이 생길 수 있다. 교장은 학교를 대표하는 권한을 지니고 있지만, 학교 그 자체는 아닌 것이다. 이러한 점에서 학교 교육과정 편성·운영의 주체로 한정해 해석하는 것은 적절하지 않을 수 있다.

다음으로, 교사나 교사집단에게 있다고 보는 경우이다. 교사는 학생의 교육을 책임지는 직접적 당사자에 해당된다. 그러한 관계로 교사는 교육과정을 편성하는 데 직접적으로 관여하게 되고, 교육과정 편성에 대한 일정한 권한을 가지게 된다. 그러나 개별 교사의 교육과정 편성이 그대로 학교 교육과정으로 될 수는 없는 것이다. 개별 교사는 동일한 교과를 담당하는 다른 교사와의 협력이 필요하고, 다른 교과를 담당하는 교사와 협의를 거쳐야 학교 교육과정을 제대로 편성할 수 있다. 그리고 실제 교육과정을 운영하는 경우에는 직원의 협조가 있어야 가능하다. 실험·실습이나 체험학습 등 행·재정적 지원이 요청되는 경우, 직원의 협력 없이는 불가능하기 때문이다.

교장이 일반 교사와 달리 학교 교육과정의 편성과 운영에 미치는 영향력이 다르다고 하더라도, 학교 교육과정의 편성과 운영은 교장을 포함한 교직원 전체에 있다고 보아야 한다. 교장은 결정된 교육과정을 대외적으로 표시하는 기관이 되는 것이다. 교직원회의에서 이루어진 학교 교육과정은 학교 전체의 집단적 의사로 이해되어야 하며, 그것은 학교 그 자체와 동일한 것으로 간주될 수 있는 성격을 지니고 있다. 이러한 집단적 의사결정은 학교 교육과정의 편성과 운영에서 전문성을 요청하게 된다. 개별 구성원으로서 교사와 직원은 넓은 의미에서 지역의 주민에 해당되며, 이들의 요구가 학교 교육과정에 반영되는 것으로 이해된다.

이러한 학교 교육과정의 결정에서 교직원집단을 제외한 주민이나 부모가 관여할 수 있는 근거는 학교운영위원회에 있다. 학교운영위원회는 전문적 식견을 바탕으로 만들어진 학교 교육과정을 최종적으로 심의(자문)하는 기구로 작용하고 있으며, 그 구성원은 교원, 부모, 지역사회 인사로 이루어져 있다. 이러한 구조는 외형상 학교 교육과정에 주민의 요구가 반영되는 것으로 되어 있다. 학교 내부의 교사나 교사집단은 전문성을 지니고 있고, 부모나 지역사회 인사 등이 참여함으로써 대표성도 함께 고려하고 있는 것이다.

그러나 이러한 학교 내부의 교사와 지역사회 주민으로서 부모에 대한 권리(권한)가 충돌하는 경우가 발생하기도 한다. 이런 경우, 교사집단과 주민의 교육 요구 간의 권리(권한) 관계에 대한 우선순위의 문제가 발생할 수 있다는 점에 유의할 필요가 있다. 이에 대해 미국에서 특정 교과의 수업 거부 행위의 위법성 여부에 대한 판결을 통해 시사점을 얻을 수 있다. 미국의 1909년 제18교육구 대 톰슨(School Board District No. 18 v. Thompson) 사건은 특정한 교육과정의 제공이나 금지를 주장하면서 공립학교에서 자녀의 교육과정에 대한 부모의 권리에 대한 내용을 다룬 것이다.

이 사건은 부모로부터 학교의 정규 교과과정인 음악 수업을 거부하도록 지시받은 학생의 수업 거부행위를 이유로 퇴학 처분을 한 사건이다. 주요 쟁점은 부모가 찬성하지 않은 교과에 대해 수강을 거부한 학생을 학교 당국이 처벌할 수 있는가에 대한 것이다. 이 사건에서 법원은 주교육위원회가 필요하다고 인정되는 교과서의 사용과 학습의 과정을 규정할 수 있고, 부모는 자신의 자녀를 위해 규정된 과정을 선택할 수 있는 권리가 있다고 보고 있다. 그리고 그러한 선택은 학교 당국에 의해 존중되어야 하며, 이 점에서 교과에 대한 부모의 권리는 학교직원과 교사의 권리보다 상위의 개념으로 본 것이다.[13] 이것은 주와 지방교육위원회가 부모의 권리를 침해하는 교육과정을 제공하거나 금지하는 것은 위헌이라는 것을 밝힌 것이다.

우리나라에서 고등학교의 선택과목에서 그 선택이 학교의 선택이 아니라 학생과 부모의 선택이 되어야 하는 것으로 만들어야 하는 것은 이러한 점과 관련된 것이다. 우리나라 고등학교는 일반 고등학교, 특수목적 고등학교, 특성화 고등학교, 산업수요 맞춤형 고등학교 등 그 유형이 다양하기 때문에, 학생과 부모의 선택의 여지가 확대되어 있다고 볼 수도 있다. 그러나 보통교육을 담당하는 교육기관에서 공통적이거나 필수적인 내용과 선택적 내용을 규정하는 데에는 많은 검토가 요청된다. 고등학교 졸업 시 학교수준과 관계없이 어느 정도 수준이 되어야 하는지, 선택에서 학생이나 부모의 관여를 어떻게 보장할 수 있는지 등에 대해서 학교자치의 원리가 보장되어야 한다.

3) 지방교육자치와 주민의 요구

지방교육자치와 관련된 교육과정의 법적인 근거에서 주된 역할을 수행하는 주체는 교육감으로 되어 있다. 「초·중등교육법」 제23조 제2항에서 지역의 교육과정을 결정하는 주체가 교육감으로 되어 있으며, 지방교육자치에 관한 법률에서도 교육감에게 교육과정에 대한 사항이 규정되어 있기 때문이다. 그 외의 교육과정과 관련된 사항에 대한 규정은 찾아보기 어렵다. 주민의 요구가 전달되는 통로와 관련해서는 학교 교육과정에 대한 학교운영위원회가 있지만, 지역의 교육과정을 결정하는 것과 관련된 사항은 제대로 나타나 있지 않다.

「초·중등교육법」 제23조 제2항은 국가 교육과정에 대해서 교육부 장관이 결정하도록 하고 있다. 그러나 이러한 내용에 대한 불만으로 법령의 개정을 위한 노력이 국회의원에 의해 지속적으로 이어지고 있다.[*14] 국회입법으

---

*이 장의 말미에 이에 대한 내용을 제시하였다.

로 제시된 여러 가지 법안 내용은 교육과정 개편 주기의 명문화, 교육과정심의회에 대한 역할의 규정, 공청회의 개최와 그 의견의 반영 등에 대한 내용이 제시되어 있다. 이러한 내용은 교육부 장관이 결정하는 교육과정에 대해 각계의 의견을 수렴하고, 심의를 함으로써 사회적 합의를 보다 충실하게 이끌어 내기 위한 내용으로 되어 있다.

그러나 이들 내용에서 지역에 대한 내용이 보완되거나 강조되는 경우는 제대로 나타나지 않고 있다. 교육감도 교육과정의 결정에 대해 기준을 설정하고 내용의 기본적 사항을 담당하고 있음에도 불구하고, 그 역할은 제대로 제시되지 않고 있는 것이다. 지역별 교육과정 지침을 개발하는 경우에도 국가 교육과정의 개발과 마찬가지로 교육과정심의회를 개최하여 자문을 구한다. 교육과정심의회 위원은 학교급별 교장이나 교감, 대학교원, 학부모 인사 등 교육과 관련된 주체의 대표성을 확립하기 위한 노력을 기울이고 있다. 그러나 이들에 대한 제도적 장치를 개선하고자 하는 연구 성과는 국가 교육과정 개정에 비해 제대로 이루어지지 않고 있는 것이다.

국가 교육과정 개발에서는 국가·사회적 요구의 분석과 교육현장의 요구를 수렴한다. 이에 비해 지역의 경우에는 지역적 요구나 주민의 요구를 어떻게 반영하고 있는지 명확하지 않다. 그리고 그러한 역할을 할 수 있는 기구도 제대로 마련되어 있지 않다. 국가 교육과정 개발의 경우는 한국교육과정평가원과 같이 전문연구기관이 존재하지만, 지역의 경우에는 이러한 역할을 할 수 있는 전문연구기관도 없다. 국가의 교육과정 기준과 내용의 기본적 사항이 넓게 제시되고 있어 지역의 역할이 거의 없다는 것을 반증하는 것이기도 하다.

학교에서는 학교 교육과정을 만들 때, 내실화 여부를 떠나 외형상으로는 부모나 지역사회 인사의 참여를 통한 주민자치가 보장되고 있다. 이에 비해 지역의 경우에는 이러한 주민의 요구를 반영할 수 있는 제도적 장치가 없는 것이다. 경우에 따라 국가 교육과정이 학교 교육과정으로 바로 이어지는 구조로 이해할 수도 있는 것이다. 지방교육자치가 제대로 이루어지기 위해서는 주민의 교육과정에 대한 요구가 반영될 수 있는 기구의 정립이 요청된다. 지역의 교육연구회, 지역의 민주교육회와 같은 교육과정 관련 연구집단의 협력 체제가 마련되어야 할 필요가 있는 것이다. 그리고 지역주민의 요구를 반영할 수 있는 조직도 마련하여 지역적 교육과정에 대한 피드백이나 요청 등을 제대로 반영할 수 있도록 하여야 할 것이다. 국가 교육과정에 대한 논의나 법적인 정비와 더불어 지역주민에 대한 요구가 제대로 반영될 수 있는 구조가 되어야 실질적인 교육과정의 지방자치가 구현될 수 있는 것이다.

학교 교육과정의 결정과 관련된 권한 관계에서 국가교육권은 법률과 행정에 집중시키기 때문에 이해하기 쉽고 명확하다. 이에 비해 국민교육권은 국민이라는 개념 자체가 추상적이고, 교육도 학교뿐만 아니라 사회, 가정교육 등 여러 장에서 이루어지며, 그 대상도 성인이나 학생 등으로 다양하게 나뉘어 있어 범위가 넓다. 그리고 이러한 것의 상이점에 따라 교육권의 주체도 부모, 교사, 교과서 집필자, 지역사회 인사 등 광범위하게 되어 있어 명확하게 정의 내리기 어려운 점이 있다.

교육과정의 편성에서 주민이라는 것을 한정하기 어려운 것은 국민교육권과의 관계에서 나타나는 사항이다. 그러나 학교교육으로 그 대상을 보게 되면, 부모와 교사집단으로 한정되기도 한다. 학교교육은 부모의 신탁에 의해 이루어지며, 신탁을 맡아 교육하는 주체는 교사와 교사집단에 있기 때문이다. 주민의 참여는 학교 교육과정과 관련된 것으로 이해되지만, 그것은 교육의 지방분권과 관련된 지방교육자치에 관한 보다 넓은 범위로도 확장된다.

지방분권과 학교교육은 분리되거나 별개의 것이 아니다. 이제까지 교육과정의 이론이나 실제 분야에서는 국가와 학교교육에 한정된 논의가 주류를 이루고 있다. 지역 교육과정이 국가와 학교 교육과정의 가교 역할을 하는 것만은 아니다. 교육의 자주성과 전문성의 원리, 교육과정 결정에 대한 규정, 지방교육자치 등의 원리 등을 감안하면, 교육과정이 어떠한 모습으로 있어야 할 것인지에 대한 고려가 있어야 한다. 대도시와 읍·면 지역의 특성이 다른데, 동일한 내용과 교재를 토대로 교육활동이 이루어진다면 교육에서의 기회를 제한하게 된다. 취학의 기회 문제는 경제적 성장과 더불어 많이 해결된 부분이다.

교육기회의 불평등은 취학 기회의 불평등으로부터 기인한다기보다는 학교에서 배우는 내용이 학생에게 부적합한 것으로부터 기인한다. 표준화·규격화된 교육내용과 교재는 교육활동에서 배제되거나 소외되는 학생을 양산하게 되어 실질적 교육의 기회를 제공하지 못하게 되는 것이다. 교육과정에서 주민의 요구와 관계를 논의하는 것은 부모와 지역사회의 역할을 토대로 학습자의 학습권을 보다 강화시키고자 하는 또 다른 측면에서의 접근인 것이다.

※ 참고자료: 계류 의안

가. 교육기본법 일부개정법률안

의안 번호 / 제안자 / 제안 일자	주요 내용
1916013 교육기본법 일부개정법률안 (안민석 의원 등 10인) 2015. 7. 8.	• 의무교육 실시에 소요되는 비용을 국가와 지방자치단체가 부담한다는 기본적 원칙을 직접 규정함
1912338 교육기본법 일부개정법률안 (이명수 의원 등 11인) 2014. 11. 7.	• 국가와 지방자치단체가 학생의 공동체 의식 함양과 민주시민 육성을 위한 교육을 증진하도록 필요한 시책을 수립·실시하도록 하여 학교현장에서 인성교육이 제대로 이루어질 수 있도록 함

의안 번호 / 제안자 / 제안 일자	주요 내용
1910596 교육기본법 일부개정법률안 (정진후 의원 등 12인) 2014. 5. 14.	• 국가와 지방자치단체가 교육재정을 안정적으로 확보하고 지방교육재정의 균형성 및 자율성을 제고하여 운영하도록 규정함
1906176 교육기본법 일부개정법률안 (김관영 의원 등 15인) 2013. 7. 29.	• 역사교육 강화를 위한 학교 교육과정을 운영함
1905534 교육기본법 일부개정법률안 (김을동 의원 등 17인) 2013. 6. 19.	• 국가 및 지방자치단체는 국민이 올바른 역사관을 함양할 수 있도록 한 국사교육에 필요한 시책을 수립 · 실시하도록 함
1903292 교육기본법 일부개정법률안 (김세연 의원 등 12인) 2013. 1. 10.	• 국가 및 지방자치단체는 진로교육을 활성화하고 진흥에 기여하도록 필요한 시책을 수립 · 실시함
1902022 교육기본법 일부개정법률안 (박인숙 의원 등 11인) 2012. 9. 27.	• 현행법에는 국가와 지방자치단체의 지역 실정에 맞는 교육시책의 수립 · 실시 의무와 교직원 · 학생 · 학부모 및 지역주민 등의 학교 운영 참여권만을 규정하고 있음 • 교직원 · 학생 · 학부모 및 지역주민 등의 역할과 책임 및 상호 협력 의무 조항을 신설함
1901341 교육기본법 일부개정법률안 (박홍근 의원 등 11인) 2012. 8. 27.	• 국가교육의 주요 정책 추진에 관한 업무를 독립적으로 수행하기 위하여 대통령 소속 국가교육위원회를 둠 • 위원은 교육문제에 관하여 전문적인 지식과 경험이 풍부하고, 업무를 독립적으로 수행할 수 있다고 인정되는 사람 중에서 국회가 선출하는 7인(상임위원 2인 포함), 대통령이 지명하는 6인, 교원단체가 선출하는 2인을 대통령이 임명함

나. 초 · 중등교육법 일부개정법률안

의안 번호 / 제안자 / 제안 일자	주요 내용
1916177 초 · 중등교육법 일부개정법률안 (박주선 의원 등 11인) 2015. 7. 22.	• 학교의 장은 감사원, 교육부, 교육청 등 외부 기관 등의 학교에 대한 감사 결과를 학교운영위원회에 의무적으로 보고함으로써 학교운영위원회의 심의 기능을 강화하고 학교 운영의 투명성을 제고함
1915977 초 · 중등교육법 일부개정법률안 (이언주 의원 등 10인) 2015. 7. 6.	• 지방자치단체의 장은 취학대상 아동 및 그 보호자의 소재를 조사하고, 소재를 알 수 없는 경우 관할 수사기관의 장에게 고발하는 등 취학 대상아동의 미취학에 대하여 적극적으로 개입함
1915519 초 · 중등교육법 일부개정법률안 (박홍근 의원 등 11인) 2015. 6. 10	• 교육과정 개편이 5년마다 이루어지도록 교육과정의 개편 주기를 명시적으로 규정함
1911382 초 · 중등교육법 일부개정법률안 (김태년 의원 등 40인) 2014. 8. 12.	• 교과용 도서에 관한 사항을 별도의 법률로 정함
1910219 초 · 중등교육법 일부개정법률안 (유은혜 의원 등 13인) 2014. 4. 16.	• 교과용 도서의 종류를 법률에서 규정하고 교과용 도서의 사용 과목은 대통령령으로 정함 • 교과용도서심의회를 교육부 장관 소속으로 설치하여 교과용 도서의 편찬 · 검정 · 인정 · 가격 결정 및 발행 등에 관한 사항을 심의함
1909743 초 · 중등교육법 일부개정법률안 (박홍근 의원 등 10인) 2014. 3. 14.	• 국정교과서제도에 관한 규정을 삭제하고, 교육부 장관이 검정 또는 인정한 교과용 도서를 사용하도록 함으로써 교과서에 관한 공정성 및 객관성을 제고하는 한편, 교육의 자주성 · 전문성 및 정치적 중립성을 확보함
1909167 초 · 중등교육법 일부개정법률안 (김상희 의원 등 17인) 2014. 1. 28.	• 교육부에 교육과정심의회를 두고, 교육과정 제 · 개정, 교과용 도서의 발행 방식 및 편찬 기준, 검정 합격 및 인정, 교과용도서검인정심의회를 거쳐 변경된 교과용 도서에 대한 심의를 거치도록 함 • 교과용 도서의 편찬, 검 · 인정, 변경, 가격 결정 및 발행 등에 관한 사항을 심의하기 위하여 교육부에 각 급 학교의 교과목 또는 도서별로 '교과용도서검인정심의회'를 둠 • 교육과정심의회 및 교과용도서검인정심의회의 위원 구성, 심의 내용 및 결과는 그 구성 및 심의가 완료되는 즉시 공개함

의안 번호 / 제안자 / 제안 일자	주요 내용
1909148 초 · 중등교육법 일부개정법률안 (박혜자 의원 등 12인) 2014. 1. 24.	• 교과용 도서의 종류, 수정절차 및 심의 기구 설치 등 교과용 도서에 관한 주요 사항을 법률에 직접 규정함
1908009 초 · 중등교육법 일부개정법률안 (김상민 의원 등 14인) 2013. 11. 25.	• 초 · 중 · 고 교과서에 학교폭력 예방교육을 삽입하여 실제적인 학교폭력 예방교육을 교과과정 중에 시행함
1906832 초 · 중등교육법 일부개정법률안 (홍종학 의원 등 17인) 2013. 9. 13.	• 학교 교육활동 과정에서 학생 개개인을 고유 식별 번호로 지칭하지 못하도록 함으로써 학생의 권리를 보장함
1906412 초 · 중등교육법 일부개정법률안 (최민희 의원 등 14인) 2013. 8. 19.	• 한국사 교과에 대하여 매 학년 · 매 학기에 균등한 교육이 이루어질 수 있도록 초 · 중등학교의 교육과정을 편성 · 운영함
1906218 초 · 중등교육법 일부개정법률안 (김광림 의원 등 11인) 2013. 7. 30.	• 초 · 중등학생들이 사용하는 교과용 도서에 한자 병용(倂用)이 가능하도록 함
1906127 초 · 중등교육법 일부개정법률안 (윤관석 의원 등 12인) 2013. 7. 25.	• 교육부 장관은 교육과정의 기준과 내용에 관한 기본적인 사항을 교육과정심의회의 결정을 최대한 반영하여 정함 • 교육부에 '교육과정심의회'를 두고, 교육과정을 제 · 개정할 경우 반드시 교육과정심의회의 심의를 거침 • 국정도서는 교육부 장관이 편찬하고, 검정도서 및 인정도서는 교육부 장관이 한국교육과정평가원에 위탁하여 심사 결과에 따라 합격 결정을 함 • 교육부 장관은 교과용 도서의 내용을 수정할 경우 '교과용도서검정심의위원회'의 심의를 거침
1906115 초 · 중등교육법 일부개정법률안 (김상희 의원 등 11인) 2013. 7. 24.	• 학교의 장은 교육과정에 지장이 없는 범위에서 교과목을 보완하거나 학생의 심신 발달을 도모하는 교육과정인 방과후학교를 운영할 수 있음 • 방과후학교 운영 시 초등학교에서는 교과목을 보완하는 교육과정을 운영할 수 없으며, 중학교 · 고등학교에서는 교과목을 보완하는 교육과정을 방과후학교 전체 교육과정의 50%를 초과하여 운영할 수 없음

의안 번호 / 제안자 / 제안 일자	주요 내용
1906096 초 · 중등교육법 일부개정법률안 (박혜자 의원 등 11인) 2013. 7. 22.	• 교육부 장관은 국가수준의 교육과정을 7년마다 수립하고, 교육과정위원회의 심의를 거쳐 확정함 • 교육과정을 수립하거나 변경하려는 때에는 미리 공청회 등을 개최하여 전문가 등의 의견을 듣고, 이를 반영함 • 위원회의 구성은 위원장 포함 7인 이상으로 하되 국회, 교원단체, 교육감 관련 단체 등이 추천하는 사람으로 위촉함 • 교육부 장관 소속으로 교과용도서심의회를 둠 • 교육부 장관은 교과용 도서의 내용을 수정할 필요가 있다고 인정될 때, 검정도서 및 인정도서의 경우에는 교과용도서심의회의 심의를 거쳐 저작자 또는 발행자에게 수정을 요청할 수 있음
1906071 초 · 중등교육법 일부개정법률안 (민병두 의원 등 11인) 2013. 7. 19.	• 거짓이나 그 밖의 부정한 방법으로 교과용 도서의 검 · 인정을 받은 경우에 그 검 · 인정을 취소함 • 교과용 도서의 검 · 인정을 받은 자가 교과용 도서의 선정 · 발행 또는 공급 등과 관련된 부정행위로 형사처벌을 받은 경우 등에는 교과용 도서의 검 · 인정을 취소하거나 1년 이내의 범위에서 기간을 정하여 검 · 인정의 효력을 정지시킴
1905909 초 · 중등교육법 일부개정법률안 (이용섭 의원 등 19인) 2013. 7. 8.	• 교육부에 교육과정심의회를 두고, 교육과정을 제 · 개정하는 경우 반드시 교육과정심의회의 심의를 거침 • 교육부 장관은 교과용 도서의 검 · 인정 기준을 마련함
1905417 초 · 중등교육법 일부개정법률안 (박홍근 의원 등 11인) 2013. 6. 11.	• 국제중학교의 근거를 삭제하고 특성화 중학교를 예 · 체능 분야의 중학교와 대안교육 분야의 중학교로 구분함 • 고등학교를 교육과정 운영과 학교의 자율성을 기준으로 일반 고등학교, 특수목적 고등학교, 특성화 고등학교 및 자율형 공립 고등학교로 구분함
1905352 초 · 중등교육법 일부개정법률안 (정진후 의원 등 22인) 2013. 6. 5.	• 특성화 중학교에 관한 주요 사항을 법률에 직접 규정하고, 특성화 중학교로 지정받을 수 있는 대상 학교의 범위를 제한함
1905183 초 · 중등교육법 일부개정법률안 (김영환 의원 등 12인) 2013. 5. 30.	• 한국사 과목을 초 · 중등 교육과정에서 필수 이수로 함

의안 번호 / 제안자 / 제안 일자	주요 내용
1903990 초·중등교육법 일부개정법률안 (김동철 의원 등 17인) 2013. 3. 7.	• 교과용 도서의 검·인정을 위하여 교육과학기술부 장관 소속으로 교과용도서검정위원회를 둠 • 검정위원회는 명백한 오기(誤記)를 제외하고 교과용 도서의 수정을 요구할 수 없음 • 검정위원회의 조직·운영 등에 필요한 사항은 대통령령으로 정함
1903766 초·중등교육법 일부개정법률안 (박인숙 의원 등 10인) 2013. 2. 18.	• 초·중등학생들에게 사용되는 교과용 도서에 한자를 병용(倂用)함

다. 기타

의안 번호 / 제안자 / 제안 일자	주요 내용
1913045 교과용 도서에 관한 법률안 (김영록 의원 등 10인) 2014. 12. 11.	• 교과용 도서의 편찬·검정·인정 및 심의기구 등에 관한 사항을 규정한 법률을 제정함 • 학교의 장은 검정도서 또는 인정도서를 선정하는 경우 학교운영위원회의 심의를 거치고, 교육감 등은 검정도서 선정에 필요한 도서별 특징 등에 관한 자료를 제공함 • 교과용 도서의 편찬·검정·인정·발행 및 가격 결정 등에 관한 사항을 심의하기 위하여 교육부에 교과목 또는 도서별로 교과용도서심의회를 각각 구성함 • 국정도서는 교육부가 편찬하고, 검정도서는 국정도서 외의 것으로서 교육부 장관이 정하여 고시하는 교과목의 교과용 도서로 함 • 교육부 장관은 검정도서가 동법을 위반하는 경우 등에는 검정의 합격을 취소하거나 발행을 정지시킬 수 있음
1911383 교과용 도서에 관한 법률안 (김태년 의원 등 40인) 2014. 8. 12.	• 교과용 도서의 검정 합격 여부 등 주요한 사항을 결정하는 권한을 가진 교과용 도서 위원회를 설치함 • 교과용 도서의 가격 상한을 설정하여 사전에 공고함

의안 번호 / 제안자 / 제안 일자	주요 내용
1902111 국가교육위원회의 설치 및 운영에 관한 법률안 (이용섭 의원 등 31인) 2012. 10. 2.	• 국가교육정책 수립에 관한 기본적인 사항을 심의·의결하는 국가교육위원회를 설치하고, 위원회는 그 권한에 속하는 업무를 독립하여 수행함 • 위원회는 위원장 1인과 상임위원 5인을 포함한 15인의 위원으로 구성하고, 위원장은 국회의 인사청문을 거치며 국회에 출석하여 소관 사무에 관한 의견을 진술함 • 상임위원회 및 분야별 분과위원회를 둘 수 있도록 하고, 긴급하고 중요한 교육현안을 심의하기 위하여 한시적으로 특별위원회를 둘 수 있도록 함

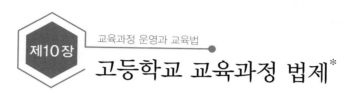

제10장 교육과정 운영과 교육법

고등학교 교육과정 법제[*]

1. 의의

광복 이후 한국의 고등학교는 초 · 중학교와 더불어 국민교육제도의 한 부분을 구성하고 있으며, 고등학교 교육은 후기 중등교육을 담당하고 있다. 그 당시 고등학교는 인문계와 실업계로 구분되어 기초 소양과 전문교육을 담당하였다. 현재는 고등학교가 기존에 비해 더욱 세분화된 형태로 존재하고 있다. 일반계 고등학교, 특수목적 고등학교, 자율형 고등학교, 특성화 고등학교, 산업 맞춤형 고등학교, 영재학교 등이 그것이다.

고등학교의 다양한 유형은 국가 교육과정에서의 교과와 단위 배당 기준 등 교육과정 편성 · 운영의 기준에서 차이를 나타내고 있다. 예를 들어, 국어, 수

---

* 이 글은 2017년 3월 『교육과정연구』에 게재된 「고등학교 교육과정의 법제 측면에서 본 문제와 과제」를 수정 · 보완한 것임.

학, 영어에서 일반계 고등학교는 필수 이수단위로 각 10단위씩 총 30단위이지만, 특성화 고등학교와 산업 맞춤형 고등학교에서는 국, 영, 수 모두 합해 24단위로 되어 있다. 뿐만 아니라, 교과의 선택에서도 보통교과와 전문교과로 구분하여 별도로 제시하고 있다. 일반계 고등학교와 특성화 고등학교는 현대적 의미의 교육과정이 만들어지고 난 후 현재까지 지속되고 있다.

교육과정 편성·운영의 기준에 대한 고등학교 유형별 차이가 있음은 물론, 초·중학교의 학교급 간에서도 상이한 내용 구조와 형식을 취하고 있다. 예를 들면, 2009 개정 교육과정에서는 초·중등학교 모두 학년군으로 만들어, 중학교와 고등학교는 1~3학년까지 학년군으로 되어 있다. 그러나 중학교는 각 교과별로 시간을 배당하는 형태로 되어 있으며, 고등학교는 각 교과별로 시간을 배당하는 것이 아니라 단위로 배당하고 있다. 중학교와 고등학교가 모두 같은 학년군의 형태로 변화되었는데도 불구하고, 중학교는 시간 배당, 고등학교는 단위 배당으로 되어 있다.

교육과정 편성·운영에 대한 기준이나 지침에서 고등학교 내에서, 그리고 초·중학교와 고등학교의 학교급 간에 차별화되는 내용과 구조는 고등학교 교육목적 차이에 연유하고 있다. 그러나 구체적 사항에서는 그렇게 단순하지 않다. 필수와 선택으로 운영되고, 단위제를 채택하는 것 등은 보통교육의 단계에서 이수하여야 할 최소 필요량의 원리가 어느 정도 타당한 것인지, 단위제 채택이 시간 배당과 관련해 해당 학교급에 적용하는 근거가 무엇인지 등 복잡한 양상이 나타나고 있는 것이다. 교육과정이 법률의 근거에 의해 고시되므로, 법규명령의 성격을 지닐 수 있다. 그 점은 국가 교육과정 그 자체의 법제 측면 연구와 함께 논의되어야 할 복잡한 문제를 지니고 있다는 것이다.

여기서는 이러한 문제들에 대한 법제 측면의 연구를 수행하여 주요 쟁점이 되는 사항을 확인하고, 교육과정 분야에서 논의되어야 할 과제를 알아보며, 이들 문제에 대한 논의를 통해 고등학교 교육과정에 대한 합리적 근거를 모색해 보고자 한다.

2. 고등학교 교육목적과 체제의 다양성

1) 고등학교 교육목적

고등학교 교육목적은「초·중등교육법」제45조에 제시되어 있다. 법 제45조에서는 "고등학교는 중학교에서 받은 교육의 기초 위에 중등교육 및 기초적인 전문교육을 하는 것을 목적으로 한다."라고 규정하고 있다. 고등학교 교육은 중학교 교육의 연속선상에 있으며, 보통교육의 최종 단계로 보통교육과 직업교육이 직결되는 기초적 교육을 행하는 교육인 것이다.[1] 고등학교 교육목적에는 세 가지 사항이 제시되어 있다. 고등학교는 중학교에서 받은 교육의 기초 위에 실시하는 교육이라는 점, 중등교육이라는 점, 그리고 기초적인 전문교육을 행한다는 점의 세 가지이다.

첫째, 중학교에서 받은 교육의 기초 위에 실시하는 교육이라는 것에 대해 살펴본다. 고등학교는 학교 체계에서 중학교에서 계속되는 학교라는 의미에서 제시된다. 다른 한편, 이 구절은 고등학교에 입학을 할 수 있는 자격은 중학교나 이에 준하는 학교의 졸업자나 동등 이상의 학력을 인정받은 자가 할 수 있다는 말도 포함되어 있는 것이다.

둘째, 중등교육에 대해 알아본다. 중등교육이라는 말은 중학교의 교육목적에서 제시되는 중등교육과 동일한 용어로 사용하고 있다. 중학교의 교육목적은「초·중등교육법」제41조에서 "중학교는 초등학교에서 받은 교육의 기초 위에 중등교육을 하는 것을 목적으로 한다."라고 되어 있다. 이 조항에는 중등교육이라는 용어가 들어 있다. 그러나 중학교에서 사용하는 중등교육과 고등학교에서 사용하는 중등교육이 동일한 용어라고 하더라도, 그 수준에서는 차이가 있는 것으로 보아야 한다. 기존「교육법」의 규정에서 중학교와 고등학교 교육목적에 대한 규정을 보면 이에 대한 내용을 보다 쉽게 이해된다.

구 「교육법」(1996년 3월 1일자 조문)에서 중학교 교육목적은 "중학교는 초등학교에서 받은 교육의 기초 위에 중등보통교육을 하는 것을 목적으로 한다."(교육법 제100조)로 되어 있고, "고등학교는 중학교에서 받은 교육의 기초위에 고등보통교육과 전문교육을 하는 것을 목적으로 한다."(교육법 제104조)로 되어 있었다. 중학교는 중등보통교육이고, 고등학교는 고등보통교육으로 되어 있는 것이다. 보통교육이 국민의 일반교육을 향상시키기 위한 교육이라고 한다면, 중학교는 보통교육 중 전기 중등교육 단계에 해당되고, 고등학교는 후기 중등교육 단계에 해당되는 것이다. 교육과정 내용의 양과 수준에서 차이가 있는 것으로 이해하는 것이 적절할 것이다.

셋째, 기초적인 전문교육에 대한 것이다. 중학교는 전문교육이나 직업기술교육의 실시를 학교의 기본적인 목적으로 할 수 없는 데 비해, 고등학교는 기초적인 전문교육을 행하는 것으로 되어 있다. 전문교육은 넓은 의미로 보면 일반교육(보통교육)과 대비되는 말이지만, 좁은 의미로 보면 특별한 전문직을 양성하는 교육을 말한다.[2] 좁은 의미의 전문교육은 의사나 약사, 교사 등 고등교육 단계의 수학 능력을 이수하여야 하는 것으로 보아야 할 것이지만, 넓은 의미에서는 고등학교에서 장래의 직업생활을 고려해 특별한 교육과정을 편성하는 것까지 포함하는 것이다. 현행법에 제시된 고등학교 교육목적은 기초적인 전문교육이라고 명시적으로 제시하여 넓은 의미의 전문교육으로 이해하여야 할 것이다.

2) 고등학교 체제의 다양화

과거에는 고등학교가 인문계와 실업계로 크게 구분되었지만, 현재의 고등학교는 이보다 훨씬 다양한 체제로 되어 있다. 「초·중등교육법시행령」 제76조의 3에는 고등학교 교육과정 운영과 학교의 자율성을 기준으로 일반 고등학교, 특수목적 고등학교, 특성화 고등학교, 자율 고등학교로 구분하고 있다.

첫째, 일반 고등학교는 특정 분야가 아닌 다양한 분야에 걸쳐 일반적인 교육을 실시하는 고등학교를 말하는 것으로 특수목적 고등학교, 특성화 고등학교, 자율 고등학교를 제외한 학교를 말한다.

둘째, 특수목적 고등학교는 특수 분야의 전문적인 교육을 목적으로 하는 고등학교이다. 구체적인 학교의 종류는 법 시행령 제90조에서 과학 계열의 고등학교, 국제 계열의 고등학교, 체육 계열의 고등학교, 산업수요 맞춤형 고등학교로 규정하고 있다. 공립의 경우는 교육감이, 국립의 경우는 교육부 장관이 지정·고시하도록 되어 있다.

셋째, 특성화 고등학교는「초·중등교육법시행령」제91조에 제시되어 있으며, 교육감이 지정·고시할 수 있도록 하고 있다. 특성화 고등학교는 법 시행령 제91조에 의해 "소질과 적성 및 능력이 유사한 학생을 대상으로 특정 분야의 인재 양성을 목적으로 하는 교육 또는 자연현장 실습 등 체험 위주의 교육을 전문적으로 실시하는 고등학교"를 말하는 것이다. 특성화 고등학교는 기존의 실업계 고등학교에 해당되는 것으로 이해하면 된다.

넷째, 자율 고등학교이다. 자율 고등학교는「초·중등교육법」제61조(학교 및 교육과정 운영의 특례)에 따라 학교 또는 교육과정을 자율적으로 운영할 수 있는 고등학교를 말한다. 법 제61조는 교장과 교감의 자격, 3월 1일 시작해 차년도 2월 말에 해당되는 학교의 학년도, 학년제에 기초한 진급과 졸업, 국·검·인정도서의 사용, 학교운영위원회의 설치, 3년의 수업 연한 등을 한시적으로 적용하지 않는 학교 또는 교육과정을 운영할 수 있는 규정이다. 이러한 규정을 통해 학교 교육과정 운영에 대한 융통성을 상당히 많이 부여하고 있다. 자율 고등학교는 공립과 사립으로 다시 구분할 수 있다. 공립은 교육부 장관이 지정·고시하며, 사립은 교육감이 지정·고시하되, 교육부 장관의 사전 동의를 받도록 하고 있다.

이처럼 고등학교는 초등학교, 중학교와 달리 교육의 목적이 다르고, 교육과정 운영을 달리하는 학교 체제로 다양화되어 있다. 국가 교육과정에서는 이들 학교 유형별로 교육과정 편성·운영의 기준을 달리하여 제시하고 있다. 학교 체제를 다양하게 운영하는 이유는 고등학교의 교육목적이 중등교육과 기초적인 전문교육을 행해야 한다는 이중적 요구로 인한 것이다. 연구자에 따라 전문교육을 행하는 학교의 교육과정 운영에 대한 차별화된 내용을 제시하기도 한다.[3] 이렇게 다양한 학교 체제에 대해 법적으로 고려하여야 할 대상이나 이들 학교의 비중이 어느 정도 차지하느냐에 따라 고등학교 교육의 특질을 규정하게 되고, 이에 따른 법적인 쟁점도 상이하게 나타날 수 있다. 고등학교 교육목적과 학교 체제의 다양화를 도식화하여 제시하면 [그림 10-1]과 같다.

[그림 10-1]에서는 고등학교는 보통교육 단계에서 후기 중간학교에 속하며, 그 종류는 법 시행령에 따라 4개로 구분하였다. 그리고 이들 각 학교에서 특성화 고등학교는 대학의 진학을 전제로 하는 것은 아니다. 그러나 우리나라는 단선형 학제를 취하고 있기 때문에 이들 네 종류의 고등학교 모두가 대학으로 진학하는 것에 대해서는 별도로 분리하지 않고 통일적으로 규정하였다.

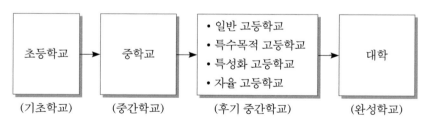

[그림 10-1] 학교 체제에서 고등학교의 성격

3. 고등학교 교육과정의 근거와 내용 구조

1) 교육과정에 대한 법적 규정의 분석

　고등학교의 교육과정에 대한 법적인 근거는 초・중학교와 마찬가지로 「초・중등교육법」 제23조에 있다. 교육과정을 구현하기 위한 교육용 자료로 「교과용 도서에 관한 규정」 제29조도 동시에 적용이 된다. 그리고 고등학교 교육과정과 관련해서는 제48조의 학과 등에 대한 규정이 적용된다. 이들에 대해 살펴보면 아래와 같다. 첫째, 교육과정 등에 대한 사항이다. 보통교육 단계에서의 교육과정은 「초・중등교육법」 제23조 제1항과 제2항이 속한다. 제2항에서는 '교육부 장관이 교육과정의 기준과 내용의 기본적 사항'을 정하도록 하고 있으며, 교육감은 '교육부 장관이 정한 교육과정의 범위에서 지역의 실정에 맞는 기준과 내용'을 정할 수 있도록 하고 있다.

　교육부 장관과 교육감은 교육과정의 기준과 내용에 대한 기본적 사항을 정하도록 하고 있으며, 구체적인 내용은 교육부 장관과 교육감이 '고시'하는 국가 교육과정과 지역 교육과정 편성・운영 지침에 제시되어 있다. 이들 교육과정 기준과 내용의 기본적 사항을 토대로 학교에서는 교육과정을 운영하도록 하고 있다. 이에 대한 근거는 법 제 23조 제1항에 제시되어 있다. 그리고 「초・중등교육법」 제23조 제3항에서는 학교의 교과에 대해서 대통령령으로 정하도록 하고 있다. 「초・중등교육법시행령」 제43조 제1항 제3호에서는 고등학교 교과를 "국어, 도덕, 사회, 수학, 과학, 기술・가정, 체육, 음악, 미술 및 외국어와 교육부 장관이 필요하다고 인정하는 교과"로 규정하고 있다.

　교과는 교육과정의 근간을 이루는 것으로, 이들 교과를 어떻게 규정할 것인지는 교육부 장관이 고시하는 교육과정에 상세하게 제시되어 있다. 그리고 국가 교육과정에 제시된 교과 교육과정의 내용에 따라 학습자가 학습하여야 할 내용으로 열거한 것이 교과(목)별 교과서가 된다. 이러한 구조는 초 등학교와 중학교 및 고등학교 모두 동일하거나 유사한 구조가 된다. 그러나 「초 · 중등교육법」 제48조의 학과 등에 대한 규정은 초 · 중학교와 고등학교 가 다른 성격을 지니고 있음을 말해 준다.

> 제48조(학과 등) ① 고등학교에 학과를 둘 수 있다.
> ② 고등학교의 교과 및 교육과정은 학생이 개인적 필요 · 적성 및 능력 에 따라 진로를 선택할 수 있도록 정하여져야 한다.

제1항에 규정된 학과는 교육과정의 전공별에 따라 편성된 학습그룹을 조 직 체계로서 법제화한 것으로 학교의 조직 · 편제의 일종이다.[4] 고등학교에 서 학과는 교육과정 운영의 기본단위가 되는 것이다. 이러한 학과는 고등교 육기관인 대학에서는 널리 알려져 있다. 그러나 모든 고등학교에서 학과가 인정되는 것은 아니다. 일반 고등학교의 경우는 학과가 존재하지 않는다. 학 과는 특성화 고등학교에 존재하는 것이 현행 교육법령상의 체계인 것이다. 제2항의 진로와 관련된 것은 고등학교 체제가 다양한 만큼 이에 해당되는 교 과와 교육과정을 준비하도록 한 것이다. 법규에 정해져 있는 고등학교 교육 과정과 관련된 특성을 종합적으로 보면 국가와 지역수준의 교육과정 기준과 내용의 기본적 사항과 교과서와 관련된 사항은 초 · 중학교와 동일한 구조에 있다. 그러나 고등학교에 학과를 둔다거나 학생의 개인적 필요나 적성 및 능 력에 따른 진로 선택을 위한 교과와 교육과정을 마련하여야 한다는 점은 차 이가 나는 부분이 된다.

2) 국가 교육과정의 분석

국가 교육과정에 제시된 고등학교 교육과정을 보면, 초 · 중학교와 차이가 나는 부분이 몇 가지 존재한다. 교육부 장관이 고시한 초·중등학교 교육과정[5]에 제시된 내용을 토대로 작성하면 네 가지 정도로 요약된다. 첫째, 교과 편제에서 교과와 창의적 체험활동으로 구분하는 것은 초·중학교와 동일하지만, 교과를 보통교과와 전문교과로 구별하여 제시하는 것은 차이가 나는 부분이다. 보통교과는 일반 고등학교를 비롯해 고등학교에 공통적으로 적용이 되는 교과로 구성되어 있다. 반면, 전문교과는 특수목적 고등학교와 특성화 고등학교에 주로 적용이 된다. 전문교과는 다시 전문교과 I과 전문교과 II로 구분된다. 전문교과 I은 특수목적 고등학교에 해당되는 교과(목)에 해당되는 내용이고, 전문교과 II는 주로 특성화 고등학교 교과(목)와 관련되어 있다.

둘째, 단위 배당 기준은 초·중학교와 차이가 나는 부분이다. 초등학교와 중학교는 '시간' 배당으로 되어 있는 데 비해, 고등학교는 '단위'로 배당이 되어 있다. 우리나라 고등학교에서 단위제를 사용하기 시작한 것은 제2차 교육과정부터이다. 제2차 교육과정에서는 인문계 고등학교에서 단위제 운영을 원칙으로 하고, 계별과정(系別課程)이라는 새로운 형태를 낳게 하였던 것이다.[6] 시간제가 1개년 단위로 수업 연한을 구분한 데 대해, 단위제는 졸업에 필요한 최저 요구로 정해진 단위 기준을 따르는 것이다. 제2차 교육과정에서는 제1차 교육과정에서와 같이 필수와 선택으로 나누어 교과군을 편성한 것이 아니고, 공통과목 이외에 인문과정, 자연과정, 직업과정, 예능과정으로 나누어 계별 선택과정을 마련하였다. 고등학교를 단위제로 사용하는 것은 현재도 지속되고 있다.

셋째, 단위 배당에서는 교과 영역의 구분, 교과, 과목으로 표시하고 있으며, 공통과목과 선택과목으로 구분하고 있다. 초·중학교는 교과(군)으로 제시하고, 학년군별로 시간을 배당하고 있다. 이에 비해 고등학교는 교과 영역을 기초(국어, 수학, 영어, 한국사), 탐구(사회, 과학), 체육·예술(체육, 예술), 생활·교양(기술·가정, 제2외국어, 한문, 교양)의 네 영역으로 구분하고 있다. 이

러한 구분과 더불어 공통과목에 대한 단위 배당을 하고, 필수 이수단위를 일
반 고등학교와 특성화 고등학교 등을 구분하여 다르게 제시하고 있다. 이러
한 것은 보통교과에서 공통과목과 선택과목(일반선택, 진로선택)으로 구분하
여 공통교과에 상응하는 선택과목 역시 두고 있다.

넷째, 교육과정 편성·운영 기준에서는 일반 고등학교(자율고 포함), 특수
목적 고등학교, 특성화 고등학교와 산업수요 맞춤형 고등학교의 세 가지로
구분해 차별화된 내용을 제시하고 있다. 예를 들면, 일반 고등학교의 경우는
교과(군)의 총 이수단위 180단위 중 필수 이수단위는 94단위 이상으로 하고,
특수목적 고등학교는 총 이수단위 180단위 중 보통교과는 85단위 이상 편성
하며, 전공 관련 전문교과 I을 72단위 이상 편성하도록 하고 있다. 그리고 특
성화 고등학교는 교과(군) 총 이수단위 180단위 중 보통교과를 66단위 이상,
전문교과 II를 86단위 이상 편성하도록 하고 있다.

종합적으로 보면, 법률과 국가 교육과정의 교과 편제에서 초·중학교와 달
리 보통교과와 전문교과의 구분, 단위 배당 기준으로의 제시, 교과 영역의 구
분과 교과와 더불어 교과를 세분화한 과목의 제시, 필수과목 이외에 선택과목
의 규정, 교육과정 편성·운영 기준의 학교 유형별 차별화 등의 특색이 나타
나고 있다. 이들 특색은 초·중학교뿐만 아니라, 대학과의 차별화도 동시에
나타나고 있는 것이다. 여기서 구체적으로 검토해 보고자 하는 것은 이와 같
은 내용이다. 교육부 장관이 고시하는 교육과정은 「초·중등교육법」 제23조
제2항에 근거하고 있으므로 법률을 보충하는 법규로서의 성질을 지닌 것이
고, 교육과정 기준에 해당되어 검토의 대상이 되는 것이다.

4. 고등학교 교육과정의 법적 측면에서 본 문제

1) 교육목적의 이중성에 따른 교육내용의 양적 · 질적 처리의 범위

고등학교 교육목적은 중등교육과 기초적인 전문교육의 이중적 성격을 지니고 있다. 이러한 이중적 성격에서 교육학적으로 나타나는 문제는 중등교육과 전문교육을 동격으로 처리할 수 있는 범위와 관련된 것이다. 동격의 처리와 관련된 것은, 고등학교 학력을 인정할 경우 보통교과와 전문교과 간 어느 정도의 양적인 범위가 되어야 하는 것과 질적인 차이는 어떻게 극복할 수 있는가에 대한 것이다.

2015 개정 교육과정의 고등학교 단위 배당 기준을 보면, 일반 고등학교와 특수목적 고등학교는 필수 이수단위를 94단위로 하고 있으며, 특성화 고등학교와 산업수요 맞춤형 고등학교는 보통교과 66단위, 전문교과 II 86단위로 하고 있다. 그리고 교육과정 편성 · 운영에서 일반 고등학교는 교과(군)의 총 이수단위 180단위 중 필수 이수단위는 94단위 이상으로 하고 있으며, 특수목적 고등학교는 보통교과 85단위 이상, 전문교과 I을 72단위 이상, 특성화 고등학교는 보통교과 66단위 이상, 전문교과 II는 86단위 이상 편성하도록 하고 있다. 일반 고등학교, 특성화 고등학교, 특수목적 고등학교가 모두 교과의 이수단위가 다르게 되어 있는 것이다.

국가 교육과정에서 필수 교과의 이수단위와 선택교과를 달리하는 것이 어떠한 기준에 의해 정립되는가에 대해서는 명확한 답이 제대로 제시되고 있지 않다. 2009 개정 교육과정과 같이 고등학교 1학년까지는 최소한 공통 교육과정을 운영하는 것이 고등학교 교육에 대한 교육목적 달성에 부합하는 것인지, 아니면 별도의 학교 체제이기 때문에 학교 유형에 따라 완전히 분리된 채 별도의 교육과정을 운영하는 것이 적절한 것인지는 명확하지 않은 것이다.

초등학교에서 고등학교까지를 보통교육 단계라고 한다면, 보통교육 단계에서 이수하여야 할 적절한 교육과정의 양이 어느 정도이어야 하는지에 대해 보다 명확하게 정립할 필요가 있다. 양적인 면은 결과적으로 질적인 면과 연결된다. 고등학교에서 보통교과에서 질적인 수준은 동일해야 되는 것인지, 아니면 차별성 있게 제공하는 것이 적절한 것인지도 검토의 대상이 된다. 2009 개정 교육과정의 적용에서 각 시·도별로 특성화 고등학교에 대한 직업기초능력 신장을 위한 별도의 교재를 만들어 활용하는 것은 적절한 것인지의 여부에 대한 검토도 필요하다.[7]

이러한 문제는 현재의 고등학교가 중등교육과 기초적인 전문교육을 실시한다고 할 때, 이들 각 목표가 학교 유형별로 다르게 적용이 되는 것인지, 아니면 동일한 학교에 대해 이들 목표의 비중이 다르게 적용이 되는 것인지도 명확치는 않다. 고등학교 유형에 따라 보통교과와 전문교과에 대한 비율과 질적 수준에 대한 보다 합리적 근거의 모색이 요청된다. 이러한 것은 고등학교 졸업자의 학력을 어느 정도의 수준에서 인정할 수 있는지와 밀접하게 관련이 된다.

2) 중학교 교육과의 수직적 연계성에 대한 제도적 기준

연계성은 교과들 간의 수평적 측면에서의 관련성으로도 언급될 수 있지만, 학교급 간의 수직적 측면에서의 관계성도 말하는 것이다.[8] 2015 개정 교육과정에서 중학교와 고등학교의 연계성 강화는 후자의 측면을 말하는 것이다. 고등학교 교육이 연계되어야 하는 것은 고등학교 교육의 목적에서 명확하게 제시되고 있다. 고등학교 교육은 '중학교에서 받은 교육의 기초 위에' 행해지는 교육임을 밝히고 있는 것이다. 고등학교 교육목적은 중학교를 졸업하거나 이에 상응하는 학력이 인정되어야 하는 것으로, 졸업의 내실화와 관련된 문제이다.

이 문제는 졸업을 인정하는 학력과 평가의 방법 등과 관련된 것으로, 학년제에 기초한 성적의 판정과 관련된다. 학년제는 1개년을 단위로 학교의 수업 연한을 구분하여 편성한 각 기간에 특정한 교재군을 각 학년에 배당하고, 1개 학년의 작업을 만족하게 마치면 진급 단계가 하나 오르고, 진급 단계가 느린 학생은 낙제가 되는 형태로 운영이 되는 체제를 말한다.[9] 중학교 교육과의 연계는 중학교 졸업 인정에 대한 규정과 관계된다. 학년제는 교육과정상으로 같은 수준의 학습 단계를 제도화함으로써 수업 체제를 유지하기 위하여 이루어진 제도이다.[10]

졸업과 관련해서는 「초·중등교육법」 제27조에서 조기졸업에 대한 규정이 있으며, 「초·중등교육법시행령」 제50조에서는 수료와 졸업에 대한 규정을 두고 있다. 일반적인 졸업에 대한 규정인 시행령의 규정은 다음과 같다.

> 제50조(수료 및 졸업 등) ① 학교의 장은 학생의 교육과정의 이수 정도 등을 평가하여 학생의 각 학년과정의 수료 또는 졸업을 인정한다.
> ② 학생의 각 학년과정의 수료에 필요한 출석일수는 제45조의 규정에 의한 수업일수의 3분의 2 이상으로 한다.
> ③ 학교의 장은 당해 학교의 교육과정을 이수하였다고 인정하는 자에게 졸업장을 수여한다.

졸업에 대해서는 당해 학교의 장이 교육과정의 이수 정도 등을 평가하여 각 학년 과정의 수료나 졸업을 결정하도록 하고 있다. 반면, 학생이 교육과정에 대해 어느 정도 이수를 하여야 각 학년 과정의 수료가 되고 유급이 되는지에 대한 구체적인 내용은 제시되지 않고 있다. 국가 교육과정에서도 이에 대한 사항은 명문의 규정이 존재하지 않고 있다. 학년별 수료나 유급 등에 대한 결정은 중학교와 고등학교 교육의 연계성을 위해 중요한 영향을 미치게 된다. 고등학교 교육은 중학교 교육의 기초 위에서 이루어지는 것이므로, 일정한 수학 분량이나 성취에 대한 것은 이후의 학습에 큰 영향을 미치게 된다. 교육과정의 편성과 운영이 최종적으로 단위학교에서 이루어지는 것이지만, 학생의 성취와 관련된 것 모두를 학교에 일임하는 것이 적절한 것인가에 대해서는 이견이 있을 수 있다. 국가 교육과정은 성취기준의 형태로 각 교과별로 규정을 두고 있다. 이러한 성취의 판정은 최종적으로 학교가 되겠지만, 어느 정도 수준까지 도달하여야 하는가에 대해서는 국가적 기준 설정과의 관계에서 갈등을 일으킬 수 있다.

학습자의 성취와 관련된 사항과 더불어 학년제에 기초할 경우에는, 전체 교과에 대한 평균치를 초과 달성하였다고 하더라도 각 교과별 최저 학력에 미달할 경우에는 진급이 아니라 유급이 될 소지가 발생하게 된다. 이러한 경우에 대비해 어떻게 대처할 수 있는가에 대한 규정도 만족스러운 형태로 제시되지 않고 있다. 학교에서의 평가라는 것이 선다형이나 단답형 형태로 제시하여 그 학생의 성취 정도를 결정하는 것이 적절하다고 보기는 어렵다. 그래서 학생의 평가에 대해 수행평가와 같은 실제적 평가는 기존의 암기와 단답형에 대한 대안으로 등장하고 있는 것이다. 또한 중학교에서는 지력뿐만 아니라, 정의적이고 심동적 영역에 대한 평가까지 제대로 이루어져야 하기 때문에, 이들 평가 체제를 보다 철저하게 정립하여 중학교에서의 학력을 제대로 검증할 필요가 있다. 이를 통해 고등학교와의 연계를 이룰 수 있을 것이다.

3) 학과, 교과 단위 배당, 과목 선택제

고등학교 교육과정은 초·중학교와 달리 교과와 더불어 과목까지 상세하고 다양하게 제시하고 있으며, 선택제가 상당히 확대되어 있다. 과목까지 제시하는 것은 일반적인 교과를 보다 전문적인 과목으로 세분화한다는 뜻을 포함하고 있다. 그리고 그러한 교과나 과목을 시간 수로 제시하는 것이 아니라,

단위 수로 제시하고 있다는 점이다. 단위 수와 관련된 문제는 항목을 달리해 논의하고, 여기서는 교과나 과목의 문제와 더불어 선택제에 대해 다룬다.

우선, 학과와 교과에 대해 알아본다. 학과는 특성화 고등학교에 주로 등장하며, 국가 교육과정에서는 전문교과 II에서 교과(군)를 표시하고, 기준 학과를 제시하고 있다. 예를 들어, 기계 교과(군)의 경우는 기준학과로 기계과, 냉동공조과, 자동차과, 조선과, 항공과가 제시되어 있다. 이들 학과는 교육과정 운영에서 기본단위가 되는 것이지, 행정적인 단위로 되는 것은 아니다. 이러한 학과에 속한 과목은 상당히 전문화되어 있어 일반적인 교육과 다소 거리가 있음을 느끼게 한다. 대학에서 학과별로 전문화가 되어 있어 다른 학과 과목을 이수할 경우 어려움을 겪는 것과 마찬가지로 보면 될 것이다. 이러한 학과는 제2차 교육과정에서는 인문계에서 계별 선택과정을 구성하였지만, 계별을 달리하는 교과의 선택이 불가능한 구조 형식을 갖춘 제한이 있었다. 그러나 현재는 그러한 과정이 없어지게 되어 이러한 문제의 소지는 없어졌다.

다음으로, 단위 배당에서는 일반 고등학교와 특성화 고등학교에서 필수 이수단위를 상이하게 설정하고 있다. 공통 이수단위에서 일반 고등학교와 특수목적 고등학교는 94단위, 특성화 고등학교와 산업수요 맞춤형 고등학교에서는 보통교과 66단위, 전문교과 II 86단위로 되어 있다. 필수의 이수단위를 달리하는 것은 특성화 고등학교와 산업수요 맞춤형 고등학교에서 전문교과를 보다 많이 학습할 기회를 부여하기 위해 차별화하였다. 일반적인 공통교육과 개인적 필요라는 두 요건을 모두 충족하기 위해 이러한 구조를 취하고 있다. 그러나 필수 이수단위에 대한 단위 배당을 달리하는 것이 합리적인 것인지, 아니면 졸업에 필요한 총량은 학교의 유형별 특성에 따라 차등을 두면서 필수 이수단위를 공통으로 하는 것이 적절한 것인지는 검토의 여지가 있다.

마지막으로, 선택 교과제와 관련해 살펴본다. 여기서는 교육과정에 제시된 선택제, 학교 유형 간의 선택제, 그리고 중앙과 지방 및 학교의 선택 권한의 배분에 대해 알아보고자 한다. 첫째, 일반 고등학교와 특수목적 고등학교

에서의 선택제에 대한 것이다. 국가 교육과정에서는 보통교과와 전문교과
에 대한 선택에 대해서는 규정을 두고 있다. 예를 들면, 선택과목의 기본단위
수는 5단위이며, 일반선택과목은 2단위 범위 내에서 증감하여 편성·운영할
수 있다. 그러나 일반선택과 진로선택은 대학 입시와 관련해 선택이 될 소지
가 있어 논쟁의 여지를 남기고 있다.

　이러한 문제에 대처하기 위해 국가 교육과정에서는 기초 교과 영역(국어,
수학, 영어, 한국사) 이수단위의 총합이 교과 총 이수단위의 50%를 넘지 않도
록 하는 규정을 두고 있다. 고등학교 교육뿐만 아니라, 초·중학교에서의 교
육은 인간의 학습이 특정 영역에 편중되지 않도록 하려는 노력을 기울이고 있
다. 국가 교육과정에서의 이러한 조치는 대학 입시에 편중된 교육을 행하지
않도록 하는 것과 관련된다. 특성화 고등학교의 경우는, 각 학과별로 1학년에
서 2학년으로 올라갈 때 학과의 선택을 변경할 여지를 부여할 수 있는 방법
도 강구할 수 있다.

　둘째, 학교 유형 간의 선택이다. 현재의 구조에서는 학교 유형 간에 어떠한
선택을 할 수 있는지 명확하게 제시되지 않고 있다. 고등학교의 학교 유형은
배우는 과정뿐만 아니라, 교과의 선택을 행사하는 데에도 차이가 있다. 고등
학교를 입학한 후에는 다른 학교 형태로 전학을 하는 것은 상당히 힘들게 되
어 있다. 고등학교는 중학교와 달리 교육목적이 이원적 구조로 되어 있고, 학
교 설립의 주요 목적이 다르기 때문에 이동성이 제대로 확보되지 않는 것이
다. 그러나 인간의 능력이라는 것이 개인 간에도 차이가 있고 개인 내에도 차
이가 있는 점을 고려하고, 시기에 따라 발달하는 정도의 차이가 있기 때문에
학교 유형 간 이동성을 제도적으로는 뒷받침할 수 있는 방법을 검토해 볼 필
요가 있다.

　셋째, 중앙과 지방 및 학교의 선택권에 대한 권한의 배분에 대한 것이다.
이제까지 선택에 대한 것은 교과와 학교 간에 대한 것을 다루었다. 교육과정
에 대한 법적인 근거에서 보면, 넓은 의미에서 국가와 지역은 교육과정의 기

준과 내용의 기본적 사항을 정하고, 학교는 이들 범위 내에서 교육과정을 편성하고 운영할 수 있는 권한이 있다. 그럼에도 불구하고 특성화 고등학교의 전문교과나 일반 고등학교의 개별적인 교과별 선택의 기회만 논의되고, 중앙과 지방 및 학교의 선택에 대한 권한 배분은 제대로 논의되지 않고 있다.

국가적 통일성과 특정 영역에 편중되지 않도록 국가의 기준을 정하는 것은 합리적인 것이다. 그러나 이러한 기준을 엄격하게 할 경우, 학교와 학생의 자율은 제한되게 된다. 교육과정의 선택제를 보다 탄력적이고도 개별 수요자나 주민의 요구를 제대로 반영하기 위해서는 수직적인 관계에서의 선택성을 반영할 필요도 있다. 예를 들어, 중앙에서 총 이수단위로서 204단위를 정했다면, 이를 기준으로 지역과 학교에서 일정 비율을 필수나 선택으로 자율적으로 지정할 수 있는 권한을 부여하는 방식도 검토해 볼 수 있다.

4) 단위제

단위제는 각 교과, 모든 과목에 그 학습량을 일정한 단위로 정하고, 해당 교과, 과목의 이수·습득의 상황을 평가하는 경우, 그 단위의 습득을 인정하는 동시에 일정 수 이상의 단위를 습득한 경우 졸업이 인정되는 제도를 말한다.[11] 단위제는 대폭적인 선택제도를 전제하는 것으로 학년제와 대비되는 것이다. 단위제가 나타내는 것이 무엇인지 학년제와 대비해 살펴보면서, 그 의미와 조기졸업 및 국가 교육과정의 시간 수에 대한 규정을 살펴보고자 한다.

먼저, 대학의 학점제와 대비해 의미와 관련 내용을 살펴본다. 학점제는 1개 학년을 단위로 학교의 수업 연한을 구분하여, 해당 학년의 교과에 대해 일정 수준 도달 여부에 따라 진급이나 유급이 결정되는 것이다. 학년제는 전통적인 방식으로 현재 우리나라 초·중등학교 모두에서 적용되고 있다. 고등학교는 단위제를 택하면서 학년제를 병행하고 있다. 학년제는 교과를 학년별로 배정하고, 동일한 수준의 학습량을 제시하는 것이다. 전체 교과의 평균이 일정한 점수를 넘으면서 과락에 해당되는 과목이 없으면, 상급 학년으로 진급하게 된다. 반면, 전체 교과의 평균 점수를 넘지 못하거나 한 과목이라도 과락이 있으면 유급이 되는 구조를 지니고 있다.

단위제는 학습을 출석시수로 환산하고, 배정된 교과 단위의 이수에 따라 졸업 자격을 인정받게 되므로, 유급이 존재하지 않게 된다. 이수를 하지 못하게 되면 재이수를 하면 된다. 대학에서 학점을 제대로 취득하지 못하면 재이수를 하는 것과 마찬가지인 것이다. 대학에서도 학년이라는 개념을 사용하지만, 실제 성적이나 학년은 학생이 교과를 어느 정도 이수하였는지의 여부에 따라 학년이 매겨진다. 일반적으로 학년이라고 부르는 것과 공식적으로 학년을 인정하는 것이 다르게 되어 있는 것이다. 단위제는 어떠한 계열을 선택하여 거기에 구성되어 있는 교육과정을 이수하는 형태로 일정한 학점이나 단위를 이수하면 졸업을 하게 되는 것이다.

현재 고등학교는 학년제를 유지하면서 단위제를 병행하고 있어 다소 모순이 있다.[12)13)] 이러한 모순이 있다는 주장은 국가 교육과정에 제시된 단위제의 표시와 대학에서의 학점을 비교해 보면 쉽게 이해가 간다. 현재 국가 교육과정에서는 필수 이수단위에 해당되는 개별 교과의 단위가 제시되어 있고, 창의적 체험활동과 총 이수단위가 제시되어 있다. 총 이수단위는 고등학교 3년간 이수하여야 할 최소 이수단위를 말하는 것으로, 선택과목의 이수단위도 포함되어 있다. 이를 보면 외형상 대학의 학점 구조와 비슷하게 되어 있다. 현재 「초・중등교육법」 제26조에서는 "학생의 진급이나 졸업은 학년제로 한다."라고 규정하고 있다.

그러나 대학과 고등학교 이수단위는 다른 내용을 취하고 있다. 대학에서의 단위제는 요구되는 학습량을 기준으로 삼고 있다. 고등학교의 단위제 역시 '학습량을 측정하는 기준'으로 알려져 있지만, 실제로는 교과나 과목에 의해서 요구되는 '수업량'을 측정하는 기준으로 작용하고 있다. 학습량을 측정하는 기준으로 삼고 있는 것은 아닌 것이다.[14)] 대학에서는 특정한 과목에 대해 3학점, 2학점 등으로 과목별로 동일하게 제시되어 있다. 그러나 고등학교의 경우는 동일한 과목임에도 불구하고 이수단위가 다르게 되어 있다. 계열별로 동일한 과목임에도 그 이수단위의 차이가 나는 것을 보면 알 수 있다.

수업량을 중심으로 운영하는 것은 단위제의 실질적 의미와 다소 거리가 있다. 학년제와 단위제를 병행하는 데서 오는 갈등 구조인 셈이다. 그러나 과거 계열(제2차 교육과정 인문계 고등학교의 공통과목, 인문계 과정, 자연계 과정, 직업계 과정)로 구분되어 있던 당시에는 형식적 구조에서 단위제에 의한 운영 원칙을 적용할 수 있도록 되어 있었다. 그러나 현재에는 이러한 구조가 학교 유형별로 차별화되는 형태로 되어 있어 단위제 운영이 타당한 것인지 다소 모호한 실정이다. 이러한 단위제에 대해 도입과 적용에 대한 문제를 지적하는 연구도 있지만,[15] 이 연구는 법제적 측면에서의 분석과 거리가 멀다.

일반 고등학교와 함께 단위 배당이 제시되어 있는 특수목적 고등학교를 보면, 단위 배당 기준은 동일하지만, 전문교과에서 차이가 나고 있다. 그런데 선택제를 기본으로 하는 단위제에서 일반 고등학교와 특수목적 고등학교 간의 교과 선택이 제한을 받게 되는 구조를 지니고 있는 것이다. 다만, 특수목적 고등학교 중 과학고등학교와 같은 경우는 정책적으로 조기졸업이 일정 비율 허용되는 구조를 지니고 있어 단위제가 탄력적으로 운영되는 것처럼 보이기도 한다. 그러나 다른 학교에서는 일정한 비율에 해당되는 학생이 조기에 졸업하는 경우가 거의 없다. 「영재교육진흥법」의 적용을 받는 영재학교의 경우에도 조기졸업은 활성화되어 있지 않다. 유급이라는 개념이 존재하지 않는 단위제의 경우, 3년이라는 학년제와 병행되는 것에 대한 보다 합리적 근거를 제시하거나 교육과정의 구조가 그에 부합되는 형태로 조정되어야 할 필요가 있다.

다른 한편, 단위제에서 17회를 이수하는 수업량을 1단위로 할 경우, 이에 대한 대비책이 다소 부족한 것도 사실이다. 과거와 달리 현재는 법률과 시 · 도 교육청에서 요구하는 필수 수업시수의 요구(제4장에 제시된 법률 차원에서 접근하는 문제를 말한다.)로 인해 국가 교육과정에서 정하는 소정의 수업시수를 맞추는 것에 대해 상당한 어려움을 겪고 있다. 또한 학교의 여러 가지 행사로 인해 1단위에 해당되는 수업주수를 맞추기도 쉽지 않다. 그러할 경우 어떻게 대처를 할 수 있는 것인지에 대한 기본적인 지침이 국가 교육과정에 제시될 필요가 있다. 국가 교육과정 해설서에서 단위 수는 17주 동안 이수하는 수업량의 개념으로 학교 교육과정 편성 · 운영에서는 이 기준에 미달하여서는 안 된다고 제시하고 있지만,[16] 그에 대한 대안적 내용은 제대로 제시되지 않고 있다.

여기에서의 논의는 교육과정에 대한 법제 측면에서 접근한 것이지만, 교육과정의 설계와 개발에서 그에 대한 정당화나 수정 및 보완을 위한 성과의 구축이 요청된다. 이를 제시하면 다음과 같다. 첫째, 「초 · 중등교육법」에서 고등학교 교육목적은 이원화되어 있는데, 국가 교육과정에서 추구하는 인간상과 고등학교 교육목표가 이와 부합하도록 설정되어 있는지 검토하여야 한다.

둘째, 보통교육 단계에서 이수하여야 할 교육과정 내용의 총량과 질적 수준에서 초 · 중 · 고등학교 간 적정화에 대한 검토가 요청된다. 또한 고등학교 유형별로 이수하여야 할 최저 기준이 어느 정도 되어야 할 것인지에 대한 논의가 요구된다.

셋째, 국가 교육과정은 교육의 기회 균등 구현과 교육의 일정 수준 유지를 위해 국가에 책무를 부여한 것이다. 여기서 학교급 간 교육의 일정 수준이 어느 정도 되어야 적정한 것인지에 대한 학력 인정의 요건과 더불어, 그것의 합리성에 대한 규명이 요청된다.

넷째, 교육과정 평가에 대한 간접 자료로 학업성취도 평가에서 지적 영역 이외에 정의적, 심동적, 행동적 영역의 평가 방식과 그 반영 비율에 대한 연구와 그 성과의 축적이 요청된다.

다섯째, 선택제와 관련해 중앙과 지방의 권한 배분과 관련된 사항의 고려도 필요하다. 학교 유형 간의 이동성이 폐쇄적이고, 중앙과 지방의 최소 이수단위의 배분이나 탄력화가 제대로 이루어지지 않은 상황에서 학습자의 이익을 제대로 충족시키기기는 어렵다. 수요자중심의 교육이 단순히 선택제를 부여하는 것이 아니라, 학습자의 이익에 부합되어야 수요자중심의 교육이 되는 것으로 인식의 전환도 요구된다.

여섯째, 현재의 학년제와 단위제의 병행 운영이 타당한 것인지 검토가 요구된다. 기존의 단위제가 타당한 것인지, 운영에 문제가 없는 것인지 등 현재 교과군 운영과 관련해 이들 사항의 총체적 논의가 요구된다.

일곱째, 교육현장에서 운영하는 교육과정이 국가와 지역의 기준과 내용의 기본적 사항을 토대로 학교의 실정을 감안해 편성한 것이라면, 지역주민의 요구와 학교 선택의 문제에 대한 논의도 필요하다. 교육과정에 대한 국가기준의 설정을 통해 교육의 일정 수준 유지라는 통제적 기능이 있다면, 교육현장에서는 개인의 적합도를 높이기 위한 주민과 학교 및 지역적 요구를 반영한 교육과정의 자율성도 요청된다. 국가적 통제와 단위학교 자율의 조화를 이루는 접점의 모색이 요구된다.

5) 학점제 도입

학점제는 문재인 정부의 교육공약과 국정과제 추진 계획에서 제시되고 있으며, 그에 따라 최근 고등학교 학점제와 관련해 법률의 개정이나 국가 교육과정에서 개정하여야 할 사항이 논의되고 있다. 그에 따라 학점제 연구 성과물에서는 기존의 단위제와 학점제가 개념적으로 어떠한 차이가 있는 것인지에 대한 구분을 시도하기도 한다. 예를 들면, 학점제는 단위제와 달리 성취기준이 존재하거나 무학년제와의 연계 여부 등에서 개념적으로 차이가 있다고 설명을 하고 있다. 이러한 개념적 구분은 교육부에서 제시한 학점제의 개념에도 나타나고 있다. 교육부에서는 "진로에 따라 다양한 과목을 선택·이수하고, 누적 학점이 기준에 도달할 경우 졸업을 인정받는 교육과정 이수·운영제도"[16]라고 학점제를 정의하고 있다. 이 정의에는 과목의 선택성, 일정한 학점의 이수 기준의 충족 등이 개념적 요소로 제시되고 있다.

학점제와 단위제를 구분하려고 하는 것은 현재 활용 중인 단위제를 학년제와 병용함에 따라 단위제의 취지를 제대로 살리지 못한 것에 있다고 생각된다. 그러나 실질적 내용에서 단위제와 학점제를 명확히 구분하기는 상당히 어렵기도 하고, 내용상으로는 거의 같은 개념으로 보이기도 한다. 여기서는 학년제를 병용한 단위제와 달리 학년제를 전제하지 않은 학점제로 그 개념을 사용하고자 한다.

현재 국가 교육과정에서 단위제는 고등학교 교과에 한정해 사용하고, 초·중학교는 교과별 시간 배당을 하고 있다. 초·중학교는 의무교육기관에 해당되어 공통적인 교육과정을 요구하는 경향이 강하다. 반면, 고등학교는 졸업 후 사회에 바로 진출이나 지속적 학업을 할 수도 있어 공통적 사항뿐만 아니라, 차별화된 교육과정 역시 필요한 것이다. 차별화되는 교육과정은 개인의 소질과 적성에 따른 선택적인 내용을 고려하는 것이 하나의 대안이 될 수 있다. 그러한 선택은 자신의 개성에 따른 학업을 전개하는 '학습량'에 해당되는 것이다. 학습량은 가르치는 자에 의해 교육과정이 운영되는 '수업량'의 개념과는 차이가 있는 것이다. 기존의 학년제나 학년제와 병용한 단위제는 공급자중심의 '수업량'을 토대로 하고 있지만, 현재 논의되는 학점제는 '학습량'을 기준으로 한 것이고 수요자중심의 교육 체제를 더욱 강화하는 의미를 지니고 있는 것이다.

학점제에서의 학습량은 고등학교 졸업을 위해 필요한 졸업 학점이 어느 정도가 되어야 할 것인지에 대한 결정이 요구된다. 또한 학점제는 학생의 교과(목) 선택권이 전제되어야 수요자중심의 교육취지를 제대로 살려 학점제 운영을 합리적으로 행할 수 있다. 학생의 과목 선택권을 부여하는 것은 학생들에게 교육의 기회를 내실 있게 제공하기 위한 조치에 해당된다. 학생에게 취학의 기회를 부여하는 것은 교육기회 제공의 일종이 되지만, 그것만으로는 교육의 기회가 제대로 달성되었다고 보기는 어려운 것이다. 학생이 자신의 소질이나 적성에 부합하지 않은 교육내용을 제공받는다면, 교육활동에서 소외가 발생하게 되고 결과적으로 교육의 기회가 보장되지 않기 때문이다.

그리고 학점제는 공교육 체제에서 운영되는 것이기 때문에 공교육의 목적으로서 교육의 일정 수준의 유지라는 차원도 고려되어야 할 필요가 있다. 교육의 일정 수준을 유지하기 위해서는 성취기준의 도달 정도를 확인할 필요가 있는 것이다. 이들 사항을 종합하면 학점제의 개념적 요소에는 수요자중심의 교육 체제의 전환으로 학습량, 공교육의 목적으로 교육의 기회 균등과 교육의 일정 수준의 유지가 요청이 된다. 이들 요소는 학점제의 개념 규정을 위한 주요 내용이 도출하는 데 주요 자원이 된다. 학습량은 졸업에 필요한 최저 이수 학점이 필요하다는 것을 말하고, 교육의 기회 균등을 보장하기 위해 학생의 과목 선택권을 보장하는 것이며, 교육의 일정 수준 유지는 성취기준의 도달 여부를 설정하는 것과 관련이 된다. 이들 사항을 간략히 정리하면 다음과 같다.[17]

- 학습량 = 졸업 소요 최저 학점
- 교육의 기회 균등 = 학생의 교과(목) 선택권 부여
- 교육의 일정 수준 유지 = 성취기준의 도달 정도의 확인

이러한 구성 요소와 그에 따른 내용을 토대로 학점제를 정의하면, 학점제는 일반적으로 과목 선택의 제도를 전제로 교과별 최저로 정해진 성취기준을 일정 수준 충족하면서 졸업에 필요한 학습량을 이수하는 제도라고 할 수 있다. 학점제의 정의에 따라 법과 제도적으로 정비하여야 할 제도적 조건을 제시하면, 우선 졸업에 필요한 학습량의 기준에서는 최저 이수 학점, 조기졸업 여부, 무학년제 적용 여부 등이 정비될 필요가 있다. 다음으로, 학생의 과목

선택권과 관련해서는 필수와 선택 비율의 적정성, 과목별 학점의 편차에 대한 허용 여부, 학기나 학년의 병용 혹은 학기제 중심으로 할 것인지의 여부, 학기당 이수 과목 수의 제한 여부, 학교밖 학습 경험의 인정 여부 등이 고려되어야 할 필요가 있다. 마지막으로, 성취기준의 도달 정도의 확인과 관련해서는 이수 과목에 대한 재수강 여부, 낙제 과목에 대한 재이수 방안, 수강 철회 여부, 성취기준의 도달 여부 확인, 절대평가제 도입과 정착 여부 등이 논의될 수 있다. 이러한 사항 이외에 외적인 조건의 정비로서 인적 · 물적 사항에 대한 국가와 교육청의 지원이 요청이 된다.

고등학교 학점제의 도입은 「헌법」 제31조 제6항에 규정된 교육제도의 기본적 사항에 해당이 되기 때문에, 국회의 입법 · 개정 절차를 거친 법률에 그 법적 근거가 제시되는 것이 합리적이다. 다만 학점제의 세부적인 내용은 대통령령이나 시행규칙 등에서 정할 수 있을 것이다. 현재 법률 차원에서 학점제 운영을 위해 개정이 필요한 조문은 「초 · 중등교육법」 제26조의 학년제 이외 학점제 관련 사항의 신설, 제27조의 조기진급 및 조기졸업에 대한 규정에서 학점제와 관련된 사항의 신설, 제46조의 수업 연한 등이 있고, 「초 · 중등교육법시행령」에서는 제46조의 학급 편성, 제48조의 수업 운영 방법 등이 있다.

이 글은 법제 개편을 위한 논문이 아니기 때문에, 「초 · 중등교육법」 제26조의 학년제에 대한 현재의 규정을 어떻게 개정하여야 하는 것인지 하나를 예시적으로 제시하고자 한다. 현재 「초 · 중등교육법」 제26조는 제1항에서 "학생의 진급이나 졸업은 학년제로 한다."로 되어 있고, 제2항은 "제1항에도 불구하고 학교의 장은 관할청의 승인을 받아 학년제 외의 제도를 채택할 수 있다."라고 되어 있다. 법 제26조의 조문 제목은 학년제로 되어 있기 때문에, 학점제와 함께 사용하는 것은 적절치 않게 된다. 따라서 학점제와 관련된 사항을 별도의 조문으로 신설하는 것 등에 대한 검토가 필요한 것이다. 예를 들어, 「초 · 중등교육법」 제26조의 2를 다음과 같은 형식으로 신설하여야 할 것이다.

제26조의 2 (학점제) ① 고등학교의 장은 관할 청의 승인을 받아 소속 학생
　　의 진급과 졸업에 관하여 학점제를 채택할 수 있다.
　② 전항에 따른 학점제의 세부 내용은 대통령령으로 정한다.

　고등학교 교육은 한 개인이 사회에 진출을 하거나 더 나은 학업을 지속할
것인지를 결정함으로써, 삶의 방식을 선택하는 중요한 시기에 이루어진다.
개인적 삶의 방식을 선택하는 길에서 학점제라는 제도를 새로이 도입할 경
우, 관련 규정이 면밀하게 검토되어 바람직한 법규의 개정이 필요할 것이다.
학점제와 관련된 법과 시행령에 대한 사항은 고등학교 학점제 도입을 위해
필수적으로 고려되어야 할 법령의 일부에 해당되는 사항이다. 그 외의 법령
이나 국가 교육과정 등에서도 학점제에 부합되는 여러 가지 고민이 필요할
것이다. 국가 교육과정에서도 단위제의 개념을 학점제로 변경하는 것에서부
터, 학점제의 효과적 운영을 위한 학점 배당의 기준과 교육부와 교육청의 지
원 사항 등에 이르기까지 면밀한 검토가 필요할 것이다. 그리고 정책적으로
도 학생의 개성과 소질을 보다 강화할 수 있는 진로교육이나 학점제 운영의
원활성을 위한 현재의 교과서제도의 재구조화, 그리고 교육과정의 유연한 운
영 등도 동시에 이루어져야 할 것이다.

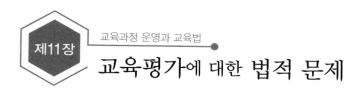

제11장

교육과정 운영과 교육법

교육평가에 대한 법적 문제

1. 의의

평가는 어떠한 대상에 대한 가치판단을 하는 행위를 말한다. 교육평가와 관련된 사항은 「헌법」의 교육의 자주성 원리를 비롯해 「교육기본법」과 「초·중등교육법」 및 그 하위법에서 규정하고 있다. 그리고 국가 교육과정에서도 학교 교육과정의 편성·운영에서 교육평가 관련 사항이 상세하게 나와 있다. 법과 국가 교육과정 문서에 나와 있는 교육평가는 학생의 학업성취도 평가뿐만 아니라, 교육과정 평가, 학교와 교육청과 같은 기관 평가가 포함되어 있다. 어떠한 형태의 평가라고 하더라도, 평가는 평가 대상의 목표 달성도를 확인하여, 대상의 성장이나 발전에 대한 자료를 제공하는 원천이 된다.

학교 평가는 넓은 의미의 교육과정 운영 전반에 대한 평가에 해당되고, 교육과정 평가는 교육과정 그 자체에 대한 성과 평가에 해당되며, 학업성취도 평가는 가장 좁은 의미로 교육과정에 대한 성과를 간접적으로 제시한다. 여기서는 교육과정 운영을 협의로 보고, 학업성취도 평가 위주로 교육평가에 대한 논의를 전개하고자 한다. 학교 평가는 범위가 넓어 논의의 초점을 흐트릴 수 있고, 교육과정 평가 역시 전체 프로그램이 적용되고 난 후, 그 효과를 알 수 있어 상당한 시간이 소요된다. 이에 비해 학업성취도 평가는 교육과정 평가의 성과를 알 수 있는 간접적인 자료이지만, 교육과정에 대한 효과를 검증할 수 있는 주요 수단으로 작용할 수 있기 때문이다.

그리고 학업성취도 평가는 학교 평가, 교육과정 평가의 기초로 활용이 가능하고, 학습자에 초점을 두고 있어 법적인 규정이 보다 구체적이므로 법적 쟁점이 되는 주요 관심사가 된다. 일반적으로 법률이나 시행령 등 법적으로는 학업성취도라는 용어를 많이 사용하고, 국가 교육과정에서는 학생 평가와 같은 용어도 사용하며, 일반 교재의 경우는 교육평가라는 용어를 더 많이 사용하고 있다. 여기서는 논의의 대상이나 맥락에 따라 이들 용어를 혼용하여 사용하고자 한다.

다양하게 사용되는 교육평가는 교사의 입장에서는 직접적인 교육활동에 대한 자기점검으로서, 설정된 교육목표에 대해 학생의 도달 수준과 새로운 전개 가능성을 관찰하는 것이다. 학생의 입장에서는 구체적 교육활동에서 자기인식이나 자기발전의 계기로 작용하여 학생의 주체적인 자기형성을 고취하게 된다. 이러한 의미의 교육평가는 교육활동의 불가결한 요소로 직접적인 교육활동에 해당되기 때문에, 일정한 사항을 규율하는 법적 요소와 친숙하지 않은 것이다.

교육평가가 교사의 교육활동에서 학생에 대한 일정한 평가를 전제로 지속적인 평가를 통해 교육 준비를 하는 것이라면, 자유로운 분위기에서 학생의 성장을 위해 전개할 필요가 있다. 학생의 성장에 대한 권리를 구현하기 위해 설정한 목표의 도달 정도를 판단해 학생이 스스로 탐구·선택하고, 자기형성을 위한 노력을 보완할 필요도 동시에 존재한다. 그러한 교사의 노력이 전개되지 않는다면 학생들 간의 격차가 더욱 벌어지게 되고, 결과적으로 교육이 추구하는 방향을 상실하게 된다. 이 점에서 학생 평가에 대한 필요 사항을 유효적절하게 하고, 제대로 이행되지 않을 경우에는 규제도 필요한 것이다. 이처럼 학생평가에 대한 법적 규정을 통해 학습의 권리를 충족시켜야 할 필요가 있다.

여기에서 교육평가와 법의 조화 지점을 확인할 수 있다. 이제까지 교육평가는 법적인 논의보다는 교육학적 입장에서 평가를 위한 이론과 기법 등에 대한 논의가 주류를 이루었다. 그러나 이러한 논의가 제대로 의미를 지니기 위해서는 법적인 논의도 동시에 이루어져야 한다. 법적인 규정은 평가에 대한 외형적 틀을 정해 주며, 이러한 범위 내에서 교육평가에 대한 논의가 이루어지기 때문이다. 교육평가에 대한 법적인 논의는 공적 교육에서 교육을 관리·지원·통제하는 국가 평가 기준의 설정 사항, 교육평가의 중심적 역할을 수행하는 교사의 교육의 자유에 관한 사항, 그리고 구체적인 평가의 방법 등과 관련된 사항이 중심을 이루고 있다. 여기에서는 교육평가에 대한 권리와 법적 현황을 다루고, 이를 토대로 이들 사항을 논의하고자 한다.

2. 교육평가권과 교육과정 운영

1) 교육평가권의 의미

교육평가권은 말 그대로 교육평가에 대한 권리를 말하는 것으로, 그러한 권리는 사적인 교육이 아니라 공적인 교육 체제에서 논의되는 것이다. 공적인 교육은 모든 사람들의 교육에 대한 기회를 제공하고, 교육의 일정 수준을 유지하기 위해 실시하는 것이다. 공적인 교육은 사적으로 할 수 없는 일에 대해 국가가 관여하여 관리·지원하는 형태를 띠게 된다. 공적인 교육에서는 교육에 대한 권리 관계를 발생하게 되며, 이러한 권리관계에 대한 이론적 발전을 한 일본은 교과서 소송에서 교육권 개념을 정립하고 있다. 당시의 교육권 논쟁에서 교육권은 교육내용의 결정권을 중심으로 개념을 정립하는 형태로 나타났다.[1]

　교육내용의 결정권이 누구에게 있느냐를 중심으로 정립된 교육권은 교육평가 분야에서도 그 성과가 축적되고 있다. 학생 평가는 설정된 교육목표를 달성하기 위해 소정의 교육과정 내용을 토대로 교수·학습의 과정을 통해 학습한 성과의 도달 정도를 알아보는 것이다. 교육목표는 가르칠 내용의 방향을 결정짓고, 가르칠 내용은 적절한 교육방법상의 원리에 의해 학습을 안내하며, 그렇게 학습한 성과에 대한 가치판단을 하게 된다. 이러한 가치판단 행위가 학생 평가에 해당되며, 교사는 이러한 교수·학습활동의 중심적 역할을 하고, 평가 역시 마찬가지 역할을 하게 된다.

　이러한 학생 평가 혹은 학업성취도 평가에 대한 권한이나 권능에 해당되는 것이 교육평가권이라는 개념으로 정립된다. 교육평가권이란 좁은 의미로는 교사가 전문적이고도 기술적 차원에서 학교생활기록을 행하는 내재적 평가를 행하는 것이며, 넓은 의미로는 좁은 의미의 교육평가권을 포함해 평가의 결과를 대외적으로 활용하는 외재적 평가의 권한·권능(학업성취도 평가권)을 말한다.[2] 이 글에서 평가의 권리는 학교생활기록부의 주요 내용을 기재하는 내면적 평가에 대한 권리뿐만 아니라, 이러한 내면적 평가의 결과를 대외적으로 표시하는 것과 관련된 교육 주체의 권리나 권한 관계로 규정하고 논의한다.

2) 교육의 자주성과 교육평가

　교육평가는 원래 학생의 발달을 돕고, 주체적인 자기형성을 촉진하는 데 목적이 있다. 교육평가를 통한 성장의 자기점검은 학습에 대한 권리를 충족시키려는 것이다. 「헌법」 제31조에 제시되어 있는 교육을 받을 권리는 교육평가와 관련한 기본 조항이다. 그리고 제4조에 제시되어 있는 교육의 자주성의 원리와 제6조의 교육제도 법률주의는 교육평가에 대한 교사의 교육과 학생의 학습에 대한 권리를 보장하기 위한 제도적 장치에 해당된다. 「헌법」 제31조의 교육을 받을 권리 조항은 학생이 자신의 성장을 위한 천부적 인권을 확인한 것이다. 교육평가는 학생이 자신의 성장에 대한 점검을 통해 지속적인 성장을 할 수 있도록 기여하는 수단에 해당된다. 그렇기에 교육을 받을 권리 구현을 위한 수단적 가치를 지니고 있는 것이다.

교육평가를 가르치는 교사의 입장에서 본다면, 교사는 자신이 설정한 교육목표를 학생이 전개해 가는 상태를 관찰하고, 자기발전의 계기를 삼게 해 줄 수 있다는 점에서 교육활동에 대한 자기점검의 기회도 제공한다. 학생의 학습권 보장의 관점에서 교육평가는 교사의 교육의 자유로서 일정이 될 수 있는 것이다. 교사의 교육의 자유에 대한 근거는 헌법의 학문의 자유, 교육을 받을 권리 등 헌법에서 구하는 견해와 헌법상의 권리가 아니라 하위법상의 직무권한으로 보는 견해 등으로 통일되어 있지 않다. 헌법재판소는 교사의 교육의 자유에 대한 직무에서 생겨나는 것으로, 그것이 헌법상 기본권이냐에 대해서는 부정적 견해가 많다고 보고 있다.[3] 그렇다고 하더라도 교사의 교육의 자유는 헌법에 규정된 교육의 자주성 원리와 밀접한 관련이 있다.

교육의 자주성 원리는 외부 세력의 부당한 간섭에 영향을 받지 않도록 교육자 내지 교육전문가에 의해 관할되어야 할 필요가 있다는 것을 말한다. 이러한 교육의 자주성이 보장되기 위해서는 교육행정기관에 의한 교육내용의 부당한 권력적 개입이 배제되어야 하고, 교육내용의 성과를 가늠하는 교육평가 역시 마찬가지로 적용이 되어야 할 것이다. 교육평가는 교육목표의 달성도를 확인하는 역할을 하기 때문에, 어떠한 의미에서 교육목적이나 교육목표와 전적으로 다른 것이 아니다. 교육평가는 교육목표와 유사하거나 그 일종으로 볼 수도 있는 것이다. 이러한 의미에서 학생의 성장과 관련이 없는 외적인 가치척도인 사회적 필요에 의해 학생의 도달 정도를 평가하고 서열화하는 능력주의 평가는 원칙적으로 교육평가의 본래 목적에 부합하지 않는다. 그러나 대학 입학 선발과 같은 현상과 내신 성적이라는 현실적인 문제와 부딪힐 수밖에 없다.

교육평가와 관련된 이러한 사항은 행정권에 의한 자의적인 교육형성을 방지하기 위해 교육제도의 법률주의를 규정한 사항과도 관련이 있다. 교육제도 법률주의는 교육이 일시적인 특정한 정치 세력에 의해 영향을 받거나 집권자 의도에 따라 수시로 변경되는 것을 예방하고 일관성 있는 교육 체계를 유지·발전시키기 위한 것이며, 그런 관점에서 국민의 대표기관인 국회의 통제하에 두는 것이 적합하다는 의회민주주의 혹은 법치주의 이념에서 비롯된 것이다.[4] 이러한 점을 고려한다면, 교육평가와 관련된 제도 역시 교육의 자주성 보장을 위해 학생 평가와 관련된 기본적 사항은 법률로 정해야 할 필요가 있을 것이다. 현재 「초·중등교육법」에서 학생 평가와 관련된 규정이 있지만, 교육부 장관에게 일임이 되어 있어 국가의 권한이 상대적으로 강화된 측면이 있어 적절성에 대한 논의의 필요가 있다.

3. 교육평가에 대한 법 규정의 변천과 구조

1) 교육평가에 대한 법 규정의 변천

우리나라에서 평가에 대한 법적 근거는 1949년 「교육법」 제정 당시에 규정되었으며, 1998년 기존 단일법전의 「교육법」이 「교육기본법」 「초·중등교육법」 「고등교육법」으로 분화된 이후의 「교육기본법」과 「초·중등교육법」에도 지속되었다. 그러나 그 주요 내용은 상이하게 변화하였다. 여기서는 단일법전 체계의 「교육법」 시기와 「교육기본법」과 「초·중등교육법」 시기로 구분하여 교육평가에 대한 주요 내용을 살펴보고자 한다.

첫째, 단일법전인 「교육법」으로 존재하던 시기의 교육평가에 대한 규정에 대한 내용을 살펴본다. 교육평가에 대한 규정은 「교육법」 제153조에서 "국민학교, 공민학교를 제외한 각 학교 학생의 성적은 평점, 평어 외에 학점, 단위제를 병용할 수 있다."라는 문구가 해당된다. 이 조문은 1996년에 국민학교가 초등학교로 변경된 사항 이외에 1998년 「교육법」이 폐지될 때까지 그대로 유지되었다.

이 조문은 각급학교 학생 학업 성적의 평가 방법을 규정한 것이다. 평점은 각 교과를 100점 만점으로 하였을 때, 학생이 성취한 점수를 말한다. 학생의 성적 평가에서 가장 일반적으로 사용된 방법이 평점제인 것이다. 평어는 수·우·미·양·가로 표기되는 성적 평가의 방법이다. 학점은 초·중등교육기관보다는 고등교육기관에서 사용한 성적 평가 방법으로 일정한 수업시간수를 단위로 하여 획득되는 성적치를 말한다. 기존의 법령에서는 16시간 강의를 1학점으로 계산하였다. 단위제는 현재 고등학교에서 채택하고 있는 것으로, 교과의 중요도에 따라 성적 평가를 하는 방식을 말한다. 학점제와 단위제는 평점과 평어를 혼합하여야 바람직한 성적 평가가 이루어질 수 있다.

둘째, 「교육기본법」 「초·중등교육법」으로 새로이 제정된 시기에 대한 내용을 살펴본다. 교육평가와 관련된 직접 조항은 「초·중등교육법」에 존재하고 있다. 그러나 「교육기본법」에서도 평가와 관련된 사항이 존재하고 있어 이에 대한 내용을 간략히 살펴보고자 한다. 「교육기본법」 제16조는 학교의 장이나 설립자가 학생의 선발과 교육 및 학습 성과를 기록·관리하여야 하는 것을 규정하고 있으며, 제26조에서는 국가가 학력 평가와 능력인정제도의 수립·실시에 관한 법적인 근거를 제공하고 있고, 개인의 다양한 학습 경험을 제도적 인정 기준과 절차에 따라 학점, 학력, 학위 등 사회적으로 공인되는 학습 결과로 인정함으로써 평생교육의 이념을 구현하려는 내용이 제시되어 있다.

학생 평가와 기관 평가 등의 구체적인 사항은 「초·중등교육법」 제9조에서 직접 규정하고 있다. 제9조 제1항에서는 학생의 학업성취도 평가, 제2항에서는 지방교육행정기관과 학교 평가, 제3항에서는 평가 대상, 기준 및 절차와 평가 결과 공개 등은 대통령령으로 규정하도록 하고 있다. 그리고 제25조에서는 학교생활기록 등에 대한 일정한 기준을 정하여 학교에서 작성·관리하도록 하고 있다. 이러한 내용은 「초·중등교육법시행령」에서 보다 구체적으로 제시되고 있다. 그리고 2015년 3월에는 「초·중등교육법시행규칙」을 새로이 제정하여 제3장 제1절에서 평가와 관련된 사항을 규정하고 있다. 「초·중등교육법시행규칙」은 「초·중등교육법」과 법 시행령에 위임된 사항과 그 시행에 필요한 사항을 규정한 9개 교육부령을 통합해 「초·중등교육법시행규칙」으로 단일화함으로써 국민들이 교육법령에 대한 이해와 접근을 용이하게 하려는 의도에서 만들어졌다.

이러한 법령의 변천 과정에서 나타나는 특징을 보면, 기존에는 교육평가와 관련된 조항이 하나만 존재하였고, 그 내용은 주로 학생의 성적 평가 방법과 관련된 사항이었다. 이에 비해 새로이 재편된 교육관계법에서는 학생의 평가뿐만 아니라, 학교와 교육청 등의 기관 평가까지 수행할 수 있어 평가의 대상이 확대되었다는 점이다. 평가 대상의 확대는 교육의 책무성과 밀접한 관련이 있다고 생각된다. 그리고 국가의 학력 평가에 대한 제도에 대한 계획의 수립과 평가 절차와 결과의 공개 등에 대한 사항을 법과 시행령 및 시행규칙 등에서 규정함으로써 교육평가에 대한 사항이 기존에 비해 상당히 체계화되어 있는 편이다. 기존과 비교할 때, 학생 평가와 관련된 사항은 세분화되고 있으며, 국가가 평가의 기준을 설정할 수 있는 등 국가의 역할 역시 명문화되고 있다.

교육평가의 대상과 범위가 확대되고, 학업성취도 평가와 기관 평가 등에 대한 국가권한이 증대하는 것은 교육에서의 책무성을 강조하는 것과 무관하지 않다. 다른 한편, 학업성취도 평가에서는 국가 차원에서 평가의 기준과 양식의 통일성을 기하려는 방향으로 전개되고 있어, 교사가 가지는 교육의 자유와 갈등을 빚을 수 있는 여지 역시 증대되고 있다. 교원의 전문적 판단과 국가의 교육평가에 대한 기준 설정이 조화를 이룰 수 있는 방안을 모색할 필요가 있다.

2) 교육평가에 대한 법 규정의 특징

교육평가와 관련된 직접 규정은 「초·중등교육법」에 제시되어 있고, 「교육기본법」에는 교육평가와 관련된 규정이 존재하고 있다. 「교육기본법」 제16조의 "학교의 장 및 사회교육시설의 설립자·경영자는 법령으로 정하는 바에 따라 학습자를 선정하여 교육하고, 학습자의 학습 성과 등 교육의 과정을 기록하여 관리한다."라는 규정과 제26조 제1항 "국가는 국민의 학습 성과 등이 공정하게 평가되어 사회적으로 통용될 수 있도록 학력 평가와 능력 인증에 관한 제도를 수립·실시할 수 있다."와 제2항 "제1항에 따른 평가 및 인증제도는 학교의 교육과정 등 교육제도와 상호 연계되어야 한다."라는 조항이 그것이다.

「교육기본법」 제16조는 학교의 장이나 설립자가 학생의 선발과 교육 및 학습 성과를 기록·관리하여야 하는 것으로, 구체적인 사항은 「초·중등교육법」과 동법 시행령 등에서 구체적으로 규정하고 있다. 제26조의 규정은 국가가 학력 평가와 능력인정제도의 수립·실시에 관한 법적인 근거를 제공하고 있으며, 개인의 다양한 학습 경험을 제도적 인정 기준과 절차에 따라 학점, 학력, 학위 등 사회적으로 공인되는 학습 결과로 인정함으로써 평생교육의 이념을 구현하고자 하는 것이다.

교육평가와 관련된 직접규정으로 「초·중등교육법」 제9조 제1항은 "교육부 장관은 학교에 재학 중인 학생을 대상으로 학업성취도를 측정하기 위한 평가를 실시할 수 있다."라고 규정하고, 제2항에서 "교육부 장관은 교육행정의 효율적 수행을 위하여 필요한 경우에는 지방자치단체의 교육·과학·기술·체육 기타 학예에 관한 사무를 관장하는 지방교육행정기관과 학교에 대하여 평가를 실시할 수 있다."라고 규정하고 있다. 이 규정들은 학생 평가와 교육청 및 학교 평가를 교육부 장관이 실시할 수 있는 근거 조항이 된다. 그리고 제25조에서 "학교의 장은 학생의 학업성취도 및 인성 등을 종합적으로 관찰·평가하여 학생 지도 및 상급학교(「고등교육법」 제2조 각호의 규정에 의한 학교를 포함한다. 이하 같다.)의 학생 선발에 활용할 수 있는 다음 각호의 자료를 교육부령이 정하는 기준에 따라 작성·관리하여야 한다."라고 규정하고 있다.

「초·중등교육법시행령」 제10조는 "법 제9조의 제1항 규정에 의한 학생의 학업성취도 평가에 관하여 필요한 사항은 교육부 장관이 정한다."라고 하여, 학생의 평가는 교육부 장관이 고시하는 형태로 위임하고 있다. 시행령 제11조에서는 평가의 대상을 구분하고 있다. 1항에서는 교육청 평가, 제2항은 국·공·사립의 초·중·고등학교 및 특수학교의 학교평가, 제3항은 교육지원청 평가를 법 제9조 제2항에 의거해 할 수 있도록 규정하고 있다. 시행령 제12조에서는 교육청과 교육지원청의 평가 기준과 학교 평가 기준을 제시하고 있다. 학교 평가의 기준은 교육과정 운영 및 교수·학습방법, 교육활동 및 교육성과, 그밖에 학교 운영에 관한 사항으로서 교육부 장관 또는 교육감이 필요하다고 인정하는 사항으로 되어 있다. 시행령 제12조에서는 평가의 절차·공개 등에 대한 규정을 하고 있다. 교육부 장관이 기관 평가와 학교 평가에 대한 기본 계획의 수립, 다양한 평가 방법의 동원, 평가 결과의 공개, 평가위원회의 구성·운영 등을 할 수 있도록 규정하고 있다. 「초·중등교육법시행규칙」에서는 제21조에 학생생활기록의 작성 기준, 제22조의 학교생활기록의 대상 자료, 제23조의 학교생활기록의 구분 관리, 제24조에 학교생활기록의 보존 등, 제25조에서 학교생활기록 작성 등에 관한 특례에 대해 규정하고 있다.

법에 제시되어 있는 이러한 사항은 국가의 입장에서 학생의 학업성취도 평가, 학교와 교육청 및 교육지원청에 대한 평가를 할 수 있는 근거 조문이 된다. 그러나 평가에 대해 직접적으로 규정하고 있는 이들 조문에서는 평가의 목적이나 취지 등에 대한 설명이 제대로 나타나 있지 않으며, 평가가 주로 대외적으로 활용되는 것과 관련된 내용을 주를 이루고 있다. 평가를 실시할 주체는 교육부 장관으로 되어 있고, 그 대상은 학생과 학교 등으로 되어 있다. 학교의 성적 기록·관리는 교장이 하도록 하고 있다. 교사와 관련해 학생 평가에 대한 권한 관계는 명확하게 되어 있지 않다.

이에 비해 국가 교육과정 문서에 학생 평가와 관련된 사항은 법적 규정과 상이한 형태를 띠고 있다. 2015 개정 교육과정 총론의 'III. 학교 교육과정 편성·운영'에서는 학생 평가와 관련된 사항 중심으로 되어 있다. 이에 비해 'IV. 학교 교육과정 지원' 항목의 '1. 국가수준 지원'에서는 교육과정의 질 관리를 위해 국가수준에서 학업성취도 평가, 교육과정 평가, 학교와 교육청 평가를 실시할 것을 제시하고 있다. 국가수준에서 행하는 학업성취도 평가, 교육과정 평가, 학교와 교육청 평가와 같은 사항은 법적으로 규정되어 있는 사항과 중복되는 내용이 나오기 때문에, 여기서는 학교 교육과정에서의 학생 평가에 대한 사항을 중심으로 논의한다. 2015 개정 교육과정 총론의 학교 교육과정에 제시된 평가 사항은 다음과 같다.[5]

3. 평가

가. 평가는 학생의 교육목표 도달도를 확인하고 교수·학습의 질을 개선하는 데에 주안점을 둔다.

1) 학교는 학생에게 평가 결과에 대한 적절한 정보 제공과 추수 지도를 통해 학생이 자신의 학습을 지속적으로 성찰하고 개선할 수 있도록 지도한다.

2) 학생 평가 결과를 활용하여 수업의 질을 지속적으로 개선한다.

나. 학교와 교사는 성취기준에 근거하여 학교에서 중요하게 지도한 내용과 기능을 평가하며 교수·학습과 평가활동이 일관성 있게 이루어지도록 한다.

　　1) 학생에게 배울 기회를 주지 않은 내용과 기능은 평가하지 않도록 한다.

　　2) 학습의 결과뿐만 아니라 학습의 과정을 평가하여 모든 학생이 교육
　　　목표에 성공적으로 도달할 수 있도록 한다.

　　3) 학교는 학생의 인지적 능력과 정의적 능력에 대한 평가가 균형 있게
　　　이루어질 수 있도록 한다.

　다. 학교는 교과의 성격과 특성에 적합한 평가 방법을 활용한다.

　　1) 서술형과 논술형 평가 및 수행평가의 비중을 확대한다.

　　2) 정의적, 기능적, 창의적인 면이 특히 중시되는 교과는 타당한 평정
　　　기준과 척도에 따라 평가를 실시한다.

　　3) 실험 · 실습의 평가는 교과목의 성격을 고려하여 합리적인 세부 평
　　　가 기준을 마련하여 실시한다.

　　4) 창의적 체험활동은 내용과 특성을 고려하여 평가의 주안점을 학교
　　　에서 결정하여 평가한다.

　　5) 전문교과 II 의 실무 과목은 성취 평가제와 연계하여 내용 요소를 구
　　　성하는 '능력단위' 기준으로 평가할 수 있다.

　　국가 교육과정의 'III. 학교 교육과정 편성 · 운영'에 제시된 평가 영역에서
는 평가의 주안점(평가의 목적), 교육목적과 교수 · 학습 및 평가의 일관성, 교
과 성격에 부합하는 평가 방법의 세 영역을 제시하고 있다. 평가의 주안점은
학생의 목표 도달도 확인의 성격과 교수 · 학습의 질을 개선하는 것의 두 가
지를 제시하고 있다. 이러한 것은 학생의 입장에서는 평가의 원래 취지인 학
생의 자기발달을 점검해 자기형성을 돕는 것이고, 교사의 입장에서는 교사가
자신의 교육활동에 대한 점검을 통해 새로운 교육 준비를 하며, 아동의 도달
가능성을 관찰해 학생의 자기인식과 자기발전의 계기를 찾을 수 있도록 해
주는 것을 말한다. 두 번째 영역과 세 번째 영역에 해당되는 교육목표와의 일
관성과 교과 성격에의 부합성은 평가의 대상과 방법 등에서 당연히 지향하여

야 할 바를 제시한 것이다.

그러나 'Ⅳ. 학교 교육과정 지원'에서는 교육과정의 질 관리를 위해 국가수준에서 학업성취도 평가, 학교와 교육기관 평가, 교육과정 평가를 하여야 하는 것을 제시하고 있다.[6] 교육과정의 편성 · 운영의 질 관리를 위해 국가가 관

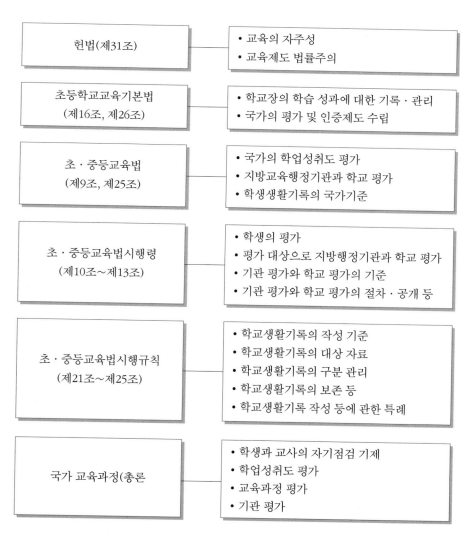

[그림 11-1] 평가 관련 법 규정의 내용

여하는 것은 교육평가에 대한 국가기준의 문제와 관련이 되고, 학교 교육과정에서 학생 평가에 대한 것은 교사의 교육의 자유와 관련된 사항이 된다. 국가 교육과정 문서에서 국가와 학교 각각의 입장에서 교육평가에 대한 내용을 규정한 것은 법적 규정이 국가와 교장의 입장에서 교육평가에 대한 규정을 한 것과는 차이가 나고 있다. 이들에 대한 논의는 뒤에서 제시하도록 한다.

교육평가에 대한 법과 국가 교육과정에 제시되고, 논의된 내용을 대상으로 평가와 관련된 사항을 도식으로 제시하면 [그림 11−1]과 같다.

4. 교육평가권에 대한 제 문제

1) 교사의 성적 평가권

학업성취도 평가에 대한 사항은 교사의 성적 평가에 대한 교사의 교육의 자유와의 관계에서 법리적 해석의 문제가 발생하고 있다. 교사의 교육의 자유와 관련해 교육평가에 대한 법리적 해석의 문제가 발생할 수 있는 것은 「초·중등교육법」 제25조의 학교생활기록과 관련된 사항이다. 그것은 법 제25조 제1항에 규정된 "학교의 장은 학생의 학업성취도와 인성(人性) 등을 종합적으로 관찰·평가하여 학생 지도 및 상급학교(「고등교육법」 제2조 각호에 따른 학교를 포함한다. 이하 같다.)의 학생 선발에 활용할 수 있는 다음 각호의 자료를 교육부령으로 정하는 기준에 따라 작성·관리하여야 한다."라는 규정과 동 규칙 제21조 제1항 "법 제25조 제1항에 따라 법 제2조에 따른 학교(이하 '학교'라 한다.)의 장은 다음 각호의 작성 기준에 따라 학교생활기록을 작성하여야 한다."라는 것이다.

법과 시행규칙에 의하면, 학생생활기록은 학생을 지도하기 위한 자료적 성격과 대외적 증명이라는 성격을 지니고 있으면서, 상급학교 진학이라는 선발적 기능도 동시에 포함하고 있다. 이러한 법적 규정은 국가 교육과정에서 학습자와 교사의 자기점검 기제로 활용하는 성격 이외에 선발적 기능도 포함하고 있다는 점에서 다소 차이가 있다. 여기서 논의 대상이 되는 것은 학생의 학업성취도 작성이 교장에게 속해 있는지와, 교육부가 정하는 기준이라는 것이 성적에 대한 평가 방법과 표시 방법을 획일적으로 표준화하는 것이 타당한 것인지에 있다. 교육부가 정하는 기준과 관련된 사항은 항을 달리하여 국가의 교육평가에 대한 기준 설정권에서 다루고, 여기서는 학생의 학업성취도 평가가 교장의 권한에 속하는지, 교사의 교육의 자유의 일환으로 보아야 하는 것인지에 대해 다루고자 한다.

학업성취도 평가는 교사의 교육활동에서 학생의 교육목표 달성 정도를 확인하고, 그에 따른 적절한 처치를 하기 위한 필수적 활동에 해당된다. 학업성취도 평가의 결과가 학생을 지도하기 위한 자료적 성격을 지니고 있다는 것은 교사의 교육활동 결과에 대한 피드백을 통해 수업 방법 개선을 위한 평가적 자료로 활용이 된다. 학생의 교육을 담당하는 것은 일차적으로 교사와 교사집단에 있다. 교사와 교사 이외의 자가 함부로 교육을 행할 수 없는 것은 교사에게 일정한 자격과 교육에 대한 권리를 부여하기 때문이다. 교사의 교육의 자유를 구하는 견해를 헌법상 학문의 자유와 교육을 받을 권리 조항으로 보든 법률상의 직무권한으로 인정되는 것으로 보든, 학생의 학업성취도 평가는 교사가 교육을 행하는 직무권한에 포함되어 있는 것으로 보아야 할 것이다.

학생생활기록에 관한 법과 시행규칙의 내용을 글자 그대로 본다면, 교장이 학생생활기록을 작성하고, 상급학교 진학을 위해 결정할 수 있다고 해석을 할 수 있다. 그러나 학생의 학업성취도 평가는 교사의 교육의 자유를 전제로 하여 담당 교과의 교사나 교사집단의 성적 평가를 규정한 것으로 보아야 한다. 학생생활기록에 대한 작성은 교사에게 있고, 보관이나 증명 및 대외적 표시와 관련된 사무 권한은 교장에게 있다는 것으로 보는 것이 교육법리에 입각한 적절한 해석이라고 생각된다. 「초·중등교육법」 제20조 제4항에서 교사는 "법령에서 정하는 바에 따라 학생을 교육한다."라는 것은 이러한 해석을 뒷받침 할 수 있는 근거로 작용할 수 있다. 학생의 교육은 교육과정을 편성하고 운영하며, 그에 따른 성과를 평가할 수 있는 권리나 권한까지 포함한다고 보아야 할 것이기 때문이다.

학업성취도 평가를 가정에 알리기 위한 통지표는 실정법에 근거한 장부나 용어는 아닌 것으로 생각된다. 통지표는 학생의 성장을 기록하고 이를 학부모에게 알리는 역할을 함으로써, 교사와 학부모의 관계를 이어 주는 자료로 기능하고 있다. 통지표 역시 학생생활기록과 기본적으로는 동일한 성격을 하고 있지만, 그것의 기능이 학생생활기록과 다르기 때문에 구체적인 기술의 방법과 정도가 상이하게 나타나는 것으로 보인다.

2) 국가의 교육평가 기준 설정권

공적인 교육은 국가나 이에 준하는 자치조직이 국민 전체를 대상으로 관리와 지원 및 통제하는 방식으로 운영되는 교육제도를 말한다. 그래서 공적교육 체제에서 국가는 교육의 일정 수준 유지와 교육의 기회 균등을 위해 교육에 개입을 하고 있다. 그것은 사적인 일로서의 교육이 감당할 수 없는 부분에 대해 보완적 역할을 수행하기 위한 것이다. 공적인 교육 체제에서는 교육과정 분야에서 국가가 교육과정 기준과 내용의 기본적 사항을 정하는 것처럼, 교육평가에서도 국가가 일정한 기준을 설정할 권한을 지니고 있다고 보아야 할 것이다. 교육평가 관련 법적 규정에서 국가의 역할이 많은 부분을 차지하고 있는 것은 이러한 이유와 밀접한 관련이 있다. 이에 대한 사항은 학생의 학업성취도 평가에 대한 국가의 기준 설정과 교육행정의 임무와 관련된 것이다.

국가가 기준을 설정하는 사항을 설명하기 위해 여기서는 「초·중등교육법」제25조에 규정한 학교생활기록에 대한 국가의 기준을 중심으로 살펴보고자 한다. 법 제25조에서는 학생생활기록에 대한 기준을 설정하는 권한을 지니고 있음을 밝히고 있다. 그 권한은 인적사항, 학적사항, 출결상황, 자격증 및 인증 취득사항, 교과 학습 발달상황, 행동특성 및 종합의견, 그밖에 교육목적에 필요한 범위 내에서 교육부령으로 정하는 사항으로 되어 있다. 이들 사항에 대한 구체적 내용은「초 · 중등교육법시행규칙」제21조에서 정하고 있다. 법 시행규칙 제21조의 내용을 제시하면 다음과 같다.

> 제21조(학교생활기록의 작성 기준) ① 법 제25조제1항에 따라 법 제2조에 따른 학교(이하 '학교'라 한다.)의 장은 다음 각호의 작성 기준에 따라 학교생활기록을 작성하여야 한다.
>
> 1. 인적사항: 학생의 성명 · 주민등록번호 · 주소와 부모의 성명 · 생년월일 및 가족의 변동 사항 등
>
> 2. 학적사항: 학생의 입학 전 학교의 이름 및 졸업 연월일, 재학 중 학적 변동이 있는 경우 그 날짜 및 내용 등. 이 경우 학적 변동이「학교폭력 예방 및 대책에 관한 법률」제17조의 조치 사항에 따른 것인 경우에는 그 내용을 기록하여야 한다.
>
> 3. 출결상황: 학생의 학년별 출결상황 등. 이 경우 출결상황이「학교폭력 예방 및 대책에 관한 법률」제17조의 조치 사항에 따른 것인 경우에는 그 내용을 기록하여야 한다.
>
> 4. 자격증 및 인증 취득상황: 학생이 취득한 자격증의 명칭, 번호, 취득 연월일 및 발급기관과 인증의 종류, 내용, 취득 연월일 및 인증기관 등
>
> 5. 교과 학습 발달상황: 학생의 재학 중 이수 교과 및 과목명, 평가 결과, 학습활동의 발전 여부 등
>
> 6. 행동특성 및 종합의견: 학교교육 이수 중 학생의 행동특성과 학생의 학교교육 이수 상황을 종합적으로 이해할 수 있는 의견 등. 이 경우 해당

학생에 대하여「학교폭력 예방 및 대책에 관한 법률」제17조에 따른 조
치 사항이 있는 경우에는 그 내용을 기록하여야 한다.
② 제1항에 따른 학교생활기록의 항목별 작성 기준 외에 학교생활기록의
작성 등에 필요한 사항은 교육부 장관이 정한다.

　　교육부 장관이 제시하는 학교생활기록의 작성 기준은 생활기록의 표시 방
법을 정하고 있다. 이러한 사항은 전적인 법적 구속력을 전제로 하고 있다기
보다는 국가가 행하는 지도·조언 행정의 일환으로 보는 것이 합리적이라고
생각된다. 학생의 학업성취도에 대한 전문 기술적인 내용은 교사가 행하는
것이고, 그러한 권리나 권한을 침해하지 않는 범위에서 국가가 학업성취도
평가에 대한 기준을 설정해 지도와 조언을 행하는 것은 가능할 것이다.[7] 교
사가 어떠한 평가 방법을 취하여 어떻게 표시하느냐는 학업성취도 평가의 기
본적 요소에 해당되기 때문에, 교육부나 교육청과 같은 교육관계기관이 권력
적 개입이나 법적인 규제를 하는 것은 적절치 않은 것이다. 학생의 학업성취
도 평가와 관련된 국가의 기준 이외에 지역수준에서 그러한 기준을 설정하는
것도 가능할 것이다.
　　교육과정이 넓은 의미에서 국가와 지역의 기준과 내용의 기본적 사항에 대
한 설정 권한이 있다면, 교육과정을 매개로 한 교육활동의 성과 역시 동일하
게 적용되어야 학업성취도 평가가 제대로 이루어질 수 있는 것이다. 교육평
가에서 평가 방식은 교육부의 기준에 기초해 교육청이 학교생활기록의 형식
을 결정할 수도 있다. 현재 교육관계법에서는 교육청과 같은 지역수준의 교
육평가에 대한 내용은 제대로 확인되지 않고 있어 이에 대한 검토도 필요한
실정이다. 「초·중등교육법시행규칙」 이외에 「학교생활기록 작성 및 관리 지
침」 훈령은 법 시행규칙의 개정과 교육과정의 개정에 따른 후속 조치의 일환
으로 개정이 되고 있다. 개정 교육과정에 따라 필요한 학교생활기록 양식이
제시되고 있는 것으로, 이것은 교육과정과 교육평가의 밀접한 관계를 말해

주고 있다.

교육평가에 대한 외형적인 틀을 결정해 주는 국가 교육평가의 기준 설정은 국가의 권한에 있고, 실제 학생의 학업성취도 평가에 대한 전문적 판단과 기입은 교사에게 있는 것으로 이해하여야 할 것으로 생각된다. 여기서 교육평가에 대한 국가의 기준을 어느 정도의 범위에서 인정할 것인지는 교육학적으로 검토할 과제가 된다. 국가에서 설정하는 교육과정의 기준이 무엇인지 명확치 않은 것처럼, 교육평가의 기준도 분명하게 말하기는 어렵다. 그러나 이러한 사항에 대해 교육학적 성과가 축적되어야 교사와 교사집단이 지는 교육의 자유가 조화를 이룰 수 있는 지점을 확인할 수 있을 것이다.

국가가 학교생활기록에 대한 기준을 설정하는 권한이 있다고 하더라도, 학업성취도 평가를 실시하는 목적과 관련해 추가적으로 논의되어야 할 사항은 존재한다. 그것은 학생 선발과 관련된 평가를 실시하는 능력주의 평가 방식과 관련된 것이다. 이러한 평가 방식은 교육평가의 본래적 목적과 달리 수단적 목적으로 사용되는 것이다. 교육평가가 본래적 목적으로만 사용될 수 없는 것은 현실적으로 부딪힐 수밖에 없는 일이다. 그러나 수단적 목적으로만 활용하기 위해 학생의 학업성취도를 평가하는 것 역시 옳은 것이라고 보기 어렵다.

3) 학업성취도 평가의 방법

법과 시행령에서는 학업성취도 평가에 대한 학생 지도의 자료적 성격 이외의 대외적 증명과 관련된 사항에서 상급학교 학생 선발을 위한 국가의 평가 기준 설정을 인정하고 있다. 여기서 대외적 증빙을 위한 자료로 활용한다는 것을 학생의 선발과 관련된 것으로 이해하는 것은 적절치 않다고 생각된다. 대외적 증명은 학부모에게 학생의 성장이나 교육목표의 도달도를 확인시키는 경우도 있고, 학력의 인정으로 활용될 수도 있으며, 일정한 자격 요건을 위해 활용될 수도 있다. 그런데 그러한 활용을 위해 학생을 차별하고 선별하기 위해 학생을 상대적으로 평가하여 능력주의 평가로 활용하는 것으로 오해하여서는 안 된다는 것이다.

우리나라에서는 1950년부터 1976년까지 초·중등학교에서 상대평가를 실시해 왔으나, 1976년 문교부 훈령 제286호로 절대기준평가로 전환하였다.[8] 상대평가는 규준지향평가로 개인의 학력이나 지능 및 성격 등을 다른 학생과의 비교에 의해 평가하는 것이며, 절대평가는 준거지향평가로 교육목표 도달도의 평가에 해당된다. 현재 학교생활기록부와 관련된 규정에서 상대평가나 절대평가를 사용하여야 한다는 것은 확인하기 어렵다. 학생의 상대평가 방식은 우리나라가 고도의 경제 성장을 이룩하려는 시기에 우수한 인재를 선발하는 데 활용되었다. 현재는 학교생활기록부의 내신만으로 선발하는 것이 부족하여 전국단위의 시험을 통해 해당 기관에서 적합한 인재를 선발하는 보완적 역할도 수행하고 있다.

그렇다고 하더라도 상대평가는 학업성취도 평가의 본래 목적과는 다르고, 교육실천이나 교육원리적으로 문제를 야기하고 있다.[9] 학생의 학업성취도 평가는 학습자의 성장에 기여하고, 학생의 자기형성을 돕는 발달적 교육관에 기초하고 있다. 학습자의 차이는 차별적 학습관이나 능력의 차이를 받아들이는 것이 아니라, 최적의 학습 조건이 주어지면, 모든 학습자의 학습의 질과 능력이 유사해질 수 있다는 것이다. 이러한 학습자관에서 학생의 학업성취도는 평가의 본래 기능을 회복할 수 있다. 이에 비해 선발적 교육관은 상대평가를 지향하게 되고, 교육과정의 표준화나 규격화를 요구하게 된다. 표준화된 교육과정은 각 개인에 적절한 교육과정 내용을 제공하기 어렵게 하고, 교육의 본질적 가치를 추구하기 힘들게 만든다.

표준화된 교육과정은 평가 방식에서도 획일적 성향을 지니게 된다. 그렇게 되면 학교에서 소외집단을 더욱 발생시키게 되고, 교육의 기회를 불균등하게 만드는 주요 원인이 된다. 그러한 평가 방식은 교육의 방법과 교육과정의 정상적 운영을 왜곡하게 만들게 된다. 교육평가의 선발적 기능이 실질적인 기능을 하기 위해서는 학생의 성장의 힘이 다할 때 가능한 것이다. 학생의 선발적 기능이 교육평가의 중요한 부분을 차지하면서 본질적 기능과 별개로 작용하게 되면, 교육적 가치를 구현하기 위한 기능적 부분이 될 수 없을 것이다. 교육평가가 학생의 성장과 선발을 서로 다른 것으로 구분하게 되면, 사회적 필요에 부응하는 것이 가능하게 된다. 그러나 학생이 성장할 수 있는 힘을 제어하는 역할도 동시에 하게 된다. 입시 위주의 평가 방식에 해당되는 평가를 지향하게 되면, 교육활동 전체가 그러한 방향으로 움직이게 되어 학생의 정당한 성장이 이루어질 수 없게 되고 학습권의 침해를 가져오게 된다. 따라서 학교생활기록의 대외적 증명을 능력주의 평가 방식으로만 이해할 것이 아니라, 본래적 평가에 기초해 부수적 차원에서 선발적 기능이 작용하도록 하여야 할 것이다.

교사가 학생의 교육평가에 대한 전문적 판단에 의해 작성하는 권리나 권한을 지니는 것은 학교자치의 일환으로 이해되어야 한다. 교사는 학생의 전인적 성장을 촉진하는 전문성을 지녔기 때문에, 학부모의 부탁에 의해 교육활동의 기초 단위집단인 학교의 교육자치가 보장되어야 하는 것이다. 교사가 학생에 대한 평가권을 지니는 것은 학습권의 보장을 위해 존재하는 것이므로, 학생이 수긍할 수 있는 객관성과 공정성을 지녀야 한다. 그리고 학생이 자신의 도달 수준과 새로운 발달의 가능성을 확인하는 데 기여할 수 있어야 한다. 학생의 학업성취도 평가활동은 개별 교사가 행하기도 하지만, 교과나 학년 단위, 나아가 학교의 집단적 활동이 되어 교사집단의 교육자치의 범주 내에서 행해지게 된다.

학생의 학부모는 교사와 교사집단의 전문성을 신뢰함과 동시에 학교의 성적 평가와 그 방법 등에 대해 관심을 가져야 한다. 학부모는 학생의 성장에 대한 책임을 수행하면서 교사에게 필요한 사항에 대한 요구나 질문을 하여 교사가 이에 대한 충분한 설명을 구할 필요가 있다. 그래야 교사는 그러한 학부모의 요구에 대응해 연구하고 응답할 수 있는 책무성을 가지게 되는 것이다. 국가가 교육의 일정 수준 유지와 기회를 균등하게 제공하기 위해 교육평가에 대한 기준의 설정 권한을 지니고 있다면, 교사는 그러한 기준에 기초해 학생의 성적으로 전문적으로 판정할 수 있는 역량을 길러야 할 필요가 있다. 교사가 학생의 학업성취도 평가와 관련된 교육의 자유를 주장하기 위해서는 그에 상응하는 책무도 성실하게 수행할 필요가 있는 것이다.

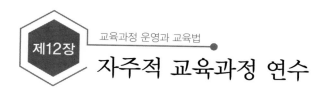

제12장 교육과정 운영과 교육법

자주적 교육과정 연수

1. 의의

전문직으로서 교사의 연수에 대한 중요성은 간과할 수 없다. 교육활동의 중심은 교사와 학생과의 관계의 긴밀도의 향상에 있어야 하고, 이를 위해 직전교육과 현직교육에서 전문성 향상을 위한 노력이 이루어지고 있다. 교육개혁을 위해서는 교사가 개혁의 대상이 되어야 할 것이 아니라, 교사가 교육개혁의 주체가 되어야 한다. 교육 외적인 국가 발전이나 경제 발전과 같은 목적을 위해 교육을 개혁하는 것은 교육에서 수단적 가치를 중시하게 되어 교육의 핵심적 가치를 놓치게 된다. 교육이 외적인 목적에 지배되면, 그에 대비하는 방향으로 교육활동을 전개하게 된다. 그리고 그에 수반되는 문제 해결을 위한 노력도 위에서 아래로 제시하는 획일적 방식에 의존하게 된다. 그 결과, 교육은 그러한 방향으로 재편되어 교육에서 발행하는 모든 조건을 충족시킬 수 없게 됨으로써 또 다른 문제를 발생시키는 결과를 초래하게 된다.

　이러한 점에서 교육개혁은 인간 존중을 기본으로 하는 교육개혁이 이루어져야 한다. 이것은 교육현장의 교실 실천의 개선을 기초로 하는 아래로부터의 교육개혁이 필요하다. 이를 위해서는 교육과정과 교수·학습방법 및 평가 방법의 개선을 통해 학교교육에서의 기회 균등을 도모하여야 한다. 이를 위해 교육을 담당하는 교사의 개선이 필요하고, 교육개혁의 기반으로서 교사교육인 교사의 연수의 문제가 되는 것이다. 교사교육인 교사 연수는 일반 사회 분야의 직종에서 허용되지 않는 특수하고도 복잡한 지적인 기술에 중점을 둔다. 개별 교사와 교사집단은 직무 수행에서 자주적인 판단과 기술을 행사할 자유가 요구되는 전문적 자율성이 요청되는 것이다. 그리고 전문직으로서 교직은 교사의 교육의 자유를 가능하게 하고, 그에 적절한 권리 행사를 가능하게 하는 것은 교사의 전문적인 지적인 기술 또한 필요하다. 교직의 전문성은 자율성과 더불어 지적인 기술의 체계성이 함께 요구되는 것이다.

　교사의 연수가 다른 일반 사회 분야의 연수와 다른 것은, 동일한 공무원이라고 하더라도 연수에 대한 규정이 다르게 되어 있는 것으로 이해될 수 있다. 현재 「교육공무원법」에서는 별도의 연수 규정을 두고 있다. 「교육공무원법」 제37조에서 연수의 기회 균등과 제38조의 연수와 교재비, 제41조의 연수기관 및 근무 장소 이외에서의 연수 등이 그것이다. 여기서의 교사 연수에 대한 규정은 교육의 자유와 관련된 것으로 연수권을 규정하고 있다.

　이에 비해 「국가공무원법」 제50조에서 공무원이 담당 직무를 효과적으로 수행할 수 있는 전문성을 위해 교육훈련을 받고, 자기계발 학습을 하도록 규정하고 있다. 여기서의 교육훈련은 어떠한 직원이 자기가 맡은 바 직책을 수행하는 데 그 직책이 요구하는 자격을 구비하고 있지 못하는 경우, 그 부족한 능력을 발견하고 단기간에 보충하는 것을 의미하는 것으로 사용하고 있다.[1] 교육이 장기적이고, 개인의 잠재력을 총체적으로 개발하는 것과 비교하면 훈련의 의미는 차이가 있다. 그러나 현대 행정국가에서는 훈련의 범위가 확장되고, 전문화되어 구체적 내용은 교육과 밀접하게 관련되고 있다. 그래서 교육과 교육훈련의 용어를 혼용하기도 한다.

「국가공무원법」과 「교육공무원법」에서 규정한 내용의 이러한 차이는 상이하게 규정이 되어 있다. 교육공무원인 국·공립학교 교사에게 부단한 연구와 수양을 하는 연수가 필요는 이유는 전문적인 자질의 향상을 기하는 데 있다. 교사의 전문적 자질 향상은 학생의 학습권을 충족시키기 위한 것에 있다. 이러한 학습에 대한 권리는 「헌법」 제31조 제1항에서 교육을 받을 권리로 보장이 되고 있으며, 「교육기본법」 제3조에서도 학습권을 규정하고 있다. 이러한 의미를 지니고 있는 교사의 일반적 연수에 교육과정에 대한 연수가 포함이 되지만, 교육과정 연수는 일반적인 연수와 차이가 있다.

교사의 교육과정 연수는 교육과정이 개정된 후 교육현장에 적용이 되기까지 소요되는 2년 내외의 공백기에 이루어지게 된다. 개정 교육과정이 교육현장에 적용이 되기 전에 이루어지는 교육과정 연수는 교육부와 교육청의 계획에 의해 조직화된 상태로 이루어지게 된다. 그러나 교육현장에 적용이 되는 단계에서는 교사가 주도적으로 연수가 이루어지는 경향이 강하게 나타난다. 이러한 점에서 교사의 연수와 관련해 일반적으로 제기되는 근무시간 외의 자주적 연수, 직무명령으로서의 직무 연수, 그리고 근무시간 내에 이루어지는 참여 연수 등이 모두 적용이 된다. 그러나 교육과정 연수가 일반 연수와 다른 특수성을 감안해 이들 논의 내용을 교육과정 개정 후 적용 전 단계의 연수와 교육과정 적용 단계의 자율 연수로 구분해 법적으로 논의되어야 할 사항을 다루고자 한다.

2. 교육과정 연수의 자주성

1) 교원 연수의 법적 규정과 자주성

교원 연수에 대한 법적인 규정은「교육기본법」제14조 제2항 "교원은 교육자로서 갖추어야 할 전문성과 자질을 향상시키기 위하여 노력하여야 한다."라는 문장에서 간접적으로 찾을 수 있다. 보다 직접적으로는「교육공무원법」제37조~제42조에서 찾을 수 있다. 제37조는 연수의 기회 균등, 제38조는 연수와 교재비, 제39조는 연수기관의 설치, 제40조는 특별 연수, 제41조는 연수기관 및 근무장소 이외에서의 연수, 제42조는 연수 및 근무 성적의 평정을 규정하고 있다. 제37조와 제38조, 제41조를 교원 연수의 자유와 관련된 규정이라고 한다면, 제39조와 제40조는 국가와 지방자치단체의 연수기관의 설치나 연수계획의 수립과 경비의 지원, 연수의 지도·감독 등 연수를 실시하는 주체의 입장에서 제시한 내용이다. 이에 비해 제37조, 제38조, 제41조는 교원의 연수에 대한 자주성과 관련된 것이다. 여기서는 교원 연수의 자주성과 관련된 내용을 다루고자 하므로, 제37조와 제38조 및 제41조에 대해 살펴보고자 한다.

「교육공무원법」제37조에서는 "교육공무원에게는 연수기관에서 재교육을 받거나 연수할 기회가 균등하게 주어져야 한다."라고 하여 연수의 기회 균등에 대해 규정하고 있다. 국·공립학교의 교사는 교육공무원으로 이들이 연수를 하고자 할 경우 그 기회를 보장되어야 한다는 것이다. 법 제38조 제1항에서는 "교육공무원은 그 직책을 수행하기 위하여 끊임없이 연구와 수양에 힘써야 한다."라고 규정하고 있다. 이 규정에서 국·공립학교 교사는 직무 수행을 위해 연구하고 수양에 힘써야 하는 것은 타율적으로 이루어지기보다는 자율적으로 이루어져야 하는 의미가 내재되어 있다고 보는 것이 적절하다.

교사의 직무는 전문직으로서 전문적 자질을 높이기 위함에 있는 것이다. 「국가공무원법」 제50조에서 "… 담당 직무를 효과적으로 수행할 수 있는 미래 지향적 역량과 전문성을 배양하기 위하여 법령으로 정하는 바에 따라 교육훈련을 받고 자기개발 학습을 하여야 한다."라는 것과 「지방공무원법」 제74조에서 "… 담당 직무와 관련된 학식·기술 및 응용 능력을 배양하기 위하여 법령에서 정하는 바에 따라 훈련을 받아야 한다."라고 되어 있는 규정과 상이한 표현을 사용하고 있다. 조문의 표현도 「국가공무원법」 제50조는 인재 개발, 「지방공무원법」 제74조는 훈련이라는 용어를 사용하고 있다.

「국가공무원법」과 「지방공무원법」에서 직무 수행을 위해 훈련을 받아야 하는 것과 「교육공무원법」에서 끊임없이 연구와 수양을 하여야 한다는 것과 다른 형태의 내용으로 제시되고 있는 것이다. 국·공립학교 교사는 지속적으로 연구하는 것과 수양하는 것이 동시에 포함되어 있다. 여기서의 연구는 교사가 교육활동을 전개하기 위해 주어진 범위에서 연구를 하여, 이를 교육에 적용하여야 하는 것을 말하는 것이다. 그리고 수양을 하는 것은 몸과 마음을 닦아 기르는 것으로 도덕적인 측면도 동시에 강조하고 있다. 그리고 그것은 권리적 측면을 강조하기보다는 의무적 측면과 관련된 느낌을 내포하고 있는 것으로 생각된다.

일반직 공무원과의 차이는 교사는 자신을 위해 연수를 한다기보다는 학생의 성장을 위해 전문성을 향상시켜야 하는 것과 관련이 있다. 의무적 성격이 나타나고 있다는 표현은 교사가 부족한 상태를 극복하려는 노력을 하지 않으면 안 된다는 것을 보여 준다. 교사는 학생과 직접적인 대면 관계를 형성하고, 학생의 성장에 대응할 수 있는 사람이기 때문이다. 그러한 의무는 외적으로 주어지는 의무라기보다는 학생과의 관계에서 성립하는 것이고, 그러한 의미에서 교사는 학생을 위해 자신을 통제할 수 있는 힘을 길러야 하는 것이다.

여기서 말하는 자신의 통제는 자신의 편의에 의해 연수를 받거나, 외적인 힘에 의한 연수를 받는 것이 아니라 자신의 자율 의지에 따른 연수가 이루어

져야 한다는 것이다. 교사와 교육의 자율성은 외적인 힘이 제거되어도 자신
을 통제할 수 있는 능력이 없다면, 그것은 진정한 의미의 자율이 될 수 없기
때문이다. 법 제41조에서 규정하고 있는 근무장소 이외의 연수에 관한 규정
역시 마찬가지에 해당된다. 이에 대한 해석과 관련해서는 뒤에서 교외 자주
연수에서 구체적으로 다루고자 한다.

교사의 연수의 필요성과 자주적 연수는 교사의 교육과정 연수에 대해서도
동일하게 적용이 된다. 그러나 교육과정 연수는 자율적으로만 이루어지는
것은 아니다. 우리나라 교육과정은 개정의 시기별로 차이가 있지만 5~10년
사이에 전면적인 개정이 이루어지고 있는 실정이다. 전면적인 교육과정의
개정이 확정·고시되면, 실제 적용이 되기까지 2년 내외의 시간적 여유가 생
긴다. 이 시기에 개정 교육과정에 따른 교과서 개발과 개정 교육과정에 대한
교원 연수가 이루어진다. 이 시기의 교육과정 연수는 교육부와 교육청의 개
정 교육과정 연수 계획의 수립에 따라 일시적인 교사 연수를 하고 있다. 교사
의 자율적 연수라기보다는 의무가 수반되는 연수가 되고 있는 것이다. 이러
한 연수는 자주적 연수와 갈등을 빚을 수 있다.

2) 교육과정 연수의 특수성

교육과정 연수가 일반적으로 논의되는 연수와 차별화된다는 것은 교육과
정 개발과 운영 단계의 연수의 성격이 다르다는 점에 있다. 국가 교육과정
이 전면적으로 개정이 되면, 실제 적용이 이루어지기 전까지 시간적 간격이
벌어지고 있다. 2015 개정 교육과정의 경우 2015년 9월 23일 확정·고시되
었지만, 2017년 3월 1일 초등학교 1, 2학년, 2018년 3월 1일 초등학교 3, 4학
년, 중학교 1학년, 고등학교 1학년 등으로 학교급별로 순차적으로 적용하도
록 교육과정 고시문 부칙에 제시되어 있다. 이러한 시간적 간격에서 교육과
정이 확정·고시된 이후에 각급학교 교사와 관리자에게 홍보와 보급을 하게

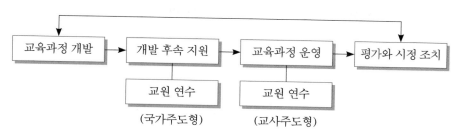

[그림 12-1] 교육과정 개발과 운영에서 교원 연수의 위상

된다. 이 경우, 교육부와 교육청은 국가주도적으로 개정 교육과정에 대한 연수 계획을 수립해 체계적으로 적용하고, 실제 적용의 단계에서는 교사주도적 형태로 연수가 이루어지는 경향이 있다. 이 관계를 도식으로 제시하면 [그림 12-1]과 같다.

첫째, [그림 12-1]는 국가 교육과정 개발에서 교사 연수가 어떠한 단계에서 이루어지는지 확인하기 위해 전체적 윤곽을 제시한 것이다. 국가 교육과정은 현장의 요구와 국가·사회적 요구 및 세계적 동향을 분석해 기본 방향을 설정하고, 포럼과 공청회 등을 걸쳐 교육부 장관이 확정·고시하게 된다. 교육과정 개발이 완료되면, 교육현장에서 적용하기 전까지 일정한 시간적 간격이 발생하게 된다.

이 시기에 교육과정 개발의 후속 지원으로 교과서 개발과 교원 연수가 이루어지게 된다. 이 단계에서 국가주도적으로 연수 계획을 수립해 개정된 교육과정의 홍보·보급을 하게 된다. 그리고 교육과정을 운영하는 실제 적용 단계에서는 교사가 부딪히는 어려운 사항에 대해 교사주도적으로 연수를 하게 된다. 개정 교육과정의 평가와 시정 조치를 통해 차기 교육과정 개정 작업에 들어가는 순환적 과정을 거치게 된다. 여기서 교사라고 표현하지 않고 교원이라고 한 것은, 교원에는 교사뿐만 아니라 교장, 교감 등의 관리직도 연수를 함께하기 때문에 이들을 총칭한 교원의 개념을 사용한 것이다.

둘째, 교육과정 개발 후속 지원과 관련된 교원 연수를 살펴본다. 이 단계는

[그림 12-2] 2016년 교육과정 연수의 추진 체계

개정 교육과정의 보급 단계로 새로운 교육과정의 개정 배경과 주요 특징 등에 대한 연수를 실시한다. 연수는 교육부의 계획에 의해 진행된다. 2015 개정 교육과정에 따른 2016년 교육과정 연수의 추진 체계는 [그림 12-2]와 같다.[2]

2016년 교육과정 연수의 추진 체계는 교육부에서 연수의 계획 수립과 연수 자료를 개발한다. 교육청은 권역별 세부 추진 계획을 수립하고, 교육부와 교육청은 연수 운영에 대한 모니터링을 한다. 그리고 17개 시·도 교육청이 교육과정 연수를 추진하게 된다. 이러한 연수의 추진 체계에 따른 2016년 교육과정 연수 계획을 제시하면 [그림 12-3]과 같다.

교육과정이 개정되면, 제한된 시간에 전국의 교원을 대상으로 연수를 실시하므로 전달식으로 전개되고 있다. 전달식 연수는 지속적인 전달의 과정에서 개정 내용에 대한 왜곡 현상이 발생할 수 있어 이를 방지하기 위한 노력도

기본 방향	연수 과정	연수 관리
• 전 교원 대상 교수·학습 및 평가 역량 강화 • 사이버 연수와 집합 연수의 병행 • 자생적 교사학습공동체와 자율 연수 활성화	• 전문직, 관리직, 담당교사, 현장교사의 구분 연수 • 핵심교원, 선도교원, 현장교원의 전달 체계 • 교육부의 기본 계획 수립에서 시·도별 연수의 추진 체계 • 온·오프라인 병행 추진	• 현장 관리 • 연수 중점 사항 • 사후 관리 등을 통한 연수의 질 제고

[그림 12-3] 2016년 교육과정 연수 계획 개요

기울이고 있다. [그림 12-3]의 기본 방향에서 사이버 연수와 집합 연수 및 자율 연수를 활성화하고자 하는 것은 이러한 취지와 관련된다. 연수의 과정은 핵심교원, 선도교원, 현장교원의 형태로 전달되는 구조를 지니고 있다.

　셋째, 교육과정 운영 단계에서의 교원 연수에 대해 살펴본다. 교육과정 운영 단계에서는 보급 단계와 같이 국가주도적으로 연수 계획을 수립하여 체계적으로 진행하지는 않는다. 국가나 교육청의 주도보다는 학교가 중심이 되어 연수를 한다. 학교는 교장이 어떠한 성향을 지니고 있는지, 그리고 학교 문화가 어떠한지에 따라 연수의 시기, 내용과 방법 등이 달라지고 있다. 학교 자체적 연수와 달리 교사들 간의 협의회를 통해 학교 간 연수를 행하는 경우도 존재하고 있다. 교육과정 운영 단계에서의 연수는 일반적으로 논의되고 있는 연수에 대한 내용과 큰 차이를 보이지는 않고 있다. 교육과정 운영에서 어려움을 겪는 부분에 대해서 교사가 자주적 연수를 할 수 있다.

　교사의 교육과정 연수에서 특징적으로 나타나는 부분은 개정 교육과정의 보급 단계에서는 국가주도적으로 일시적이고 대규모로 한다는 것이고, 적용 단계에서는 교사주도적으로 필요에 따라 단계적이고 소규모로 한다는 차이가 있다. 그러나 국가주도적 연수와 교사주도적 연수 모두 교사의 교육의 자유와 밀접한 관계가 있는 것이다.

3. 교육과정 연수에서 법해석상의 쟁점

1) 교육과정 개정 후 보급 단계의 교원 연수

　교육과정 개정 후 이루어지는 연수는 교사의 자율적 연수로 보기보다는 의무적 성격이 강하게 나타난다. 2015 개정 교육과정에 따른 교육과정 연수의 체계를 보면, 교육부에서 연수에 대한 기본 계획을 수립하고, 실제 전달 체계는 핵심교원, 선도교원, 현장교원으로 이어지는 방식을 취하고 있다. 핵심교원은 교육과정 부장, 수석교사, 교감, 교장, 전문직 등으로 이루어진다. 2015 개정 교육과정의 총론 연수의 핵심교원은 1,000여 명으로 4개 권역으로 구분하여 연수를 하였다. 선도교원은 교과별 교육과정의 주요 내용과 교수ㆍ학습방법 및 평가 방법 개선의 역량 강화에 목적을 두고, 초ㆍ중등학교로 구분하여 1박 2일의 합숙으로 추진 계획을 세워 운영하였다. 현장교원 역시 선도교원의 목적과 마찬가지로 운영하였다. 교육부 차원에서는 핵심교원으로 연수를 하고, 핵심교원은 선도교원을 대상으로 연수를 하며, 선도교원은 현장교원을 대상으로 연수를 실시함으로써 모든 교원의 연수를 체계화시켜 진행하였다.

이러한 연수의 체계는 일종의 행정 연수와 유사한 형태로 전개되었다. 행정 연수라고 이름을 지은 것은 교육부나 교육청 같은 행정기관이 스스로 연수회나 강습회를 개최하는 것과 같이 행정기관이 계획한 연수를 지칭하는 용어로 사용한 것이다. 일본의 경우에도 이러한 형태를 행정 연수로 부른다. 그러나 일본의 교육행정기관에서 개최하는 교원 연수는 전문적ㆍ기술적 지도와 조언을 행하는 일로 보거나 지도ㆍ조언 행정의 일환으로 행해져야 하는 것으로 보고 있다. 이러한 행정 연수의 경우, 강제적으로 이루어질 것이 아니라 연수의 자주성을 존중해 자의적 참가를 지켜야 한다. 이것은 일반의 민간 교육단체가 개최하는 연수회와 동일한 상황에 있다고 볼 수 있는 것이다.

그리고 행정 연수의 내용에서도 통제적인 것이 되어서는 안 되며, 교사의 전문성에 기여할 수 있는 것이어야 한다. 그것은 교사의 교육과정 실천에 대한 관심과 필요에 기초하여야 하고, 전문성 향상을 위해 그 내용적 수준이 적정하게 보장되어야 하는 것이다. 이를 위해서는 교사와 교사집단의 의견이나 협의를 반영하는 것이 요구된다.

중요한 것은 이러한 사항이 개정 교육과정의 보급 단계에 그대로 적용이 가능한 것인지의 여부이다. 개정 교육과정의 보급 단계에서의 연수는 그 내용에서 통제적인 것은 아니고, 그렇다고 교사의 전문성에 기여하지 않는 것도 아니다. 개정 교육과정의 적용 이전에 주요 내용에 대한 이해를 충분히 함으로써 전문성을 더욱 향상시키고, 현장의 적용이 원만하게 이루어질 수 있는 기본적 조건을 마련하는 것이다. 개정 교육과정이 적용되었을 때 개정 교육과정의 주요 내용을 파악하려고 하면, 시간적 부족과 그에 상응하는 연수 프로그램이 제대로 마련되어 있지 않고 준비되지 않은 상태로 교육에 임하게 되어 학습권 보장에 제한을 주게 된다. 보급 단계의 교육과정 연수는 학생의 학습에 대한 권리를 충족시키는 것으로서, 이러한 점에서 보급 단계의 교육과정 연수는 전문적인 교사의 전문적 자질을 높이기 위한 것에 의미가 있는 것이다.

보급 단계의 교육과정 연수가 강제성을 띠고 있지는 않지만, 체계적으로 진행이 되는 관계로 교사의 입장에서는 의무성을 수반하는 것으로 여겨질 수 있다. 교육과정 담당 부장교사는 개정 교육과정의 주요 내용에 대한 이해를 충분히 하고자 노력하지만, 개별 교사는 자신이 처한 입장에 따라 그러한 일에 관심이 없는 경우도 존재한다. 실제 교육현장의 교사에 대한 연수는 선도교원이 학교에서 자체적으로 연수를 하는 형태로 전개된다. 이러한 점에서 교사와 교사집단의 연수와 유사한 형태로 전개된다. 외적으로 보면 교육부에서 교육현장에 이르기까지 강제적으로 이루어지는 것으로 보이지만, 내용적으로는 단위학교에서 자율 연수의 형태로 이루어지고 있는 것이다.

그리고 개정 교육과정에 대한 주요 내용의 이해와 적용을 위한 기술적 측면에 대한 이해는 교육부와 교육청의 입장에서 전문적인 지도·조언을 하는 일로 보는 것이 합리적이다. 국가 교육과정은 교육과정 그 자체가 아니라 교육과정의 기준과 내용의 기본적 사항에 해당되기 때문에, 그러한 사항에 대한 연수는 학교 교육과정의 편성·운영을 위한 전문적인 지도·조언을 하는 일이 되는 것이다. 다만 개정된 내용에 대해 의무성을 지니는 느낌이 나는 부분은 교사의 교육의 자유를 제한하고 있다고 생각할 수도 있다. 그러나 교사의 자주적 연수는 학습권 보장을 위한 권리에 해당되는 것으로, 학생의 입장에서 보면 일종의 의무와 같은 형태로 나타나기도 한다. 따라서 개정 교육과정에 대한 보급 단계의 연수는 행정 연수로 여길 것이 아니라, 자주 연수의 보충으로 이해하는 것이 현실을 반영한 연수의 해석이 될 것이다.

2) 교육과정 적용 단계에서의 자율 연수

(1) 자주 연수의 직무적 성격

개정 교육과정의 적용 단계에 대한 교원 연수는 일반적으로 언급되는 교원 연수에 대한 내용의 큰 틀에서 벗어나지 않는다. 교육과정의 적용 단계에서는 교육부와 교육청의 계획에 따른 연수를 하는 것이 아니라, 교사의 자율성을 기반으로 하는 연수가 행해진다. 개정 교육과정을 실천할 때, 고충이나 적용상의 문제를 해결하기 위해 교사가 연수의 필요를 느끼는 것이다. 개정 교육과정은 교육활동의 매개체로 작용하며, 그러한 매개체가 원활하게 작용할 수 있어야 교수·학습의 긴밀도가 높아진다. 교육활동의 상황은 매우 복잡하기 때문에, 교사에 따라 연수의 시기와 내용 등의 차이가 나타나게 된다.

개정 교육과정을 실천하는 교육활동의 전개는 교사의 본래 직무에 해당되는 것이므로, 이와 관련된 연수는 직무의 성격을 지니고 있다고 할 것이다. 교사의 연수를 직무로 보게 되면, 근무시간 중의 연수는 가능한 것이다. 교육과정 행정은 직무로서의 연수를 시간적으로나 경제적으로 보장하는 구조가 되어야 한다. 시간적으로 보장한다는 것은 교사의 근무시간 중 일정 부분을 연수의 시간으로 확보하여야 한다는 것이다. 그리고 경제적으로 보장하여야 한다는 것은 연수를 위해 교외 자주 연수에 대해 출장비를 지급하기 위해 예산의 편성과 집행을 할 수 있는 조건을 정비하는 행정이 되어야 한다는 것이다. 또한 자주 연수는 직무 그 자체이므로 직무 면제의 문제를 일으키지 않으며, 연휴로 취급하지 말아야 할 것이다.

교사의 자주 연수는 직무의 범위로 포함되는 교육활동과 직접적인 관련을 갖고 있는 것에 한정이 된다. 따라서 그 밖의 연수는 개인적인 활동으로 행하는 것이고, 직무적 성격을 띠지 않는 것으로 판단하여야 한다. 여기서 자주 연수를 직무 연수로 보지 않게 되면, 복무 감독권자가 직무명령에 의한 것만 연수로 인정하게 된다. 명령에 따르지 않는 교사의 자주 연수는 직무 외의 것으로 취급되고, 교사가 신고한 경우 내용에 따라 의무 면제나 연휴를 주는 방식이 될 것이다. 복무 감독권자의 직무명령 유무에 따라 직무와 직무 외의 것으로 구분하는 기준을 적용하는 것은 부적절한 것이다. 교사의 자주 연수는 교육활동의 한 부분으로서 직무적 성격을 갖는 것으로 해석하는 것이 올바른 해석이 될 것이다.

(2) 학교 외 장소의 자주 연수

교사가 학교 내에서 근무시간 중에 행하는 연수는 큰 문제가 되지 않는다. 그러나 근무시간 중에 근무장소를 떠나서 자주 연수를 하는 교외 자주 연수는 몇 가지 검토 사항이 존재한다. 「교육공무원법」 제41조는 연수기관과 근무장소 외에서의 교사 연수에 대한 규정을 두고 있다. 이 조문의 해석과 관련해 등장할 수 있는 사항을 논의하고자 한다.

첫째, 승인 조건에 대한 것이다. 「교육공무원법」 제41조에 규정된 승인 조건은 "교원은 수업에 지장을 주지 아니하는 범위에서 소속 기관의 장의 승인을 받아…"라고 하여 연수의 편의를 제공하고 있다. 이 규정에 따라 교외 연수는 학교의 기관장인 교장의 승인이 필요하다. 그러한 승인은 수업에 지장을 주지 않아야 하는 것이다. 교외 연수에서 교장의 승인을 필요로 하는 이유는 교사가 수업에 지장을 주면서까지 연수를 하고자 할 경우, 이를 방지하려는 것에 있는 것이다. 따라서 교장은 연수가 수업에 지장을 주는 유무를 판단하여 지장이 없는 한 승인해야 하는 것이다.

여기서 교사의 직무인 교육활동인 경우 교장이 승인을 하면 되는 것인데,

승인을 위해 연수의 내용에 대해 필요한 것인지, 유익한 정도를 판단하여 승인 여부를 좌우할 수 있느냐가 문제가 된다. 교사의 교육활동은 학생과 교사의 긴밀한 상호작용에서 비롯되는 것이기 때문에, 교장이 그 내용의 당부를 직접적으로 판단하는 것은 쉬운 일이 아닐 것이다. 교장이 교사가 신청한 연수가 수업활동과의 관계 유무를 판단하기보다는, 교사의 판단을 존중해 교육활동과 관련이 없다는 것이 명백하다고 판단되는 경우에 승인을 거부할 수 있다고 보아야 할 것이다.

둘째, 승인의 수속과 관련된 것이다. 「교육공무원법」 제41조 교장의 승인 수속과 관련해 교외 연수의 법적 성격과 관련된 행정해석을 살펴볼 필요가 있다. 법 제41조의 행정해석에 대해서는 일본의 사례를 토대로 살펴보기로 한다. 일본의 「교육공무원특례법」 제22조 제2항은 "교원은 수업에 지장이 없는 한, 소속장의 승인을 받아 근무장소를 떠나 연수를 실시할 수 있다."라고 되어 있다. 우리나라 「교육공무원법」 제41조의 규정과 동일하게 되어 있는 것이다. 일본에서는 이 조항에 대한 행정해석을 세 가지로 분류하여 설명하고 있다.[3] 그것은 근무로서 행해지는 연수, 근무에 유익한 것이라고 판단되어 근무전념의무 면제의 편의를 제공하는 연수, 근무시간 외를 이용하여야 하는 연수로 분류하고 있다.

일본의 「교육공무원특례법」 제22조 제2항에 규정된 근무시간 내 교외 연수는 근무에 유익한 것이라고 판단되어 근무전념의무 면제의 편의를 제공하는 연수로 보고 있다. 이것은 교원의 연수가 직무명령에 의해 행해지는 경우에 한해 직무로 인정된다고 보는 행정해석이다. 이에 대해 일본의 교육법학계에서는 교원의 근무시간 내의 교외 연수는 직무행위의 하나로 해석하고 있어 대립된 견해를 보이고 있다. 교외 자주 연수는 직무 성격을 지니고 있으므로, 의무를 면제하는 것으로 처리하는 것이 부적절하고, 「교육공무원특례법」 제22조 제2항의 규정에 근거와 수속 요건이 정해져 있어 그 밖의 법령 규정은 불필요하다는 것을 근거로 제시하고 있다.

　이러한 일본의 행정해석과 학계의 의견은 우리나라에도 그대로 적용이 가능하다. 교원의 연수를 직무명령으로 볼 것이 아니라, 교육의 자유의 일환으로 이해하는 것이 합리적이라고 생각된다. 「교육공무원법」 제41조의 규정은 교사가 교외 자주 연수를 신고하여야 하고, 교장은 수업에 지장을 주지 않는 한 이를 승인하여야 하는 것으로 볼 수 있다. 그러므로 각종 법령에 규정된 의무면제조문 중 연수에 관한 조문은 교사가 아닌 다른 사람의 연수에 관한 것으로 보아야 할 것이다.

제**4**부

교육과정과 교육법

특수교육과
초·중등교육 이외의
교육과정과 교육법

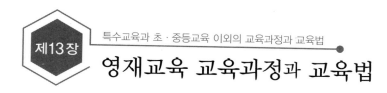

특수교육과 초·중등교육 이외의 교육과정과 교육법

제13장
영재교육 교육과정과 교육법

1. 의의

우리나라는 2000년 1월 28일에 법률 제6215호로「영재교육진흥법」을 제정하였다. 법을 신규 제정한 이유는 재능이 뛰어난 사람을 조기에 발굴하여 능력과 소질에 맞는 교육을 실시함으로써 개인의 자아실현을 도모하고 국가·사회의 발전에 기여하려는 것에 있다. 세계 각국에서 영재교육과 관련된 법령을 정비해 놓은 나라가 제대로 없는 상황에서 이에 대한 정비를 하고 있다는 것은 영재교육의 활성화에 큰 도움이 된다. 그러나 법적 규정이 제대로 정비되어 있지 않을 경우에는 영재교육에 제한적 요소가 될 수 있는 위험성도 동시에 존재한다.

일반적으로 교육현장에서는 적성과 소질이 다른 이질적인 학생들이 모여 교육활동이 전개되고 있다. 다양한 학생이 모인 공간에서 이루어지는 획일적인 교육활동은 적지 않은 소외집단을 발생시키고 있다. 소외집단은 교육내용이 너무 어려워 학습이 어렵거나 학습의 동기가 유발되지 않는 경우도 있지만, 반대로 교육내용이 너무 쉬워 학습에 대한 동기가 유발되지 않는 경우도 존재한다. 이들 양자는 교육의 기회가 제대로 제공되지 않아 학습에 대한 권리를 침해받고 있는 것이다. 여기서 다루고자 하는 것은 후자의 입장에 처해 있는 학생과 관련된 것이며, 그것은 교육과정 내용의 공통적 요소를 넘어서 학습할 능력이 있는 학생을 말한다.

일반적으로 교육활동에서는 일반적인 학생이 공부할 공통적인 요소가 있다. 현재 국가와 지역의 기준과 내용의 기본적 사항에 의해 만들어진 교육과정은 그에 부합하는 내용으로 되어 있다. 그러한 교육과정은 사회 구성원이 공유하는 경험이거나 미래 삶에 필요하다고 생각되는 것에 의존해 만들어진 것이고, 일종의 사회 구성원의 최대공약수와 유사한 것이다. 현재 각급학교 교육과정에 제시되어 있는 내용적 범위를 넘어서는 능력을 소유한 사람을 영재교육대상자로 부르고 있으며, 이들은 정규 교육활동에서 소외되기 쉽다. 이러한 관계로 이들 대상자의 판별과 그에 적합한 교육과정을 제공하는 것은 교육의 기회를 부여하기 위한 최소한의 조치에 해당한다.

여기서 국가가 학교교육에 적극적으로 개입해 교육의 기회를 균등하게 제공하기 위한 노력을 기울이는 것이 적절한 것인지, 아니면 교사와 학교의 자율에 맡기는 것이 적절한 것인지에 대한 논의가 발생한다. 각급학교 교육과정이 학생의 성장에 필요한 공통적인 요소라고 한다면, 영재교육대상자는 이러한 공통적인 요소의 범주 밖에 있으므로 그 적용이 배제되는 것이 원칙적으로 타당하다고 볼 수 있다. 그러면 영재교육대상자의 교육과정을 누가 만들고, 어떻게 운영하며, 그 성과에 대한 책무를 어떠한 방향으로 전개하는 것이 적절한지 문제가 된다.

영재교육을 담당하는 교육기관에 전적으로 이러한 사항을 맡길 경우, 그 학교가 처한 교육여건과 교육활동의 전개 방식에서 교육격차가 발생할 여지가 존재하게 된다. 이럴 경우, 교육의 기회를 운영하는 국가의 지원이나 조정이 필요하다. 영재교육에 대한 법적인 규정은 이러한 사항에 대한 규정이 제대로 정비되어 있어야 한다. 그래야 영재교육대상자에게 적절한 교육과정과 방법이 제공될 수 있으며, 그에 따라 학습에 대한 권리가 충족될 수 있다. 「영재교육진흥법」의 경우 제정된 역사가 길지 않고, 외국에는 영재교육에 대해 법으로 제정한 사례가 드물다. 다음 절에서는 이 법과 관련한 내용을 검토하고, 향후 과제가 무엇인지에 대해 살펴볼 것이다.

2. 영재의 개념과 법의 제정

1) 영재 개념의 변천과 법적 규정

1960년대와 1970년대 우리나라는 국가 발전을 위한 교육, 경제 발전을 위한 교육이 강조되었다. 개발도상국은 한 나라의 발전이 그것을 이룩할 수 있는 사람에 달려 있다고 생각하고, 그를 감당할 수 있는 사람은 교육을 통해 길러 낼 수 있다고 여겼다. 그래서 국가 발전을 위한 교육은 사회의 각 부문에서 요청되는 인력의 충원을 두고 전개되고, 국가주도적으로 교육을 관리하고 지원하면서 교육의 기회를 제공하였다. 사회 각 분야에 우수 인력을 제공하여 그러한 인력으로 하여금 국가 발전에 기여할 수 있도록 하였고, 그 결과는 성공적이었다. 이러한 우수 인력 양성의 방식에 대해 과거와 현재를 살펴보면서 영재의 개념에 대한 변화를 알아보고자 한다.

우선, 과거 신분제 사회에서의 영재는 개인적 능력보다는 사회적 신분에 의해 결정이 되었고, 영재라는 개념보다는 엘리트라는 용어가 더 친숙했던 것으로 보인다. 교육을 받을 수 있는 대상자가 사회적 신분에 의해 일차적으로 결정이 되고, 그 대상자가 배우는 내용은 주로 인문학을 중심으로 전개되었다. 교육하는 방법은 전통적인 문화유산을 읽고 습득하는 것 위주로 진행되었다. 그리고 사회적 진출을 통해 이들이 하는 것은 상당히 제한된 분야에서 정책의 결정과 실무를 처리하는 실정이었다.

신분제 사회가 폐지되고, 모든 국민이 교육을 받을 수 있는 기회가 제공되는 사회에서는 경제적 요인이 중시되고, 사회의 각 분야가 더욱 세분화되기 시작하였다. 사회구조의 변화는 각 분야별로 적절한 인력이 요구되고, 이에 적합한 인재를 양성해 제공하는 방식으로 교육이 전개되었다. 우리나라 1960년대와 1970년대의 국가 발전이나 경제 발전을 위한 교육이 그러한 형태에 해당이 될 것이다. 이 시기의 교육은 본래적 의미의 교육보다는 외적인 목적의 달성을 위해 교육이 수단적 가치로 작용하였다. 교육에는 본질적 가치와 수단적 가치가 모두 존재하지만, 수단적 가치 그 자체에 보다 많은 비중이 우세한 것이다.

제4차 산업사회는 노동의 분화에 따른 전문화의 가속화와 정보 · 통신 및 기술 · 과학 분야의 우위가 예상되고 있다. 기존의 산업화 초기 권력의 집중화는 민간으로의 사회통제가 이완되거나 구심점을 약화시킬 것이다. 우리나라는 각 산업 분야 전반이 국가주도적 성격을 지니지만, 정보 · 통신 · 과학 분야에서는 민간주도적 성향이 보다 강화되고 있다. 사회통제의 집중화가 분산 · 다차원화되면서도 국가주도적 경향이 혼재될 것이다.[1] 현재의 사회변화와 더불어 경제 성장에 따른 국민의식 수준의 향상은 국가 발전이나 경제 발전과 같은 외적인 목적을 위한 인력 양성에 대한 관점의 변화를 가져왔다.

사회구조의 변화는 그에 상응하는 인력 양성 체제로 변화를 가져오고 있다. 전통적인 미분화 사회에서의 인재와는 상이한 분야에서 뛰어난 인재를 요구하는 것이다. 개인의 적성과 소질을 현실화시키는 방식이 달라짐으로 인해 개인의 성장 그 자체가 이에 대응하는 구조가 되어야 한다. 이런 점에서 개인에게 기회를 균등하게 제공함으로써 능력이 뛰어난 자가 그 능력을 발휘할 수 있도록 교육의 본질을 구현하여야 하는 것이다. 다만 사회구조와 직업 분야가 세분화되더라도 공통적인 요소 이외에 비범한 능력을 소유한 자는 모든 면에서 일반적인 능력을 소유한 자를 능가하고, 그 특수 분야에서 탁월성을 발휘하는 데서 일반 아동과 다른 교육적 처치와 기회의 제공이 필요하다.

이러한 교육의 기회를 운영하는 데 기존에는 국가가 주도해 사회적 요구를 충족시켰다. 그러나 현재와 미래사회는 개인이 주도하면서 단위학교가 자율적으로 그 기회를 구현하고자 하는 형태가 되고 있다. 그렇다고 하더라도 국가나 지자체의 조정과 지원이 없으면 최적의 교육활동을 전개할 수 없으므로 국가의 역할이 필요한 것이다.

이처럼 농경사회에서 산업사회로의 변화는 부문별 인재로 영재 개념의 변화를 초래하였다. 「영재교육진흥법」에서도 이러한 사항은 확인이 되고 있다. 「영재교육진흥법」 제2조 제1호에서 "영재란 재능이 뛰어난 사람으로서 타고난 잠재력을 계발하기 위하여 특별한 교육이 필요한 사람을 말한다."라고 규정하여, 영재는 일반적인 능력을 소유한 사람을 능가하여 공통적인 요소에 해당되는 내용 이상의 것을 교육하여야 함을 제시하고 있다. 그리고 제5조 제1항에서는 영재교육대상자로서 부문별 수월성을 규정하고 있다.

제5조(영재교육대상자의 선정) ① 영재교육기관의 장은 다음 각호의 어느 하나의 사항에 대하여 뛰어나거나 잠재력이 우수한 사람 중 해당 교육기관의 교육영역 및 목적 등에 적합하다고 인정하는 사람을 영재교육대상자로 선발한다.

  1. 일반 지능

  2. 특수 학문 적성

  3. 창의적 사고 능력

  4. 예술적 재능

  5. 신체적 재능

  6. 그 밖의 특별한 재능

제5조 제1항에 규정된 영재교육대상자는 전통적으로 지능이 우수한 사람을 포함하면서도, 특수 학문에 대한 적성, 창의적 사고 능력, 예술적 재능, 신체적 재능, 그 밖의 특별한 재능 등으로 제시해 세분화된 사회적 분야에 대응하려는 내용을 제시하고 있다. 여기에 제시된 내용은 지력뿐만 아니라, 정의적이거나 신체적인 능력을 포함하고, 지능, 적성, 능력, 재능 등 필요에 따라 다양한 용어를 사용함으로써 선천적이거나 후천적인 면을 모두 포괄하고 있다. 영재교육은 세분화되는 사회의 각 부문별로 능력이 있는 사람을 발굴하고, 교육하여야 함을 제시하고 있는 것이다.

2) 영재교육진흥법의 제정과 특징

「영재교육진흥법」은 2000년 1월 28일 법률 제6215호로 제정되고, 2002년 3월 1일부터 시행에 들어갔다. 법 시행령은 2002년 4월 18일 대통령령 제17578호로 제정·시행에 들어갔다. 영재교육의 법제화를 위한 기반은 1995년 대통령자문교육개혁위원회의 '신교육 체제 수립을 위한 교육개혁방안'에 제시된 사항을 토대로 진행되었다고 할 수 있다. 당시 교육관계법에서 「교육기본법」 시안에서는 영재교육과 관련된 조문이 존재하지 않았다.[2] 그러나 신교육 체제의 비전과 목표에 제시된 신교육 체제의 기본 특징에서 "모든 사람이 자신의 잠재능력을 최대한 계발할 수 있는 자유의 영역이 보장됨과 동시에 교육적으로 불리한 위치에 있는 사람에게는 그 불리한 것을 극복할 수 있도록 형평의 장치가 마련되어 교육의 수월성이 확보된다."[3]라고 하여 영재교육의 근거를 마련하였다. 그리고 '4. 인성 및 창의성을 함양하는 교육과정' 영역에서 다음과 같이 조금 더 구체적으로 제시하고 있다.[4]

특수교육과 영재교육의 강화: 장애학생들이 장애의 종류와 정도에 적합한 교육을 받을 수 있도록 특수학교의 설립을 확대한다. 그리고 일반 초·

중등학교도 특수교육 프로그램 운영을 강화한다.

각 분야별 영재를 판별할 수 있는 과학적인 도구를 개발·적용하여 영재를 조기에 발견하도록 하고, 영재가 영재로서 교육받을 수 있도록 정규 학교 내의 영재교육과 영재교육기관을 통한 영재교육을 활성화하며, 연구소 또는 대학에 '영재교육센터' 설치·운영을 지원한다.

이러한 과정과 논의를 거쳐 1997년 12월 13일 법률 제5437호로 제정된「교육기본법」제19조에 "국가 및 지방자치단체는 학문·예술 또는 체육 등의 분야에서 재능이 특히 뛰어난 자의 교육에 관하여 필요한 시책을 수립·실시하여야 한다."라고 영재교육의 실시에 대한 근거 조항이 마련되었다.「영재교육진흥법」은 행정부와 관련 당사자 및 학계의 의견을 토대로 제정되기보다는 국회주도적으로 입법화가 진행되었다.「영재교육진흥법」제정을 위한 법안은 1994년부터 마련되어 여러 차례 공청회를 거쳤지만, 입법화에 어려움을 겪다가 1998년에야 통과되었다.[5] 그리고「영재교육진흥법」이 제정됨으로써, 교육인적자원부는 이를 시행을 위한「영재교육진흥법시행령」의 제정 작업에 착수해 2000년 12월에 초안을 마련하고, 2001년 9월 12일에는 영재교육정책의 추진 방안을 확정하였다.

우선,「영재교육진흥법」에 대해 알아본다. 입법 취지는 재능이 뛰어난 사람을 조기 발굴해 적절한 교육을 실시하여 개인의 자아실현과 국가 발전에 기여하려는 데 있으며, 제정의 주요 골자를 다음과 같이 제시하였다.

가. 국가는 영재교육에 관한 종합 계획을 수립하고, 영재학교를 설치·운영하는 등 영재교육의 진흥을 위하여 노력하며, 영재교육에 관한 주요 사항을 심의하기 위하여 교육부 및 시·도 교육청에 각각 영재교육진흥위원회를 설치함(법 제3조 및 제4조)

나. 영재교육대상자가 영재교육기관에서 이수한 영재 교육과정에 대하여

는 이에 상응하는 정규 교육과정을 이수한 것으로 인정함(법 제11조)

법 제정의 주요 골자에는 공적인 교육 체제에서 국가의 영재교육 진흥에 대한 책무를 부과하고 있으며, 영재교육진흥위원회를 설치해 영재교육과 관련된 주요 사항을 심의하도록 하고 있다. 그리고 교육과정과 관련해서는 영재교육기관에서 교육한 교육과정을 정규 교육과정을 이수한 것으로 인정함으로써, 영재교육대상자에 대해 특별한 교육 체제와 내용이 제공되어야 함을 제시하고 있다. 이것은 국가 교육과정과의 관계에서 예외적 사항이 존재할 수 있음을 의미하는 것으로, 영재교육기관에 대해 교육과정의 편성과 운영에 대한 자율성을 보장하는 구조임을 말해 주고 있는 것이다. 법이 제정된 이후 몇 차례의 개정이 있었고, 그 내용은 영재교육 진흥을 위해 지방자치단체의 책무성 강화, 영재교육대상자의 학습에 대한 권리의 보장, 영재교육대상자의 발굴과 지원 및 관리를 체계화하기 위해 필요한 사항을 제정하기 위한 의도가 포함되어 있다.

다음으로, 「영재교육진흥법」에서 위임된 사항과 그 시행에 필요한 사항을 규정하기 위해 제정된 「영재교육진흥법시행령」의 제정 이유와 그 특징에 대해 알아본다. 시행령 제정의 이유는 법의 제정에 의한 영재교육대상자의 선정 기준과 영재교육기관의 설치ㆍ운영에 관한 사항 등 동법에서 위임한 사항과 동법의 시행에 필요한 사항을 정하려는 것이고, 주요 골자는 다음과 같은 내용으로 제시하였다.

　　가. 교육인적자원부 장관은 관계 중앙행정기관과의 협의를 거쳐 영재교육
　　　　에 관한 종합 계획을 수립하고, 관계 중앙기관의 장은 종합 계획에 따
　　　　라 소관별 종합 계획을 수립ㆍ추진하도록 함(영 제2조).
　　나. 영재교육에 관한 중요 사항의 심의를 위하여 교육인적자원부 및 시ㆍ
　　　　도 교육청에 두는 중앙영재교육진흥위원회 및 시ㆍ도 영재교육진흥위

원회의 위원 수를 각각 15인 이내로 하는 등 위원회의 구성 및 운영에
관한 사항을 정함(영 제3조 내지 제10조).

다. 교육감은 영재교육기관의 장으로부터 영재교육대상자를 추천받아
시·도 영재교육진흥위원회의 심의를 거쳐 영재교육대상자를 선정하
도록 함(영 제11조).

라. 영재교육대상자 선정 추천의 공정성과 전문성을 기하기 위하여 각 영재
교육기관별로 영재교육대상자 추천 심사위원회를 두도록 함(영 제16조).

마. 교육인적자원부 장관은 국·공·사립의 고등학교 중 영재학교로 전환
하고자 하는 학교의 장의 신청을 받아 중앙영재교육진흥위원회의 심의
를 거쳐 영재학교를 지정하도록 하는 등 영재학교의 지정에 관하여 필
요한 사항을 정함(영 제19조).

바. 영재학급 또는 영재교육원은 시·도 교육감 또는 관계 중앙행정기관의
장의 승인을 받아 설치·운영하도록 하는 등 영재학급 및 영재교육권
의 설치에 관하여 필요한 사항을 정함(영 제20조 및 제21조).

법 시행령의 주요 골자는 영재교육대상자에 대한 국가의 권한, 지역의 역
할 중심으로 되어 있다. 국가는 영재교육에 대한 종합 계획의 수립과 심의를
주로 한다. 지역은 영재교육대상자의 선발에 대한 결정, 영재학급이나 영재
교육원의 실시 등의 사항에 보다 많은 비중을 두고 있다. 이러한 주요 골자
이외에 실제 법 시행령에서는 학교의 역할에 대한 사항도 규정하고 있다. 학
교는 영재교육대상자의 추천, 교육내용과 수업의 자율적 운영, 수업일수와
학급 편성 등에서 자율성을 기할 수 있는 내용으로 되어 있다. 시행령에서는
학교에 자율성을 많이 부여하고 있으며, 국가와 지역에서는 영재교육에 대한
기본 계획의 수립과 영재교육기관의 판단 등 주로 기준의 설정과 교육여건에
대한 정비를 주요 책무로 규정하고 있는 것이다. 2000년대 들어 「영재교육진
흥법」이 시행됨으로써 영재교육에 대한 제도적 뒷받침을 하게 되고, 실효성

있는 영재교육을 실시할 수 있는 조건을 마련하게 된 것이다.

영재교육에 대한 법제화는 영재교육대상자에 대한 교육의 기회를 국가적 차원에서 제공하는 역할을 하였다는 점에서 의미가 있다. 그리고 일반교육대상자를 위한 「초·중등교육법」과의 관계에서 예외 규정이 적용되고 있으며, 국·공립학교뿐만 아니라, 사립학교까지 적용이 되도록 함으로써 이 법이 공법이나 사법적 영역의 어느 하나에 적용되기 어려운 특수법적 성격을 지니는 특징이 있다.

이러한 특징을 가진 「영재교육진흥법」은 공과도 동시에 존재하고 있다. 이에 대한 내용을 제시하면 다음과 같다.[6] 우선 공헌점은, 첫째, 영재 아동을 위한 교육이 기회를 실질적으로 보장할 수 있는 제도적 기반을 마련하게 되었다. 교육현장에서 소외될 수 있는 영재교육대상자에게 적합한 교육과정과 방법을 동원할 수 있는 체제를 마련해 교육의 기회가 영재교육대상자에게도 내실화될 수 있는 계기를 마련한 점이다. 둘째, 영재교육대상자에 대한 국가와 지방자치단체의 책무성이 부여되었다. 개별 교사나 학교 차원에서 영재교육대상자에 대한 권리 보장에 한계가 있는데, 국가와 지자체 등의 교육여건 조성과 지원에 대한 조건의 정비를 규정하여 영재교육대상자의 권리를 충실하게 실현할 수 있도록 한 것이 그 예이다. 셋째, 영재교육을 받을 수 있는 권리 의식을 고양시켰다. 영재는 나와 별개의 사람이거나 다른 세계라고 하는 전통적 개념에서 부문별 영재로의 개념의 전환은 재능이나 창의성 계발과 같은 일로 여기고, 그에 대한 권리 의식을 제고하게 된 것이 그 예에 해당된다.

제한점으로는, 첫째, 영재에 대한 권리성을 확보하기 위해 「헌법」과 「교육기본법」 등에 규정된 중요 사항이 누락된 경우가 있다. 의무교육에 대한 사항이 그 예에 해당된다. 둘째, 「헌법」 「교육기본법」 「초·중등교육법」과의 관계에 대한 연구 성과의 미흡으로 이들과의 관계에 대한 내용이 제대로 정비되지 않았다는 점이다. 영재교육에 대한 근거 조항으로 「교육기본법」 제12조(학습자)와 제19조(영재교육)의 두 가지를 들고 있는 것이 그 예에 해당된다. 셋째, 외국의 사례에 대한 연구 성과 축적이 부족하여 영재교육 분야에 대한 실질적 내실화의 제도 정비가 부족하다. 넷째, 교육의 본질에 기한 법해석의 한계가 있다. 영재교육 관련 법적 연구가 부족한 상황에서 법해석학에 치중하고 있어, 법사회학과 법철학 등과 관련된 종합적이고도 유기적 관계에 의한 해석의 입장이 부족하다는 것이다.

3. 영재교육 관련 법과 특별법적 성격

1) 영재교육 관련 법의 위상

「영재교육진흥법」 제1조에서는 이 법이 「교육기본법」 제12조와 제19조에 근거가 있음을 제시하고 있다. 제12조는 학습자에 대한 규정으로 학습자의 기본적 인권의 존중, 교육 내적 조건과 외적 조건의 정비, 학습자의 책무에 관해 규정하고 있다. 제19조는 조문 제목이 영재교육으로 "국가와 지방자치단체는 학문·예술 또는 체육 등의 분야에서 재능이 특히 뛰어난 자의 교육에 필요한 시책을 수립·실시하여야 한다."라고 하여 영재교육에 대한 국가와 지방자치단체의 책무성을 규정하고 있다.

「교육기본법」은 헌법 정신을 구현하기 위해 학교교육과 사회교육을 포괄하는 교육에 관한 기본적 사항을 규정하여 모든 교육관계법의 기본법으로 제정한 것으로, 「헌법」에 규정된 교육 관련 조문과 직·간접적인 관련을 맺고 있다. 「헌법」에서 교육에 대한 직접 조문은 제31조의 교육을 받을 권리 규정이고, 간접적으로는 제10조의 인간의 존엄과 가치 및 행복추구권, 제11조의 평등권, 제19조의 양심의 자유, 제22조의 학문의 자유 등이 관련을 맺고 있다.

「헌법」 제10조는 "모든 국민은 인간으로서의 존엄과 가치를 가지며, 행복을 추구할 권리를 가진다. 국가는 개인이 가지는 불가침의 기본적 인권을 확

인하고 이를 보장할 의무를 진다."라고 규정하고 있다. 이 규정은「헌법」전
문의 기본권 존중주의 규정과 함께 헌법상의 기본권 존중주의를 규정한 근본
규범이다. 이 조는 국가의 근본 질서이고, 법해석의 기준이 되며, 헌법 개정의
한계도 지니고 있다. 이와 더불어「헌법」제11조에 규정된 평등권은 일반적
평등의 원칙을 규정한 것으로,「헌법」전문,「헌법」제10조의 규정과 더불어
「헌법」의 기본 원리의 하나로 민주국가의 근본 구성 원리에 해당하는 것이다.

　「헌법」제31조는 교육에 대한 직접 조문으로 교육을 받을 권리를 국가에
적극적으로 요구할 수 있는 권리를 규정하고 있다. 제31조는 제1항의 교육을
받을 권리, 제2항의 의무교육, 제3항의 의무교육의 무상성, 제4항의 교육의
자주성, 정치적 중립성 및 대학의 자율성, 제5항의 평생교육, 제6항의 교육제
도 법률주의의 6개 항으로 되어 있다. 영재교육대상자 역시 교육을 받을 권
리를 가지고 있으며, 의무교육과 교육의 자주성 및 교육제도 법률주의 원리
가 적용이 된다.「헌법」에 제시된 이들 사항은「교육기본법」제3조의 학습권,
제4조의 교육의 기회 균등, 제5조의 교육의 자주성 등, 제6조의 교육의 중립
성을 규정하여, 헌법 정신을 구현하기 위한 구체적 사항을 담고 있다. 영재교
육대상자와 그 대상자가 속해 있는 학교 및 교사는 이에 대한 원리가 그대로
적용이 된다.

　영재교육대상자에 대해 규정한「영재교육진흥법」은「헌법」과「교육기본
법」의 정신을 구현하고자 마련된 것이며,「초·중등교육법」및「조기진급 등
에 관한 규정」과도 일정한 관계를 맺고 있다.「영재교육진흥법」에 규정된 교
육과정과 교과서에 대한 사항은「초·중등교육법」의 예외 사항으로 규정하
고 있으며,「조기진급 등에 관한 규정」은「초·중등교육법」제27조 제1항에
근거를 두고 있다.「조기진급 등에 관한 규정」제1조에서는 "이 영은「초·중
등교육법」제27조 제1항에 따라 초등학교, 중학교 및 고등학교와 이에 준하
는 각종 학교의 장이 재능이 우수한 학생을 선정하여 조기진급 또는 조기졸
업을 할 수 있도록 하거나 상급학교 조기입학 자격을 주는 데 필요한 사항을

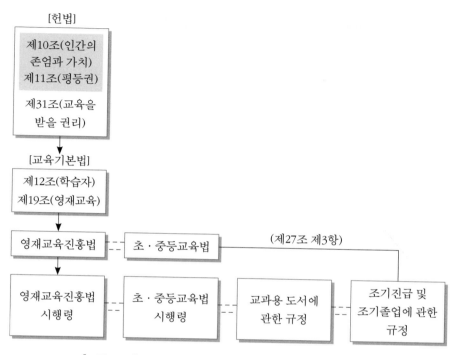

[그림 13-1] 법의 구조에서 「영재교육진흥법」과 시행령의 위상

규정함을 목적으로 한다."라고 규정하고 있다. 재능이 우수한 학생을 대상으로 조기진급이나 조기졸업을 할 수 있도록 함으로써 영재교육에 주요 내용으로 적용이 되는 것이다. 법적인 체계에서 「영재교육진흥법」과 동법 시행령이 차지하는 위상을 도식화하면 [그림 13-1]과 같다.[7]

2) 영재교육의 특별법적 성격

법은 여러 가지 입장에서 분류가 가능하다. 「영재교육진흥법」은 「초·중등교육법」의 예외가 되는 조항이 존재하고, 교육과정과 교과서 역시 그 예외적 사항으로 규정을 하고 있다. 결론적으로 말하면, 「영재교육진흥법」은 「초·중등교육법」에 대해 특별법적 성격을 지니고 있다. 이러한 구별은 효력 범위가 일반적이냐 특수적이냐에 따라 구별을 하는 방식이다. 일반법은 법적 효력이 특별한 제한 없이 일반적으로 적용되는 것이며, 특별법은 일정한 기준이나 표준에 따라 제한적으로 적용되는 법을 말한다. 일반법과 특별법은 일반적으로 사람, 지역, 사항에 따라 세 가지 방식으로 구분을 하고 있다.

첫째, 사람을 표준으로 구분하는 방식이다. 일반법은 국민 모두에게 적용되는 법인 반면, 특별법은 특정한 신분이나 직업을 가진 사람에게 적용되는 법을 말한다. 「민법」이나 「형법」은 대한민국 국민 일반에 적용이 되는 일반법이고, 「상법」이나 「군형법」 등은 상인 · 군인이나 군무원의 신분을 가진 자에게만 적용되므로 특별법에 해당되는 것이다.

둘째, 장소를 표준으로 구분하는 것이다. 일반법은 국가의 모든 지역에 적용되는 법을 말하고, 특별법은 국가의 일정한 지역에만 적용이 되는 법을 말한다. 「지방자치법」은 전국에 걸쳐 적용이 되기 때문에 일반법에 해당이 되고, 시 · 도의 조례나 규칙은 해당 시 · 도에만 적용이 되기 때문에 특별법에 해당된다.

셋째, 사항을 표준으로 구분하는 방법이다. 어떠한 사항을 전반적으로 규율 대상으로 하여 효력이 미치는 법이 일반법이고, 특정한 사항을 규율 대상으로 하는 법이 특별법에 해당된다. 「민법」은 민사에 관한 일반 사항을 규율하는 일반법이지만, 「상법」은 민사 중 특히 상인의 거래에 상사만을 규율하는 특별법인 것이다.

이러한 구분에 의할 때, 영재교육대상자에게 적용되는 법은 사람에 대한 사항을 규율하는 특별법에 속한다. 그러나 「초 · 중등교육법」 역시 초 · 중등교육을 받는 사람에 대해 규정하는 것으로 이 역시 다른 법에 대해 특별법적 성격을 지니고 있다. 이러한 점에서 특별법과 일반법의 구별은 상대적인 것이며, 일률적으로 말하기는 어려운 것이다. 여기서 일반법과 특별법을 구별하는 이유는 동일 사안에 대해 일반법과 특별법이 동시에 존재하는 경우, 특별법이 일반법에 우선하여 적용된다는 점에 있다. 특별법 우선 원칙이 적용되는 것이다.「영재교육진흥법」이「초·중등교육법」에 대해 특별법적 성격을 지니고 있다는 것은, 교육과정에 대해 동일한 규정이 있다고 하더라도,「영재교육진흥법」의 교육과정 규정이「초·중등교육법」의 교육과정 규정에 대해 우선적으로 적용되는 것을 말한다.

4. 영재교육 교육과정의 법적 규정

1)「초·중등교육법」의 예외 규정

「영재교육진흥법」제13조 제1항과 제2항에서는 교육과정과 교과용 도서에 관한 규정을 두고 있다. 여기서는「초·중등교육법」의 예외를 인정하는 내용으로 되어 있다.

> 제13조(교육과정 및 교과용 도서) ① 영재교육기관의 장은「초·중등교육법」제23조 제2항에도 불구하고 해당 교육기관의 교육영역 및 목적 등에 적합한 교육과정을 정하여 운영하여야 한다.
> ② 영재교육기관의 장은「초·중등교육법」제29조에도 불구하고 대통령령으로 정하는 바에 따라 해당 교육기관이 정한 별도의 교과용 도서를 제작하여 사용하거나 그 밖의 교재 및 자료를 사용하여 교육할 수 있다.

제1항에서는「초·중등교육법」제23조 제2항의 규정인 교육부 장관과 교육감이 고시하는 넓은 의미의 교육과정 기준과 내용의 기본적 사항에 대한 예외를 인정하고, 교육과정은 해당 교육기관의 장이 결정하도록 되어 있다. 해당 교육기관의 장이 결정하는 교육과정은 해당 교육기관의 교육영역과 목적에 적합한 교육과정으로 되어 있다. 해당 교육기관의 교육영역은 과학이

나 수학, 예술 등 영재학교의 설립이나 그 취지와 관련해 교육하는 영역을 말하는 것으로 이해되고, 목적은 해당 학교의 설립 목적이나 교육목표와 관련된 것으로 생각된다.

법 규정에 의해 시행령 제33조에서는 영재교육기관의 교육내용에 대해 "법 제13조 제1항의 규정에 의한 영재교육기관의 교육내용은 영재교육기관의 학칙으로 정한다."라고 규정하고 있다. 한국과학영재학교를 예로 보면, 설립 목적을 "과학영재를 조기에 발굴하여 맞춤식 영재교육을 체계적으로 실천함으로써 지식기반사회를 선도할 수 있는 창의적 과학영재를 육성함."으로 제시하고, 교육목표는 창의, 열정, 봉사로 제시하고 있다. 2018년 현재 교육과정 편제는 교과, 창의·연구활동, 리더십활동으로 편성하고 있어 국가 교육과정에서 교과와 창의적 체험활동으로 편제되어 있는 것과 차이가 있다.

세종과학예술영재학교의 학칙에는 교육과정의 편성과 운영에 대한 규정이 있고, 교과와 교과 외 영역 각각의 교과명이나 활동명을 구체적으로 제시하고 있다. 이러한 내용으로 볼 때, 영재교육기관의 교육내용은 교육과정의 근간을 이루고 있는 교과까지 규정하고 있는 것으로 생각된다. 이러한 사항은 법 시행령에서 규정한 영재교육기관의 교육내용에 해당되는 것으로 생각된다.

제2항에서는 「초·중등교육법」 제29조의 교과용 도서인 국정, 검정, 인정 교과서 사용에 대한 예외를 인정하고, 그 결정권은 해당 영재교육기관의 장에게 있음을 밝히고 있다. 단위학교의 자율로 교과서를 제작하고 사용할 수 있도록 한 것이다. 「초·중등교육법」에 제시되어 있는 국정과 검정 및 인정 교과서는 국가가 저작이나 사용에 관여하는 것이다. 국가가 저작에 직접적으로 관여하는 것은 국정교과서이고, 간접적으로 관여하는 것은 검정교과서이다. 국가가 교과서 사용에 관여하는 것인 인정교과서가 해당된다. 교육과정에 대한 자율성을 부여하는 것은 이를 구현하기 위한 수단으로 교과서 사용 역시 예외가 될 수밖에 없는 구조인 것이다. 법 시행령 제34조에서 영재교

육기관의 교과용 도서 등에 대한 규정에서 영재학교의 장이 영재교육과정을 운영함에 있어 필요한 도서나 교재의 채택과 사용을 할 수 있도록 규정하고 있다. 그리고 국가나 지역에서 영재교육기관에서 사용할 도서나 교재를 개발해 무상으로 공급할 수 있음을 규정하여, 국가나 지역의 역할도 제시하고 있다.

「영재교육진흥법」에서 규정하고 있는 교육과정과 교과용 도서에 관한 규정은 단위학교의 자율성을 인정하는 것으로, 국가나 지역의 관여를 배제하고 있다. 교과용 도서의 경우 도서나 교재를 개발해 무상 공급할 수 있어 관여가 인정된다고 하지만, 학교에서 필요한 교재를 개발해 사용하게 되면 그러한 일이 필요 없게 된다. 따라서 교육과정과 교과용 도서에 대해 학교의 자율에 맡겨져 있다고 보면 될 것이다. 다만 국가나 지자체의 외적 개입이 배제되어 있다고 하더라도, 학교 내의 민주적 의사결정 구조가 제대로 확립되어 있지 않다면, 그러한 자율은 의미가 없어지게 된다. 또한 자율에 대한 책무성에 대한 사항이 제대로 마련되지 않는다면, 학습자의 학습에 대한 권리 실현에 일정 부분 제약이 따를 수밖에 없게 될 것이다.

2) 법과 시행령 규정의 검토

여기서는 「영재교육진흥법」과 법 시행령에 규정된 교육과정 관련 규정에서 몇 가지 고려하여야 할 사항에 대해 이해를 도울 수 있는 내용을 다루고, 구체적인 법 규정에 대한 과제는 항을 달리하여 기술하고자 한다. 첫째, 「영재교육진흥법」 제13조 제1항에 규정된 영재학교 자율과 관련된 것을 살펴본다. 법에 규정된 교육과정은 일반교육대상자에게 적용되는 국가 교육과정이 적용되지 않는다. 국가와 지역의 기준과 내용의 기본적 사항이 배제됨으로써 영재학교가 자체적인 기준을 설정하고, 그 내용에 대해서도 학생의 수준을 고려해 영재교육기관의 장이 정할 수 있도록 규정하고 있다. 여기서 영재교육기관은 영재학교만을 의미하는 것이 아니라, 법 제2조에 의해 영재학교, 영재학급, 영재교육원을 모두 지칭하는 것이다.

영재교육기관의 설치·운영은 법 제2조에 의해 그 법적 근거가 상이하게 되어 있다. 영재학교는 「영재교육진흥법」에 의해 지정되거나 설립되는 고등학교 이하의 학교를 말하고, 영재학급은 「초·중등교육법」에 따라 운영되는 고등학교 과정 이하의 각급학교에서 설치·운영하여 영재교육을 실시하는 학급을 말한다. 그리고 영재교육원은 「고등교육법」 제2조에 따른 학교 등에 설치·운영되는 부설기관을 말한다. 이러한 규정에 의하면, 영재학교는 독립된 기관이지만 영재학급과 영재교육원은 초·중등학교나 대학 등의 부설기관으로 운영이 되는 것이다. 그렇지만 이들 영재교육기관은 모두 교육과정과 교과서를 자율적으로 운영할 수 있게 되어 있다.

다음으로, 교육과정을 결정하는 주체가 영재교육기관의 장으로 되어 있는 것을 살펴본다. 영재교육기관의 장이 학교 교육과정을 직접 만들고 결정하는 것으로 이해하게 되면, 국가나 지자체가 관여하지 않는다고 하더라도 또 다른 통제가 가해지게 되어 학교의 자율적 운영이 의미 없게 된다. 영재교육기관의 교육과정에 국가의 교육과정 기준과 내용의 기본적 사항의 적용을 배제하는 것은 영재교육대상자의 지적, 정의적, 심동적 능력이 탁월한 것과, 그러한 탁월성이 국가의 기준과 내용의 기본적 사항의 범주 밖에 있기 때문이다. 따라서 영재교육대상자에게 적절한 교육과정을 제공하기 위해서는 학생을 직접 대면하는 교사에게 그 권한이 부여되어야 한다. 그것은 일반교육대상자를 위한 교육과정 운영에서 교사와 교사집단의 전문성을 신뢰하고, 이를 지원하는 직원의 협조를 얻어 학교의 교육과정이 운영되어야 하는 것과 마찬가지이다.

둘째, 「영재교육진흥법시행령」에 규정된 조문 제목과 교육내용을 학칙으로 정한다는 것에 대해 알아본다. 법 시행령에서는 조문 제목이 「영재교육진흥법」에 규정하고 있는 것과는 다르게 되어 있다. 「영재교육진흥법」 제13조

제1항의 조문 제목은 '교육과정 및 교과용 도서'로 되어 있으며, 「영재교육진흥
법시행령」 제33조에서는 '영재교육기관의 교육내용'으로 되어 있다. 법과 시
행령에서 상이한 용어를 사용하고 있는 것이다. 시행령 조문에서 "법 제13조
제1항의 규정에 의한"이라는 문구를 사용한 것을 보면, 시행령에서 사용하는
교육내용은 교육과정을 의미하는 것으로 이해된다. 시행령이 법에서 위임된
사항과 그 시행에 필요한 사항을 정하는 것을 목적으로 한다면, 용어의 통일성
을 기하는 것이 적절할 것이다.[8]

다음으로, "영재교육기관의 교육내용을 학칙으로 정한다."라는 사항을 알
아본다. 영재교육기관의 교육내용은 법 제13조 제1항의 규정에 의해 영재
교육기관에서 자율적으로 운영을 할 수 있다. 그러나 그에 대한 사항은 학
칙 사항이므로 「초·중등교육법」 제8조 제1항에 의거해 관할 청의 인가를 받
아야 한다. 교육부나 교육감은 영재교육기관에 대해 법령의 범위 내에서 지
도·감독권이 있으므로, 사후에 지도·감독권을 행사할 수 있다. 그러나 학
칙의 규정 사항을 시행령에 규정하는 것이 타당한 것인지에 대해서는 검토
의 여지가 있다.

영재교육과정과 관련된 「영재교육진흥법」과 시행령의 규정 사항은 다음
의 몇 가지에 대한 검토의 여지를 남기고 있다. 우선, 교육과정에 대한 예외
가 「초·중등교육법」 제23조 제2항의 국가와 지역의 기준 설정과 내용의 기
본적 사항에 한정되고 있어, 제23조 다른 항과의 관계에 대한 검토가 필요하
다. 둘째, 교육과정의 결정을 영재교육기관의 장이 하도록 되어 있어 결정권
의 범위와 실질적 주체에 대한 검토가 필요하다. 셋째, 법과 시행령에서 교육
과정과 교육내용 등의 용어를 혼재하고 있어 교육과정 분야에서 이들 용어
사용이 적절한 것인지 검토의 여지가 있다.

5. 영재교육 교육과정 법 규정의 과제

1) 초 · 중등교육법 제23조와의 관계

교육과정에 대해 「영재교육진흥법」 제13조 제1항에 규정된 사항은 「초 · 중등교육법」 제23조 제2항으로 한정되어 있다. 「초 · 중등교육법」 제23조는 제1항에서 학교의 교육과정 운영, 제2항은 국가와 지역의 교육과정 기준과 내용의 기본적 사항 결정, 제3항에서는 학교의 교과에 대한 규정으로 되어 있다. 영재교육 교육과정은 제2항에 대한 예외만 규정하고 있기 때문에, 제1항과 제3항은 예외적 사항이 아닌 것이다. 여기서 제1항의 규정과 제3항의 규정을 검토해 그 과제를 살펴보고자 한다.

우선, 제1항과의 관계를 살펴본다. 「초 · 중등교육법」 제23조 제1항은 "학교는 교육과정을 운영하여야 한다."라고 되어 있다. 이 조항은 단일법전으로 되어 있던 「교육법」에서는 "각 학교는 소정의 교과과정을 수업하여야 한다."라고 되어 있었다. 여기서 교과과정은 교육과정과는 의미에서 다소 차이가 있다. 교과과정은 가르칠 내용과 관련해 교과의 배열과 조직을 체계화한 계획을 말하는 것으로, 교육과정의 개념과 유사하게 사용이 될 수 있다. 그리고 법적인 효력을 가지는 것이 교육과정이라고 한다면, 이를 교육과정으로 보아도 큰 무리가 없을 것이다. 기존의 규정을 유추해 보면, 학교에서는 교육과정을 편성 · 운영하여 이를 실천에 옮겨야 한다는 것으로 이해할 수 있다.

이 규정은 「영재교육진흥법」에서 교육과정을 운영하여야 한다는 내용이 제시되어 있으므로, 큰 무리는 없을 것으로 생각된다. 그러나 제3항에 대한 예외가 적용되지 않는 것이 적절한 것인지는 검토의 여지가 있다. 「초 · 중등교육법」 제23조의 제3항은 "학교의 교과는 대통령령으로 정한다."라고 되어 있고, 대통령령인 법 시행령 제43조에서는 다음과 같이 규정하고 있다.

제43조(교과) ① 법 제23조 제3항에 따른 학교의 교과는 다음 각호와 같다.

  1. 초등학교 및 공민학교: 국어, 도덕, 사회, 수학, 과학, 실과, 체육, 음악, 미술 및 외국어(영어)와 교육부 장관이 필요하다고 인정하는 교과

  2. 중학교 및 고등공민학교: 국어, 도덕, 사회, 수학, 과학, 기술 · 가정, 체육, 음악, 미술 및 외국어와 교육부 장관이 필요하다고 인정하는 교과

  3. 고등학교: 국어, 도덕, 사회, 수학, 과학, 기술 · 가정, 체육, 음악, 미술 및 외국어와 교육부 장관이 필요하다고 인정하는 교과

  4. 특수학교 및 고등기술학교: 교육부 장관이 정하는 교과

② 다음 각호의 어느 하나에 해당하는 고등학교의 장은 산업계의 수요를 교육에 직접 반영하기 위하여 필요한 경우에는 제1항 제3호의 교과와 다르게 자율적으로 교과(제1호에 해당하는 학교의 경우에는 해당 학과의 교과로 한정한다.)를 편성 · 운영할 수 있다.

  1. 제76조 제3항 제1호에 따른 일반 고등학교 중 산업 분야의 인재 양성을 목적으로 하는 학과로서 교육감이 지정한 학과를 설치 · 운영하는 고등학교

  2. 제90조 제1항 제10호에 따른 산업수요 맞춤형 고등학교

  3. 제91조 제1항에 따른 특성화 고등학교 중 산업 분야의 인재 양성을 목적으로 하는 고등학교

이 조문에 제시된 교과는 「초 · 중등교육법」 제23조 제2항의 규정에 의해 교육부 장관이 고시하는 교육과정 문서에 구체적으로 표현되고 있다. 따라서 이 조문의 교과는 교육과정의 근간이 되는 것이고, 교과를 구성하는 방법은 교육과정 문서에 규정된 것으로 나타나고 있다. 법 시행령에 규정된 교과와 교육부 장관이 정하는 교과는 국가의 입장에서 제시하는 것이고, 단위학교에서 결정할 수 있는 사항은 아닌 것으로 되어 있다. 「영재교육진흥법」의

교육과정 예외는 「초·중등교육법」 제23조 제2항에 한정되는 것이고, 교과에 대해 규정한 제3항의 규정은 예외적 사항은 아닌 것이다. 이러할 경우, 영재학교에서는 자율적으로 교육과정을 정할 수 있도록 되어 있고, 그 교육과정에 따라 교과의 모습과 운영 방식이 달라질 수 있다. 이 관계에서 교육과정과 교과가 일치되지 않을 수 있는 것이다. 여기서 교육과정의 예외 규정을 제시하고 있는 「영재교육진흥법」 제13조 제1항 규정에 대한 해석을 어떻게 할 것인지 그 과제가 생기는 것이다.

2) 법과 시행령 용어의 불일치

여기서는 「영재교육진흥법」과 법 시행령의 조문 제목과 조문에 사용된 교육과정과 교육내용이라는 개념을 달리 사용하는 것의 타당성과 관련된 사항을 검토한다. 「영재교육진흥법」 제13조 조문 제목은 '교육과정 및 교과용 도서'라고 사용하고, 조문의 내용에서도 "… 해당 교육기관에 적합한 교육과정을 정하여 운영하여야 한다."라고 규정되어 있다. 이에 비해 「영재교육진흥법시행령」 제33조는 조문 제목이 '영재교육기관의 교육내용'으로 되어 있으며, 조문의 내용에서도 "… 영재교육기관의 교육내용은 …"이라고 하여 교육내용으로 제시하고 있다. 그러면서 "법 제13조 제1항의 규정에 의한"이라고 하여 교육과정의 규정에 의한 교육내용임을 명확히 하고 있다. 여기에서 교육과정과 교육내용이 동일한 용어인지에 대한 검토가 필요하다. 여기서는 이들 두 용어뿐만 아니라, 이와 관련된 교과, 교과서에 대한 용어도 함께 살펴보도록 한다.[9]

우선, 교육내용에 대해 살펴본다. 교육내용은 학교에서 가르칠 내용으로 조직화되지 않은 상태로 존재하는 것을 말한다. 가르칠 내용은 인류 문화유산이나 현재 사회생활이나 문제 등 실로 엄청나다. 그러한 교육내용을 모두 학교에서 가르치기는 불가능하고, 그럴 필요도 없다. 학교에서는 이들 사항을 엄선하고 정리하여, 필요한 사항을 한정하고 조직화해 가르치면 된다. 학교에서 가르칠 내용이 조직화되어 있는 교육과정과는 다른 개념인 것이다.

둘째, 교육과정이다. 교육과정은 교육활동에서 구현하고자 하는 목적에 부합되게 교육내용을 선정하고, 이를 교육하는 방법적인 원리에 따라 조직해 놓은 것을 말한다. 교육하고자 하는 목적에 따라 선정되지 않았거나, 교육하는 방법적 원리에 따라 조직되지 않은 채로 있는 것은 교육내용에 해당되는 것이다. 여기서 말하는 교육하는 방법적 원리는 수업하는 방법이나 기법과 같이 협소한 개념이 아니라, 특정 교과의 내용과 다른 교과의 내용이 일치되지 않고, 모순되거나 충돌을 일으키지 않도록 제시하는 원리를 말한다.

셋째, 교과에 대한 것이다. 교과는 교육과정의 근간이 되는 것으로 국가 교육과정에서 상세하게 규정된다. 이러한 교과는 고정되어 있는 실체가 아니라, 각급학교 교육과정에서 수업과 학습을 위한 활동 영역의 단위를 가리키는 것이다.[10] 시대·사회적 변화에 따라 교과의 명칭과 영역이 달라질 수 있으며, 학교급이나 동일 학교급이라 하더라도, 지향하는 목적에 따라 달라질 수 있는 것이다. 영재학교에서 교과로 설정된 명칭과 국가 교육과정에 제시된 교과의 명칭이 일치되지 않는 것은 이러한 개념에 의한 것이다.

넷째, 교과서이다. 교과서는 교육과정을 구현하기 위한 교육용 자료에 해당된다. 교과서는 교육과정에 규정된 교과와 그 교과의 내용에 부합되게 학생이 학습할 내용으로 구체적으로 열거한 것이다. 이러한 교과서를 법에서는 교과용 도서로 표현하고 있는데, 교과용 도서는 학생용의 교재뿐만 아니

교육내용 = 학교에서 가르칠 내용으로 조직화되지 않은 상태로 존재하는 것
교육과정 = 설정된 교육목적에 부합되게 교육내용을 선정하고 조직화해 놓은 것
교과 = 각급학교 교육과정에서 수업과 학습을 위한 활동 영역의 단위
교과서 = 교과의 내용에 부합되게 학생이 학습할 내용으로 열거한 것

[그림 13-2] 교육내용, 교육과정, 교과, 교과서의 관계

라, 교사용 지도서도 포함하는 상위의 개념에 해당되는 것이다.

이렇게 교육내용, 교육과정, 교과, 교과서는 구분이 되기 때문에, 필요한 사항에 대한 용어를 제대로 활용하여야 한다. 「영재교육진흥법」에서 교육과정이라는 용어를 사용하고, 「영재교육진흥법시행령」에서 교육내용이라는 용어를 사용하는 것 그 자체도 적절하다고 보기 어렵다. 그리고 교육과정과 교육내용은 쓰임새가 다른 것인데, 동일하게 보는 것도 부적절하다고 생각된다. 법 시행령에서 법에 규정된 사항을 근거로 제시하는 것이기 때문에, 시행령에서 사용하고 있는 교육내용은 교육과정에 포함되어 있는 '교육과정의 내용'을 표현하고자 한 것으로 이해할 수 있다.

3) 의무교육과 교육과정

의무교육을 어떠한 관점에서 이해하느냐는 영재교육 교육과정을 운영하는 방식을 달리하게 된다. 의무교육은 교육의 기회 균등 사상에 입각한 것으로, 국가가 일정한 교육을 받을 의무를 국민에게 부과하는 제도이다. 영재와 관련해서는 의무교육의 취학연령이나 취학기간 등이 주요 쟁점이 된다. 일반적으로 의무교육에 대한 관점은 과정주의(課程主義), 연령주의(年齡主義), 연수주의(年數主義)로 구분된다.[11] 과정주의는 일정한 교육내용을 통달하지 않으면, 의무교육을 이수했다고 인정하지 않는 제도이고, 연령주의는 일정한 연령으로부터 다른 연령까지 한정하지만, 상한 연령대까지 교육내용을 어느 정도 이수하였느냐와 관련 없이 의무를 완료하는 제도이다. 연수주의는 학령을 정해 몇 년간을 의무로 해 그 연수 동안 재학을 하는 것에 의해 의무가 완료되는 제도를 말한다.

일반적으로 일정한 연령대에 있는 아동에게 필수 교육과정을 성취하도록 하는 연령주의를 채택하고 있다. 연령주의는 일정한 연령대의 범위에 있는 아동에게 취학의 의무를 부과해 저소득층 아동을 노동으로부터 해방시키려는 인도주의적 정책을 배경으로 하여 등장하였다. 일차적인 목적은 아동의 취학에 대한 기회를 부여하는 것이고, 교육내용을 어느 정도 이수하였는가에 대한 사항은 부차적인 것이 된다. 연령주의는 사회・경제적 약자에 대한 보호는 되지만, 수학 능력이 탁월한 경우 일정한 연령이 도달할 때까지 교육을 받을 수 없기 때문에 도리어 학습권을 침해하는 경우도 발생한다. 연령주의는 취학의 기회를 균등하게 하는 데 유용하지만, 아동의 능력에 따른 교육내용이 적합하지 않게 되면, 교육의 기회가 제한되게 된다.

연수주의는 복지적 차원에서 신체나 정신적 손상을 입은 아동에게 대해 교육의 기회를 제공하고자 하는 데 있다. 신체・정신적 고충이 있는 경우 일정한 기간 수학을 하다가 쉴 수 있으며, 다시 수학을 하다 다시 쉬는 기간이 반복될 수 있다. 이러할 경우 정해진 기간, 예컨대 우리나라 초등학교 6년을 정해진 기간이라고 한다면, 학업을 지속하지 못하고 쉬는 기간을 제외하고 순수하게 수학한 연한이 6개년이 될 때 의무교육을 완료한 것으로 보는 것이다. 이는 개인의 권리를 보장하면서도 국가적 책무성을 보다 강하게 지운 것이다.

과정주의는 원래 절대주의나 국가주의 교육 체제를 기본 배경으로 하여 성립되었다. 연령과 관계없이 일정한 수준의 교육내용을 이수한 경우, 의무교육을 이수하였다고 보는 것이다. 국가가 교육내용에 깊이 관여함으로써 국가권력이 연령주의에 비해 상대적으로 강하게 나타나고 있다. 과정주의는 영재교육 체제에 적절한 의무교육의 관점에 해당된다. 영재의 조기발굴로 월반이나 무학년제 등을 통해 그 과정을 자신의 능력에 부합되게 이수하도록 함으로써 개인적 능력을 최대한 발휘시킬 수 있는 장점이 있다. 그러나 과정주의의 배경에 따라 국가적 통제 장치를 그대로 유지하게 되면, 영재학교의 자율성이 제한되게 된다. 따라서 전통적으로 신분에 의해 엘리트로 규정되는 사회와 달리 현대사회에 적합한 영재의 개념으로 과정주의를 운영하여야 할 것이다. 전통적 사회와 달리 현대사회는 사회적 분화가 가속화되고, 중앙집권적 권력의 집중이 아닌, 권력의 분산이 되는 사회적 구조로 변화하고 있다.

분화된 사회에서는 모든 분야에 우수성을 드러낼 수 있는 개인이 있다고 보기는 어렵다. 오히려 사회의 각 분야별로 개인의 소질과 적성을 최대한 발휘하는 부문별 인재를 육성하는 개념으로 보아야 할 것이다. 이렇게 영재를 보는 관점의 변화는 의무교육을 관리하는 입장 역시 달라져야 할 것이다. 영재교육에 대해 교육과정에 대한 국가의 적극적 개입보다는, 영재학교에 자율을 부여하면서 국가는 외적인 조건을 정비하는 방향에서 개입이 필요할 것이다. 의무교육이 현대적으로 발전하면서 의무가 아닌 권리성으로 발전되고 있음을 이해하는 것이 의무교육에서 교육과정을 운영하는 방식이 적절하게 반영될 수 있을 것이다.

이러한 의무교육과 관련된 내용을 「영재교육진흥법」과 법 시행령에서 확인하기는 어렵다. 다만, 1995년 12월 29일자로 기존의 「교육법」 제96조를 개정해 제2조에서 초등학교 학생수용능력에 여유가 있는 경우에는 만 5세 아동의 취학을 허용할 수 있도록 규정하였다. 이 규정은 새로이 제정된 「초·중등교육법」 제13조 제2항에 그대로 유지되었다. 그러나 그 뒤 2007년 8월 3일 법률 제8577호로 "자녀 또는 아동의 보호자는 만 5세가 된 날이 속하는 해의 다음 해 또는 만 7세가 된 날이 속하는 해의 다음 해에 그 자녀 또는 아동을 입학시킬 수 있다."와 같이 개정되었다. 조기입학에서 학생의 수용 능력과 같은 내용은 없어진 것이다. 다른 한편, 1995년 1월 5일 구 「교육법」 제154조의 2항에서 '조기진급 및 조기졸업 등'에 대한 규정을 신설해 재능이 우수한 자에 대해 수업 연한의 단축에 의해 조기진급과 조기졸업을 할 수 있도록 하거나 상급학교로의 조기입학을 위한 자격을 부여할 수 있도록 하였다. 이 조문은 현행 「초·중등교육법」 제27조 제1항에 그대로 유지되고 있다. 이러한 입법적 조치에도 불구하고, 현실적으로 조기진급과 조기졸업은 활성화되고 있지 않은 편이다.

영재교육과 관련된 법적인 규정 이외에 의무교육에 대한 판례도 존재하고 있다. 대표적인 것을 제시하면, 1976년 서울고등법원 '졸업인정 취소 처분의 취소 청구 사건', 1994년 헌법재판소 '교육법 제96조 제1항 위헌 확인 결정', 그리고 2005년 의정부지방법원 '입학 취소 처분 무효 확인 청구 소송'을 들 수 있다. 우선, 1976년 서울고등법원 '졸업인정 취소 처분의 취소 청구 사건' 을 살펴본다. 이 사건은 입학 후 월반을 통한 조기졸업이 허용되는지의 여부 에 대한 것이다. 원고가 초등학교 1학년에 입학해 가정에서 6학년 전 과정을 마치고, 2학년에 재학 중이면서 학력이 우수하다고 해 학교에서 2회의 실험 을 거쳐 6학년으로 월반하여 졸업을 한 것이다.

법원은 초등 6년간의 전 과정을 수료하지 아니한 원고에 대한 졸업인정 처 분은 위법한 행정 처분으로 판시하였다. 원고는 대법원에 상고하여 고등법 원 판결을 파기·환송하였지만, 원고에 대한 졸업인정 처분은 법규 위반의 하자가 있음을 인정하였다. 다만 그 처분을 취소함으로써 원고의 기득권을 박탈하는 결과가 되므로, 졸업인정 처분을 취소하는 것에 조리상의 제한이 있음을 원심 파기·환송한 것이다. 초등학교에서 월반제도가 합법은 아니지 만, 학생의 기득권을 존중하고 보호해야 한다는 점에서 학생의 권리를 인정 한 판례인 것이다.

다음으로, 1994년 헌법재판소의 '교육법 제96조 제1항 위헌 확인 결정'에 대한 것을 살펴본다. 이 사건은 만 4세 9개월 된 어린이가 유치원에서 수학 하여 집단생활을 경험하면서 언어교육, 표현력을 배워 왔고, 한글 해독은 물 론 일기까지 작성하는 습관을 익혀 왔기 때문에 국민생활에 필요한 기초적인 초등보통교육을 받을 능력이 됨에도 취학하지 못해 헌법소원을 제기한 것이 다. 당시 「교육법」 제96조 제1항이 초등학교 의무교육의 취학 연령을 만 6세 로 획일적으로 규정하여, 수학 능력이 있지만 조기입학에 대한 규정이 없어 「헌법」 제31조에서 규정한 교육을 받을 권리를 침해한 위헌 법률이라면서 헌 법소원을 제기한 것이다. 이 사건에서 헌법재판소는 의무교육제도의 운영에서 연령을 기준으로 하지 않고 일정한 능력이 있다고 해서 제한 없이 다른 사람과 차별 없이 어떠한 내용과 종류와 기간의 교육을 받을 권리가 보장되는 것은 아니라고 하였다. 의무교육을 연령주의에 입각해 규정한「교육법」은 능력에 따라 교육을 받을 권리를 본질적으로 침해한 것은 아니라고 본 것이다.

마지막으로, 2005년 의정부지방법원 '입학 취소 처분 무효 확인 소송'을 살펴본다. 이 사건은 2005년 경기도 남양주시 심석초등학교를 상대로 낸 소송으로, 송유근 학생이 만 6세 영재성을 인정받아 초등학교 1학년부터 입학하지 않고, 2004년 11월 곧바로 초등학교 6학년에 입학해 졸업을 앞둔 시점이었다. 당시 교육인적자원부는「초·중등교육법」에서 조기졸업은 저학년에 입학한 후 조기진급의 형식을 취하여야 하는데, 6학년 후반부에 입학해 졸업하려고 하였기 때문에 이 행위는 규정에 어긋난다는 유권해석을 함으로써 심석초등학교는 송 군의 초등학교 입학을 취소한 것이다.

이에 송 군 측은 소송을 제기하였으며, 재판부는 "의무교육은 교육을 받을 권리를 근본 취지로 하고 있다. (6학년으로 입학한) 기득권을 보호하는 차원에서 송 군을 졸업시키는 것이 타당하다."[12]라고 밝혔다. 이에 심석초등학교는 사법부의 판단에 따라 송 군의 초등학교 졸업을 소급 적용해 졸업장을 교부하였다. 이 판례 역시 앞의 판례와 마찬가지로 행정 절차상의 하자는 있지만 학생의 기득권을 보호한다는 취지에서 내려진 판단이다. 경우는 다르지만, 여기서 다룬 세 가지 사례가 의무교육에서 연령주의를 취하고 있다는 입장은 동일하다. 이들 사례는 조기입학의 시기, 영재 판별, 편입이나 영재의 범위 등에 대한 교육적 논의가 제대로 반영되지 못하였고, 재능이 뛰어난 자가 영재교육을 제대로 받기 위해서는 교육의 본질에 의한 의무교육의 내용이 검토되어야 할 필요가 있고, 관련 법제 역시 제대로 정비되어 영재학생의 학습권을 보장할 수 있도록 하여야 할 것이다.

4) 교사의 전문성

영재교육 교육과정의 편성과 운영은 영재교육을 담당하는 교사에 의해 달려 있으며, 그 교원이 전문성을 지니기 위해서는 어떠한 자격과 임용되어 교육하는지가 중요하게 된다. 여기서는 영재교육 교육과정을 운영하는 교원의 자격과 임용, 이수 교과 및 영재교육기관별 교원 자격의 차별화에 대한 타당성에 대해 검토하고자 한다.

우선, 영재교육 담당교원의 자격과 임용에 대해 살펴본다. 영재교육을 담당하는 교원의 자격은 「영재교육진흥법」 제12조에 규정되어 있으며, 법 시행령 제25조에서 제31조에서 구체적 내용을 제시하고 있다. 「영재교육진흥법」 제12조의 내용을 보면 다음과 같다.

> 제12조(교원의 임용 · 보수 등) ① 교원의 임용권자는 영재교육을 위하여 필요하다고 인정하는 경우 「초 · 중등교육법」 제21조에 따른 교원의 자격 기준에도 불구하고 영재교육을 담당할 능력이 있다고 인정되는 사람으로서 대통령령으로 정하는 자격을 가진 사람을 영재교육기관의 교원으로 임용할 수 있다.
> ② 영재교육을 담당하는 교원의 임용 기준 · 보수 · 수당 · 근무조건 · 배치기준 등 필요한 사항은 대통령령으로 정한다.

제12조 제1항에서는 영재교육기관에 종사하는 교원은 「초 · 중등교육법」의 예외가 되고 있지만, 대통령령으로 정하는 자격을 가진 사람 중 교원으로 임용할 수 있도록 하고 있다. 그리고 임용의 기준과 보수 등에 대해서는 시행령에서 정하도록 하고 있다. 「영재교육진흥법」에서는 교원의 자격과 임용을 하나의 조항에 제시하고 있다. 일반적인 교원의 경우는 교육부 장관이 검정 · 수여하는 자격증을 받은 사람으로 하고 있고, 임용, 승진 등의 사항을 별

도의 조문을 통해 규정하고 있는 것과 차이가 있다. 영재교육을 담당하는 교원의 경우 이러한 자격증이 통용될 수 있는 사항이 일반교원에 비해 엄격하지 않은 편이다.

자격은 일정한 신분이나 지위를 가진 자에게 주어진 일을 하는 데 필요한 조건이나 능력을 말한다. 교원의 자격은 교육을 담당할 최저의 교육을 수행할 능력, 법률로 인정된 자격, 교원의 임용 요건, 일정한 학력의 요구, 전국적으로 통용되는 효력, 일정한 검정 절차 등을 거치는 권리 형성적인 특허의 성격을 가지고 있다. 교원의 자격은 일반 아동을 교육하는 교원뿐만 아니라, 영재교육을 담당하는 교원의 경우에도 마찬가지로 적용이 되는 것으로 보아야 한다. 영재교육대상자는 일반 아동에 비해 특정 분야에서 비범한 능력을 소유하고 있기 때문에, 그에 대응할 수 있는 지적 내용과 교육하는 방법에 대한 전문성이 필요하게 된다. 미국의 경우, 영재를 가르치는 교원의 자격과 관련된 사항에서는 영재를 가르칠 교육내용에 대한 더 높은 수준의 지식과 교육방법이 필요하고, 영재의 특성을 이해할 것을 요구하고 있다.[13] 현재 「영재교육진흥법」에서는 일반적인 자격을 시행령에 위임하고 있지만, 시행령에서는 그러한 자격을 토대로 어떠한 절차에 의해 임용이 되는 것인지에 대한 규정은 없다.

「영재교육진흥법시행령」에서는 영재학교 및 영재학급에 두는 교원과 영재교육원에 두는 교원을 구분하여 임용에 대한 사항을 규정하고 있다. 그리고 영재학교와 영재학급에 대해서는 강사를 임용하는 규정이 추가적으로 제시되어 있다. 영재학교는 중등학교 정교사 자격증에 소정의 연수 과정을 이수한 자, 영재학급은 초ㆍ중등학교 정교사 자격증에 소정의 연수 과정을 이수한 자로 규정하고 있다. 영재교육원의 경우는 교원으로 원장과 강사를 두도록 하고 있으며, 원장은 「초ㆍ중등교육법」 규정에 의한 초ㆍ중등학교 교장이나 교감 자격증 소지자, 「고등교육법」에 의한 학교 교원 자격이 있는 자, 교육부 장관이 인정하는 영재교육 분야나 관련 분야 연구나 교육경력 5년 이상인 자로 규정하고 있다. 강사는 초·중등학교 정교사 자격증을 가진 자, 석사학위 이상의 학위를 가진 자, 담당 예정 영재교육 분야 관련 학사학위를 가진 자로 되어 있다.

시행령에 규정된 교원의 자격은 정교사 자격증에 소정의 연수를 하는 것이며, 구체적인 시수는 규정하지 않고 있다. 이러한 사항은 교원의 직무 연수에 해당되는 것과 어떠한 차이가 있는 것인지 명확하지 않다. 「영재교육진흥법」 제12조의 3에서는 국가와 지자체가 영재교육 담당교원의 자질 향상을 위해 교육 및 연수를 정기적으로 실시하도록 규정하고 있다. 연수가 교원의 지속적인 전문성 향상을 위해 실시한다는 점에서 차이가 있지만, 영재교육을 담당하는 교원의 자격과 소정의 연수와 본질적 차이가 무엇인지 제대로 구별하기 어려운 점도 있다.

교원 양성에서 현직교원에 대한 연수뿐만 아니라, 직전교육의 교원 양성 교육기관에서도 영재교육과 관련된 기본적 소양을 익힐 수 있도록 하여야 할 필요가 있다. 현재 교직과목의 '특수교육학개론'에 영재교육 영역(단원)을 포함시키고 있지만, 2학점 내에서 단원으로 포함되고 있어 내실 있게 운영하고 있다고 보기는 어려운 구조이다. 현직에 대한 교원의 자격과 연수뿐만 아니라, 직전교육에서도 보다 내실 있는 운영을 할 수 있도록 규정할 필요가 있는 것이다. 영재교육대상자를 위한 교원의 전문성이 제대로 확립되지 않으면 영재의 학습에 대한 권리를 제대로 충족시킬 수 없게 되고, 결과적으로 그 대상자가 제대로 성장하기 어렵게 될 것이다.

둘째, 영재교육을 담당하기 위해 이수하는 프로그램이나 교과에 대한 것이다. 영재교육을 담당하는 교원은 영재의 특성을 제대로 이해하고, 그에 대한 지도·조언을 위한 내용과 방법적 지식 및 기법 등에 대한 전문성이 필요하다. 직전 교사교육에서는 영재를 위한 교원 양성이 별도로 없으며, 교직과목의 한 단원 정도로 특수교육학 분야에서 취급하도록 되어 있다. 그러나 그렇다고 해서 영재교육대상자를 가르칠 자격이나 자격증이 주어지는 것은 아니다. 일정한 시험을 통해 교원으로 임용이 되고, 소정의 시간 연수를 하면 영재교육대상자를 가르칠 자격이 주어지는 것이다. 여기에서 문제가 되는 것은 영재교육대상자를 가르칠 수 있는 자격으로, 소정의 연수 프로그램에 대한 것이다. 현재 영재교육대상자를 가르칠 수 있는 프로그램의 구체적 내용에 대한 사항을 별도로 다루지 않고 있다.

영재교육을 담당하는 교사에게 필수적인 지식과 선택적으로 할 수 있는 지식 등이 공통적이거나 표준화된 프로그램에 대한 내용이 마련되어 있지 않다. 영재교육의 역사나 영재의 특성, 영재 판별 도구와 방법, 영재 교육과정 등 영재교육을 담당하는 교사가 지녀야 할 기본적인 지식이 무엇인지 기관별로 다를 수 있다. 기관별로 차별화된 프로그램은 해당 기관의 특성을 드러낼 수 있지만, 영재교육 담당교사의 자격 기준이 다르게 되어 교사별 전문적 역량에 차이가 나타날 수도 있다. 영재교육을 담당하기 위해 필수적인 과목과 선택과목 등에 대한 사항을 규정해 영재교육 담당교원의 일정한 자격 수준을 유지할 수 있는 방법을 모색할 필요가 있을 것으로 생각된다.

셋째, 영재교육기관별 교원 자격의 차별화에 대한 타당성에 대해 살펴본다. 「영재교육진흥법」에 의하면, 영재교육기관은 영재학교, 영재학급, 영재교육원으로 구분이 되고 있다. 영재학교는 고등학교 이하의 각급학교에서 설립·운영할 수 있지만, 일부 학교를 지정 혹은 영재학교를 설립·운영하고, 영재학급은 각급학교 교과 영역의 전부나 일부에 대해 설치·운영하도록 되어 있다. 영재교육원은 교육청, 대학, 국·공립 연구소, 정부출연기관 및 과학·기술·예술·체육 등과 관련 있는 공익법인이 설치·운영할 수 있도록 규정하고 있다. 영재교육기관의 설립·운영의 차이는 제공하는 교육이 다양할 수 있음을 제시하는 것이고, 이에 따라 이들 기관에 다양한 교원이 필요함은 일리가 있다.

그러나 영재교육기관별 교원에 대한 용어 규정과 자격 등에 대해서는 검토의 여지가 있다. 영재학교와 영재학급에서는 정교사 자격증을 지닌 자가 소정의 연수를 받은 자와 선발을 통한 임용 체제를 택하고 있으며, 별도로 강사를 둘 수 있도록 하고 있다. 이에 비해 영재교육원은 교원의 범주에 강사를 포함해 규정하고 있다. 교육관계법에서 강사라는 용어를 포함시켜 정의하는 경우는 「유아교육법」 제23조의 강사 등의 규정을 두어 일정한 자격 기준에 따라 원장이 임용하도록 하고 있다. 「고등교육법」 제14조와 제14조의 2에서 강사에 대한 규정을 두고 있으며, 여기서는 학교의 교원으로 구분하고 있다.

　영재교육기관의 강사는 「유아교육법」에서 정한 바와 같이 강사의 자격 기준을 정하고 있다. 비록 교원의 범주에 포함시키는지의 여부에 대해서는 상이하지만, 그 자격 기준은 통일적이다. 그것은 초ㆍ중등학교 정교사 자격증을 가진 자, 석사학위 이상의 학위를 가진 자, 담당 예정인 영재교육 분야 관련 학사학위를 가진 자의 세 가지이다. 여기서 영재교육원은 원장을 제외하면 강사만으로 구성하도록 되어 있고, 이들은 교원의 범주에 포함된다. 교원은 일정한 수준의 능력을 갖추고, 정해진 교육과정을 능히 가르칠 수 있는 실력이 있어야 한다. 이렇게 보면 강사의 경우에도 영재교육을 담당하는 최저의 수행 능력에 미달하는 조건이라고 보기는 어렵다. 그러나 기관의 특수성을 감안한다고 하더라도, 동일한 법 테두리에서 강사를 교원의 범주에 포함시키거나 그렇지 않은 것은 혼란의 여지가 있다. 이들 용어를 보다 적절하게 조정하거나 자격 요건 등을 달리해 명확히 하는 것이 일반인들의 이해에 용이할 것이다.

제14장 장애인 등에 대한 특수교육 교육과정과 교육법

1. 의의

　장애인 등에 대한 특수교육대상자는 교육에서 뛰어난 자와 일반적인 자, 그리고 그에 도달하지 못하는 자 등으로 그 범위가 넓게 분포되어 있다. 이들 전체를 대상으로 하는 것이 올바르지만, 논의의 편의를 위해 여기서 제시하는 내용은 일반적인 사항에 도달하는 데 어려움을 겪는 대상을 중심으로 논의하고자 한다. 장애인 등에 대한 특수교육대상자는 교육의 공통 요소로 볼 수 있는 각급학교 교육과정을 충분히 이수하는 것이 쉽지 않은 상태에 있다. 이러한 자를 대상으로 하는 교육의 기회는 영재교육대상자를 위주로 하는 것과 그 동기에서 차이가 있다.

　일반적으로 교육은 개인의 성장에 의미 있는 기회를 제공할 수 있는 장을 마련하고자 하는 데 있다고 한다. 교육의 본질에 의할 때, 장애인 등에 대한 특수교육대상자 역시 그러한 교육의 기회가 마련되어야 한다. 그러나 각급학교 교육과정을 제대로 이수하는 것이 제한적일 경우, 그러한 기회를 제공하기 위해 다른 방식을 동원하고, 보다 많은 자원을 제공하여야 할 필요가 있다. 장애인 등에 대한 특수교육대상자가 교육의 역할뿐만 아니라 의학적 도움을 받아야 하는 경우도 있기 때문에, 이러한 점을 고려하여 교육에 대한 처치가 이루어져야 하는 것이다.

교육의 기회를 설명하는 방식은 다양하게 전개될 수 있지만, 장애인 등에 대한 특수교육대상자는 복지적 교육기회로 설명이 된다.[1] 복지적 교육기회는 구성원의 삶의 질 향상에 봉사하기 위해 교육을 실시하는 동기를 말하고, 보통교육의 단계에서 전인적 성장을 중시하는 교육과 관련된다. 이에 비해 투자적 동기는 사회가 인력의 충원을 위하여 교육을 계획할 때의 동기에 해당되고, 고등교육에서 사회적 충원을 겨냥하는 것이 그에 해당되는 것으로 볼 수 있다.

보통교육의 단계에서 전인교육의 실시는 교육받는 대상자가 그러한 교육을 토대로 고등교육에서 사회적으로 필요한 전문성을 기하기 위한 것에 있다. 일반교육대상자가 보통교육의 단계에서 인간의 성장에 필요한 장을 요청할 수 있듯이, 장애인 등에 대한 특수교육대상자 역시 그러한 교육에서 필요한 교육적 요구와 교육을 받을 권리가 있는 것이다. 교육의 기회를 취학의 기회로 한정하여 이해한다면, 형식적인 교육의 기회는 달성이 될 수 있을지 몰라도 실질적인 교육의 기회까지 담보하기 어렵다. 오히려 각급학교에서 배우는 교육과정이 개인적 적합도가 떨어지게 되면 교육에서 소외가 발생하고, 그것은 교육의 기회를 제대로 제공받지 못한 것이 된다.

장애인 등에 대한 특수교육대상자는 일반교육대상자의 교육과정을 그대로 적용할 경우 그러한 소외가 발생할 확률이 높게 되고, 교육의 기회가 제대로 제공되지 못한 경우가 된다. 교육의 기회가 제대로 제공되기 위해서는 일반교육대상자와 비교해 다른 방식의 교육과정이 필요하게 될 것이다. 그러한 교육과정은 교과서와 교육과정을 이수하는 방식 등에서도 차이를 가져오게 된다. 여기서는 복지적 교육의 기회를 제공하기 위해 장애인 등에 대하 특수교육대상자의 교육과정과 교과서에 대한 규정을 살펴보고, 의무교육기간에서의 교육과정 이수 방식에 대한 내용을 다루도록 한다.

2. 장애인 등에 대한 특수교육대상자의 권리와 법적 성격

1) 교육을 받을 권리와 교육의 기회

초기 입헌국가는 경제에 대한 조치와 마찬가지로 교육에 대해서도 방임주의를 취하였기 때문에, 교육의 기회는 소수의 특권 계층에게 부여되는 결과를 초래하였다. 그러나 현대 대부분의 국가는 국민의 교육을 받을 권리를 규정하여, 교육의 기회를 국가적 차원에서 제공하도록 하고 있다. 교육을 받는 것은 인간다운 생활을 위한 필수적 조건이면서도, 근로에 의한 생활 유지의 기초가 되는 것이다. 교육을 받을 권리의 이러한 성격은 국가권력에서 자유로운 국민의 권리에서 생활을 위해 필요한 제 조건을 국가권력의 적극적 관여에 의해 확보하려는 사회권적 기본권으로 확대되고 있다.

국민교육제도에서 교육대상자가 제대로 성장하지 못하는 것을 교육대상자 개인의 탓으로만 돌릴 수는 없을 것이다. 교육대상자가 성장하지 못하는 것은 그에 적절한 교육의 기준과 그 조건을 정비하지 못한 국가적 책무성도 동시에 존재하는 것이다. 우리나라 「헌법」에서 교육과 관련된 직접조문은 제31조가 해당되고, 그중에서도 제1항의 "모든 국민은 능력에 따라 균등하게 교육을 받을 권리를 가진다."라는 것은 이 조문의 목적 조항으로 기능하고 있다.

여기서 '모든 국민'은 남녀노소를 가리지 않고, 우리나라 국민 전체에 해당되는 것이다. '능력'은 정신적·육체적 능력을 말하고, 재산이나 가정 형편과 같은 경제적 여건, 그리고 인종이나 성별 등 기타 요인에 의한 불합리한 차별은 허용되지 않는다는 것을 의미한다. '균등하게'는 교육의 기회 균등을 의미하는 것으로 취학의 기회 균등뿐만 아니라, 적절한 교육과정의 제공과 그 운영에 필요한 교사와 교육시설 및 재원의 동원이 제대로 되어야 하는 것을 의미한다. '교육을 받을 권리'는 학교교육뿐만 아니라, 가정교육과 사회교육 등 평생에 걸친 교육을 받을 수 있는 권리를 말한다. 그중에서 보다 조직화되어 있는 학교교육이 가장 중요한 부분이 된다.

이러한 의미의 교육을 받을 권리는 장애인 등에 대한 특수교육대상자에게도 적용이 된다. 장애인 등에 대한 특수교육대상자에게도 취학의 기회가 제공되어야 하고, 적절한 교육과정의 제공을 통한 교육활동을 전개하여야 하며, 그러한 기회가 제대로 제공될 수 있도록 국가는 적극적인 지원과 배려를 할 필요가 있다. 여기서의 교육의 기회는 투자적 교육기회보다는 복지적 교육기회를 제공하는 측면에서 이해하는 것이 바람직하다고 생각된다. 능력의 개념을 해석하는 데 정신적 · 신체적 능력에 한정한다고 하더라도, 이 능력을 보다 구체적으로 해석하고 그에 따른 교육의 기회를 제공하는 방향으로 전개되어야 하는 것이다.

인간의 능력은 지적 측면에서 지력이 빠르고 늦은 사람이 있을 수 있고, 발전성의 측면에서도 성장이 빠른 아동과 느린 아동이 있기 때문에, 장기적 시각에서는 어느 한쪽의 능력이 우세한가를 판단하기 어렵다. 그래서 능력을 개인차에 따른 교육으로 보고, 학력에 따른 능력별 반 편성을 하며, 그에 따른 교육만을 한다고 하면, 능력주의 교육이나 투자 성격의 교육기회를 제공하는 것이 되어 부적절한 경우가 생기게 된다.[2] 능력에 따른 교육은 능력의 다양성과 발전성을 동시에 고려하여야 할 필요가 있는 것이다.

실제로 능력주의 교육관은 학습대상자를 우선적으로 고려하기보다는 미리 설정한 교육의 일정한 기준을 먼저 설정하게 된다. 교육에서 일정한 교육의 기준을 설정하게 되면, 그 기준에 적합한 대상자가 누구인지 선별해, 그에 적합한 교육을 하게 된다. 복지적 교육의 기회를 제공하는 측면에서는 이와 반대가 되는 경우에 해당된다. 복지적 교육의 기회는 교육의 기준을 먼저 설정하기보다는 교육대상자에 적절한 경험의 과정을 제공하고자 한다.[3] 이러한 의미에서 본다면 장애인 등에 대한 특수교육대상자를 위한 교육의 기회는 각급학교 교육과정에 도달하기가 용이하지 않기 때문에, 그 대상자를 고려한 교육적 경험이 제공되어야 할 필요가 있는 것이다. 일반교육대상자에 비해 탄력적인 교육과정 편성과 운영이 되어야 하는 것이다.

2) 특수교육대상자에 대한 법의 성격과 교육과정 규정의 변천

「장애인 등에 대한 특수교육법」은 2007년 5월 25일 법률 제8483호로 제정·공포된 법률이다. 이 법 이전에는 1977년 12월 31일 법률 제3053호로 제정·공포된 「특수교육진흥법」이 있었다. 그리고 그 이전에는 1949년 12월 31일 법률 제86호로 제정·공포된 「교육법」에서 특수교육에 대한 몇 개 조문이 존재하였다. 「교육법」에서는 제9절에 '특수학교'라는 절 제목을 달고, 제143조에서 특수학교의 목적, 제144조에서 특수학교의 설치 의무, 제145조에서 특수학급에 대해 규정하였다. 다음으로, 1977년에 제정된 「특수교육진흥법」은 기존의 「교육법」에 규정된 3개 조문으로 장애인 등에 대한 특수교육대상자의 권리와 의무, 국가와 지방자치단체의 책무 등을 모두 포괄하기 어려운 한계로 인해 마련된 것이다.

「특수교육진흥법」은 장애인 등에 대한 특수교육대상자의 교육을 공적으로 보장하고, 특수교육 발전의 기틀 마련, 통합교육 및 개별화교육 등 새로운 교육사조의 도입, 장애학생의 선정·배치 등에서 절차적 권리의 강화를 위한 특수교육운영위원회의 도입 등에 대한 공헌을 하였다. 그러나 실제 특수교육의 현장을 적절히 지원하기 위한 지침으로서의 제 역할을 하지 못했다는 인식과 새로운 교육적 요구를 수용할 필요성이 지적되었다. 그리고 「특수교육진흥법」이 초·중등교육 중심이어서 장애 영·유아 및 장애 성인을 위한 교육지원의 규정의 미흡하고, 국가나 지자체의 특수교육지원에 대한 역할을 보다 구체화하는 데 한계가 있었다.

이러한 한계를 보완하기 위해 2007년 「장애인 등에 대한 특수교육법」은 '교육기본법 제18조에 따라 국가 및 지방자치단체가 장애인 및 특별한 교육적 요구가 있는 사람에게 통합된 교육환경을 제공하고 생애주기에 따라 장애유형·장애 정도의 특성을 고려한 교육을 실시하여 이들의 자아실현과 사회통합을 하는 데 기여하기 위하여'[4] 새로이 제정되어 현재에 이르고 있다. 「장애인 등에 대한 특수교육법」은 「교육기본법」에 제시되어 있는 영재교육, 유아교육, 직업교육, 과학기술교육 등 여러 분야의 교육에서 제18조에 근거를 두고 제정된 것이다. 그래서 '종전의 「초·중등교육법」(기본법) ↔ 「특수교육진흥법」(특별법)의 관계에서 벗어나 교육에 대한 여러 일반적인 기본법의 하나'[5]로 볼 수 있다.

그러나 「교육기본법」과 「장애인 등에 대한 특수교육법」은 그 법적 효력이 동일한 법률이고, 이들은 단지 총론과 각론에 해당되는 사항을 정한 것이며, 「교육기본법」에서 정한 특수교육, 영재교육 등은 교육의 진흥을 위해 별도로 규정하고 있는 것으로서 초·중등교육에 대해서는 별도로 규정하고 있지 않다. 「장애인 등에 대한 특수교육법」은 명문으로 특별법이라고 규정을 하고 있지는 않지만, 여전히 특별법적 성격을 유지하고 있다고 생각된다. 당시 교육과학기술부에서 편찬한 해설서에도 법 형식상 법 제정의 근거가 명시됨에 따라 특별법적 성격은 없어졌으나, 내용상으로는 타 법에서 규정하고 있지 않은 조문들로 구성된 유일한 특수교육 관련 법령이므로 내용상으로 특별법적 성격을 유지하고 있어 현장에서 운영하는 데 있어서 특별히 문제될 것은 없을 것으로 보고 있다.[6]

이러한 법률의 제·개정과 폐지에 따라 교육과정에 대한 법적인 근거 조항과 행정입법의 성격도 '부령'과 '고시'로 반복되는 경향을 지녔다. 「교육법」 제

155조에서는 "대학·사범대학·각종 학교를 제외한 각 학교의 학과, 교과는 대통령령으로 하고, 각 교과의 교수요지, 요목급 수업시간 수는 문교부령으로써 정한다."라고 규정되었다. 이 규정은 1981년 "대학·사범대학·교육대학·전문대학·각종 학교를 제외한 각 학교의 학과, 교과는 대통령령으로 정하고, 교육과정은 문교부 장관이 정한다."라고 변경되었다. 「교육법」에서 '교육과정'이라는 용어가 명문으로 사용된 것이다. 그것은 기존의 각 교과의 교수요지, 요목급 시간 수를 대체한 것이다. 용어의 변경과 더불어 교육과정이 '부령'에서 '고시'의 형태로 변화되었다.

1979년 제작된 「특수교육진흥법」에서는 1981년 개정된 「교육법」보다 먼저 교육과정이라는 용어를 사용하였다. 「특수교육진흥법」 제7조 제1항에서 "특수교육에 관한 교육과정은 그 과정별 장애의 종별과 정도에 따라 문교부 장관이 정한다."라고 규정하였다. 여기서 교육과정을 "… 정한다."라는 형태로 제시하여 '부령'의 형식이 아니라 '고시'의 형식을 취하는 방법을 활용하였다. 「특수교육진흥법」이 그 뒤 부분 개정을 하여 교육과정과 관련된 것에서 일반 교육대상자와의 통합교육을 할 수 있는 법적 근거의 마련하는 등의 일부 변화가 있었지만, 교육과정을 교육부 장관이 '고시'하는 형태로 지속되었다.

2007년 제정된 「장애인 등에 대한 특수교육법」에서는 제20조 제1항에 교육과정에 대한 규정을 마련하였다. 당시 제20조 제1항의 규정에서는 "… 교육과정은 … 교육인적자원부령으로 정하고, 영아 교육과정과 전공과의 교육과정은 … 학교장이 정한다."로 하였다. 그리고 2010년 12월 20일에는 교육과학기술부령 제86호로 「장애인 등에 대한 특수교육법시행규칙」 제3조의 2를 신설하여 교육과정에 대한 사항을 규정하고 있다. 현재의 법에서는 '부령'으로 교육과정을 공포하도록 하고 있는 것이다. 특수교육 교육과정에 대한 법적 근거와 공포 형식은 '부령'에서 '고시'로 변경되었고, 다시 '부령'으로 기존 방식으로 다시 되돌아갔다.

3. 특수교육 교육과정의 법적 구조와 내용

1) 특수교육 교육과정의 법 규정과 내용

특수교육 교육과정은「장애인 등에 대한 특수교육법」제20조 제1항,「유아교육법」제13조 제2항,「초·중등교육법」제23조 제2항에 법적 근거를 두고 있다. 2015 개정 특수교육 교육과정은 2015년 12월 1일에 이러한 법적 근거에 의해 고시되었다. 2010 개정 교육과정에서는 '특수학교 교육과정'이라는 용어 대신에 '특수교육 교육과정'이라는 용어를 사용하고, 일반 교육과정과의 접근성을 강화하기 위해 일반 교육과정 개정 주기와 통일하려는 노력을 하고 있다.「장애인 등에 대한 특수교육법」이 개정 직후에는 유치원과 초·중등학교 교육과정은 교육과학기술부 '령'으로 정하도록 하였지만, 2010년 12월 20일 교육과학기술부령 제86호로「장애인 등에 대한 특수교육법시행규칙」제3조의 2를 신설하여 일반교육대상자와의 긴밀도를 높이려는 조치를 하였다. 그 결과, 현재는「장애인 등에 대한 특수교육법」제20조와 동법 시행규칙 제3조의 2에 근거해 국가 교육과정이 마련되어 있다.

특수교육 교육과정은 2010년 12월 20일자로, 총론의 고시는 2010년 9월 말경에 고시할 예정이었다. 예정보다 늦어진 것은 연구의 진척 상황 때문이 아니라, 특수교육 교육과정을 고시하기 위한 법적인 근거 조항을 정비하는 작업이 필요했기 때문이다. 2010 개정 특수교육 교육과정을 개정할 당시, 일반교육대상자와 동일하게 개정하고 고시하려는 노력을 기울이고 있었다. 그러나 당시 개정된「장애인 등에 대한 특수교육법」에는 고시라는 형태가 아니라, '령'의 형태로 공포하는 형식을 취하고 있었다. 기본 교육과정을 제외하면, 일반교육대상자의 교육과정이 그대로 적용되고 통합교육이 강조되는 현시점을 고려할 때, 법령의 체계가 통일성을 기하는 것이 적절한 방식이었다.

당시 이러한 정황이 제대로 파악되지 않은 상태여서 제기된 문제로 인해 그에 대한 대처가 필요하였다. 새로이 법률을 개정하는 것은 절차적 어려움과 복잡성, 2010년 내에 특수교육 교육과정이 고시될 가능성이 불확실성, 특수교육 교육과정 분량의 방대함 등으로 이를 법률에 규정하는 것이 타당하지 않다는 생각에 따라 시행규칙에 규정하는 방향으로 결정이 되었다.[7] 그 결과, 2010년 11월에 입법예고를 거치고 12월에 관련 법규를 신설하여 특수교육 교육과정이 고시되었다. 여기서는 특수교육 교육과정의 법적 근거 조문인 「장애인 등에 대한 특수교육법」 제20조의 내용을 살펴보고, 「장애인 등에 대한 특수교육법시행규칙」에 대해 알아보고자 한다. 「장애인 등에 대한 특수교육법」 제20조에서 교육과정의 운영 등에 대해 다음과 같이 규정하고 있다.

> 제20조(교육과정의 운영 등) ① 특수교육기관의 유치원 · 초등학교 · 중학교 · 고등학교 과정의 교육과정은 장애의 종별 및 정도를 고려하여 교육부령으로 정하고, 영아 교육과정과 전공과의 교육과정은 교육감의 승인을 받아 학교장이 정한다.
> ② 특수교육기관의 장 및 특수교육대상자가 배치된 일반학교의 장은 제1항에 따른 교육과정의 범위 안에서 특수교육대상자 개인의 장애종별과 정도, 연령, 현재 및 미래의 교육 요구 등을 고려하여 교육과정의 내용을 조정하여 운영할 수 있다.
> ③ 특수학교의 장은 교육감의 승인을 받아 유치원 · 초등학교 · 중학교 · 고등학교 과정을 통합하여 운영할 수 있다.

법 제20조 제1항은 특수교육기관의 교육과정은 교육부령으로 정하도록 하여, 국가수준의 교육과정에 대한 근거를 제시하고 있다. 특수교육기관은 법 제2조 제10호에 특수교육대상자에게 유치원 · 초등학교 · 중학교 또는 고등학교(전공과 포함)의 과정을 교육하는 특수학교 및 특수학급을 말하고 있다. 영아 교육과정과 전공과 교육과정은 학교의 장이 정하도록 하고 있다. 전공과 교육과정은 법 제24조에 의해 고등학교 과정을 졸업한 특수교육대상자에게 진로 및 직업교육을 제공하기 위하여 수업 연한 1년 이상의 전공과를 설치·운영할 수 있도록 하고 있다.

제2항은 기존의 「특수교육진흥법」에서는 없었던 규정으로, 새로이 제정된 법에서 마련된 것이다. 특수교육기관이나 특수교육대상자가 배치된 일반학교의 장은 특수교육대상자 개인의 장애 종별과 정도, 연령, 현재 및 미래의 교육적 요구를 고려해 교육과정의 내용을 조정하여 운영할 수 있도록 하고 있다. 그래서 특수교육대상자 개개인에게 적합한 교육과정을 강조하여 교육을 받을 권리를 보장하고 있다. 제3항은 기존 「특수교육진흥법」에서 정신지체 또는 정서장애를 지닌 특수교육대상자에 대해서만 교육과정의 통합 운영이 가능하도록 규정하였다. 그러나 현재는 다른 장애 유형의 특수학교에서도 해당될 수 있으므로 특정한 장애 유형으로 제한하지 않고 있다.

이러한 특수교육 교육과정은 「장애인 등에 대한 특수교육법시행규칙」제3조의 2에 보다 구체적으로 제시되고 있다.

> 제3조의 2(교육과정) ① 법 제20조 제1항에 따른 특수교육기관의 교육과
> 정은 유치원 교육과정, 공통 교육과정, 선택 교육과정 및 기본 교육과
> 정으로 구분한다.
> ② 제1항에 따른 교육과정의 대상 및 내용은 다음 각 호와 같다.
> 1. 유치원 교육과정: 만 3세부터 초등학교 취학 전까지의 어린이를 대
> 상으로 하고, 「유아교육법」제13조 제2항에 따라 교육부 장관이 정
> 하는 유치원 교육과정에 준하여 편성된 과정
> 2. 공통 교육과정: 초등학생 및 중학생을 대상으로 하고, 「초·중등교
> 육법」제23조 제2항에 따라 교육부 장관이 정하는 초등학교 및 중
> 학교 교육과정에 준하여 편성된 과정

3. 선택 교육과정: 고등학생을 대상으로 하고, 「초·중등교육법」 제23조 제2항에 따라 교육부 장관이 정하는 고등학교 교육과정에 준하여 편성된 과정

4. 기본 교육과정: 특수교육대상자의 장애 종별 및 정도를 고려하여 제2호 및 제3호의 교육과정을 적용하기 어려운 학생을 대상으로 하고, 대상자의 능력에 따라 학년의 구분 없이 다음 각목의 어느 하나에 해당하는 교과의 수준을 다르게 적용할 수 있도록 편성된 과정

  가. 국어, 사회, 수학, 과학, 실과, 체육, 음악, 미술 및 교육부 장관이 필요하다고 인정하는 교과

  나. 특수교육대상자의 진로 및 직업에 관한 교과

③ 제1항 및 제2항에서 규정된 사항 외에 교육과정의 내용 및 기준에 관하여 필요한 세부 사항은 교육부 장관이 정하여 고시한다.

여기에 규정된 내용에서 유치원은 「유아교육법」 제13조 제2항, 공통 교육과정과 선택 교육과정은 「초·중등교육법」 제23조 제2항에 근거해 교육부 장관이 고시하는 초·중등학교 교육과정에 준하는 교육과정을 적용하도록 규정하고 있다. 그러나 기본 교육과정은 「장애인 등에 대한 특수교육법」과 법 시행규칙에 의해 고시된 교육과정을 적용받도록 하고 있다. 2015년 12월 1일에 고시된 특수교육 교육과정 총론을 보면, 고시문이 "유아교육법 제13조 제2항, 초·중등교육법 제23조 제2항, 장애인 등에 대한 특수교육법 제20조 제1항에 의거하여 특수교육 교육과정을 다음과 같이 고시합니다."[8]로 되어 있고, 특수교육 교육과정 총론은, 별책 1, 유치원 교육과정, 공통 교육과정 및 선택중심 교육과정은 별책 2, 기본 교육과정은 별책 3으로 구체적 내용을 제시하고 있다. 특수교육 교육과정의 법적 근거에 따른 체제를 도식으로 제시하면 [그림 14-1]과 같다.[9]

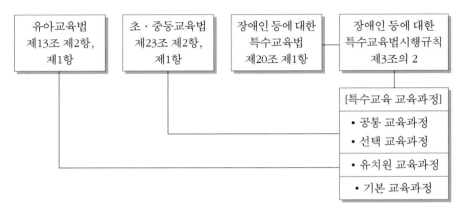

[그림 14-1] 특수교육 교육과정의 법적 근거에 관한 체계

2) 특수교육 교육과정 법규의 문제와 과제

(1) 부령과 고시의 법적 성격

특수교육 교육과정을 공포하는 법 규정은 '부령'에서 '고시', 그리고 다시 '부령'으로 변해 왔다. 부령이든 고시이든 이들을 모두 행정입법으로서 행정부가 법조의 형식으로 일반적·추상적 규범을 정립하는 것을 말한다. 현대 복지국가에서 행정부의 역할이 증대되고, 전문화됨에 따라 행정입법의 경향은 지속되고 있다. 행정입법은 법규명령과 행정명령으로 구분된다. 법규명령은 법규적 성질을 가진 것으로 대통령령, 총리령, 부령 등이 그 예에 속한다. 이에 비해 행정명령은 법규의 성질을 가지지 않은 것으로 고시, 훈령, 지시, 예규 등이 그 예이다.

이러한 형식적인 구분에 의할 때, 특수교육 교육과정이 '부령'의 형식으로 공포된 경우에는 법규명령으로 일반적·대외적 법적 효력을 가지고, '고시'의 형식을 띨 경우에는 행정명령으로 법규적 성질을 지니지 않게 되어, 국가와 시민의 관계 규율보다는 행정조직 내부의 조직·활동을 규율하게 된다. 그러나 '고시'라는 행정규칙이 근거가 되는 법령의 규정과 결합한 결과 법규의 내용을 보충하는 형식을 취하는 것이 있다. 이러한 경우, 그것의 법규성을 인정할 것인지가 논의의 대상이 된다. 여기서는 이들 관계의 아래 항목을 달리해 구체적으로 논의하고자 한다.

법규명령이나 행정규칙은 그것의 제정과 공포 절차에서의 차이에 있다. '부령'으로 할 경우 법령으로 인정이 되므로, 공포에서 입법예고 기간을 두는 것과 같은 엄격성을 지니고 있다. 반면, '고시'는 입법계획, 입법예고, 법제처의 사전 심사와 같은 사전적인 통제의 예외가 되고 있다. 이러한 이유로 그 효력에서도 법규명령은 대국민 효력이 발생하고, 행정명령은 행정기관 내부에서만 그 효과가 미치게 된다. '부령'과 '고시'에 대해 이러한 차이가 있음에도 불구하고, 이들 법규의 형식이 반복되면서 장애인 등에 대한 특수교육대상자에 대한 교육과정은 현재 '부령'으로 되어 있다. 그리고 일반교육대상자를 위한 교육과정이 '부령'에서 '고시'의 수준으로 변경되어 현재까지 유지되고 있어 그 형식에서 차이가 나는 특징에 대한 사항이 검토될 필요가 있다.

이 사항 이외에 지방교육자치와 관련된 사항에 대해서도 검토될 사항이 있다. 「초·중등교육법」 제23조 제2항은 교육부 장관이 교육과정 기준과 내용의 기본적 사항을 정할 수 있도록 한 것뿐만 아니라, 교육감 역시 국가에서 설정한 범위 내에서 지역의 실정에 부합하는 교육과정의 기준과 내용을 정할 수 있도록 규정하고 있다. 그리고 「지방교육자치에 관한 법률」 제20조 제6호에서 '교육과정의 운영에 관한 사항'을 교육감의 관장 사무로 규정하고 있다. 지역 수준의 교육과정을 고려할 때, 특수교육 교육과정은 그 법적 근거에서 시·도 교육감에 대한 권한 사항이 명확치 않아 이에 대한 사항도 검토의 대상이 되는 것이다.

(2) 부령과 고시 등 공포 형태의 적절성

현재 특수교육 교육과정은 부령의 형태로 공포되어 있다. 이에 대해 교육과학기술부에서 펴낸 법령 해설 자료에서는 법률에서 부령으로 위임하였지만 학교급별, 교과별 교육과정 내용을 법령에서 규정하는 것은 법령 특성상 적절치 않으므로 부령에서 관련 사항을 규정하지 않았다고 하면서도 향후 교육과학기술부 장관이 정하도록 개정하는 것이 교육과정 운영 관련 규정상 적절하다고 제시하고 있다.[10] 이러한 의견은 부령으로 규정한다는 것이 잘못되었다기보다는 일반교육대상자와의 관계를 고려해 초·중등학교 교육과정이 '고시'의 수준에서 만들어지고 있는 점을 고려할 때 그 타당성을 말하는 것으로 보아야 한다.

「장애인 등에 대한 특수교육법」의 교육과정 규정과 관련해 검토의 대상이 되는 것은 법률에 규정되어 있는 교육과정 결정의 구조와 관련된 것과 국가 교육과정 문서 체제에 대한 사항이다. 첫째, 교육과정의 결정 구조에 대한 사항부터 살펴본다. 「유아교육법」과 「초·중등교육법」에서는 교육부 장관과 교육감이 넓은 의미에서 교육과정의 기준과 내용의 기본적 사항을 정하고, 학교에서는 교육과정을 운영하도록 되어 있다. 이러한 구조는 국가, 지역, 학교 수준의 교육과정을 모두 전제로 하여 만들어진 것이다.

이에 비해 「장애인 등에 대한 특수교육법」에 규정된 교육과정의 결정 구조는 이와는 상이한 측면이 존재하고 있다. 「장애인 등에 대한 특수교육법시행규칙」 제3조의 2에서 유치원 교육과정은 「유아교육법」 제13조 제2항에 따라 교육부 장관이 정하는 유치원 교육과정에 준하여 편성된 과정, 공통 교육과정은 초·중학생을 대상으로 하고 「초·중등교육법」 제23조 제2항에 따라 교육부 장관이 정하는 초등학교 및 중학교 교육과정에 준하여 편성된 과정, 선택 교육과정은 「초·중등교육법」 제23조 제2항에 따라 교육부 장관이 정하는 고등학교 교육과정에 준하여 편성된 과정으로 규정하고 있다. 이들 내용에서는 지역의 내용이 빠져 있고, 국가에서 정한 교육과정 문서만을 대상으로 하고 있다. 비록 국가 교육과정 문서 내에서 교육청의 역할이 제시되어 있지만, 그것은 법적으로 지역수준의 역할을 규정하고 있는 것과는 다소 차이가 있다.

　여기서 「장애인 등에 대한 특수교육법시행규칙」에 제시되고 있는 '준하여'라는 용어에 대한 설명이 되어야 교육과정과 관련된 조항의 전체적 이해가될 수 있다. 조문에서 사용하고 있는 '준하여'는 '준용'이라는 용어로 사용이된다. 준용은 어떤 사항에 관해 정하고 있는 규정을 필요한 경우 수정을 가하여 그와 유사하지만, 본질적으로 다른 사항에 적용하는 경우를 가리키는용어이다. 그러한 점에서 본질이 같은 사항에 대해 수정을 필요로 하지 않는'적용'과는 다른 개념인 것이다. 준용의 개념에 의하면, 장애인 등에 대한 특수교육대상자에 대한 교육과정은 일반교육대상자의 교육과정과 본질적으로차이가 있지만, 필요한 경우 수정을 하여 적용하는 것으로 이해하여야 할 것이다.

　둘째, 국가 교육과정의 문서 체제와 관련된 사항이다. 2015 개정 특수교육교육과정은 2015년 12월 1일에 「유아교육법」 제13조 제2항, 「초·중등교육법」 제23조 제2항, 「장애인 등에 대한 특수교육법」 제20조 제1항에 의거해 특수교육 교육과정 총론은 별책 1, 유치원 교육과정, 공통 교육과정 및 선택중심 교육과정은 별책 2, 기본 교육과정은 별책 3으로 고시하였다. 여기서 별책 1과 별책 2는 일반교육대상자를 위한 교육과정과 기본적으로 동일하게 되어있으며, 특수교육대상자에 대한 사항이 필요한 경우 추가적으로 제시되어 있다. 그러나 별책 3의 기본 교육과정은 특수교육 교육과정 대상자에게 특별하게 제공하기 위해 만들어진 것이다. 특수교육 교육과정의 이러한 구조는 특수교육 교육과정에 대한 법적인 근거와 그 내용을 어떠한 방식으로 할 것인지가 검토의 대상이 된다. 이를 위한 방안은 다음과 같은 형태로 논의가 가능하다.[11)]

　첫 번째는 특수교육 교육과정을 '부령'으로 하는 현 체제를 그대로 유지하는 방안이다. 현재 특수교육 교육과정은 부령에 의해 시행규칙에 보다 구체적인 내용을 정하고 있다. 여기에 의해 고시된 교육과정은 국가의 기준과 내용의 기본적 사항에 따라 일반교육대상자 교육과정에 준하거나 기본교육과정을 별도로 고시하고 있다. 고시의 근거는 「장애인 등에 대한 특수교육법」
뿐만 아니라, 「유아교육법」과 「초·중등교육법」 모두에 있다. 여기서 기본 교
육과정을 제외하고는 일반교육대상자를 위한 교육과정을 준용하기 때문에,
기본 교육과정에 해당되는 사항을 국가적 차원에서 만들고, 그 외 교육과정
은 특수교육대상자를 위한 것으로 추가적으로 보완하면 되는 장점이 있다.
그러나 국가 교육과정 위주로 전개됨으로써 지역수준의 교육과정을 어떻게
반영할 것인지에 대한 고려가 제대로 이루어지지 않는 제한이 있다. 지역수
준 교육과정을 고려하게 된다면, 이를 위한 법 개정이 필요하게 되는 것이다.

두 번째는 '부령'을 '고시'로 변경하는 방안이다. 일반교육대상자를 위한 교
육과정은 기존에 부령에서 고시로 변경하였다. 그 이유는 교육현장과 사회
변화에 대응성을 높이기 위한 교육과정 개정에서 부령으로 할 경우, 절차적
측면에서 고시에 비해 유연성이 떨어지는 것을 방지하기 위함에 있었다. 이
러한 취지에서 「장애인 등에 대한 특수교육법」에서 기존의 고시로 하던 것을
부령으로 변경한 것은 적절치 않을 수도 있다. 또한 일반교육대상자를 위한
교육과정이 고시 수준으로 되어 있는 것과의 정합성도 떨어지고 있는 것이
다. 따라서 기본 교육과정을 별도로 만드는 조항이나 단서를 다는 방식을 취
함으로써 일반교육대상자를 위한 교육과정의 고시 방식으로 통일하는 것이
다. 이 방법은 교육과정 개정에 대한 유연성을 확보하면서도, 일반교육대상
자와의 원활한 개정을 할 수 있는 장점이 있다. 그러나 법에서 교육부 장관이
고시하는 형태로 백지위임함으로써 교육 관련 주체의 참여가 제대로 보장되
지 않는 구조로 지적되는 문제를 내포하고 있다.

세 번째는 특수교육 교육과정뿐만 아니라, 일반교육대상자의 교육과정도
'부령'으로 변경하는 방안이다. 이 방법은 「장애인 등에 대한 특수교육법」이
교육과정을 부령으로 하는 수준으로 일반교육대상자를 위한 교육과정의 공
포 형태를 변경하는 것이다. 이 방법 역시 특수교육 교육과정과 일반교육대
상자를 위한 교육과정과의 법적 규정을 통일함으로써 유기적 관련성을 기하

는 데 용이할 수 있다. 그러나 학교급별이나 교과별 교육과정 내용을 법령에서 규정하는 것은 법령의 특성에 적절치 않기 때문에 부령으로 규정하는 것이 완전히 부합된다고 보기도 어렵다. 또한 「초·중등교육법시행규칙」에 교육과정에 대한 사항을 신설해 만들고, 그에 따라 고시하여야 하는 복잡성도 존재하는 제한도 따른다.

특수교육 교육과정을 위한 법적 근거에 대한 다양한 방안이 마련될 수 있지만, 법령 체계와 교육과정의 기본 뼈대가 되는 사항을 제시하지 않고, 교육부 장관에게 전적으로 위임되어 있는 현재의 법규 형식이 바람직하다고 보기는 어렵다. 법령의 체계를 고려하면 법률에서 교육부 장관이 교육과정의 기준과 내용의 기본적 사항을 정하도록 하고, 시행규칙에서 보다 구체적인 내용을 제시하며, 교과별 교육과정과 같은 경우는 교육부 장관이 별도로 고시하도록 하는 것이 합리적일 것이다. 일본의 경우는 「학교교육법」에서 초·중등학교 교육과정은 문부과학성장관이 정하도록 하고, 동법 시행규칙에서 구체적인 교과명과 시간 배당을 정하고 있다. 그리고 그 외의 사항은 문부과학성장관이 별도로 고시하는 학습지도요령에 의할 것임을 밝히고 있다. 이러한 법적 규정에 대한 논의는 교육과정의 국가적 기준과 내용의 기본적 사항의 범위 등에 대한 교육학적 검토를 통해 법령 체계에 부합하면서도, 교육현장과 사회 변화에 능동적으로 대처할 수 있는 교육과정을 만들 수 있도록 하는 방안을 강구할 필요가 있을 것이다.

(3) 법규 성질을 띤 고시의 문제

장애인 등에 대한 특수교육대상자를 위한 교육과정은 부령으로 공포하지만, 일반교육대상자를 위한 교육과정은 교육부 장관의 고시로 공포하고 있다. 교육과정은 유연하게 적용하도록 하지만 교육과정의 공포 수준이 다르기 때문에, 여기서는 부령과 고시에 대한 문제와 그 과제를 보다 구체적으로 살펴보고자 한다. 행정규칙과 법규명령으로 단순 구분하여, 법규성 여부와 대국민적 효력이 발생하는 것으로 살펴보면, 교육과정과 관련된 고시 역시 이해가 용이할 수 있다. 그러나 이러한 구분을 떠나 행정규칙의 형식을 지니지만 법규명령의 성격을 지니는 것이 문제가 된다. 여기서는 법원과 각종 규정에 제시된 내용을 통해 이에 대한 내용을 살펴보겠다.

우선, 법원에서 행정규칙의 형식을 지닌 법규명령에 대해 어떠한 판단을 내리는지 살펴본다. 헌법재판소의 결정과 대법원의 판결에서는 법령의 수권에 의한 행정규칙의 법규성을 긍정하고 있다. 예를 들면, 전라남도 교육위원회 1990학년도 인사 원칙에 대한 헌법소원(헌법재판소 1990. 9. 3. 선고 헌마13 결정)이나 대법원의 양도소득세 부과 처분 취소 사건, 종합 주류 도매 면허 신청서 반려 처분 취소 사건[12]과 같은 것이다. 이들 사건에서 고시 등 행정규칙은 상위법령을 보충하므로 법규명령이라고 일관되게 판단하고 있다.

다음으로, 각종 규정에 나타난 법규성을 지닌 행정규칙에 대해 알아본다. 첫째, 「법제운영규정」 제2조에서 본령에서의 법령이라 함은 법률, 대통령령, 총리령, 부령을 말한다고 규정하고 있다. 동 규정 제28조에서는 각급 행정기관의 훈령, 예규, 고시 등에 대한 행정규칙에 대해 사전 예고 절차, 국민의 의견 제출 절차, 공포 전 법제처의 사전 심의 절차, 정식의 공포 절차 등이 모두 인정되지 않고 있으며, 법제처장에 의한 사후 심사만 인정하고 있다. 둘째, 「문서관리규정」 제7조에서는 정부 공문서를 법규문서, 지시문서, 공고문서로 구분하고, 법규문서는 헌법, 법률, 대통령령, 총리령, 부령, 조례 및 규칙 등에 관한 문서로 한정하고 있다. 공고문서는 고시, 공고 등 행정기관이 일정한 사항을 일반인에게 알리기 위한 문서를 의미하는 것으로 정하고 있다. 「법령 등 공포에 관한 법률」에서는 그 대상이 되는 법령에 대통령령, 총리령, 부령 등을 포함하지만, 기타 행정규칙 형식의 규범은 공포 절차에서 제외하고 있다.

법원의 결정과 규정 등에 대해 학계에서도 그 문제가 지속적으로 등장하고 있지만, 긍정적 입장을 취하는 견해 역시 존재하고 있다. 주권재민의 원칙 등 입법에 관한 헌법의 제 원칙을 고려할 때, 헌법에 명시되지 않은 입법 형식은 상위법령에서 근거가 있다는 것만으로 창설될 수 있다고 하는 것은 적절치 않을 수 있다. 그렇다고 하더라도 법률 자체는 명시적인 규정으로 그 하위의 새로운 입법 형식을 창설하는 것은 가능하다는 것이다.[13] 각종 규정에 의해 비판적 입장에 서는 견해도 있지만, 법원과 학계의 견해에 의하면 행정명령의 형식을 취하는 법규명령의 형태는 가능하다고 생각된다. 일반교육대상자를 위한 교육과정이 법적인 근거에 의해 고시의 형식을 취하고 있다고 하더라도, 법규성을 인정할 수 있을 것이다. 그러나 이러한 경우에도 구체적인 범위를 정하여 그 사항을 고시라는 입법 형식으로 하여야 할 것이다. 이러한 의미에서 특수교육 교육과정을 부령이 아닌 고시의 형식으로 취하여 법률에 근거한 새로운 입법 형식을 창설할 수 있는 있을 것이다.

4. 특수교육 교육과정과 의무교육

1) 의무교육 관련 법의 구조

　장애인 등에 대한 특수교육대상자의 의무교육은 일반교육대상자와 마찬가지로 「헌법」과 「교육기본법」 등의 상위법에 기초를 두고 있는 것은 동일하다. 다만 「장애인 등에 대한 특수교육법」에서의 규정이 상이하게 되어 있으므로, 이들의 내용을 살펴보면서 의무교육 관련 법의 구조를 이해하고자 한다. 장애인 등에 대한 특수교육대상자의 의무교육에 대한 기본 조문은 「헌법」 제31조의 교육을 받을 권리 조문의 제2항과 제3항에 있다. 제2항은 의무교육의 실시 주체로 학령 아동의 보호자로 명시하고 있으며, 제3항은 의무교육의 무상성에 대해 규정하고 있다.
　「헌법」의 규정은 「교육기본법」 제8조에서 구체화하고 있다. 제8조 제1항에서는 의무교육은 6년의 초등교육과 3년의 중등교육으로 규정하고, 제2항에서는 모든 국민은 제1항에 따른 의무교육을 받을 권리를 가진다고 규정하고 있다. 「초·중등교육법」과 동법 시행령에서는 보다 상세하게 규정하고 있다. 「초·중등교육법」 제12조는 의무교육, 제13조는 취학의무, 제14조는 취학의무의 면제, 제15조는 고용자의 의무, 제16조는 친권자 등에 대한 보조를 규정하고 있다. 「초·중등교육법」에서 특수교육대상자와 관련된 규정은 제13조 제2항 출석일수의 부족 등으로 진급이나 졸업을 하지 못한 경우에 대해 연수주의 예외 규정을 한 것과 제14조 제1항의 질병·발육 상태 등 부득이한 사유로 취학의무의 면제나 유예 규정과 제2항의 면제나 유예를 받은 아동이 재취학하였을 경우 연수주의를 적용하는 원칙을 제시하고 있다. 법 시행령 제28조에서는 이에 대한 사항이 보다 구체화되어 있다. 「초·중등교육법시행령」에서 의무교육과 관련된 사항은 제2장(제14조에서 제29조)에서 법에서 위임된 사항과 시행에 필요한 사항이 보다 상세하게 규정되어 있다.

「장애인 등에 대한 특수교육법」에서는 의무교육과 관련된 사항을 제3조와 제19조에 규정하고 있다. 법 제3조 제1항에서는 의무교육대상학교와 의무교육의 무상 범위를 정하고 있고, 제2항에서는 취학의무의 유예나 면제 대상자의 재취학에 대한 연수주의가 적용됨을 밝히고 있다. 제3항에서는 의무교육에 드는 비용을 부담하는 주체를 규정하고 있다. 제2항에서 의무교육은 유치원에서 고등학교 과정의 교육까지 규정함으로써 일반교육대상자에 비해 그 범위를 보다 확대하고 있다. 제19조는 보호자의 의무 등에 대해 규정하고 있다. 제1항에서는 특수교육대상자의 의무교육기회 보호와 존중 의무 부과, 제2항에서는 취학의무의 면제나 유예, 제3항은 취학의무의 면제나 유예받은 자의 재취학에 대해 규정하고 있다. 제2항과 제3항의 보다 구체적인 사항은 법 시행령에 제시되어 있다.

「장애인 등에 대한 특수교육법시행령」에서는 제2조, 제3조 및 제14조가 의무교육과 직접적으로 관련된다. 시행령의 규정은 법에서 규정한 사항을 보다 구체화하고 있다. 제2조에서는 의무교육의 실시는 2012년도까지 만 3세 이상

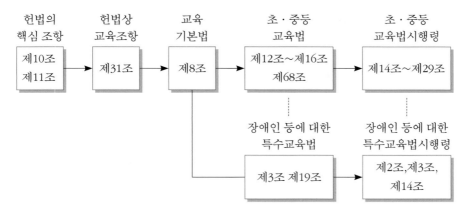

[그림 14-2] 장애인 등에 대한 의무교육 관련 법의 구조

의 유치원 과정과 고등학교 과정으로 실시하도록 규정하는 것이 그 예이다.
제3조는 의무교육의 비용 등에 대해 국가나 지방자치단체가 입학금, 수업료,
교과용 도서 대금 및 학교 급식비 등의 무상지원 등에 대해 규정하고 있는 것
이다. 제14조는 취학의무의 유예나 면제에 대한 절차적 측면에 대해 상세히
규정하고 있다. 제1항의 예를 들면, 취학의무의 면제나 유예를 받고자 할 때
관할 교육감이나 교육장에게 신청을 하도록 하고 있다. 이러한 특수교육대상
자의 의무교육에 관한 법 체계를 도식으로 제시하면 [그림 14-2]와 같다.[14]

2) 의무교육 이행의 장

특수교육대상자의 의무교육을 이행하는 장은 교육의무, 취학의무, 국·공
립학교 취학의무의 세 가지 유형으로 구분이 된다.[15] 교육의무는 정규 학교
뿐만 아니라, 가정까지 포함하여 일정한 교육을 받게 할 의무를 가리킨다. 취
학의무는 공교육에서 정규 학교에 취학을 시키는 것을 말하는 것으로 국·
공·사립학교는 포함되지만 비형식 교육기관은 제외된다. 국·공립학교 취
학의무는 국·공립학교에 한정하는 것을 말하는 것으로 가정과 사립학교는

제외된다. 의무교육의 장에 대한 논의는 특수교육대상자의 교육을 받을 권리의 정도, 국가와 부모의 교육권 관계를 말해 주는 지표가 된다. 이러한 관계로 이들 각각에 대해 살펴본다.

첫째, 교육의무에 대한 것이다. 교육의무는 학교교육뿐만 아니라, 가정교육까지 포함함으로써 특수교육대상자의 학습에 대한 권리뿐만 아니라, 부모의 교육권이 강하게 보장을 받는 형태이다. 공적인 교육 체제에서 부모의 권리를 신장시키는 것은 공교육 이전에 부모가 가지고 있던 권리를 회복시켜 준다는 측면에서 의미가 있다. 그러나 이 입장은 국가에서 행하는 교육의 일정수준 유지와 교육의 기회 균등에 대처하는 데 한계가 있다.

둘째, 취학의무에 대한 것이다. 취학의무는 교육 관련 주체에서 국가의 권한이 상대적으로 강하게 작용하는 유형이다. 국가가 개인이 감당하기 힘든 교육시설이나 재정 및 교원과 같은 교육여건을 조성함으로써 교육을 받을 권리를 보장하는 것이다. 교육의 기회 균등에서 유리한 점이 있지만, 취학의 기회뿐만 아니라 취학 이후 학습자에게 적절한 교육내용과 방법 등이 제공되지 않는다면 도리어 소외집단 형성을 초래할 수 있으므로, 내실화된 교육의 기회를 제공하기 위한 노력이 요청된다. 우리나라와 일본 등이 채택하는 입장이다.

셋째, 국·공립학교 취학의무에 관한 것이다. 이 입장은 위의 두 입장에 비해 교육의 장을 가장 협소하게 보는 것이다. 국가가 교육에 대해 전반적 권한을 행사함으로써 교육 관련 주체의 개입이 거의 배제될 수 있는 경향이 있다. 이러할 경우, 국가의 정책에 따라 교육을 받을 권리가 좌우되어 개인의 성장에 불리가 발생할 소지가 있다.

우리나라가 취하고 있는 취학의무제도는 특수교육대상자를 위해 유예나 면제 제도와 같은 예외적 사항을 두고 있지만, 기본적으로 취학의 기회 균등을 의미하는 것으로 이해된다. 취학의 기회 균등은 사회·경제적으로 불리한 처지에 있는 사람들에게 보다 많은 자원을 배분함으로써 교육의 정의를 기하는 데 도움이 된다. 그러나 취학의 기회를 균등하게 하는 것만으로는 교육의 기회를 균등하게 보장하는 충분조건이 확보되었다고 보기 어렵다. 일반교육대상자의 경우에도 취학의 기회는 균등하게 이루어지지만, 교육활동에서 교육내용과 방법이 적절치 못해 소외집단이 발생한다.

특수교육대상자의 경우는 이러한 현상이 더욱 심화될 소지가 있다. 특수교육대상자는 취학의 기회뿐만 아니라, 취학 후 교육과정의 적합화를 위한 노력이 더욱 강화될 필요가 있다. 특수교육대상자는 개인별 소질과 적성 및 신체적 능력의 격차가 크게 발생하기 때문에, 교육과정이 그에 부합하려면 보다 다양화되어야 할 필요가 있는 것이다. 특수교육대상자의 경우에도 일반교육대상자에 비해 탁월한 능력을 보이기도 하지만, 그 반대의 경우도 존재한다. 그렇다고 하더라도 이들에게도 어떠한 형태로든 성장의 가능성과 그 모습이 있기 마련이다. 그러한 경우를 상정한다면, 학교 교육과정이 더욱 다양하고 탄력적으로 운영될 수 있어야 한다. 「장애인 등에 대한 특수교육법」에서 규정하고 있는 기본 교육과정이나 교육과정의 조정 등이 그에 해당될 것이다. 한 걸음 더 나아간다면 가정방문지도(home instruction)와 같은 가정의무교육의 도입도 고려해 보아야 할 것이다.

특수교육대상자의 의무교육의 장을 확장하고 교육과정을 더욱 다양하고 탄력적으로 운영하고자 할 경우, 교육 관련 주체 간의 갈등이 야기될 수 있다. 그렇다고 하더라도 의무교육을 보는 관점을 단순히 부모나 국가 및 지방자치단체의 의무가 아니라, 취학 대상자와 부모의 권리로서의 인식의 전환이 필요할 것이다. 현대사회의 기회 균등은 단순히 차별을 금지하거나 이를 보정하기 위한 것이 아니라, 차별을 제거하려는 적극적인 차원으로 이해될 필요가 있는 것이다. 특수교육대상자의 취학의무 면제나 유예가 국가의 교육에 대한 의무 이행의 소극적 행정이며, 장애인 등 특수교육대상자의 권리와 부모의 교육에 대한 권리의 적극적 표현으로 이해하여야 할 것이다.

3) 의무교육기간의 관점

의무교육의 기간과 관련된 관점은 과정주의, 연령주의, 연수주의로 구분
이 된다. 우리나라는 연령주의를 기본 원칙으로 하고 있다. 연령주의는 의무
교육과 관련된 성격이나 목적을 이해하는 데 유용한 제도에 해당된다. 의무
교육의 기간과 관련된 관점 역시 국가와 부모 등의 교육 관련 주체의 관계를
표현하는 지표가 될 수 있다. 과정주의를 취하게 되면 국가주의적 교육 체제
에서 등장한 것으로 국가의 권한이 상대적으로 높게 나타나므로, 부모의 권
한이 제한적으로 나타난다. 연령주의는 저소득층 아동을 노동에서 해방시키
려는 인도주의정책으로 등장한 것으로, 일정한 연령에 도달하면 학교에 보내
야 하므로 부모의 교육에 대한 권리에 제한이 가해지게 된다. 연수주의는 일
정한 연한을 채워야 한다는 점에서 연령주의의 예외에 해당되며, 특수교육대
상자가 지속적인 학업이 불가능한 경우의 대안으로 작용할 수 있는 것이다.
특수교육대상자에게는 의무교육기간의 세 가지 모두가 적용이 된다.

우선, 연령주의의 기본 원칙부터 살펴본다. 연령주의는 일정한 연령에 도
달한 경우 공교육에 편입시키는 것으로, 특수교육대상자의 경우 장애의 정도
에 따라 일반교육대상자와 마찬가지로 일정한 연령에 도달할 경우 그에 대한
교육을 정상적으로 받을 수 있는 아동에 해당된다. 다만, 이러한 아동의 경우
신체적 손상이 있지만 일반교육대상자와 마찬가지로 교육을 받을 수 있는 경
우가 해당될 것이다. 연령주의가 적용되는 경우, 단순히 학교에 취학하는 기
회의 균등뿐만 아니라 학교에서 받는 교육과정이나 교과서 등 제반 사항이
교육받는 대상자에게 적합한 형태로 제공될 필요가 있다.

신체적 손상이 있음에도 불구하고 그들에게 적절한 교육과정이나 교과서
등 실제 교육대상자가 교육을 할 수 있는 여건이 제대로 마련되지 않는다면,
그들은 성장을 제대로 할 수 없게 된다. 그것은 교육의 기회를 제한하게 되는
것이 되기 때문에, 일반교육대상자에게 배분되는 자원보다 더 많은 자원이

소요되어도 그에 부합하는 형태로 제공하여야 할 것이다. 취학의 기회를 균등하게 하는 것으로 의무교육을 이해하게 되면, 그것은 형식적인 교육의 기회 균등밖에 되지 않게 되는 것이다.

다음으로, 과정주의와 관련된 것이다. 특수교육대상자도 영재가 존재하고 있다. 영재교육 분야에서도 장애 영재에 대해 다루고 있다. 현재 영재교육 분야에서 다루고 있는 조기입학이 허용되는 수준이지만, 일반교육대상자에 비해 1년 정도 시간의 단축을 가져오고 있다. 그러나 월반과 같은 것은 제대로 허용이 되지 않기 때문에 의무교육기간의 단축은 제대로 이루어지지 않고 있다. 의무교육에서 과정주의가 제대로 적용이 되지 않고 있는 것이다. 「영재교육진흥법」의 경우 역시 의무교육이나 그에 대한 직접적인 규정이 존재하지 않고 있음을 고려할 때, 이러한 분야에 대해서도 아동의 교육을 받을 권리 보장을 위해 검토의 여지는 있다고 하겠다.

마지막으로, 연수주의에 대해 살펴본다. 연수주의는 연령주의의 예외로서 지속적인 교육을 제대로 받을 수 없는 아동의 교육을 위해 대안적 형태로 마련된 것이다. 연수주의는 의무교육의 유예와 밀접하게 관련되는 것으로, 의무교육의 면제나 유예에서 구체적으로 살펴볼 것이다.

4) 의무교육 면제와 유예

의무교육의 면제와 유예는 아동의 입장에서는 교육을 받을 권리를 포기하거나 유예하는 것이고, 부모의 입장에서는 의무교육의 면제나 유예가 되며, 국가의 입장에서는 교육의 의무가 면제 내지 유예되는 것이다. 여기서는 의무교육의 면제와 유예에 대한 의미와 사유에 대한 법적 현황을 살펴본 뒤, 법적인 검토를 하고자 한다.

첫째, 의무교육의 면제와 유예의 의미와 사유에 대한 법 규정에 대한 것이다. 의무교육을 면제한다는 것은 말 그대로 취학의 의무를 영구적으로 소멸시키는 것으로, 공적인 교육에서 국가와 개인의 교육에 대한 권리와 의무 관계가 없어지는 것이다. 이에 비해 의무교육의 유예는 의무의 이행을 할 수 없는 특정한 사유가 발행할 경우에 일정한 기간 동안 그 효력을 유보하는 것이다. 교육에 대한 권리와 의무 관계를 원인이 되는 사항이 해소될 때까지 일시적으로 정지시키는 것을 말한다. 의무교육의 면제와 유예에 대한 사유는 「초·중등교육법」과 시행령에 규정되어 있다. 「초·중등교육법」 제14조에서는 취학의무의 면제나 유예 사유로 '질병·발육 상태 등 부득이한 사유'로 들고 있고, 동법 시행령 제28조에서는 면제 사유로 '교육감이 정하는 질병 기타 부득이한 사유'로 규정하고 있다. 「장애인 등에 대한 특수교육법」 제19조 제2항에서는 면제나 유예 사유로 '부득이한 사유'를 들고 있다. 이들 법에 제시되어 있는 의무교육의 면제 혹은 유예 사유로 '부득이한 사유'가 무엇인지에 대해서는 이론의 여지가 있다.

둘째, 의무교육의 면제나 유예에 대한 법적 규정에 대한 검토이다. 여기서는 면제라는 제도의 존재 이유와 면제나 유예 사유의 명확한 제시와 관련된 사항으로 다시 구분해 살펴본다. 우선, 면제라는 제도의 존재 이유에 대한 것이다. 면제라는 제도는 교육을 받을 권리를 소멸시키는 것을 의미하기 때문에, 「헌법」에 규정한 교육을 받을 권리와 상충된다. 「헌법」에 제시되어 있는 교육을 받을 권리가 천부적 인권인지 아니면 법적 규정으로 보장된 것인지에 대한 견해는 다를 수 있지만, 교육을 받을 권리를 소멸시키는 것은 적절치 않을 수 있다. 그리고 현실적으로도 복지사회가 점점 더 강화되면서 재택교육이나 방문교육 등 교육의 기회가 더 확장되고 있는 추세여서 취학의무의 면제는 생각하기 어려우며, 법조문상으로 존재할 뿐이다.[16] 일본의 경우에는 이러한 면제제도에 대해 면제는 폐지하고, 유예제도만 두는 것도 검토할 수 있다는 내용도 제시하고 있다.[17]

다음으로, 면제와 유예의 사유에 대해 알아본다. 면제와 유예 사유부터 보면, 「초·중등교육법」과 동법 시행령에서는 '교육감이 정하는 질병과 기타 부득이한 사유'를 면제 사유로 규정하고 있다. 「장애인 등에 대한 특수교육법」
에서는 면제나 유예 사유가 '부득이한 사유'로 되어 있다. 여기서 부득이한 사
유가 무엇인지에 대해서는 이견이 있을 수 있지만, 학습대상자의 실종, 보호
처분을 받는 경우, 아동복지시설에 입소하는 경우 등을 의미하는 것으로 이
해된다.[18] 의무교육은 무상이기 때문에, 경제적인 사정은 허용되지 않을 것이
다. 이들 각 법에 제시되어 있는 면제의 사유를 보다 통일적으로 하는 노력
이 필요할 것이고, 그 사유 역시 보다 제한적으로 규정하는 것이 필요할 것으
로 생각된다.

　의무교육의 면제나 유예 사유로 들고 있는 「초·중등교육법」의 규정과 「장
애인 등에 대한 특수교육법」의 규정은 기존의 단일법전 형태였던 1949년 제
정·공포된 「교육법」 제98조에 비해 완화되어 있다. 「교육법」 제98조는 "학
령아동의 불구, 폐질, 병약, 발육 불완전 또는 기타 부득이한 사유로 인하여
취학하기 불가능한 경우에는 대통령령이 정하는 바에 의하여 그 의무를 면
제 또는 유예할 수 있다."라고 되어 있었다. 기존의 규정에 비해 면제나 유예
의 사유가 완화되고 있지만, 현대 의학의 발전은 '병약·불완전'한 경우에도
의료와 교육을 병행하는 것이 가능해 교육을 받을 수 있는 특수교육대상자가
늘어 가고 있다. 그러한 추세를 감안하면, 부득이한 사유가 만약 병약·불완
전 등과 같은 것에 해당된다면, 면제 사유가 아닌 유예 사유로 보고, 유예 사
유 역시 보다 제한적으로 규정하는 것이 필요할 것이다.

제15장
특수교육과 초·중등교육 이외의 교육과정과 교육법
영유아* 교육과정과 법

1. 의의

취학 전의 영유아교육기관은 어린이집과 유치원이 있다. 「영유아보육법」 제2조 제1호에서 '영유아'란 6세 미만의 취학 전 아동을 말하고, 제2조 제3호에서 보호자의 위탁을 받아 영유아를 보육하는 기관임을 제시하고 있다. 「유아교육법」 제2조 제1호에서 '유아'란 만 3세부터 초등학교 취학 전까지의 어린이를 말하고, 제2조 제2호에서 유치원은 유아의 교육을 위하여 이 법에 의해 설립·운영되는 학교임을 밝히고 있다. 「영유아보육법」과 「유아교육법」에 의하면, 영아와 유아는 구별이 되고, 유아의 경우는 유치원과 어린이집에서 보육이나 교육을 받는 아동이나 어린이를 말하고 있다.

---

*이 글에서 사용하는 '영유아'라는 용어는 「영유아보육법」 제2조 제1호에서 정의하고 있는 6세 미만의 취학 전 아동을 말한다.

취학 전 교육에서 어린이집과 유치원은 최근 국가 차원에서 교육과정에 대한 기준과 내용의 기본적 사항을 정하고 있다. 교육과 보육의 요구가 높아지고 있는 배경에서 '누리과정'이라는 이름으로 공통 교육과정을 이루고 있다. 그러나 누리과정은 취학 전의 모든 연령에 적용되는 것이 아니다. 유치원에서는 3~5세의 누리과정이 적용되는 반면, 어린이집에서는 3~5세는 누리과정을 적용하고, 0~2세는 표준보육과정을 적용하고 있다. 표준보육과정의 경우는 교육부가 아니라, 보건복지부 장관이 정하도록 하고 있어 고시의 주체 역시 다르게 되어 있다.

교육과정에서 일정 부분 통합을 이루고 있다고 하더라도, 이를 운영하는 기관은 유치원과 어린이집의 이원적 구조로 되어 있는 것이다. 국민의 영유아 교육과정에 대한 관심과 그에 대한 요구의 증가는 국민교육권론의 관점에서 '영유아'의 학습권이나 발달의 권리 보장과 밀접하게 관련이 되어 있는 것이다. 그것은 보육이라는 것이 영유아의 건전하고 안전하게 보호·양육하는 것과 영유아의 발달 특성에 맞는 교육을 제공하는 두 가지 기능이 공존하고 있기 때문이기도 하다. 이러한 의미에서 「교육기본법」 제2조의 홍익인간의 교육이념과 교육목적으로서 인격의 완성이라는 교육의 핵심적 사항은 영유아 보육과 교유의 과정에서도 적용이 되는 것이다.

다른 한편, 보육의 이념은 「영유아보육법」 제3조에 제시되어 있는데, 여기서 보육은 영유아의 이익을 최우선적으로 고려하여 제공되어야 하고, 안전하고 쾌적한 환경에서 건강하게 성장할 수 있도록 하여야 하며, 어떠한 종류의 차별도 받지 않고 보육되어야 함을 밝히고 있다. 보육의 이념과 교육의 이념에 제시되어 있는 국가주의적 입장은 보육과 교육의 기회가 균등하게 제공되어야 하고, 그것은 능력주의와 다른 발달주의 입장을 취하고 있음이 나타나고 있다.

0~2세는 표준보육과정이, 3~5세는 누리과정이라는 이름으로 국가적 차원에서 보육과 교육의 내용에 대한 기본적 사항이 규정되는 것은 보육·교육의 일정 수준의 유지와 그 기회의 균등을 기하고자 하는 데 있다. 그것은 '영

유아'의 발달이나 성장에 대한 의미 있는 장을 마련하고자 하는 데 있는 것이
다. 이러한 점에서 영유아 교육과정은 교육법의 규율 원리가 적용 가능한지
에 대한 검토가 필요하다. 교육과정 기준과 내용의 기본적 사항을 운영하기
위해서는 적절한 교육적 환경과 보육 · 교육하는 교원의 전문적 자질은 중요
한 요인이 된다. 이들 사항은 영유아 교육과정에서 검토하고자 하는 주요 대
상이 된다. 이들 사항을 구체적으로 제시하면 다음과 같다.

　첫째, 영유아 교육과정에 대한 국가기준과 내용의 기본적 사항의 결정은
영유아 교육과정에 대한 국가적 통제와 논리적으로 동일한 것인가의 문제이
다. 행정권력이 보육 · 교육과정에 관여하는 것이 보육 · 교육의 자유를 규율
하는 것과 어떠한 관계에 있는 것인지 검토하고자 하는 것이다.

　둘째, 영유아 교육과정에서 영유아의 학습지도는 본질적으로 생활지도와
구분되지 않고, 미분화된 구조로 전개된다. 영유아 교육과정은 아동을 둘러
싼 환경의 조건 정비와 밀접하게 관련되어 있다. 그러나 보육 · 교육제도의
이원화 문제는 영유아 교육과정의 문제에 대한 중요한 검토 과제가 된다.

　셋째, 영유아 교육과정을 운영하는 영유아 교사의 전문적 역량이나 직장에
서의 인간관계의 주체적 조건은 중요한 요인이 된다. 그러한 주체적 조건의
결정에서 영유아 교사의 양성, 연수 및 관리의 문제가 현행 법제에서 검토의
과제가 된다. 그것은 아동의 발달권 보장을 위해서는 주체적 조건에 해당하
는 영유아 교사와 교사집단과 같은 제도적 조건을 명료히 할 필요가 있다.

2. 영유아 교육과정의 국가기준과 보육 · 교육의 자유

1) 영유아 공통 교육과정과 그 법제

2011년 9월 5일에 어린이집과 유치원으로 이원화되어 있는 보육 · 유아교

육을 통합한 '5세 누리과정'이 고시되고, 2012년 7월 10일 3~4세로 누리과정을 확대하여 '3~5세 누리과정'이 고시되었으며, 2015년 2월 24일에는 누리과정의 편성 시간 기준을 1일 3~5시간에서 4~5시간으로 수정한 누리과정이 고시되어 현장에 적용되고 있다. 보육과 유아교육이 통합되기 이전에는 보육과 유아교육이 별도로 전개되었다.

우선, 보육과정은 2004년까지 전국 공통적으로 적용되는 보육과정 없이 지역이나 기관별로 적용하였다. 보육목표와 그 내용이 어린이집에 따라 상이하고, 그에 따른 수준 차이의 발생은 영유아의 건강하고 안전한 보호·양육과 발달 특성에 맞는 교육의 제공하는 데 제한이 따르게 되어 국가적 차원의 보육과정의 필요를 가져왔다. 이에 따라 2004년에 「영유아보육법」 개정을 통해 보육과정에 관한 제29조를 신설하여 부령으로 국가 보육과정을 만들 수 있는 근거를 마련하였고, 「영유아보육법시행규칙」 제30조에 의해 2007년 1월 표준보육과정을 고시하였다. 이러한 것이 2011년 이후 누리과정으로 보육과 유아교육이 통합됨으로써 현재는 0~5세 영유아에게 국가수준에서 제공하는 보편적이고 공통적인 보육의 내용과 목표가 제시된 0~2세 표준보육과정과 3~5세 누리과정이 사용되고 있는 것이다. 현재 보육과정의 근거 조문이 되는 「영유아보육법」 제29조의 내용은 다음과 같다.

제29조(보육과정) ① 보육과정은 영유아의 신체·정서·언어·사회성 및 인지적 발달을 도모할 수 있는 내용을 포함하여야 한다.
② 보건복지부 장관은 표준보육과정을 개발·보급하여야 하며, 필요하면 그 내용을 검토하여 수정·보완하여야 한다.
③ 어린이집의 원장은 제2항의 표준보육과정에 따라 영유아를 보육하도록 노력하여야 한다.
④ 어린이집의 원장은 보호자의 동의를 받아 일정 연령 이상의 영유아에게 보건복지부령으로 정하는 특정한 시간대에 한정하여 보육과정 외에 어

린이집 내외에서 이루어지는 특별활동프로그램(이하 '특별활동'이라 한
다.)을 실시할 수 있다. 이 경우, 어린이집의 원장은 특별활동에 참여하
지 아니하는 영유아를 위하여 특별활동을 대체할 수 있는 프로그램을
함께 마련하여야 한다.
⑤ 제1항에 따른 보육과정, 제4항에 따른 특별활동 대상 영유아의 연령 및
특별활동의 내용 등에 필요한 사항은 보건복지부령으로 정한다.

그리고 「영유아보육법시행규칙」 제30조와 표준보육과정을 규정한 별표 8의
4는 다음과 같다.

제30조(보육과정) 법 제29조 제2항에 따른 표준보육과정은 별표 8의4와
같다. 다만, 영 제22조 제1항 제1호에 따른 공통의 보육 · 교육 과정의 내
용은 보건복지부 장관과 교육부 장관이 협의하여 정하는 바에 따른다.

[별표 8의4]

표준보육과정(제30조 관련)

1. 보육과정의 목적
　보육과정의 목적은 영유아의 전인적인 성장과 발달을 돕고 민주시민으
로서의 자질을 길러 영유아가 심신이 건강하고 조화로운 사회 구성원
으로 자랄 수 있도록 하는 데 있다. 보육과정을 통해 추구하는 인간상은
다음과 같다.
　가. 자율적인 사람
　나. 창의적인 사람
　다. 다양성을 인정하는 사람
　라. 민주적인 사람

마. 우리 문화를 사랑하는 사람

2. 보육과정의 목표

보육과정의 목표는 다음과 같다.

가. 건강하고 안전하며 바르게 생활하는 태도와 습관을 가진다.

나. 자신의 신체에 대해 긍정적으로 인식하고 기본 운동 능력을 기른다.

다. 자신을 존중하고 다른 사람들과 더불어 생활하는 태도를 가진다.

라. 기초적인 언어 능력을 기르고 바른 언어생활 태도와 습관을 가진다.

마. 주변 환경에 호기심을 가지고 탐구하는 능력과 태도를 기른다.

바. 자연과 예술 작품의 아름다움에 관심을 가지고 창의적으로 표현한다.

3. 보육과정의 내용

보육과정은 기본생활, 신체운동, 사회관계, 의사소통, 자연탐구, 예술경험의 6개 영역으로 구성한다. 각 영역은 영유아가 건강하고 안전하며 바르게 생활하는 데 필요한 내용과 신체, 사회, 언어, 인지, 정서 등의 전인 발달을 위해서 영유아가 갖춰야 할 지식, 기술, 태도를 포함한다.

가. 기본생활

기본생활 영역은 일생의 기초이며 사회생활의 기본이 되는 건강, 영양, 안전에 관한 지식과 기술을 습득하고 바르게 생활하는 태도를 기르는 내용으로 구성한다.

나. 신체운동

신체운동 영역은 다양한 신체활동을 통하여 자신의 신체에 대해 긍정적으로 인식하고, 일상생활에 필요한 기본 운동 능력을 기르며, 신체활동에 즐겁게 참여하는 내용으로 구성한다.

다. 사회관계

사회관계 영역은 자신을 존중하고, 가족과 또래 및 지역사회와 긍정적인 사회관계를 형성하며, 유능한 사회 구성원이 되기 위해 필요한 사회적 지식과 태도를 기르는 내용으로 구성한다.

라. 의사소통

의사소통 영역은 듣고 말하는 것을 즐기고, 상황에 맞는 의사소통 능력과 기초적인 읽고 쓰는 능력을 익히는 데 필요한 올바른 언어 생활 태도와 능력을 기르는 내용으로 구성한다.

마. 자연탐구

자연탐구 영역은 다양한 감각을 이용하여 주변 사물과 환경을 지각하고 탐색하며, 이러한 과정에서 발생하는 의문점을 해결하는 데 필요한 수학적 · 과학적 기초 능력을 기르는 내용으로 구성한다.

바. 예술경험

예술경험 영역은 사물이나 소리 · 자연 · 예술 작품의 아름다움에 관심을 가지고 탐색하며, 생각이나 느낌을 음악 · 동작 · 극 · 미술로 표현하고, 표현된 것들을 보고 즐김으로써 풍부한 감성 및 창의성을 기르는 내용으로 구성한다.

4. 보육과정의 운영

어린이집은 「영유아보육법」의 보육이념과 목표를 달성하기 위하여 보육과정을 다음과 같이 편성 · 운영하도록 노력하여야 한다.

가. 보육계획 수립

어린이집은 보육과정의 영역별 목표와 내용에 따라 연령별 보육계획을 편성하고 운영한다. 연간 · 월간 · 주간 보육계획을 수립하되, 계절이나 지역 내 특별 행사 또는 어린이집의 환경 등을 고려한다.

나. 보육과정 편성

어린이집은 영유아의 연령, 발달수준, 흥미, 장애 등 개인차와 가정환경을 반영하여 수준별 보육내용을 편성하되, 각 어린이집과 지역사회의 특성을 고려한다.

다. 보육과정 실시

어린이집은 보육목표와 보육내용에 적합한 보육활동을 다양하게

선정하여 통합적으로 운영하고, 영역별 경험이나 활동을 균형 있게
제공한다.

라. 보육과정 운영 평가

어린이집은 보육계획을 문서화하여 보육내용의 선정과 실시 과정
이 적절하였는지를 정기적으로 평가한다.

마. 가정 및 지역사회의 협력

어린이집은 보육과정의 목표와 내용을 부모와 지역사회에 다양한
방법으로 알리고, 보육과정 운영 시 부모가 적극적으로 참여할 기
회를 제공함으로써 가정과 지역사회의 긴밀한 협조를 얻는다.

5. 그 밖의 사항

보육과정의 영역 및 연령별 보육내용, 교사 지침 등의 구체적 사항은 보
건복지부 장관이 정하여 고시한다.

시행규칙에서 표준보육과정은 0~2세 아동에 해당되는 것으로, 어린이집
에서 사용하는 것이고, 공통의 보육·교육과정의 내용은 3~5세 누리과정을
말하는 것이다.

다음으로, 유치원 과정은 1969년에 제1차 유치원 교육과정이 국가수준 교
육과정으로 처음 제정되었다. '3~5세 누리과정'이 마련되기 전까지는 국가
차원에서 유치원이라는 기관을 중심으로 유아교육의 방향과 목적을 제시하
고, 그에 부합하는 내용을 제시해 왔다. 현재 「유아교육법」에는 유아교육의
방향이나 목적이 제시되어 있지 않은 상태이다. 「유아교육법」이 제정되기 이
전에는 「초·중등교육법」 내에 유아교육에 대한 사항이 함께 규정되어 있었
다. 1998년에 적용된 「초·중등교육법」 제35조에서는 "유치원은 유아를 교
육하고 유아에게 알맞은 교육환경을 제공하여 심신의 조화로운 발달을 조장
하는 것을 목적으로 한다."라고 명확하게 규정되어 있었다. 그리고 법 제2조
에서 유치원도 학교로 규정하여, 교육부 장관이 교육과정 기준과 내용의 기

본적 사항을 고시하도록 하였다.

「유아교육법」으로 독립하면서 유치원 교육목적 조항이 삭제된 이유가 국가 교육과정에 제시하기 위한 것인지 누락된 것인지는 명확치 않지만, 여러 문헌을 검토해 보면 특별한 의도보다는 단순 누락에 의한 것으로 추론이 된다.[1] 「유아교육법」으로 독자적 법을 형성하면서 교육과정에 대한 조항은 다음과 같이 규정하고 있다.

> 제13조(교육과정 등) ① 유치원은 교육과정을 운영하여야 하며, 교육과정 운영 이후에는 방과후 과정을 운영할 수 있다.
> ② 교육부 장관은 제1항에 따른 교육과정 및 방과후 과정의 기준과 내용에 관한 기본적인 사항을 정하며, 교육감은 교육부 장관이 정한 교육과정 및 방과후 과정의 범위에서 지역 실정에 적합한 기준과 내용을 정할 수 있다.
> ③ 교육부 장관은 유치원의 교육과정 및 방과후 과정 운영을 위한 프로그램 및 교재를 개발하여 보급할 수 있다.

법 제13조 제2항에서 교육부 장관과 교육감은 넓은 의미에서 유치원 교육과정과 방과후 과정의 기준과 내용의 기본적 사항을 정하는 권한을 지니고 있고, 유치원은 이를 토대로 교육과정을 운영하도록 하고 있다. 그리고 국가 차원에서 프로그램 개발과 교재의 개발 · 보급을 할 수 있도록 규정하고 있다.

2) 영유아제도의 이원화와 영유아 교육과정의 통제

누리과정을 통해 어린이집과 유치원의 교육과정이 통합되는 경향을 지니고 있다고 하더라도, 유치원 누리과정은 교육부 장관이 고시하고, 유치원은 교육부에서 관할하며, 어린이집 누리과정과 표준보육과정은 보건복지부 장관이 고시하고, 보건복지부에서 관리하고 있다. 3~5세 누리과정의 경우, 동일한 내용이라고 하더라도 고시의 주체가 다르고, 표준보육과정이 별개로 존재하는 영유아 제도의 이원화 과정은 지속되고 있는 것이다.

영유아 교육과정을 통합하기 위한 노력은 저출산의 인구 구조와 노동력 감소 및 노인 인구의 증가와 더불어 영유아 교육·보육비의 증가는 저소득층의 영유아에 대한 교육의 기회를 제한하는 결과를 보완하기 위한 것에 있다. OECD 회원국의 유아교육과 보육의 공공성 강화를 위한 무상교육과 보육의 확대라는 세계적인 추세도 무관하지 않다. 그리고 영유아 발달은 전 생애에 걸친 학습 태도와 학습 능력의 향상에 영향을 미치기 때문에, 생애 초기 단계의 교육·보육에 대한 국가적 지원의 요구도 작용하고 있다. 이러한 사항은 영유아에 대한 교육의 기회를 제공하고, 교육의 일정 수준 유지를 위해 국가의 관여를 필요로 하는 요인이 되고 있다.

「영유아보육법」과 「유아교육법」의 초기 형태는 국가적 차원에서 교육·보육의 내용에 관여를 하기보다는 해당 기관에 자체적으로 프로그램과 교재를 개발하여 자율적으로 운영하였다. 그러나 시간이 지나면서 유아교육과 관련된 사항에서 국가 교육과정이 만들어지고, 그 뒤 영유아 분야에서도 표준보육과정과 누리과정을 고시하는 등의 국가주도적 경향이 두드러지고 있다. 보육·교육과정 내용에서 국가의 개입은 보육·교육현장의 보육·교육과정을 통일적으로 하기보다는 보육·교육과정의 국가기준과 내용의 기본적 사항을 정하는 데 있다. 이를 토대로 보육·교육현장에서 아동과 기관이 처한 실정을 고려하여 그에 부합하는 교육 프로그램을 운영하는 구조인 것이다.

누리과정을 고시하는 법적인 근거 조항은 초·중등교육과 유사하면서도 대등한 구조를 지니고 있다. 초·중등교육에서 국가와 지역에서 교육과정의 기준과 내용의 기본적 사항을 정하고, 학교에서 이를 토대로 교육과정을 운영하도록 하고 있다. 교육부 장관이 고시하는 누리과정 역시 마찬가지로 되어 있다. 다만, 표준보육과정의 경우에는 보건복지부 장관이 개발·보급하도록 하고 있다. 이러한 법적인 구조와 내용에 의할 때, 국가가 보육 · 교육내용에 관여함으로써 보육 · 교육활동에 종사하는 교사의 보육 · 교육의 자유가 제한되는 결과로 이어지게 된다.

보육 · 교육의 자유는 사적인 교육영역에서는 큰 의미를 지니지 않는다. 사적인 영역에서 보육 · 교육을 하는 것은 개인적인 일로 여겨지는 것이고, 그와 관련된 권리 관계 역시 개인적인 것에 불과하게 된다. 그러나 국가나 이에 준하는 단체가 관리 · 운영 · 통제하는 공적인 보육 · 교육 체계에서는 그와 관련된 권리 관계가 발생하게 되고, 여기서 국가의 권한과 영유아 교육자의 보육 · 교육의 자유가 갈등 관계를 빚게 된다.

표준보육과정은 영역, 내용 범주, 내용, 세부 내용으로 구분이 되고 있으며, 내용 간에 연계가 이루어지도록 하고 있다. 또한 3~5세 보육과정은 초등학교 교육과정과의 연계성을 고려하여 구성하도록 하고 있다.[2] 3~5세 보육과정은 누리과정으로 유치원에서도 동일하게 적용이 되는 교육과정에 해당된다. 보육과정은 누리과정 내용과 연계되고, 누리과정은 초등학교 교육과정과 연계가 되도록 함으로써 표준보육과정과 누리과정 및 초등학교 교육과정은 연계가 될 수 있는 구조로 되어 있다. 이러한 내용적 연계는 국가에서 설정한 보육 · 교육과정의 상호 관련성을 말하는 것이다. 그것은 초 · 중등학교 교육과정에서 말하는 교사의 교육의 자유의 적용 가능성과 관련된다. 교육의 자유는 보육 · 교육과정의 편성과 운영에서 보육자와 교육자나 그 집단의 자주적 결정을 존중하고, 그에 따른 교육을 실시할 수 있음을 말하는 것이다. 따라서 보육 · 교육법제가 별개로 분리되어 운영이 되고 있는 그 모순을 극복할 필요가 있고, 그러한 이원 체제의 모순을 통일할 수 있는 방향으로 전개가 되어야 할 필요가 있다.

3) 영유아보육·교육의 자유에 대한 교육법적 구성

영유아보육·교육의 자유와 관련해 검토하여야 할 사항은 보육·교육과정의 법적인 성격과 그것의 편성권의 소재와 관련된 부분이다. 우선, 보육·교육과정의 법적인 성격에 대해 살펴본다. 표준보육과정과 누리과정의 국가 기준과 내용의 기본적 사항의 강조는 보육·교육의 자유를 부정하는 논리가 될 소지가 있다. 현재「영유아보육법」과「유아교육법」의 규정에서 보육과정은 보건복지부령으로 정하도록 되어 있고, 유치원 교육과정은 교육부 장관의 고시에 의거한다. 형식적으로는 보건복지부령은 법규성을 지닌 법규명령에 해당되는 것이지만, 교육부 장관 고시는 행정명령에 속해 법적 효력에서 차이가 있다. 그러나 교육부 장관이 고시하는 유치원 교육과정은 법률에 근거를 둔 행정명령이므로, 법규명령으로서의 성격을 지니고 있다. 따라서 이들 모두는 법적 효력에서 법규성을 지니고 있는 것으로 이해하여야 한다.

그러나 표준보육과정과 누리과정의 주요 내용을 보면, 그것이 법적인 구속력을 전체적으로 지니고 있다고 보기 어려운 점이 있다. 표준교육과정은 4개 장으로 되어 있으며, 제1장은 어린이집 표준보육과정의 총론, 제2장은 0~1세 보육과정, 제3장은 2세 보육과정, 제5장은 3~5세 보육과정(누리과정)으로 되어 있다. 이들 각각의 장은 하위 요소로 다시 구분하여 구체화되고 있다. 표준보육과정 총론을 예로 들면, 표준보육과정의 기초, 목적과 목표, 편성과 운영의 3개 하위 영역으로 구성되어 있다. 법적인 구속력이 비교적 강하게 나타나고 있는 편성과 운영 영역을 제시하면 다음과 같다.[3]

Ⅲ. 편성과 운영
　1. 편성
　　가. 어린이집의 운영 시간에 맞추어 편성한다.
　　나. 표준 보육과정에 제시된 각 영역의 내용을 균형 있게 통합적으

로 편성한다.

다. 영·유아의 발달 특성 및 개인차, 경험을 고려하여 놀이를 중심
    으로 편성한다.

라. 영·유아의 일과 중 일상생활을 포함하여 편성한다.

마. 어린이집과 보육실의 특성에 따라 융통성 있게 편성한다.

바. 성별, 종교, 신체적 특성, 가족 및 민족 배경 등으로 인한 편견이
    없도록 편성한다.

2. 운영

가. 보육계획(연간, 월간, 주간, 일일 계획 등)에 의거하여 운영한다.

나. 실내·외 환경을 다양한 흥미 영역으로 구성하여 운영한다.

다. 영·유아의 능력과 장애 정도에 따라 조정하여 운영한다.

라. 부모와 각 기관의 실정에 따라 부모교육을 실시한다.

마. 가정과 지역사회와의 협력과 참여에 기반하여 운영한다.

바. 교사 재교육을 통해 어린이집 표준보육과정 운영을 개선해 나
    간다.

　　여기서 제시된 내용을 보면, 그것이 법적인 구속력이라기보다는 지도·조언이고, 전문적이고도 기술적인 자료에 해당되는 것으로 판단된다. 표준보육과정에 대해 국가의 기준과 내용의 기본적 사항에 대해 국가기관이 관여하는 것은 권력적인 개입보다는 비권력적인 지도·조언의 성격이 강하게 나타나고 있는 것이다. 이러한 현상은 누리과정에서도 동일하게 나타나고 있다. 교육부 장관이 고시한 누리과정은 제1장 누리과정의 총론, 제2장 연령별 누리과정으로 되어 있으며, 제1장 누리과정의 총론은 다시 구성 방향, 목적과 목표, 편성과 운영의 3개 하위 영역으로 되어 있다. 제2장의 연령별 누리과정은 3~5세 연령별 누리과정의 영역별 목표, 3~5세 연령별 누리과정의 영역별 내용의 2개 하위 영역으로 되어 있다. 여기서 누리과정의 총론에 제시된

편성과 운영의 일부를 제시하면 다음과 같다.[4]

Ⅲ. 편성과 운영
　1. 편성
　　가. 1일 4~5시간을 기준으로 편성한다.
　　나. 5개 영역의 내용을 균형 있게 통합적으로 편성한다.
　　다. 유아의 발달 특성 및 경험을 고려하여 놀이를 중심으로 편성한다.
　　라. 반(학급) 특성에 따라 융통성 있게 편성한다.
　　마. 성별, 종교, 신체적 특성, 가족 및 민족 배경 등으로 인한 편견이
　　　　없도록 편성한다.
　　바. 일과 운영 시간에 따라 심화 확장할 수 있도록 편성한다.
　2. 운영
　　가. 연간, 월간, 주간, 일일 계획에 의거하여 운영한다.
　　나. 실내·외 환경을 다양한 흥미 영역으로 구성하여 운영한다.
　　다. 유아의 능력과 장애정도에 따라 조정하여 운영한다.
　　라. 부모와 각 기관의 실정에 따라 부모교육을 실시한다.
　　마. 가정과 지역사회와의 협력과 참여에 기반하여 운영한다.
　　바. 교사 재교육을 통해서 누리과정활동이 개선되도록 운영한다.

　여기서 1일 4~5시간을 기준으로 편성하는 것과 같은 법적 구속력이 있는
내용도 있지만, 표준보육과정과 마찬가지로 비권력적인 지도·조언에 해당
되는 내용이 대부분이다. 표준보육과정과 누리과정은 초·중등학교 교육과
정과 달리 교육과정 총론에서 편성·운영의 지침에 해당되는 내용이 제시되
지 않고 있다. 초·중등학교 교육과정 총론의 지침에서 교육부와 교육청의
지원뿐만 아니라 질 관리를 위한 사항 등 규제적 성격이 동시에 존재하는 것
과는 대조적인 것이다. 영유아 교육과정에서는 초·중등학교에 비해 보육·

교육자의 보육 · 교육의 자유가 보다 확대되어 있는 것이다.

국가에 의한 일방적인 지도 · 조언도 보육 · 교육의 자유를 침해하고, 교육에 대한 부당한 지배라고 볼 수도 있다. 그러나 공적인 교육 체제에서 국가가 보육 · 교육과정의 기준과 내용의 기본적 사항에 관여하는 것은 당연한 것으로 이해하여야 한다. 그것은 국가가 교육에 대한 관리 · 통제 · 지원을 행하는 공교육의 개념에도 부합되지 않기 때문이다. 보육 · 교육현장에서는 보육 · 교육과정의 결정에서 국가의 기준과 내용의 기본적 사항에 기초해 보육 · 교육자와 그 집단적 자율로서 주체적으로 행할 필요가 있다. 보육 · 교육에 대한 지도 · 조언의 의미를 올바르게 이해하고, 그 의미를 제대로 정착시키는 것은 중요한 과제가 될 것이다.

다음으로, 보육 · 교육과정의 편성권의 소재에 대해 알아본다. 보육 · 교육과정의 편성과 관련해 「유아교육법」에서는 「초 · 중등교육법」과 마찬가지로, 학교는 교육과정을 운영하도록 되어 있으며(제13조), 원장은 원무를 총괄하고, 소속 교직원을 지도 · 감독하며, 유아를 교육하는 권리가 부여되어 있고, 교사는 법령에서 정하는 바에 따라 해당 유치원의 유아를 교육하도록 규정하고 있다(제21조). 이에 비해 「영유아보육법」은 보건복지부 장관이 표준보육과정을 개발 · 보급하도록 하고 있으며(제29조 제2항), 어린이집 원장은 어린이집을 총괄하고 보육교사와 그 밖의 직원을 지도 · 감독하며 영유아를 보육하며, 보육교사는 영유아를 보육하도록 규정하고 있다(제18조). 「유아교육법」과 「영유아보육법」에 규정된 내용은 유사하게 되어 있다. 다만, 보육교사는 유치원교사와 달리 "법령이 정하는 바에 따른"이라는 문구 없이 영유아를 보육하도록 되어 있다.

그러한 문구가 제시되어 있는 여부와 관계없이 영유아 교육과정의 편성권은 초 · 중등학교 교육과정 편성권과 마찬가지로 영유아 교사와 교사집단에 있다고 보는 것이 합리적이라고 생각된다. 보육 · 교육활동은 재원 중인 모든 아동의 전면적인 발달을 달성하는 것을 목표로 하기 때문에, 개별 교사의 수업영역뿐만 아니라, 학교 운영에서도 각 교사가 전문적인 영향을 끼치고 창의성을 발휘하여야 한다. 그러기 위해서는 어린이집이나 유치원의 교사집단의 집단적 자율이 제대로 보장될 수 있는 영유아교육기관의 민주적 교육과정 운영 방식이 확립되어야 한다. 그렇지 않으면 개별 교사의 보육·교육활동이나 연구의 자유도 보장받을 수 없게 되며, 결과적으로 영유아의 성장이나 발달의 권리를 제대로 충족시킬 수 없게 될 것이다.

어린이집과 유치원의 교사집단의 자율은 직원회의에서 이루어지게 되고, 그러한 직원회의는 학교 운영에서 의사결정기관의 성격을 지니고 있다고 보아야 한다. 그리고 원장은 직원회의의 결정 사항을 집행하는 위치에 있고, 대외적으로 어린이집과 유치원의 의사를 표시하는 대표자로 보아야 할 것이다. 따라서 원장의 직무와 관련된 규정은 어린이집과 유치원의 내재적 관리사항에 관한 권한을 확인하는 취지의 규정으로 이해하여야 할 것이다. 법령에서 직원회의에 대한 명문의 규정이 존재하지 않는 것이 아쉬운 부분이지만, 현재의 법령에 대한 해석을 그렇게 하여야 보육·교육의 자유에 대한 올바른 법률론이 될 것이다.

보육·교육과정 편성권과 관련해 취학 전 단계의 표준보육과정과 누리과정에서는 초·중등학교의 교과가 아니라 학습할 영역으로 되어 있다. 교과라는 것이 교수·학습을 위한 활동 영역의 단위라고 하면, 그러한 영역별 구분도 교과의 일종에 해당되는 것으로 이해하는 것이 올바르다. 그러한 교과혹은 활동 영역의 단위는 교재나 교구 등과 같은 직접적 교육활동에 관련된 내용뿐만 아니라, 그러한 활동을 하는 시설이나 설비 등의 자유를 편리하게 확보하는 것과 밀접하게 관련된다. 보육·교육의 자유에 대한 교육법적인 구성은 이러한 논리에서 출발하여야 하고, 그것이 아동의 풍부한 발달을 보장하도록 구성되어야 한다. 그리고 아동의 발달이나 성장의 실현을 위해서는 보육자의 자율적이고도 주체적인 전문적 역량과 보육·교육의 조건 정비에 의존할 수밖에 없는 것이다. 이들 사항은 항목을 달리해 기술하고자 한다.

3. 영유아 교육과정과 교육조건의 정비

1) 현행 시설 · 설비 기준의 문제

어린이집과 유치원은 영유아가 가정을 떠나 집단적인 생활을 경험하는 최초의 기관으로 가정 다음으로 중요한 공간이다. 최근 맞벌이 부부의 증가로 어린이집과 유치원에서 하루 종일 지내는 영유아들이 증가하고 있어 기관의 환경적 요인이 아동의 발달에 상당한 영향을 미치고 있다. 누리과정이 직접적인 교육활동의 내용적 요소에 해당되는 것이라면, 시설 · 설비는 이러한 활

〈표 15-1〉 보육시설과 유치원의 시설 · 설비 관련 법령 비교

구분	어린이집	유치원
근거법	• 영유아보육법 • 영유아보육법시행규칙	• 유아교육법 • 유아교육법시행규칙 • 고등학교 이하 각급학교 설립 · 운영 규정
시설	• 보육실 • 조리실 • 목욕실 • 화장실 • 실내 · 외 놀이터	• 교사(校舍) • 체육장 • 조리실
설비	• 급 · 배수시설 • 비상재해대비시설 • 그 밖의 실내설비	• 급수 · 온수 공급 • 배수 • 유치원 교구 · 설비에 관한 기준은 시 · 도 교육감이 고시
공통	• 전기안전점검(전기사업법) • 소음으로부터의 보호(주택건설기준 등에 관한 규정) • 어린이 놀이시설(주택건설기준 등에 관한 규정) • 실내공기(다중이용시설 등의 실내공기질관리법)	

동을 지원하기 위한 조건을 정비하는 것에 해당된다. 누리과정을 지원하기 위한 조건의 정비가 제대로 되어 있지 않다면, 내실화된 누리과정의 운영이 어려울 수 있다. 여기서는 어린이집과 유치원의 실내·외 시설·설비의 최소 기준으로서 법적 기준의 파악과 바람직한 방향에 대해 살펴본다.

〈표 15-1〉에 제시되어 있는 시설과 설비는 근거법에 제시되어 있는 사항을 기준으로 제시한 것이다. 우선 근거법에 대해 살펴보면, 표에서 보듯이 보육시설과 유치원의 시설·설비 기준은 다르게 되어 있다. 근거법이 다르고, 법령에서 제시하고 있는 기준들이 상이하기 때문이기도 하다. 보육시설의 시설·설비 기준은 대부분 「영유아보육법」과 법 시행규칙에 제시되어 있으며, 유치원은 「유아교육법」과 「고등학교 이하 각급학교 설립·운영규정」에 제시되어 있다. 이러한 근거법의 차이로 인해 보육시설은 유치원의 시설에 비해 상세하게 규정되어 있지만, 반드시 들어가야 할 필수적인 사항이 누락된 경우도 존재하고 있다. 이에 비해 유치원은 규정 그 자체가 초·중등학교에 맞추어져 있는 관계로 유아교육의 특수성을 제대로 반영하는 데 한계가 있다.

둘째, 시설·설비는 어린이집과 유치원이 법적으로 규정되어 있는 대상이 다르게 되어 있다. 어린이집은 보육실, 조리실, 목욕실, 화장실, 실내·외 놀이터에 대한 규정이 존재하지만, 유치원은 교사, 체육장, 조리실 등에 대한 사항을 규정하고 있다. 어린이집과 유치원 모두 영유아에 대한 공간의 확보와 마련에 대한 사항은 규정되어 있다. 그러나 이들 면적은 설문조사나 FGI 내용 분석 결과에서 현장의 관계자들이 면적의 협소함을 제시하고 있으며, 유치원보다는 어린이집에서 면적의 협소함으로 나타나는 문제를 제기하고 있다.[5] 영유아가 활동하는 공간이 협소할수록 영유아의 활동에서 배회하는 경우가 많고, 공간 구성과 활동 영역의 분명한 경계는 영유아의 참여행동에 중요한 변수로 나타나고 있다.[6] 그리고 그러한 공간의 형태는 영유아를 위한 교육활동의 계획과 전개 및 교구나 자료 선정, 유아들 간의 상호작용에서 영향을 미치기 때문에 영유아의 성장이나 발달을 촉진하거나 제한할 수 있다. 공간적 사항에 대한 기준에 대한 보다 면밀한 검토를 통해 필요 공간을 더 확보할 수 있도록 하여야 할 것이다.

유치원의 교구 · 설비에 관한 기준은 시 · 도 교육감이 정하고 있다. 「고등학교 이하 각급학교 설립 · 운영규정」 제8조 제1항은 "각급학교에는 학과 또는 교과별로 필요한 도서 · 기계 · 기구 등의 교구를 갖추어야 한다."라고 되어 있고, 제2항은 "제1항의 규정에 의한 교구의 종목 및 기준은 시 · 도 교육감이 정하여 고시한다."라고 규정하고 있다. 이 규정에 의해 각 시 · 도 교육청별로 관내의 유치원에 필요한 실내 · 외 설비 및 교구 등의 종목이나 규격, 수량 등에 대해 최소한의 기준을 정하고 있는 실정이다. 따라서 교육청별로 기준이 차이가 있을 수 있는 것이다. 시 · 도 교육청에서는 교실에 두는 설비, 교무실, 보건실, 급식실, 화장실과 세면대, 놀이 기구 등에 따라 갖추어야 할 설비의 최소 기준을 제시하고 있는 실정이다. 어린이집이 보육실, 조리실, 목욕실 등과 같은 사항을 「영유아보육법시행규칙」에서 구체적으로 정하고 있는 것과 차이가 있다.

이러한 시설 · 설비의 차이는 어린이집과 유치원의 성격을 고려해 마련된 것이지만, 누리과정과 같이 동일한 보육 · 교육과정을 시행하는 경우는 다른 문제가 된다. 동일한 연령의 아동이라고 한다면, 어린이집이든 유치원이든 동일한 환경에서 보호 · 교육을 받아야 할 권리가 있는 것이다. 어린이집과 유치원의 기능이 중복되거나 보육과 교육의 시간이 유사해지는 상황에서 두 기관의 시설 · 설비의 차이는 교육을 받을 권리를 침해할 수 있는 여지를 발생시킬 수 있다. 0~2세 표준보육과정이 적용되는 어린이집의 경우는 유치원에 비해 그 시설에서 보다 차별화된 요소가 발생할 수 있다. 그렇지만 그 이후의 누리과정이 동일하게 적용되는 것을 감안하면, 이에 대한 중 · 장기적 계획에 따라 표준화된 시설 · 설비 기준을 마련하는 것이 필요할 것이다.

2) 영유아 보육 · 교육의 인적 기준과 그 내용

보육 · 교육의 질은 교원의 자격 기준과 전문성, 그리고 교원 대 영유아의 비율이 주요 요인으로 간주되고 있다. 영유아 대 교사의 비율은 양적인 측면에서 영유아가 교사와 접촉하는 빈도를 나타내며, 그 빈도의 질도 결정하게 된다. 이러한 관계로 「영유아보육법시행규칙」과 「유아교육법시행령」에서는 교원의 배치 기준을 정하고 있다. 그러나 그 배치 기준이 「영유아보육법시행규칙」에서는 교사 1명당 영유아 수를 규정하고, 「유아교육법시행령」에서는 학급당 교사 수를 정하고 있는 점에서 차이가 있다. 먼저 「영유아보육법시행규칙」 제10조의 조문과 별표에서 보육교사에 해당되는 부분만 제시하면 다음과 같다.

제10조(보육교직원의 배치 기준) 법 제17조 제4항에 따른 보육교직원의 배치 기준은 별표 2와 같다.

[별표 2]
보육교직원의 배치 기준(제10조 관련)

1. 어린이집에 두어야 하는 보육교직원과 그 수
   가. 어린이집의 원장 1명. 다만, 영유아 20명 이하를 보육하는 어린이집은 어린이집의 원장이 보육교사를 겸임할 수 있다.
   나. 보육교사. 이 경우 보육교사는 다음의 구분에 따라 배치되어야 하고, 보육교사의 업무 부담을 경감할 수 있도록 보조교사 등을 둔다.
   1) 만 1세 미만의 영유아 3명당 1명을 원칙으로 한다.
   2) 만 1세 이상 만 2세 미만의 영유아 5명당 1명을 원칙으로 한다.
   3) 만 2세 이상 만 3세 미만의 영유아 7명당 1명을 원칙으로 한다.
   4) 만 3세 이상 만 4세 미만의 영유아 15명당 1명을 원칙으로 한다.

5) 만 4세 이상 미취학 영유아 20명당 1명을 원칙으로 하며, 영유아 40명당 1명은 보육교사 1급 자격을 가진 사람이어야 한다.

6) 취학아동 20명당 1명을 원칙으로 한다.

7) 장애아 보육은 장애아 3명당 1명을 원칙으로 하되, 장애아 9명당 1명은 특수교사 자격 소지자로 한다.

이러한 보육교직원의 배치 기준과 달리 「유아교육법시행령」 제23조와 제16조에서는 교사의 배치 기준과 학급당 유아 수를 다음과 같이 규정하고 있다. 법 제23조는 여기서의 논의에 필요하다고 생각되는 제1항만 제시하였다.

제23조(유치원교원의 배치 기준) ① 법 제20조에 따라 유치원에는 원장·원감 외에 학급마다 교사 1명 이상을 배치하여 학급을 담당하게 한다. 다만, 2학급 이하인 유치원의 경우에는 원장 및 원감이 학급을 담당할 수 있다.

제16조(학급 수 및 학급당 유아 수) 유치원의 학급 수와 학급당 최소 및 최대 유아 수는 유치원의 유형, 지역 여건 등을 고려하여 관할 청이 정한다.

유치원의 경우, 교사 1인당 유아의 수에 대한 법적인 규정이 제대로 나와 있지 않고 학급당 유아의 수도 관할 청이 정하도록 하고 있어 관할 청의 통계자료를 모두 확인해 보아야 한다. 여기에서는 통계자료를 활용하여 교사 1인당 원아의 수를 살펴보고자 한다. 어린이집의 보육교사 1인당 원아의 수는 〈표 15-2〉와 같으며, 유치원의 교사 1인당 원아의 수는 〈표 15-3〉과 같다.[7]

〈표 15-2〉 어린이집 보육교사 1인당 원아 수

(단위: 종, %)

구분	국·공립	사회복지 법인	법인· 단체 등	민간	가정	부모 협동	직장	전체
보육교사	21,832	12,565	5,707	106,559	73,778	641	7,984	229,116
원아	165,743	99,715	46,858	747,598	344,007	4,127	44,765	1,452,813
보육교사 1인당 원아 수	7.6	7.9	8.2	7.0	4.7	6.4	5.6	6.3

〈표 15-3〉 유치원교사 1인당 원아 수

구분	국·공립	사립	전체
교원	12,619	38,379	50,998
원아	161,339	521,214	682,553
교원 1인당 원아 수	12.8	13.6	13.4

〈표 15-2〉와 〈표 15-3〉에 의하면, 보육교사 1인당 원아 수는 전체 평균이 6.3명이고, 유치원교사 1인당 원아 수는 전체 평균이 13.4명으로 나타나고 있다. 유치원에 비해 어린이집이 보육·교육교사의 1인당 원아 수가 더적어 보육적 기능의 강화에 유리한 측면을 지니고 있다고 볼 수 있다. 다만누리과정에서 이들 인원이 어떻게 작용하고 있는지에 대한 직접적인 비교를할 수 있는 자료가 부족한 것은 아쉬운 부분이다. 2013년 자료에 따른 OECD평균은 유아교육 단계에서 교사 대 아동의 비율은 13.6명으로 나타나고 있다. 아이슬란드, 뉴질랜드, 스웨덴, 영국, 에스토니아 등의 나라가 10명 이하로 나타나고 있고, 프랑스, 멕시코, 칠레 등은 20명 이상으로 나타나고 있다.[8] 이러한 외국의 자료에 비하면 우리나라는 평균이나 이를 상회하고 있어원아와의 교류 빈도가 높아질 여건은 마련되어 있다고 볼 수 있다. 다만, 보육적 기능이 강하게 작용하는 경우와 교육적 기능이 강하게 작용하는 경우의교사와 원아의 비율이 다른 것은 이해가 되지만, 누리과정과 같은 동일한 보

육·교육과정을 적용할 경우에 교사 대 원아의 비율이 다른 것은 어떻게 하여야 할 것인지는 과제가 된다.

　보육교사의 배치 기준과 유치원교사의 배치 기준의 법적 규정이 교사 1인당 원아 수와 학급당 원아 수로 다르게 되어 있는 것을 다른 시각에서도 볼 수 있다. 교사 1인당 원아 수는 결국 학급 편성의 기준을 정하는 것이 된다. 학급 편성의 기준과 이에 따른 교사의 배치는 형식적으로 아동과의 상호작용 빈도를 확인할 수 있는 것이 되지만, 실질적으로는 인간적이고도 자주적인 보육·교육을 행할 수 있는 하나의 조건이 될 수도 있는 것이다. 특히 「영유아보육법시행규칙」에서 연령별로 보육교사 1인당 원아 수를 달리하는 것은 영유아의 발달이나 성장의 권리를 보장할 수 있는 기준을 명기한 것으로 이해된다. 또한 그것은 필요한 보육·교육시간의 확보와 보육·교육자의 노동시간의 단축 및 표준보육과정과 누리과정 등 보육·교육에 필요한 연구와 연수를 행하는 시간의 보장 등과 밀접하게 관련된다. 보육교사와 유치원교사의 배치 기준은 보육·교육시간을 논의하는 것과 밀접하게 관련되어 검토될 필요가 있다.

3) 보육·교육시간과 그 내용

　현재 3~5세 누리과정은 3~5시간 동안 국가가 제시한 공통과정에 따라 배우고 활동할 수 있도록 규정하고 있다. 누리과정을 운영하는 1급과 2급 보육교사가 월 30만 원의 교사수당을 별도로 지급받고 있다. 이러한 수당 외 「영유아보육법시행규칙」 제10조의 보육교직원의 배치 기준 별표 2에서 반을 담당하는 보육교사의 근무시간은 평일 8시간을 원칙으로 하고, 전후로 연장되는 시간은 어린이집의 원장과 보육교사가 교대 근무하며, 초과근무수당을 지급하도록 규정하고 있다. 이러한 시간은 부모의 근로시간을 고려한 것으로 이해된다. 이에 비해 유치원교사는 근로시간에 대한 특별한 규정이 존재하지 않고 있지만, 동일한 시간으로 보는 것이 합리적일 것이다.

그러나 실제 유치원교사의 근무시간을 연구한 성과물에 의하면, 교사의 직무별 수행 시간은 1일 10시간이 넘게 나오고 있으며, 이 가운데 교수·학습에 실제로 사용한 시간은 4.6시간 정도 된다. 그 외의 시간은 유아 보호 관련 업무, 교수·학습 준비, 사무 관련 업무, 전문성 신장, 행사 관련 업무, 교수·학습평가, 부모 관련 업무 등에 할애하고 있다.[9] 유치원교사가 실제 근무하는 시간은 「근로기준법」에서 정한 시간보다 더 많은 시간이 할애되고 있는 것이다. 여기서 보육교사의 경우도 실제로는 법적으로 정한 시간을 그대로 준수하고 있다고 확언하기 어려울 것이다.

보육교사의 근무시간을 법적으로 8시간으로 정한 것은 근로시간과 보육·교육시간을 동일한 것으로 간주하기 때문일 것이다. 그러나 어린이집에서 보육·교육을 향상시키기 위해 환경을 구성하고, 교재를 준비하며, 연구를 하는 시간 등을 제대로 고려하지 않은 것으로 문제가 될 수 있다. 관리 주체의 입장에서 보면 이들 시간 모두를 포괄한 시간으로 볼 수 있지만, 현실적으로 보육·교육에 종사하는 교사의 경우 업무시간 이외에 교재나 교구의 준비를 하는 경우를 허다하게 볼 수 있다.

법적으로 8시간의 범위에 이러한 사항을 포함하지 않는 소극적 자세보다는 적극적으로 해석하는 것이 필요하다. 그래서 교사가 수행하는 업무에서 보육·교육시간과 실제 보육·교육에 종사하는 시간을 구별하는 것이 올바르다고 생각된다. 실제로 보육·교육하는 시간만을 8시간으로 할 것이 아니라, 보육·교육교사의 근로시간 8시간은 연구시간, 연수와 관련된 시간, 직원회의와 관련된 시간 모두를 포함하여야 할 것이다. 이들 모두가 보육·교육의 일환으로 행해지는 활동에 해당되기 때문이다. 따라서 실제 보육·교육에 종사하는 시간과 이를 준비하기 위한 시간 등에 대한 연구와 더불어 이들의 총계가 근로시간에 포함될 수 있도록 하여야 할 필요가 있을 것이다.

교사가 할애하는 보육·교육시간은 교사의 자격과 전문성 등의 인적 조건을 정비하는 것과 유기적으로 연결되어 있다. 그리고 이러한 인적 조건은 연구와 교구 등을 준비할 수 있는 공간적인 물적 조건의 정비와 밀접한 관련을 맺고 있다. 그렇기 때문에 보육·교육과정을 제대로 편성하고, 내실 있게 운영하기 위해서는 보육·교육자의 주체적인 역량을 형성하기 위한 조건의 정비가 중요한 문제가 되는 것이다. 보육·교육과정의 운영은 그 내용적인 연구와 성과만으로 제대로 이루어질 수 없다. 그러한 내용적 연구의 구체적인 실현은 인적·물적 조건의 정비가 그에 부합되는 형태로 정합성을 이루어야 제대로 이루어질 수 있는 것이다.

4. 영유아교사의 양성·연수·관리와 전문적 역량 형성

1) 다원적 영유아교사 양성제도

영유아교사는 「영유아보육법」과 「유아교육법」 및 관련 법에서 자격 기준과 연수 및 신분 보장 등에 대해 규정하고 있다. 누리과정으로 어린이집과 유치원이 통합되었지만, 이를 운영하기 위한 제도적 여건이 제대로 정비되지 않은 것에 대해 통합의 필요와 과제 등이 지속적으로 제시되고 있다. 여기서는 영유아 교육과정 운영을 위해 필요한 교원의 양성과 관련된 현행 규정을 살펴보면서, 그에 대한 문제를 살펴보고자 한다. 우선, 보육교직원과 유치원교사의 법적인 지위부터 알아본다. 보육교직원과 유치원교사의 법적인 지위는 〈표 15-4〉와 같다.[10]

교사는 교원 자격의 한 종류로서 원장·원감 등 관리직에 대한 개념이고, 대학의 교수·부교수·조교수 등 교수직에 대한 개념이기도 하다. 교사는 국·공·사립에 근무하는 모든 교원을 통칭하는 교원이라는 개념과도 다르다. 그리고 교육공무원법상 정립된 용어인 교육공무원과도 다르다. 「교육공

〈표 15-4〉 보육교직원과 유치원교사의 법적 지위

구분	보육교직원	유치원교사
자격 · 배치 · 보수교육	영유아보육법	유아교육법, 교육공무원법
근로 조건 · 신분 보장	근로기준법	유아교육법, 교육공무원법, 사립학교법

무원법」에서는 사립학교에 근무하는 교원은 포함되지 않으며, 교육전문직도 포함하는 개념이다. 이러한 교사와 구별되는 여러 개념 가운데, 유치원교사와 보육교사가 구별되는 용어는 교육공무원과 관련된 것이다. 유치원교사는 「교육공무원법」 제2조 제3항 제1호에 의해 교육공무원이 되지만, 보육교사는 이에 해당되지 않는다. 이러한 차이는 근로 조건과 신분 보장에서 「근로기준법」의 법적 근거를 지니고 있다.[11] 이러한 사항은 신분 보장에서 교사와 차이를 보이고 있으며, 교원의 전문성의 인정에서도 다른 모습을 보이게 된다. 이러한 것은 보육교사의 자격 체계와 자격 취득 등과도 밀접한 관련을 맺고 있다. 유치원교사에 비해 보육교사가 낮은 처우와 지위를 보임으로써, 누리과정을 운영하는 데서 전문성의 발휘와 자율성을 보장받는 것의 차이가 발생하는 것이다. 이러한 차이는 결과적으로 영유아의 보호와 교육에도 영향을 미칠 수 있어, 이에 대한 대비책이 요구된다.

둘째, 교사의 자격 기준과 관련된 것을 알아본다. 현재 교원에 대한 직접적인 규정이나 정의는 「영유아보육법」이나 「유아교육법」에 명확하게 되어 있지 않은 편이다. 법 규정에 제시되어 있는 내용으로 추론하면, 원아를 교육하는 자이고 그 종별에 따른 자격을 가진 자로서 일정한 절차에 의해 임명되거나 승인된 자를 가리키고 있다. 보육교사와 유치원교사의 자격 기준을 표로 제시하면 〈표 15-5〉와 같다.

〈표 15-5〉 어린이집과 유치원교사 자격 기준 비교

구분	보육교직원	유치원교사
근거법	영유아보육법	유아교육법
소관 부처	보건복지부	교육부
자격증 수여기관	보건복지부 장관	교육부 장관
자격 취득 최소학력	고등학교 졸업	전문대학 졸업
자격 구분	3급, 2급, 1급 보육교사	준교사, 2급, 1급, 정교사, 수석교사

〈표 15-5〉와 같이 누리과정의 시행에도 불구하고 어린이집과 유치원의 교사 자격 기준은 다르게 되어 있다. 보육교사는 「영유아보육법」 제21조에 근거해 3급, 2급, 1급으로 구분이 되고, 자격 취득을 위해서는 고등학교 또는 이와 같은 수준 이상의 학교를 졸업한 자로서 시 · 도지사가 지정한 교육훈련 시설에서 소정의 교육과정을 이수한 사람이면 된다. 그리고 그 자격은 보건 복지부에서 부여하고 있다. 이에 비해 유치원교사는 「유아교육법」 제22조 제 2항과 제3항에 근거해 준교사, 2급, 1급, 수석교사로 구분이 되고, 전문대학 이상을 졸업하여야 자격이 부여된다. 유치원교사는 수업 연한과 교육과정이 달라도 동일한 자격증을 부여받을 수 있으며, 대부분의 유치원교사 양성 대 학에서는 유치원교사와 보육교사 자격을 동시에 취득한 교사를 배출하고 있 다. 유치원교사 자격증은 교육부에서 부여하고 있다.

3~5세의 누리과정이 국가의 기준과 내용의 기본적 사항을 담고 있으며, 이를 운영하기 위한 교사의 자격이 일정하여야 그 질을 담보할 수 있다. 그 러나 누리과정을 담당하는 교원의 자격 기준이 다르게 되어 있는 것은 아동 의 보육과 교육에서 질적인 차이를 가져올 여지를 두고 있어 보육과 교육의 기회 균등에 어긋날 수 있다. 보육이나 교육의 기회 균등이라는 것이 취원의 기회를 균등하게 하는 것도 중요하지만, 취원 이후의 교육과정 운영에서 소 외집단이 발생하는 것은 보육과 교육의 기회를 제대로 제공하지 못한 것에

〈표 15-6〉 유치원과 어린이집 교사 자격 취득을 위한 학점 이수 기준 비교

영역	유치원(유치원 정교사 2급)	어린이집(보육교사 2급)
전공 영역	• 기본 이수 과목: 7과목(21학점) 이상 포함 유아교육론, 유아교육과정, 영유아 발달 과 교육, 유아언어교육, 유아사회교육, 유 아과학교육, 유아수학교육, 유아미술교 육, 유아음악교육, 유아교사론, 유아동작 교육, 유아놀이지도, 유아교육기관 운영 관리, 아동복지, 유아건강교육, 유아관찰 및 실습, 부모교육	• 보육 필수: 6과목(18학점) 필수 아동복지(론), 보육학개론, 영아발달, 유아발 달, 보육과정, 보육교사론
		• 발달 및 지도: 1과목(3학점) 이상 선택 인간행동과 사회환경, 아동관찰 및 행동연구, 아동생활지도, 아동상담(론), 특수아동이해, 장애아지도
	• 교과교육 영역: 3과목(8학점) 이상 교과교육론, 교과 논리 및 논술, 교과 교 재 및 연구법, 교과별 교수법, 교과별 교 육과정, 교과별 평가방법론 등	• 영유아교육: 6과목(18학점) 이상 선택 놀이지도, 언어지도, 아동문학, 아동음악, 아 동동작, 아동미술, 아동수학지도, 아동과학지 도, 영유아프로그램개발과 평가, 영유아교수 방법(론)
		• 건강 · 영양 및 안전: 2과목(6학점) 이상 선택 아동건강교육, 아동간호학, 아동안전관리, 아 동영양학, 정신건강(론)
	선택과목 기본 이수 과목의 잔여 학점	• 가족 및 지역사회 협력 등: 1과목(3학점) 이상 선택 부모교육(론), 가족복지(론), 가족관계(론), 지역사회복지(론), 자원봉사(론), 보육정책 (론), 보육교사(론), 어린이집 운영과 관리
소계	50학점 이상	16과목(48학점)이상
교직 영역	• 교직이론: 6과목(12학점) 이상 선택 교육학개론, 교육철학 및 교육사, 교육과 정, 교육평가, 교육방법 및 교육공학, 교 육심리, 교육사회, 교육행정 및 교육경영, 생활지도 및 상담, 그 밖의 교직 이론에 관한 과목	해당 없음
	• 교직소양: 6학점 이상	해당 없음

교직 영역	특수교육학개론(2학점 이상, 영재교육 영역 포함), 교직실무(2학점 이상), 학교폭력예방의 이론과 실제(2학점 이상)	해당 없음
	교육실습: 4학점 이상 학교현장실습(2학점 이상) 교육봉사활동(2학점 이내 포함 가능)	보육실습: 1과목(3학점) 필수
소계	22학점 이상	1과목(3학점) 이상
전체	72학점	17과목(51학점) 이상

자료: 유치원 및 초등 · 중등 · 특수학교 등의 교사 자격 취득을 위한 세부 기준 [교육부고시 제 2014-48호, 2014. 09, 02, 전부개정] [별표 1] 전공과목의 세부 이수 기준, [별표 2] 교직과목의 세부 이수 기준, [별표 3] 교사자격종별 및 표시과목별 기본 이수 과목(또는 분야) 영유아보육법 시행규칙 [시행 2014. 03. 07] [보건복지부령 제233호, 2014. 03. 07, 일부개정] [별표 4] 보육 관련 교과목 및 학점, [별표 5] 교육훈련시설의 교육과정

서 발생하게 된다. 영유아교사의 자격 요건 차이가 발생하는 것은 교원을 양성하는 기관의 교육과정에서도 확인할 수 있다. 영유아교육을 위한 교사 양성기관에서 교사 자격 취득을 위한 학점 이수 기준을 비교하면 〈표 15-6〉과 같다.

어린이집 교사는 2 · 3년제 대학의 보육학과 및 관련 학과, 4년제 대학 관련 학과 등 다양한 경로를 통해 양성이 되지만, 학과가 아닌 학점을 중심으로 하는 양성 체계를 지니고 있다. 이에 비해 유치원교사는 2 · 3년제 대학의 유아교육과, 4년제 대학의 유아교육이나 아동학 관련 학과, 방송통신대학, 교육대학원에 이르는 다양한 경로로 양성이 되지만, 그 중심은 2 · 3 · 4년제 대학의 유아교육과이다. 〈표 15-6〉에서 어린이집과 유치원의 교사가 되기 위한 전공 이수 학점은 어린이집 48학점 이상, 유치원 50학점 이상이고, 실습학점은 어린이집 3학점 이상, 유치원 4학점으로 되어 있다. 어린이집과 유치원의 교사가 되기 위한 전공학점과 실습학점이 유사하게 된 것은 2014년 3월 1일부터 보육교직원의 전문성을 향상시켜 우수 인력을 확보하고, 이를 통해 어린이집에서 양질의 보육 서비스를 제공하기 위해 보육교사 자격 기준을

강화한 결과이다.

2014년 3월 1일부터 대학에서 보육교사 2급 정교사 자격 취득을 위한 이수 교과목과 학점이 12과목 35학점 이상에서 17과목 51학점 이상 이수하도록 상향되었다. 전체 이수 교과목과 학점이 늘었고, 보육필수와 영유아교육 영역에서 이수 교과목과 학점이 증가하였다.[12] 다만 유치원의 경우는 교직 영역을 이수하여야 하기 때문에, 전체 학점은 유치원 72학점, 어린이집 51학점으로 차이가 있다.

어린이집과 유치원교사 자격 취득을 위한 실습의 기준에서 실습기관은, 어린이집은 어린이집과 교육청에 등록되어 있는 방과후 과정을 운영하고 있는 유치원에서도 실습이 가능하지만, 유치원은 「유아교육법」에 의해 설립된 유치원에서만 실습이 가능하다. 실습시간은 4주 160시간 이상으로 어린이집과 유치원 모두 유사하지만, 유치원은 실습 이외에 교육봉사활동을 60시간 더 이수하여야 한다. 실습시기는 대학이나 기관에서 자율적으로 정하도록 하고 있다. 실습의 평가는 어린이집은 80점 이상이 되어야 하지만, 유치원의 경우는 구체적으로 제시하지 않고 있다. 어린이집과 유치원의 경우 구체적인 교과에서 차이가 있으며, 교직 영역을 이수하는지의 여부에서도 큰 차이가 있다. 어린이집 교사 자격 기준에는 교직 영역 전체에 대한 이수가 제외되어 있다.

영유아교육을 담당하는 교원의 양성부터 일정한 자격 요건을 갖추어야 하는 것은 교사의 전문성을 확보하기 위한 데 있다. 그 이유는 아동의 성장이나 발달을 위한 보육과 교육의 권리를 충족시키기 위한 것에 있는 것이다. 교원이 전문성을 가지기 위해서는 보육이나 교육에 대한 연구와 교육의 자유를 보장받아야 하고, 이를 위해서는 풍부한 교양과 아동에 대한 기초적인 전문성을 키울 필요가 있다. 누리과정과 같이 어린이집과 유치원이 통일적으로 운영하는 교육과정의 경우를 고려한다면, 어린이집과 유치원의 교사는 그 자격을 일원화할 필요가 있을 것이다. 어린이집과 유치원의 교사는 보육 ·

교육과정의 편성과 운영에서 자주적이고 창조적으로 임할 필요가 있다. 보육 · 교육자는 풍부한 인간성과 고도의 전문성이 요청되고, 이에 따라 현행 보육 · 교육자의 기본적 자질을 함양하기 위한 교원 양성제도의 문제를 해결할 필요가 있는 것이다.

2) 영유아교사의 전문적 자율성과 연수

영유아교사의 연수는 교사가 그 직책을 수행하기 위하여 연구와 수양에 힘써 전문성을 지속적으로 강화하기 위한 데 목적이 있다. 영유아보육 · 교육과정을 원활하게 운영하기 위해서는 교사의 해당 분야에 대한 전문 지식과 보호하거나 가르치기 위한 기술적 측면이 동시에 필요하게 된다. 「영유아보육법」에서는 보육교사의 보수교육에 대해 규정하고 있으며, 「유아교육법시행령」에서는 교원의 교육 및 연수에 대한 규정이 존재하고 있다. 우선, 보육교사의 보수교육과 관련된 규정부터 살펴본다. 보육교사의 보수교육은 「영유아보육법」 제23조의 2에 규정되어 있다.

> 제23조의2(보육교사의 보수교육) ① 보건복지부 장관은 보육교사의 자질 향상을 위한 보수교육(補修敎育)을 실시하여야 한다. 이 경우 보수교육은 집합교육을 원칙으로 한다.
> ② 제1항에 따른 보수교육은 직무교육과 승급교육으로 구분한다.
> ③ 제1항에 따른 보수교육에는 다음 각호의 사항에 관한 내용을 포함하여야 한다.
>   1. 성폭력 및 아동학대 예방
>   2. 실종 · 유괴의 예방과 방지
>   3. 감염병 및 약물의 오남용 예방 등 보건위생 관리
>   4. 재난대비 안전

5. 교통안전

6. 보육교사의 인성 함양(영유아의 인권보호교육을 포함한다.)

7. 그 밖에 보건복지부령으로 정하는 사항

④ 그 밖에 보수교육의 기간·방법 등에 필요한 사항은 보건복지부령으로 정한다.

보육교사의 보수교육은 교사의 자질 향상을 위한 것에 있으며, 집합교육을 원칙으로 하고 있다. 그러한 교육은 직무교육과 승급교육으로 구분되고 있다. 직무교육과 승급교육은 「영유아보육법시행규칙」 제20조에서 구체적으로 제시하고 있다. 직무교육은 보육에 필요한 지식과 능력을 유지·개발하기 위하여 보육교직원이 정기적으로 받는 교육으로서 교육시간은 40시간 이상으로 하고 있다. 승급교육은 보육교사가 3급에서 2급, 2급에서 1급으로 승진하기 위하여 필요한 교육으로서 교육시간은 80시간 이상으로 하고 있다. 시·도지사는 매년 2월 말까지 보수교육의 수요를 파악하여 보수교육계획을 수립하도록 하고 있다. 보수교육에서 누리과정을 운영하기 위해 필요한 것은 직무교육과 관련된 것이다. 직무교육은 보육에 필요한 지식과 능력을 유지·개발하기 위한 것이고, 정기적으로 받도록 하고 있으며, 40시간 이상으로 집합교육을 원칙으로 하고 있다. 보육교사의 자주적 연수의 기회의 부여나 보육원 외 장소의 직무 연수 등에 대한 규정이 별도로 존재하지 않고 있어, 연수의 자주성이 약한 편이다.

유치원교사의 경우는 「유아교육법시행령」 제28조에서 규정하고 있다. 그 내용은 다음과 같다.

제28조(교원의 교육 및 연수) ① 교육부 장관과 교육감은 유치원교원의 자질 향상을 위한 교육 및 연수를 정기적으로 실시하여야 한다.

② 교육부 장관과 교육감은 교원의 각종 교육 및 연수 계획을 수립하거나

집행할 경우 유치원교원을 다른 교원과 같게 대우하여야 하며 차별해
서는 아니 된다.

유치원교사 역시 연수의 목적이 교원의 자질 향상에 있으며, 정기적으로
실시하도록 하고 있다. 또한 다른 교원과의 차별을 하지 않도록 함으로써 기
회를 균등하게 제공하려는 노력을 기울이고 있다. 국 · 공립 유치원에 근무
하는 교사의 경우는「교육공무원법」의 교원 연수에 대한 규정을 적용받는다.
「교육공무원법」 제37조에서는 연수의 기회 균등을 제시하고 있고, 제38조에
서는 직책 수행을 위해 끊임없는 연구와 수양에 힘쓰도록 하고 있다. 제41조
에서는 수업에 지장을 주지 아니하는 범위 내에서 소속 기관장의 승인을 받
아 근무장소를 떠나 연수를 받을 수 있도록 하고 있다. 이러한 규정에 의하면
국 · 공립 유치원교사는 자주적 연수가 보장되고, 유치원 외 장소의 자주 연
수 역시 수업에 지장을 주지 않는다면 연수가 허용되는 유연성을 보장하고
있다.
　　보육교사와 유치원교사의 연수에 대한 차이가 있고, 국 · 공립과 사립에서
법적으로 보장되는 연수의 자주성과 기회에서 차이가 있는 것이다. 보육 ·
교육에 대해 국가에서 정한 기준과 내용의 기본적 사항인 누리과정을 제대로
운영하기 위해서는 취학 전 단계의 교사에 대해서도 다른 학교급의 교사와
마찬가지로 교사의 전문적 능력의 함양과 교수 · 학습방법의 개선을 위한 기
회가 동일하게 주어져야 한다. 그러한 기회는 자주적인 연수가 되어야 하고,
연수의 내용과 방법이 다양화될 필요가 있다.

특수교육과 초·중등교육 이외의 교육과정과 교육법

제16장 고등교육·평생교육 교육과정과 교육법

1. 고등교육 교육과정과 교육법

1) 의의

현재 고등교육기관의 교육과정은 대학의 자율에 맡겨져서 학칙으로 정하고 있지만, 기존에는 대학 교육과정의 큰 틀에 대해서 「교육법시행령」에 규정이 되어 있었다. 「교육법시행령」에서는 교양교과목의 성격을 제시하고, 운영할 교과목 및 전체 학점의 비율 등을 지정함으로써 대학의 교육과정이 법정화되어 있었다. 그러나 시간이 지나면서 이러한 제한은 점차 삭제되고, 교양과목과 전공과목의 성격을 규정하는 등 규제적 요소가 없어지게 되었다. 1998년에는 기존의 단일법전인 「교육법」이 「교육기본법」「초·중등교육법」「고등교육법」으로 새로이 제정되면서 규정의 변화가 있었다.

「고등교육법」 제21조 제1항에서 "학교는 학칙으로 정하는 바에 따라 교육과정을 운영하여야 한다."라고 하여 대학의 자율로 정할 수 있도록 하였다. 그 뒤 이러한 규정은 현재까지 지속되고 있다. 기존의 대학 교육과정 운영의 타율적 관행을 벗어나 개성 있는 발전을 할 수 있는 제도적 조건의 하나가 마련이 된 것이다. 대학 교육과정의 골격이 법적으로 규정되어 있을 경우, 개별 대학이 교과의 설정에서 자율성을 발휘하는 데 제한이 될 수 있다. 그러나 그러한 제한이 배제되는 것은 통제 체제를 벗어나는 것을 의미하게 되고, 대학의 구성원이 전문성을 행사할 수 있는 부분에서의 판단과 그 실천 행위를 직접적으로 할 수 있는 것이 된다.

다른 한편으로 대학이 자율성을 지닌다는 것은 그에 상응하는 사회적 책무성을 받아들인다는 것을 의미하기도 한다. 사회적 책무성은 한 국가나 사회에서 발생하는 문제의 해결과 그 사회의 발전을 위한 정당한 목적의 달성에 기여하는 것뿐만 아니라, 인류 문명이 전개되는 과정에서의 대학의 역할이 의미를 지니는 것으로 이해되는 것이다. 대학교육의 목적은 「고등교육법」 제28조에서 학술 이론과 그 응용 방법의 교수·연구와 인격의 도야라는 두 가지로 표현되며, 최종 단계의 교육기관으로서 완성교육을 목적으로 하고 있다. 이를 위해 대학교육은 특별한 제한이나 규제를 가함이 없이 자율적인 교육활동이 전개되는 특성을 보인다. 초·중등교육이 일정한 교육과정과 교과서에 의해 지식과 기술의 전수가 주된 교육의 과정으로 되어 있는 것과 차이가 있는 것이다.

대학이 자생적이고도 자율적으로 성장하기 위해 현대사회에서 대학의 개방화는 국내·외의 경쟁과 더불어 협동적인 체제의 강화 역시 요구된다. 대학이 경쟁의 체제를 확립하여야 하는 것은 교육과 연구에서 질 높은 서비스를 제공하기 위한 것에 있고, 학점 교류나 학위 취득, 정보와 인적 자원 및 물적인 시설의 교류를 통해 능률적인 협력 관계를 동시에 도모할 필요가 있다. 그리고 경쟁과 협력이라는 체제는 대학 간의 적절한 역할 분담과 업무 수행에 있어서 기능적 분업 체제도 요구된다. 그것은 대학에서 연구 인력이나 기술 인력 및 고도의 전문성을 요하는 분야의 인력을 양성하는 것과 관련이 있다. 현행「고등교육법」제21조에서 국내ㆍ외 대학 간 교육과정의 공동 운영이 가능하도록 규정한 것은 이러한 취지와 맥을 같이하는 것이다.

　대학 간의 경쟁 체제와 협력 관계를 동시에 도모하는 형태로 교육과정을 운영하도록 대학 학칙을 규정할 수 있게 법정화한 것은 대학 교육과정의 자율성을 강화하는 일련의 조치에 해당한다. 그러나 그러한 자율은 외적인 통제에서 벗어나 대학의 도구화를 배제하는 필요조건에 해당하는 것이지 충분조건이 되지는 않는다. 대학의 자율성은 각 대학의 역할에 따른 개성을 확립하기 위한 교육과정을 개발하고 운영하는 과정에서 발휘되는 능력에 따라 성취될 것이다. 따라서 대학 내부의 구성원들이 대학의 개성을 살리기 위한 경험을 축적하고 실천력을 강화하는 내부 역량이 충족되어야 충분조건이 달성될 것이다. 여기서는 대학 교육과정의 법적인 규정을 살펴보면서, 교육과정 편성과 운영의 자율성에 대해 생각해 보고자 한다.

2) 현대 대학의 성격과 교육과정의 법적인 규정

(1) 현대 대학의 성격

　대학은 보통교육 단계와 달리 수월성을 담당하는 사회적인 제도로 존재해 왔다. 그러나 최근에는 대학의 양적 증가와 더불어 모든 사람이 대학에 들어갈 수 있는 고등교육 대중화 시대를 살고 있다. 심지어 대학의 모집 정원에 비해 입학 대상자가 더 적은 경우가 지속되는 현상까지 벌어지고 있다. 이러한 사회적 변화는 전통적인 대학의 수월성의 개념의 변화를 가져오고, 대학의 역할에 대한 변화도 동시에 요청하고 있다.

　우선, 대학의 역할에 대한 변화부터 살펴보고자 한다. 사회경제의 변화는 국내뿐만 아니라 세계적으로 연결성을 강화하고 있다. 제4차 산업혁명이 세분화와 초연결을 보다 강화하는 방향으로 전개되는 것을 감안하면, 사회의 국제적 긴밀도는 지속이 될 수밖에 없을 것이다. 이러한 사회에서 개별 국가는 다른 국가들 간의 경쟁 관계를 강화하게 되고, 그러한 경쟁은 고급 인력의 수요를 지속적으로 요청하게 될 것이다. 한 사회에서 고급 인력의 양성은 대학이 중심적 역할을 할 수밖에 없기 때문에, 대학은 그러한 사회적 변화에 대응력을 키울 필요가 있다.

　대외적으로 대학이 국가 발전의 힘을 생산하는 원천으로 작용하여야 하지만, 대내적으로 국민 전체의 삶의 질을 향상시키는 데 주도적 역할을 수행하는 방향으로 전개될 필요도 동시에 존재하고 있다. 우리나라의 대학 역사를 돌이켜 보면 사회적으로나 교육적인 기능에서 건강한 모습으로 성장하면서 전개되었다고 보기 어려운 점들이 많을 것이다. 그것은 대학의 역사가 일천하기도 한 점에 있기도 하지만, 대학 간의 격차 발생과 학풍에 대한 다양성의 약화, 권위가 높은 대학에 입학하려는 경쟁의 격화 등으로 인해 하급 학교의 교육에 대한 정상적 운영까지 어렵게 만들고 있는 실정이다.

　현실적인 제약이나 대학의 고충이 있다고 하더라도, 미래사회를 위해 대학은 역할의 변화와 그에 적합한 인력 양성을 기하여 사회적 책무성을 다할 필요가 있다. 그러기 위해서는 정부에서 대학에 대한 재정적 지원과 함께 자생적 역량을 자율적으로 신장시킬 수 있는 제도의 정비와 더불어 정책적 지원이 있어야 할 것이다.

　다음으로, 전통적인 대학의 수월성 개념의 변화와 관련된 것이다. 여기서 말하는 수월성은 이성과 지혜를 의미하는 것이고, 주로 현실적인 문제와는 다소 거리가 있던 시대에 사용되었던 말이 관행적으로 지속 사용된 용어에 해당한다. 그러나 이러한 수월성의 개념은 현대사회에 들어오면서 의미의 변화를 보인다. 신분적 질서에 의해 움직이면서 지식이 소수에 의해 독점이 되던 시대의 수월성은 일반적으로 엘리트라는 불리는 특별한 위치에 있는 사람에 의해 사용되었다. 그러나 지식의 대중화와 학문 분야의 확대, 그리고 신분제 사회의 파괴 등의 사회적 변화로 인해 학문적인 것에 제한적으로 사용이 되던 기존의 수월성 개념은 다른 양상의 개념으로 전개되고 있다.

현대사회의 수월성은 전통적인 학문 분야뿐만 아니라, 예·체능, 도덕, 지도성, 교양 등 다양한 범위에서 사용이 되고 있어 모든 분야가 아닌 부문별 수월성으로 변화되고 있다. 「영재교육진흥법」에서 영재교육대상자를 일반 지능, 특수 학문 지능, 창의적 사고 능력, 예술적 재능, 신체적 재능 등 다양한 형태로 사용하고 있는 것은 그러한 인재를 육성하는 대학에서의 수월성 개념의 변화 역시 동일하게 수반하는 것이다. 대학의 수월성은 학문적인 것뿐만 아니라 직업적, 예술적, 지도적인 것 등의 의미가 함께 내포되어 있다는 것을 이해할 필요가 있다.

대학의 수월성을 다양한 것으로 이해한다면, 그러한 수월성의 범주와 기준을 설정하는 것은 대학 구성원의 문화적인 내용으로 형성되어야 할 성질인 것이다. 그렇게 형성된 대학의 수월성은 대학이 교육이나 연구 및 전문인 양성 등 대학의 개성을 결정짓는 것이 된다. 대학의 개성은 다른 대학과의 역할 분담 체제를 형성하게 되고, 역할의 분담은 대학 간의 협력을 이루면서 동시에 경쟁의 관계도 형성하게 되는 것이다. 이렇듯 대학의 다양한 수월성을 외부에서 결정하거나 특정한 세력이나 집단이 좌지우지한다면, 대학의 자율성은 제한받게 되는 것이다.

이러한 대학의 성격 변화는 개별 대학이 소유하고 있는 자생적 역량을 자율적으로 신장시킬 수 있는 제도적·정책적 지원을 요청하게 된다. 예컨대, 교육과정이 법령으로 교양과 전공과목을 규정하고, 교양과목의 학점 배정 기준을 전체 학점에서 30%로 규정하고 있다면, 모든 대학은 법령에서 정한 획일적인 규정에 의존해야만 하고, 학교의 교육과정 운영에서도 제약을 받을 수밖에 없다. 이러한 상황에서는 어떠한 대학도 법령으로 정한 범주를 벗어나 자체적인 성장력을 발휘할 수가 없는 것이다. 따라서 국가 차원에서도 대학의 개성을 살리기 위한 성장력을 제대로 파악하고, 그 실천을 가능하게 하는 제도적 조건의 정비와 정책적 지원의 합리화를 기할 필요가 있다.

(2) 대학의 교육과정에 대한 법적인 규정

현재 대학의 교육과정에 대한 법적인 규정은 「고등교육법」에 제시되어 있다. 주요 내용은, 학칙으로 교육과정을 정할 수 있고, 국내 · 외 대학이 공동으로 운영하는 교육과정은 대통령령으로 정하도록 하는 내용으로 이루어져 있다. 이러한 법적인 규정은 기존의 「교육법시행령」에 규정되어 있는 대학 교육과정에 대한 규정과 다소 차이가 있다. 여기서는 기존의 규정과 현재의 법적 규정을 살펴봄으로써 대학의 교육과정 운영 방향을 알아보고자 한다.

첫째, 「고등교육법」이 제정되기 이전의 「교육법시행령」에 대학의 교육과정을 규정한 시기에 대해 알아본다. 광복 이후 「교육법」은 1949년에 제정되었고, 법 시행령은 1952년에 제정되었다. 대학의 교육과정에 대해서는 법률의 규정이 아니라, 법 시행령에 제시되어 있다. 제정 당시의 대학 교육과정에 대한 규정인 「교육법시행령」 제125조는 다음과 같다.

> 제125조 대학(師範大學을 包含한다.)의 교과는 필수과목과 선택과목으로 하고 필수과목은 일반교양과목과 전공과목으로 구분한다.
> 일반교양과목이라 함은 일반지도적 인격을 도야함에 필요한 과목을 말하며 전공과목이라 함은 해 학과의 전문 학술 연구상 필수하여야 할 과목을 말한다.
> 일반교양과목은 좌기 각 계열에 호하여 3과목 이상씩을 이수하여야 한다. 인문과학계는 철학, 윤리학, 문학, 역사학, 심리학, 논리학, 사회학, 종교학, 교육학, 인문지리학, 인류학, 외국어, 사회과학계는 헌법, 법학, 정치학, 경제학, 심리학, 인류학, 교육학, 역사학, 사회학, 통계학, 가정학, 자연과학계는 수학, 통계학, 물리학, 화학, 생물학, 지질학, 천문학, 인류학, 가정학이며, 선택과목은 전 교과과정의 3분지 1 이내로 한다.
> 일반교양과목은 필수과목의 3분지 1 이내로 한다.

1952년에 제정된「교육법시행령」에서는 대학의 교육과정을 필수과목과 선택과목으로 구분하고, 필수과목은 일반교양과목과 전공과목으로 다시 구별하고 있다. 그리고 일반교양과목과 전공과목에 대한 정의를 하고, 일반교양과목은 인문, 사회, 자연계열로 구분하여 구체적인 과목을 제시하고 각 3과목 이상씩을 이수하도록 정하고 있다. 그리고 선택과목은 전 교과과정의 1/3, 일반교양과목은 필수과목의 1/3 이내로 정하고 있다. 대학의 교육과정에 대한 큰 틀에 대한 규정과 더불어 구체적인 과목의 제시와 이수까지 규정함으로써 대학이 발휘할 수 있는 역량과 창의적 가능성을 제한하고 있었던 것이다.

법 시행령의 개정과 더불어 제정 당시의 이 조문 역시 변화를 겪는 과정을 거쳤지만, 대학의 교육과정에 대한 기본적인 틀을 정하고 있는 점에서는 기본적 사항을 유지하고 있는 것으로 이해된다. 대학의 교육과정이 법 시행령에 의해 통제를 받는 상황에서는 대학이 타성에 젖어 그러한 통제적 상황이 배제되는 경우에는 대학이 추구하는 교육과정의 편성과 운영에 방향성을 놓치는 경우도 존재하였다고 생각된다. 그리고 교육과정 운영에 따른 내적인 문제의 해결 가능성도 법 시행령에서 규정하고 있는 교육과정으로 인해 자율적 해결이 어려울 수 있고, 외적인 힘의 작용에 의존할 수밖에 없는 한계도 존재하였다고 생각된다. 이러한 것은 다양한 이념과 학풍이 공존하는 다양성을 제한하게 되고, 대학의 생명력이라 할 수 있는 자율성도 배제되는 결과를 초래하였다고 본다.

둘째,「고등교육법」이 마련된 이후의 대학의 교육과정에 대한 법적인 근거에 대해 알아본다. 1998년 기존의「교육법」이 폐지되고, 새로이 제정된「고등교육법」에서는 대학의 교육과정에 대한 규정이 법률 차원에서 규정이 되고, 대학의 자율성을 강화하는 방향으로 전개되었다. 교육과정과 직·간접적으로 관련된 조문은 산재해 있지만, 교육과정에 대해 직접적으로 규정하고 있는「고등교육법」제21조를 중심으로 알아보고자 한다.

제21조(교육과정의 운영) ① 학교는 학칙으로 정하는 바에 따라 교육과정을 운영하여야 한다. 다만, 국내 대학 또는 외국 대학과 공동으로 운영하는 교육과정에 대하여는 대통령령으로 정한다.

② 국내 대학은 대통령령으로 정하는 바에 따라 외국 대학으로 하여금 국내 대학 교육과정을 운영하게 하고, 그 교육과정을 이수한 학생에게 국내 대학 학위를 수여할 수 있다.

③ 교과(教科)의 이수(履修)는 평점과 학점제 등에 의하되, 학점당 필요한 이수 시간 등은 대통령령으로 정한다.

「고등교육법」제21조는 대학의 교육과정 운영과 국내 · 외 대학과의 교육과정 공동 운영, 그리고 교과의 이수에 대해 규정하고 있다. 제1항은 대학의 자율성을 보장하기 위해 학칙에 따라 교육과정을 정하도록 하고 있다. 기존의 「교육법시행령」에서 대학의 교육과정을 규정하고 있던 것과 달리 대학의 자율에 맡기고 있는 것이다. 그러나 국내 · 외 대학의 교육과정 공동 운영에 대해서는 「고등교육법시행령」에서 정하도록 하고 있다. 이에 따라 「고등교육법시행령」제13조에서는 학사학위나 대학원 교육과정을 공동으로 운영할 수 있도록 하고 있으며, 공동 운영에 따른 학위의 수여는 「고등교육법」의 해당 조문을 따르도록 규정하고 있다. 다만, 필요한 경우에는 국내 대학과 교육과정을 공동 운영하는 다른 국내 대학이나 외국 대학의 공동 명의로 학위를 수여할 수 있도록 규정하여 대학의 자율성을 확대하고 있다.

「고등교육법시행령」제13조의 2에서는 외국 대학의 국내 대학 교육과정 운영에 대해서도 규정하고 있다. 국내 대학은 외국 대학이 학사학위 과정이나 대학원 교육과정에서 국내 대학의 교육과정을 운영하게 할 수 있도록 하고 있다. 그리고 그러한 교육과정의 내용과 수업 방법, 학점 이수 등 교육과정의 운영에 관하여는 교육부 장관이 정하는 기준에 따라 학칙으로 정하도록 규정하고 있다. 이러한 조치는 현대 대학의 성격 변화와 무관치 않으며, 외국 대학과의 교육과정을 공동으로 운영하는 추세는 자매결연 등을 통해 점차 확대될 것으로 예상된다.

제3항에서는 교과의 이수에 대해 규정하고 있다. 교과의 이수에 대한 것은 기존의「교육법」제153조의 성적 규정을 현행법에 규정한 것이다. 교과의 이수에서 평점과 학점은 대학에서 교과의 이수 후 나타나는 학업 성과를 표시하는 하나의 방법으로서 예시적으로 제시한 것이다. 일반적으로 평점으로 제시하는 대학에서는 100점 만점을 4.5 혹은 4.0과 같은 형식으로 표시하고 있고, 학점제를 실시하는 대학에서는 96~100점은 A$^+$, 90~95점은 A와 같은 방식으로 점수의 범위를 표시하고 있다. 학점당 필요한 이수 시간은 대통령령으로 정하도록 하고 있다. 「고등교육법시행령」제14조는 학점당 이수 시간을 정하고 있는데, 학교가 교육과정 특성을 고려해 교과별로 정하되 매 학기 최소 15시간 이상으로 규정하고 있다. 그리고 학점당 필요한 이수 시간의 이수 인정에 필요한 사항은 학칙으로 정하도록 하고 있다.

기존의 「교육법시행령」과 현행 「고등교육법」 및 동법 시행령에 규정된 대학의 교육과정은 시간의 경과에 따라 대학의 자율성을 강화하는 형태로 변화되어 왔음을 알 수 있다. 교육과정을 대학의 자율에 맡기고 있는 것은 대학의 성장에 대한 방향의 설정과 그에 대한 의지를 대학의 자체적인 동력에 의해 성장할 수 있도록 힘을 부여한 것이다. 국내·외 대학 간 교육과정의 공동 운영이라는 협력 체제의 강화는 현대 대학의 성격 변화를 반영한 것이기도 하다. 그렇다고 해서 대학이 국가나 다른 외부의 지원이 없이 자체적인 동력으로 지속적으로 성장하기는 어려울 것이다. 대학도 한 사회를 구성하는 체제로 기능하기 때문이다. 그러나 대학이 성장하는 힘의 원동력이나 주도권은 대학 구성원의 집단적 의사에 의해 이루어져야 할 필요가 있다. 그렇지 못할 경우, 대학의 성장은 도구주의화될 수 있고 지속적인 발전의 제한을 가져올 수 있을 것이다.

3) 대학의 교육과정 편성 · 운영과 교육과정

(1) 대학의 교육과정 편성과 운영의 자율성

대학의 교육과정은 「고등교육법」에서 학칙이 정하는 바에 따라 교육과정을 운영하도록 하고 있으므로, 각 대학은 교육과정의 편성과 운영에 대한 자율성을 가지고 있다. 대학의 교육과정이 자율성을 가져야 하는 이유는 교육과정의 민주적인 운영과 대학의 개성을 살리기 위한 내용을 마련할 필요가 있기 때문이다. 우선, 교육과정의 민주적 운영과 관련된 것을 알아본다.

초 · 중등교육과 마찬가지로 대학의 교육도 교수 한 명이나 한 개 학과(부)에 의해 이루어지는 것이 아니라, 다수의 교직원과 다수의 학과(부)나 단과대학에 의해 이루어진다. 대학에는 총장, 부총장, 학장, 교수, 부교수, 조교수, 행정직원 등 여러 교직원과 여러 단과대학이 배치되어 있다. 교수라고 하더라도 성별이나 연령, 경험의 정도, 연구 능력이 각각 다르며, 상이한 학과에 불특정하게 배치되어 있다.

대학은 성격이 다른 단과대학이 존재하고 있고, 여러 교직원을 적절히 배치하며 긴밀한 협동 관계에서 일체가 되어 대학교육을 전개하여야 한다. 이를 위해서는 단과대학과 거기에 소속된 교직원 간의 역할 분담과 협동 체계가 적절히 조직되어야 한다. 그렇지 않게 되면 개별 교수의 교육과 연구활동의 자유도 실질적으로 보장받을 수 없게 되고, 결과적으로 대학생의 학습에 대한 권리를 충족시키지 못하게 된다. 대학의 교육과정이 민주적으로 운영되어야 하는 이유도 이러한 맥락에 있는 것이다. 대학 교육과정의 개발과 운영에서는 교육과정 제정이나 개정을 위한 위원회를 만들고, 그 위원회에서 기본 방향을 설정하고 단과대학별로 교육과정을 만든 후, 구성원 전체의 동의를 얻어 최종적인 교육과정을 확정하게 된다.

교육과정개정위원회는 대학의 이념에 대한 조예가 깊은 자, 교육과정 전공자, 인문 · 사회 · 자연 · 공학 등의 계열별 폭넓은 식견을 가진 자, 실태 조사 및 처리에 유능한 자 등을 구성원으로 하여 개편안을 만드는 작업을 하게 된다. 그리고 그러한 개편안은 대학 구성원 전체의 의견 수렴 과정을 거쳐 확정이 된다. 전공 교육과정의 경우는 대학 교육과정의 기본 방향에 기초해 학과(부) 구성원의 논의와 의견 수렴 과정을 거쳐 학과(부)의 교육과정을 확정해 적용하게 된다. 대학에서 교육활동은 모든 대학생의 전면적인 발달을 목표로 하기 때문에, 개별 교수의 수업능력뿐만 아니라 학과(부)와 대학의 교육과정 운영 면에서도 각 교수가 전문적 영향을 끼치고 창의성을 발휘해야 하는 것이다. 그와 반대로 대학 외부의 개입이 없다고 하더라도 대학 내부에서의 특정 집단이나 세력에 의해 교육과정의 개정 작업이 진행되고 운영된다면, 대학이 일체화된 방향으로 움직일 수 없게 되고 쉽게 도구화될 가능성이 있는 것이다.

둘째, 대학의 교육과정이 다른 대학과 차별화되고 개성을 살리는 사항에 대해 알아본다. 대학이 구성원에 의해 만들어진 교육과정이 아니라 기존의 「교육법시행령」에서 만들어지게 되면, 그것에 의해 만들어지고 길러지는 상품에 불과하게 되고, 대학의 설립 이념과 사회적 변화에 대응력을 갖추기 위한 능력을 갖추기 어렵게 된다. 개별 대학이 개성을 살리지 못하고 있으면 대학에 입학하여 그 세계에 입문하고 그들의 삶의 방식을 선택하고자 하는 학생들의 교육을 제대로 뒷받침할 수 없게 된다. 대학에 입학하여 각 개인이 가진 소질과 적성을 최대한 현실화시키려는 것과도 거리가 있게 되는 것이다.

기존의 교육과정이 대학 외부에서 기본 틀을 만들고 교과가 획일화되면, 개별 대학은 독자적인 힘을 잃게 되고 대학 간 서열화 현상이 일어나게 된다. 그렇게 되면 서열 위치에서 대학의 권위가 결정되고, 대학 간의 협력 관계나 경쟁 관계를 맺기는 어렵게 되며, 연쇄적으로 교육에서의 부문별 수월성도 기하기 어렵게 된다. 대학이 대학생의 삶의 방식에 봉사하고 사회적 책무성을 다하기 위해서는, 해당 대학이 소속한 특성에 부합하는 개성을 살리도록 해야 할 것이다. 그리고 그러한 개성은 학교의 교육과정 차별화에 있을 것이다. 예

를 들면, 동일한 교육학과가 있다고 하더라도 대학에 따라서 교육과정 전공
자가 더 많을 수도 있고, 교육공학 전공자가 더 많을 수도 있을 것이다. 전공
자의 수가 많은 것은 그 대학의 특성이나 개성을 살리는 하나의 방법이 될 것
이다. 그것은 교육과정이라는 전공 분야 내에서도 교육과정정책, 교육과정
행정, 통합교육과정 등 보다 세분화된 전공으로 구분이 되므로, 교육과정에
강한 대학은 이들 분야를 제대로 교수 · 학습할 수 있어야 하는 것이다.

(2) 대학 체제의 다양화와 교육과정 운영

우리나라의 대학은 단일한 형태가 아니라 다양한 형태로 존재하고 있다.
「고등교육법」 제2조에서는 고등교육을 실시하기 위하여 두는 학교로 대학,
산업대학, 교육대학, 전문대학, 방송대학, 통신대학, 방송통신대학 및 사이버
대학, 기술대학, 각종 학교를 두도록 규정하고 있다. 그리고 그러한 대학 유
형별로 그 목적을 달리하여 규정하고 있다. 대학의 종류를 구분하고 그에 따
른 목적을 달리 규정한 것은 그 목적에 부합하는 형태로 대학의 교육과정을
편성하고 운영하여야 함을 의미하는 것이다.

첫째, 일반 대학의 목적과 교육과정에 대해 알아본다. 일반 대학의 목적은
「고등교육법」 제28조에서 "대학은 인격을 도야(陶冶)하고, 국가와 인류 사회
의 발전에 필요한 심오한 학술 이론과 그 응용 방법을 가르치고 연구하며, 국
가와 인류 사회에 이바지함을 목적으로 한다."라고 규정하고 있다. 일정하지
는 않지만, 여기서 말하는 대학의 개념은 고등교육기관 가운데 학문을 매개
로 하여 이를 연구하고 교육함으로써 완전한 인간의 형성과 고도의 전문 지
식을 전수 · 창조하는 교육기관을 가리키고 있다.[1] 전통적으로 대학은 상아
탑으로 불리고 있으며, 최종 단계의 교육기관으로서 완성교육을 목적으로 하
고 있다. 대학은 학문을 연구하고 교육하는 두 가지 큰 사명을 가지고 있다.
학문의 자유는 「헌법」에서 인정하고 있는 모든 국민의 기본권이고, 학문을 교
수하는 것은 이 조문에 의해 설정된 교육권으로 이해된다. 따라서 대학의 교

육과정은 이러한 사항을 중심으로 이루어지는 것이다. 일반적으로 대학이 학술의 연구를 중심으로 하여 이루어졌지만,「고등교육법」에서는 학문의 교수를 주로 하면서 연구를 병행하도록 하고 있다.

둘째, 산업대학과 교육과정에 대해 알아본다. 산업대학은「고등교육법」제37조에 목적이 규정되어 있는데, 설립의 취지는 일정한 학교교육을 마쳤거나 중단한 사람에게 지식과 기술 습득을 위한 계속교육기회를 제공함으로써 변화하는 산업사회에 필요한 인재 양성을 목적으로 하고 있다. 기존 법에서 산업대학은 개방대학의 명칭을 사용하였고, 방송 · 통신대학과 동일 조문에서 규정하였다. 그러나 계속교육을 한다는 점에서는 동일하지만, 교육목적, 수업 방법, 교육과정 운영 등에서 차이가 있는 점을 고려하여 현재는 다른 조문에 규정하고 있는 것이다. 산업대학은 산업기술 인력 양성이 중심이 되고, 전일제 · 정시제 · 계절제 등 수업 형태, 전공과목의 실험 · 실습 중심의 교육과정이 운영되고 있다.[2] 이에 비해 방송 · 통신대학은 방송교육을 위주로 하고 있으며, 인문 · 사회계 중심으로 교육과정이 운영되는 특성을 보인다.

셋째, 교육대학 등 교원을 양성하는 대학과 그 교육과정에 대해 살펴본다. 교육대학 등에 대해서는「고등교육법」제41조에서 초등교원 양성을 목적으로 하는 대학은 교육대학, 중등교원 양성을 목적으로 하는 대학은 사범대학, 사범대학이 설치되어 있지 않은 대학에서도 교원 양성을 목적으로 하는 학과를 둘 수 있는 근거 규정을 두고 있다. 그리고 동법 제43조에서 교육대학과 사범대학의 목적을 동시에 수행할 수 있는 종합교원 양성 대학에 대한 근거 규정을 두고 있다. 이러한 근거 규정에 의해 설립된 대학을 보면, 초등교원 양성 대학의 경우는 전국의 국립 교육대학교, 한국교원대학교 및 이화여자대학교의 초등교육과가 이에 해당한다. 중등교원 양성 대학의 경우는 사범대학, 대학의 교육과, 일반 대학의 교직 과정 및 교육대학원 등이 존재하고 있다. 그리고 종합교원 양성 대학은 한국교원대학교가 이에 해당한다. 교원 양성 대학의 경우는「고등교육법」제44조에서 목표를 별도로 규정하고 있다. 그 목표는 교육자로서의 확고한 가치관과 건전한 교직 윤리 확립, 교육의 이념과 구체적 실천 방법 체득, 교육자로서의 자질과 역량을 생애에 걸쳐 스스로 발전시켜 나가기 위한 기초 확립 등 세 가지이다. 인간을 다루는 교원을 양성하기 위한 특수목적 교육기관으로서 갖추어야 할 이념적인 목표와 교사가 갖추어야 할 품성과 자세를 선언적으로 규정하고 있는 것이다. 따라서 교원 양성 대학은 교육학, 교과교육학, 교과내용학 등으로 이루어진 교육과정을 편성 · 운영하고 있다.

넷째, 전문대학과 교육과정에 대해 알아본다. 전문대학의 목적은 「고등교육법」 제47조에서 규정하고 있으며, 궁극적으로 지향하는 바가 직업 훈련의 전문화와 고등 직업 교육기관으로서의 특성화 · 전문화라는 점을 감안하고, 전문대학 졸업자에게 전문학사를 수여하므로 이에 부합하는 형태로 그 목적을 새로이 제정한 것이다. 전문대학의 목적이 기존에는 '중견직업인'에서 '전문직업인'으로 변경되었다. 「고등교육법」 제48조 제1항에서는 전문대학의 수업 연한을 2년 이상 3년 이하로 규정하고 있다. 전문대학의 수업 연한이 일반 대학에 비해 짧은 것은 단기간에 고등교육을 받고 취업을 하고자 하는 자에게 직업교육기회를 제공하고자 하는 데 있는 것이다. 따라서 전문대학의 교육과정은 단기성을 고려하고, 전문직업인 양성을 위해 실무 중심으로 편성하고 운영할 필요가 있는 것이다.

다섯째, 원격대학과 교육과정에 대해 알아본다. 원격대학은 통신대학 및 방송통신대학 및 사이버대학을 통칭하여 부르는 이름이다. 2007년 10월 17일 법률 제8638호로 일부 개정(2008년 4월 18일 시행)된 「고등교육법」은 정보 · 통신 매체를 이용한 고등교육기관인 원격대학에 사이버대학을 추가하여 성인학습자 등이 원격교육으로 고등교육을 받을 기회를 확대하는 데 취지가 있다. 원격대학은 정보통신기술의 발달에 따라 다양한 교육수단을 활용하여 시 · 공간의 제약을 뛰어넘어 모든 국민에게 질적 수준이 보장되는 고등교육의 기회를 확대하고 평생교육의 이념을 체계적으로 반영하고자 하는 데 있다. 디지털 매체를 중심으로 이루어지는 교육기관의 특성상 다양하고도 독특한 교수·학습과 평가방법을 활용하는 교육과정 운영의 특색이 나타나고 있다.

여섯째, 기술대학과 각종 학교의 교육과정에 대해 알아본다. 기술대학은 1996년 2월 9일 제2차 교육개혁방안이 발표되고, 1997년 1월 13일 「교육법」 개정에 의해 도입이 확정된 제도이다. 도입의 목적은 고졸 또는 전문대학 학력을 가진 산업체 근로자에게 계속교육의 기회를 제공하고, 산업체 인력의 기술력 향상을 통한 경쟁력 제고에 기여하고자 하는 데 있다. 기술대학은 산업체 자체 인력의 지도하에 실습교육을 하고, 산업체와 기존의 전문대학, 산업대학 및 대학과 연계하여 교양교육, 이론교육을 실시할 수 있도록 하는 등 기존의 고등교육기관과의 연계를 통하여 이론과 현장 기술을 접목하게 된다. 그래서 기존 고등교육기관의 졸업자에게 부족하였던 현장 적응력이 높은 기술 인력을 양성하고자 하는 것이다.[3] 기술대학에는 전문학사학위 과정과 학사학위 과정을 두도록 하고 있어, 실업계 고등학교, 전문대학, 기술대학으로 이어지는 직업교육 체계의 구축으로 우리나라 직업교육의 발전에 기여하고 있다. 수업 연한을 2년으로 한 것은 학생이 근로자인 점과 산업체의 인사 관리 측면 등을 고려한 것이다.

각종 학교는 「고등교육법」 제2조 제1호부터 제6호까지의 학교(대학, 산업대학, 교육대학 등)와 유사한 교육기관을 말하고, 그러한 학교와 유사한 명칭을 사용할 수 없도록 하고 있다. 각종 학교는 경영, 비서, 컴퓨터, 예체능, 신학 등과 같이 각 분야의 전문직 종사자를 위한 실습 위주의 교육을 통해 전문 인력을 양성하고 있으며, 정규 대학에 비해 학사 운영에서 특수성을 인정받고 있는 실정이다. 〈표 16-1〉은 「고등교육법」에 제시된 대학의 종류에 따른 교육목적을 제시한 것으로, 교육과정 편성과 운영의 방향을 확인할 수 있는 자료가 될 것이다.

〈표 16-1〉 고등교육법상 고등교육기관의 교육목적 비교

대학의 종류	교육목적	조문
대학	대학은 인격을 도야(陶冶)하고, 국가와 인류 사회의 발전에 필요한 심오한 학술 이론과 그 응용 방법을 가르치고 연구하며, 국가와 인류 사회에 이바지함을 목적으로 한다.	제28조
산업대학	산업대학은 산업사회에서 필요로 하는 학술 또는 전문적인 지식이나 기술의 연구와 연마를 위한 교육을 계속하여 받으려는 사람에게 고등교육의 기회를 제공하여 국가와 사회의 발전에 이바지할 산업 인력을 양성함을 목적으로 한다.	제37조
교육대학 등	• 교육대학은 초등학교 교원을 양성함을 목적으로 한다. • 대학의 사범대학(이하 '사범대학'이라 한다.)은 중등학교 교원을 양성함을 목적으로 한다. • 국가와 지방자치단체는 특별한 필요가 있는 경우에 대통령령으로 정하는 바에 따라 교육대학과 사범대학의 목적을 동시에 수행할 수 있는 대학(이하 '종합교원 양성 대학'이라 한다.)을 설립할 수 있다.	제41조 제43조
전문대학	전문대학은 사회 각 분야에 관한 전문적인 지식과 이론을 가르치고 연구하며 재능을 연마하여 국가 사회의 발전에 필요한 전문직업인을 양성함을 목적으로 한다.	제47조
원격대학	원격대학은 국민에게 정보 · 통신 매체를 통한 원격교육(遠隔教育)으로 고등교육을 받을 기회를 제공하여 국가와 사회가 필요로 하는 인재를 양성함과 동시에 열린학습사회를 구현함으로써 평생교육의 발전에 이바지함을 목적으로 한다.	제52조
기술대학	기술대학은 산업체 근로자가 산업 현장에서 전문적인 지식 · 기술의 연구 · 연마를 위한 교육을 계속하여 받을 수 있도록 함으로써 이론과 실무 능력을 고루 갖춘 전문 인력을 양성함을 목적으로 한다.	제55조

(3) 수업과 학점의 인정 등

대학의 종류가 다양하고 대학 유형별로 그 목적을 달리하며, 그 목적에 부합된 교육과정을 운영하기 위해서는 대학의 수업이나 학점의 인정 등이 다양하고도 탄력적으로 운영할 필요가 있다. 그러한 이유로 「고등교육법」 제22조에서는 대학의 다양한 수업 방법에 대해 규정하고 있다.

> 제22조(수업 등) ① 학교의 수업은 학칙으로 정하는 바에 따라 주간수업, 야간수업, 계절수업, 방송·통신에 의한 수업 및 현장실습수업 등의 방법으로 할 수 있다.
> ② 제1항에 따라 학칙으로 방송·통신에 의한 수업 방법 또는 학교 밖에서 이루어지는 수업 방법을 정하려는 경우에는 대통령령으로 정하는 바에 따라야 한다.
> ③ 학교는 학생의 현장 적응력을 높이기 위하여 필요하면 학칙으로 정하는 바에 따라 실습학기제(實習學期制)를 운영할 수 있다.

대학의 수업은 교육과정을 운영하는 하나의 조건에 해당되므로, 대학의 특성에 따라 편성된 교육과정을 운영하기 위해서는 수업의 방식이 다양하게 전개되어야 한다. 주간수업이나 야간수업, 계절수업은 물론이고 방송·통신에 의해 이루어지는 수업까지 온·오프라인으로 광범위한 자율을 행사할 수 있어야 한다. 그리고 이공계 학생이 산업체와 연구소에서 현장의 체험을 할 수 있도록 현장실습수업까지 할 수 있도록 규정하고 있는 것이다. 그리고 실습학기제는 산업대학과 전문대학에만 적용하던 것을 부처 협의 시 재경원 등에서 요구하여 전 대학으로 확대하였다.[4] 그리고 교육과정의 운영에서 학점의 인정 등에 대해서도 학교 내에서뿐만 아니라, 국내·외 대학과의 교류에 의한 학점까지도 대학의 학칙으로 자율적으로 인정할 수 있도록 「고등교육법」 제23조에서 근거를 마련하고 있다.

제23조(학점의 인정 등) ① 학교는 학생이 다음 각호의 어느 하나에 해당하는 경우(해당학교에 입학하기 전의 경우를 포함한다.)에 대통령령으로 정하는 범위에서 학칙으로 정하는 바에 따라 이를 해당 학교에서 학점을 취득한 것으로 인정할 수 있다.

1. 국내외의 다른 학교에서 학점을 취득한 경우
2. 「평생교육법」 제31조 제4항, 제32조 또는 제33조 제3항에 따른 전문대학 또는 대학 졸업자와 동등한 학력 · 학위가 인정되는 평생교육시설에서 학점을 취득한 경우
3. 국내외의 고등학교와 국내의 제2조 각호의 학교(다른 법률에 따라 설립된 고등교육기관을 포함한다.)에서 대학교육과정에 상당하는 교과목을 이수한 경우
4. 「병역법」 제73조 제2항에 따라 입영 또는 복무로 인하여 휴학 중인 사람이 원격수업을 수강하여 학점을 취득한 경우
5. 「학점 인정 등에 관한 법률」 제7조 제1항 또는 제2항에 따라 교육부장관으로부터 학점을 인정받은 경우
6. 국내외의 다른 학교 · 연구기관 또는 산업체 등에서 학습 · 연구 · 실습한 사실이 인정되거나 산업체에서 근무한 사실이 인정되는 경우

② 학점 인정의 기준과 절차 등 제1항 제6호에 따라 학점을 인정하는 데 필요한 사항은 대통령령으로 정하는 바에 따라 학칙으로 정한다.

「고등교육법」 제23조에서 규정하고 있는 학점의 인정 범위는 동일하지는 않다. 학점 교류에 의하여 국내의 타 대학에서 취득한 학점을 인정할 경우 대학의 자율에 맡기더라도 타 대학에서 취득한 학점의 인정 범위를 일정하게 제한하고 있다. 학점 인정의 범위와 관련된 사항은 「고등교육법시행령」 제15조에서 규정하고 있다. 여기서는 졸업에 필요한 학점의 4분의 3 이내, 2분의 1 이내, 학기당 6학점 이내, 4분의 1 이내 등 그 제한을 다양하게 규정하고 있다.

「고등교육법시행령」 제15조를 제시하면 다음과 같다.

> 제15조(학점 인정의 범위 및 기준 등) ① 법 제23조 제1항 각호 외의 부분에
> 서 '대통령령으로 정하는 범위'란 다음 각호의 구분에 따른 범위를 말한
> 다. 다만, 제1호가목 및 제3호 모두에 해당하는 경우에는 졸업에 필요
> 한 학점의 4분의 3을 초과할 수 없으며, 제1호다목 및 제3호 모두에 해
> 당하는 경우에는 졸업에 필요한 학점의 2분의 1을 초과할 수 없다.
>
> 1. 법 제23조 제1항 제1호부터 제3호까지 또는 제5호 중 어느 하나 이
>   상에 해당하는 경우: 다음 각목의 구분에 따른 범위
>
>   가. 해당 학교가 제13조 제1항에 따라 외국 대학과 공동으로 운영
>   하는 과정으로서 해당 학교와 외국 대학의 학위를 모두 취득할
>   수 있거나 외국 대학과 공동명의로 수여하는 학위를 취득할 수
>   있는 과정을 이수한 경우: 졸업에 필요한 학점의 4분의 3 이내
>
>   나. 해당 학교가 제13조의2에 따라 외국 대학으로 하여금 운영하게
>   한 교육과정을 이수한 경우: 졸업에 필요한 학점 전부
>
>   다. 가목 및 나목 외의 경우: 졸업에 필요한 학점의 2분의 1 이내
>
> 2. 법 제23조 제1항 제4호에 해당하는 경우: 학기당 6학점 이내, 연(年)
>   12학점 이내
>
> 3. 법 제23조 제1항 제6호에 해당하는 경우: 졸업에 필요한 학점의 4분
>   의 1 이내
>
> ② 학교의 장이 법 제23조 제1항 제6호에 따라 학생의 학점 취득을 인정하
> 려면 제19조 제1항에 따라 해당 학생이 선택한 전공에 따른 교육과정
> 과 국내외의 다른 학교 · 연구기관 또는 산업체 등에서 학습 · 연구 · 실
> 습 또는 근무한 경험 사이에 학칙으로 정하는 바에 따른 관련성이 있어
> 야 한다.
>
> ③ 학교의 장은 법 제23조 제1항 제6호에 따라 학점을 취득한 것으로 인정

할 때에는 학점 인정을 위한 심의회(이하 이 조에서 '학점인정심의회'라
한다.)의 심의를 거쳐야 한다.

④ 학점인정심의회의 구성 및 운영에 필요한 사항은 학칙으로 정한다.

「고등교육법시행령」 제15조는 2014년 2월 11일 대통령령 제25157호로 일
부 개정된 것으로, 시행은 2014년 2월 14일에 들어갔다. 법 시행령 제15조를
개정한 이유는 고등학교 졸업자의 취업 후 대학 진학을 활성화하고, 산업체
근무 경력 등을 학점으로 인정받을 수 있도록 하며, 원격대학의 수업 연한을
단축할 수 있도록 「고등교육법」이 개정됨에 따라 법률에서 위임받은 사항을
정하기 위함에 있었다.[5] 법률의 개정에 따른 학점의 인정에서는 산업체 근무
경험 등은 졸업에 필요한 학점의 4분의 1 이내에서 하고, 평생교육시설에서
학점을 취득한 경우 등은 졸업에 필요한 학점의 2분의 1 이내에서 학점으로
인정할 수 있도록 하며, 원격대학의 수업 연한을 학사학위 과정에 한정하여
1년 이내에서 단축할 수 있도록 하는 등의 조치를 한 것이다.

타 대학에서 학점을 인정하는 범위는 한 나라의 역사 · 사회적 배경에 따라
다양하게 나타나고 있다. 현재 우리나라의 경우에는 1년의 기간 내에 학점을
취득할 수 있는 범위가 다양하게 나타나고 있다. 미국의 경우는 대학의 학위
수여나 교육과정 운영 등을 원칙적으로 대학의 자율에 맡기고 있기 때문에
타 대학에서 취득한 학점의 범위가 다양하게 나타나고 있다. 하버드 · MIT ·
위스콘신 · 미시간대학교 등은 4분의 2에서 4분의 3 수준으로 제시되고 있
다.[6] 유럽의 경우는 대학이 국립대학이라는 특징과 유럽의 통합에 따른 정
치 · 사회적 환경으로 인해 대학 간 학점 및 학위를 폭넓게 인정하고 있는 실
정이다.

2. 평생교육 교육과정과 교육법

1) 의의

　　현재 우리의 삶은 정보통신기술이 사회 전반에 작용하면서 혁신적 변화가 일어나는 제4차 산업혁명의 시기에 살고 있다. 제4차 산업혁명은 농업사회의 노동시장을 더욱 분화시키고, 산업사회 초기의 지식을 삶에 적용하는 시기를 넘어 삶과 지식이 더욱 긴밀하게 통합되는 시대로 접어들게 하고 있다. 농경사회에서는 지식의 생산자가 소수의 엘리트였지만, 현재는 대중에 의해 생산되고 있다. 지식 생산층의 확대는 지식을 학습하는 기회를 학교라는 제한된 공간에서 한정할 수 없게 되고, 새로운 정보의 획득과 지식을 확장하려는 노력을 충족시킬 수 있는 평생학습사회의 구축을 재촉하고 있다.

　　전통적인 사고에서 교양교육이나 인문교육은 전문교육이나 직업교육과 질적으로 다른 종류의 지식으로 구분하였다. 그러나 미래의 교육이 그러한 구분을 넘어 이론적 견지와 실천적 활동을 하나의 삶 속에서 통합하는 형태로 전개되지 않는다면 교육은 그 역할을 제대로 할 수 없게 될 것이다. 교양교육의 차원에서도 실용적이면서 생산적인 활동에 주목함으로써 삶의 질을 넉넉하게 할 수 있도록 하여야 하고, 직업교육에서는 생산활동에 필요한 기술 이외에 일의 의미와 가치를 되새김으로써 품위를 높여야 할 필요가 있는 것이다. 이러한 교육을 위해서는 학교교육의 내용에 대한 변화를 요청하게 된다. 그리고 학교 밖 교육으로 평생교육 프로그램이 새로운 의미를 부여받게 될 것이다.

　　평생교육 프로그램은 교양 그 자체만이 아니라, 직업생활에 대한 지속적 적응을 위해 새로운 지식의 습득을 위한 노력을 충족시킬 필요가 있다. 그리고 미래사회는 지식의 생산자가 곧 지식의 소비자가 되기도 하므로, 직업생활에 필요한 지식을 요청하는 사람들에게 평생교육 프로그램은 자신의 생애설계에 중요한 제도적 조건이 된다. 「헌법」 제31조에서는 평생교육의 진흥을 국가적 책무로 규정하고 있으며, 1995년에 진행되었던 대통령자문교육개혁위원회의 '신교육 체제 수립을 위한 교육개혁방안'에서도 평생학습기회의 보장이 각 개인의 성공적 삶을 위해 필요함으로 제시하면서, 제도적 기반을 구축하기 위한 여러 가지 방안을 마련하기도 하였다.

'신교육 체제 수립을 위한 교육개혁방안'의 일환으로 단일법전으로 되어 있던 「교육법」이 「교육기본법」「초·중등교육법」「고등교육법」 등으로 분리되었고, 1999년 8월 31일 법률 제6003호로 기존의 「사회교육법」을 「평생교육법」으로 변경하고, 그에 부합하는 형태로 전부 개정되었다. 「평생교육법」의 입법 목적은 "지식기반사회의 도래에 따라 국민의 학습권과 학습에 대한 선택권 및 평생교육의 기회 균등을 보장하기 위하여 평생교육에 필요한 수단 및 제도를 다양화·체계화함으로써 누구나, 언제, 어디서나 원하는 교육을 받을 수 있는 열린교육사회·평생학습사회의 건설을 지향"[7]하는 데 두었다.

「평생교육법」은 국민의 학습권 보장, 학습에 대한 선택권 보장, 평생교육의 기회 균등 보장을 위해 그 제도적 조건을 정비하고자 하는 데 그 목적이 있다. 그러한 조건의 하나가 평생교육 교육과정에 대한 것이고, 그것은 개인의 평생교육에 대한 생애설계에서 중심적 위치를 차지하고 있다. 「평생교육법」 제6조에서는 평생교육 교육과정에 대해 "평생교육을 실시하는 자가 정하되, 학습자의 필요와 실용성을 존중하여야 한다."라고 규정하고 있다. 평생교육 교육과정은 자발성과 자기주도성, 그리고 실제적 필요성을 강조하고 있다. 그리고 이러한 교육과정을 운영하는 평생교육을 실시하는 기관은 학교의 평생교육부터 사회·경제단체 부설 평생교육원에 이르기까지 다양한 형태로 존재하면서 그 지원을 하고 있다. 이러한 제도적 조건을 정비하는 것은 개인의 생애설계와 그 실천에 기여하기 위한 것에 있다. 평생교육 교육과정은 이러한 의미에서 수요자의 다양한 요구를 충족시킬 수 있어야 하고, 그러한 교육과정을 운영하는 기관은 그 질적 수준을 담보할 수 있는 형태로 존재하여야 평생교육의 기본 가치를 구현할 수 있다.

2) 평생교육의 정의와 범위

평생교육의 정의는 「평생교육법」 제2조 제1호에서 "평생교육이란 학교의 정규 교육과정을 제외한 학력보완교육, 성인 문자해득교육, 직업능력향상교육, 인문교양교육, 문화예술교육, 시민참여교육 등을 포함하는 모든 형태의 조직적 교육활동"으로 규정하고 있다. 법에서 정의하고 있는 내용에서 두 가지를 살펴볼 수 있다. 우선, 이 규정에서 평생교육은 학교교육을 제외한 것으로 개념화하고 있다. 「헌법」 제31조 제6항에서 "학교교육 및 평생교육을 포함한 교육제도와 그 운영…"이라는 표현에서도 학교교육과 평생교육을 구분하고 있으며, 「정부조직법」 제28조 제1항에서 "교육부 장관은 인적 자원 개발 정책, 학교교육·평생교육, 학술에 관한 사무를 관장한다."라고 함으로써 평생교육은 학교교육을 제외한 개념으로 사용하고 있다. 평생교육이 인간의 전체 삶의 과정에서 이루어지는 교육활동을 총칭하는 것으로 본다면, 법적으로는 학교교육을 제외한 좁은 의미의 개념으로 보는 것이다.

다음으로, 평생교육은 학교교육을 제외한 모든 형태의 조직적 교육활동으로 보고 있으면서, 교육활동으로서 6개 영역을 제시하고 있다. 6개 영역을 보다 단순화하여 제시하면, 직업생활에 대한 지속적 적응을 위한 교육, 교양과 같은 기본 소양에 관한 교육, 그리고 소외 계층에 대한 교육의 기회를 보장하기 위한 교육 등으로 압축이 가능하다. 이들 영역은 평생교육 분야에서 중점적으로 다루어야 하는 것을 표현한 것이다. 미래의 교육에서 지식이 단순히 교양적 수준을 넘어 직업생활에 적응하기 위해 계속적으로 지식을 획득하고 노력하여야 한다는 점에서 직업능력을 향상시키기 위한 교육이 필요한 것이다. 교양의 경우에도 직업적 관심사와 거리가 있는 것이 아니라, 생산적인 활동에 관심을 가짐으로써 삶의 과정을 보다 윤택하게 하는 데 작용할 수 있도록 하는 것이다. 그리고 소외 계층에 대한 교육의 기회를 보장하는 것은 학교에서 정규 교육과정을 제대로 이수하지 못한 사람들에게 교육을 받을 수 있는 권리를 보장하고자 하는 데 있는 것이다.

법 제2조에서는 평생교육에 대한 정의뿐만 아니라, 평생교육기관에 대한 정의도 동시에 하고 있다. 평생교육기관은 교육과정을 운영하는 실질적 주체로서 평생교육 수요자의 대응성을 높이면서도 구체적인 프로그램 운영의 다양성을 제고하고, 질적 수준을 담보하여야 한다. 「평생교육법」 제2조 제2호에서는 평생교육기관에 대해 규정하고 있다. 그 기관은 이 법에 따라 인가 · 등록 · 신고된 시설 · 법인 또는 단체, 「학원의 설립 · 운영 및 과외교습에 관한 법률」에 따른 학원 중 학교교과 교습학원을 제외한 평생직업교육을 실시하는 학원, 그리고 그 밖에 다른 법령에 따라 평생교육을 주된 목적으로 하는 시설 · 법인 또는 단체 등의 어느 하나에 해당하는 기관임을 밝히고 있다.

「평생교육법」에서는 「평생교육법」에 의해 인가된 시설은 사내 대학 및 원격대학 형태의 평생교육시설이고, 등록된 시설은 학교 형태의 평생교육시설이 해당한다. 그리고 신고된 시설은 원격평생교육시설, 사업장 부설 평생교육시설, 시민사회단체 부설 평생교육시설, 언론기관 부설 평생교육시설, 지식 · 인력 개발 사업 관련 평생교육시설 등이 해당한다. 다른 법령에 의한 시설은 「학원의 설립 · 운영 및 과외교습에 관한 법률」 「도서관법」 「박물관 및 미술관 진흥법」 「근로자직업능력개발법」 등에 의한 학원, 직업훈련원, 도서관, 박물관, 문화원 등 평생교육시설 등이 해당한다.

3) 평생교육의 이념과 교육과정

평생교육에 대한 이념과 그 이념 구현을 위한 교육과정은 「평생교육법」에 규정되어 있다. 「평생교육법」 제4조에서는 평생교육의 이념을 규정하고, 제6조에서는 교육과정 등에 대한 사항을 정하고 있다. 이 조문 외에 제21조의 2에서는 장애인 평생교육과정을 정하고 있고, 제40조에서는 문해교육 프로그램의 교육과정 등에 대해서는 별도로 규정하고 있다. 여기서는 이들 각각에 대해 알아본다. 우선, 평생교육의 이념에 대해 알아본다. 「초·중등교육법」에서는 교육의 이념을 '홍익인간'이라는 단어로 제시하고 있지만, 「평생교육법」에서는 그러한 형태로 제시되어 있지 않다. 「평생교육법」 제4조에 규정된 이념을 제시하면 다음과 같다.

> 제4조(평생교육의 이념) ① 모든 국민은 평생교육의 기회를 균등하게 보장받는다.
> ② 평생교육은 학습자의 자유로운 참여와 자발적인 학습을 기초로 이루어져야 한다.
> ③ 평생교육은 정치적·개인적 편견의 선전을 위한 방편으로 이용되어서는 아니 된다.
> ④ 일정한 평생교육과정을 이수한 자에게는 그에 상응하는 자격 및 학력인정 등 사회적 대우를 부여하여야 한다.

우선, 제1항에서는 모든 국민의 평생교육기회 균등 원칙을 제시하고 있다. 「헌법」과 「교육기본법」에 제시된 교육 일반에 대한 기본적인 원칙과 권리가 보장되고 있음을 규정하고 있는 것이다. 여기서 언급된 평생교육의 기회는 평생교육을 받을 수 있는 기관에 접근할 수 있는 권리뿐만 아니라, 해당 기관의 교육과정이 자신에게 적합하게 제공될 수 있어야 실질적 교육의 기회가 보장된다는 의미도 포함된다. 다음으로, 제2항에서 규정한 바와 같이 평생교육은 학습자의 자발성과 자기주도성을 기초로 이루어져야 할 것이다. 평생교육이 개인의 삶의 질의 향상에 일차적 목적을 구현하면서 사회적 가치를 구현할 수 있어야 할 것이다. 그러기 위해서는 평생교육의 실시와 그 형식 및 방법에서도 개인의 자유로운 참여와 자기주도적 학습 능력의 배양에 기초를 두어야 하는 것이다. 제3항에서 규정한 평생교육의 중립성은 교육내용과 방법이 정치적이거나 개인적 편견 등의 편향성에 의해 부당하게 침해나 간섭당하지 않고 가치 중립적인 진리교육이 되도록 보장하는 것에 해당한다. 그래서 교육의 자주성을 확보하고자 하는 것이다. 제4항은 이 법이나 다른 법령이 정하는 평생교육과정을 이수한, 경우 학점이나 학력인정, 자격이나 학위 취득 등의 물질적·정신적 보상을 통해 그에 상응한 사회적 대우를 받을 수 있도록 함으로써 평생학습에 대한 개인적인 의욕 고취와 사회적 분위기를 조성하고자 하는 데 있는 것이다.

둘째, 평생교육 교육과정 등에 대해 살펴본다. 평생교육 분야의 교육과정에 대해서는 「평생교육법」 제6조에서 "평생교육의 교육과정·방법·시간 등에 관하여 이 법과 다른 법령에 특별한 규정이 있는 경우를 제외하고는 평생교육을 실시하는 자가 정하되, 학습자의 필요와 실용성을 존중하여야 한다."라고 규정하고 있다. 평생교육의 자율성과 개방성 원칙에 따라 교육과정·방법·시간 등 평생교육 교육과정의 편성과 운영은 실시하는 자가 자율적으로 정하도록 하고 있다. 그리고 학습자의 학습적 요구에 따른 선택권을 보장하고, 사회적 기여와 효용성을 높이기 위해 학습자의 필요와 실용성을 존중하도록 규정하고 있는 것이다. 이러한 교육과정의 규정에 따라 평생교육은 학교교육과 달리 표준화된 교육과정이 존재하지 않고 있으며, 평생교육시설에 따라 다양한 형태의 교육과정을 운영하고 있는 것이다.

셋째, 장애인 평생교육과정에 대해 알아본다. 장애인 평생교육과정은 「평생교육법」 제21조의 2에 제시되어 있다.

제21조의2(장애인 평생교육과정) ① 「유아교육법」 제2조 제2호에 따른 유치원 및 「초·중등교육법」 제2조에 따른 학교의 장은 해당 학교의 교육환경을 고려하여 「장애인복지법」 제2조에 따른 장애인의 계속교육을

위한 장애인 평생교육과정을 설치·운영할 수 있다.

② 평생교육기관은 장애인의 평생교육기회의 확대를 위하여 별도의 장애
인 평생교육과정을 설치·운영할 수 있다.

③ 진흥원은 장애인의 평생교육기회 확대 방안 및 장애인 평생교육 프로
그램을 개발하여야 한다.

④ 제20조에 따른 시·도평생교육진흥원은 평생교육기관이 장애인 평생
교육과정을 설치·운영할 수 있도록 지원하여야 한다.

이 조문은 2016년 5월 29일 법률 제14160호로 일부 개정된 「평생교육법」
에서 신설된 것이다. 이 조문의 신설은 「장애인 등에 대한 특수교육법」의 장
애인 평생교육시설 및 장애인 평생교육과정 부분을 「평생교육법」으로 이관
한 것에 따른 것이다. 당시의 부분 개정에서는 다음과 같이 이관 이유를 밝히
고 있다.

현행 「발달장애인 권리 보장 및 지원에 관한 법률」에 따라 교육부 장관
은 발달장애인의 의사소통 도구 개발·지원과, 평생교육을 지원할 의무가
있으며, 「장애인 등에 대한 특수교육법」은 평생교육진흥원이 장애인의 평
생교육진흥 프로그램을 개발하고 장애인 평생교육기관을 지원하도록 규
정하고 있으나, 실제 운영되고 있는 장애인 평생교육기관은 극소수로 교
육 내용도 문자해득교육에 머물러 있음. 이에 국가와 지방자치단체가 장
애인 평생교육에 대한 정책을 수립·시행하도록 하고, 국가장애인평생교
육진흥센터를 두도록 하는 등 장애인에 대한 평생교육을 체계적으로 지원
하는 한편, 「장애인 등에 대한 특수교육법」상 장애인 평생교육 관련 규정
을 「평생교육법」에 이관하여 일원화된 장애인 평생교육진흥 체계를 구축
하도록 하려는 것임.

장애인 평생교육과정은 지식기반사회의 도래로 평생학습의 욕구가 증대하는 데 비해 장애인들에 대한 평생학습의 기회가 제한되고 있어 그 법적 근거를 마련해 지속적 지원을 위한 것에 입법 배경이 있다. 이러한 필요성에 의해 마련된 장애인 평생교육과정은 각급학교에 장애인의 계속교육을 위한 장애인 평생교육과정을 설치 · 운영할 수 있는 근거가 마련되어 공교육기관을 이용하여 성인교육을 실시할 수 있게 되었다. 그리고 각급학교뿐만 아니라 「평생교육법」에 따른 평생교육시설, 평생교육단체, 지역평생교육센터에서도 별도의 장애인 평생교육과정을 설치 · 운영하거나 지원할 수 있도록 법적인 근거를 마련한 것이 주요 내용으로 되어 있는 것이다.[8] 장애인 평생교육과정 확대 개설에 따라 「평생교육법」에 의해 지원되고 있는 평생교육기관과 지방자치단체의 협력이 강화될 필요가 있다.

넷째, 문해교육 프로그램의 교육과정 등에 대해 살펴본다. '문해교육' 프로그램은 2007년 12월 14일 법률 제8676호로 전부 개정(시행 2008. 2. 15.) 당시에는 '문자해득교육' 프로그램으로 되어 있었다. 그러나 2014년 1월 28일 법률 제12339호로 일부 개정(시행 2015. 1. 29.)되면서 '문해교육' 프로그램으로 약칭하고, 그 개념을 확장시켜 왔다. 기존의 문자해득교육은 "일상생활을 영위하는 데 필요한 기초 능력이 부족하여 가정 · 사회 및 직업생활에서 불편을 느끼는 자들을 대상으로 문자해득(文字解得) 능력을 갖출 수 있도록 하는 조직화된 교육 프로그램"으로 정의하였다. 그러나 현재의 문해교육은 "일상생활을 영위하는 데 필요한 문자해득(文字解得) 능력을 포함한 사회적 · 문화적으로 요청되는 기초 생활 능력 등을 갖출 수 있도록 하는 조직화된 교육 프로그램"(법 제2조 제3호)으로 정의하고 있다. 기존의 단순한 문자해득 능력을 넘어 모든 일상생활을 영위하는 데 필요한 기초 생활 능력을 갖추도록 하는 교육으로 개념을 확장한 것이다.

「평생교육법」 제40조에서는 문해교육 프로그램의 교육과정 등에 대해 "제39조에 따라 설치 또는 지정된 문해교육 프로그램을 이수한 자에 대하여는 그에 상응하는 학력을 인정하되, 교육과정 편성 및 학력인정 절차 등에 필요한 사항은 대통령령으로 정한다."라고 규정하고 있다. 이에 따라 「평생교육법시행령」 제74조는 문해교육 프로그램 이수자의 학력인정 절차, 제75조는 문해교육 프로그램 이수자의 학력인정 기준, 제75조의 2에서는 문해교육 종합정보 시스템 구축·운영 등에 대해 규정하고 있다. 제74조에 규정된 문해교육 프로그램 학력인정 절차에서는 교육부령으로 정하는 신청 서류를 교육감에게 제출하고, 교육감은 학력인정 기준에 맞는지를 조사하여 학력인정 여부를 결정하여, 교육부령으로 정한 학력인정서를 내주도록 하고 있다.

시행령 제75조에 규정된 학력인정 기준에 의하면, 초등학교나 중학교 졸업자와 같은 수준의 학력을 인정받기 위해서는 초등학교 또는 중학교 수준에 상응하는 문해교육과정을 이수하여야 한다. 또 학습계좌에서 관리하는 교육과정 중 문해교육에 관련된 과정을 이수한 경우에는 시행령 제74조 제2항에 따라 학력인정 기준에 필요한 교육과정의 3분의 2 범위에서 해당 교육과정을 이수한 것으로 인정할 수 있도록 교육부령으로 정하고 있다. 그리고 문해교육 프로그램 이수자의 문자해득 수준을 측정하기 위한 평가제도를 수립·실시할 수 있도록 하고 있다.

4) 평생교육시설과 교육과정 운영

「평생교육법」에 의한 평생교육시설은 학력의 인정 여부와 설치 절차에 따라 다양하게 구분이 되고 있다. 평생교육기관은 「평생교육법」 제5장에 제시되어 있으며, 평생교육기관의 설치자는 다양한 평생교육 프로그램을 실시하여 지역사회 주민을 위한 평생교육에 기여하도록 하고 있다. 여기에는 정규 학교에서도 평생교육을 실시할 수 있도록 하고 있고, 학교 부설 평생교육시설, 학교 형태의 평생교육시설, 사내 대학 형태의 평생교육시설, 원격대학 형태의 평생교육시설, 사업장 부설 평생교육시설, 시민사회단체 부설 평생교육시설, 언론기관 부설 평생교육시설, 지식 · 인력 개발 관련 평생교육시설 등을 주요 기관으로 제시하고 있다. 여기서는 이들 기관의 성격을 설명하고, 평생교육시설의 유형에 따른 구분을 도표로 제시하고자 한다.

우선, 학교 형태 평생교육시설은 교육과정과 시설 · 설비 등이 중 · 고등학교와 유사한 시설로서, 경제적 이유 등 개인 사정으로 중 · 고등학교에 다니지 못한 근로청소년과 성인 등을 대상으로 하는 평생교육시설을 말한다. 사내 대학 형태 평생교육시설은 시간적 · 경제적 여유가 없어 대학에 가지 못하는 근로자를 위해 학교법인의 설립 없이 일정한 기간 사내교육을 이수하면 학력이나 학위가 인정되는 평생교육 차원의 고등교육기관을 말한다. 원격대학 형태의 평생교육시설은 첨단 정보통신기술과 컴퓨터 네트워크로 형성된 사이버교육을 활용한 원격 형태 평생교육시설이 해당한다. 사업장 부설 평생교육시설은 산업체, 백화점 문화센터 등 일정 규모(종업원 100명 이상) 이상의 사업장에서 당해 사업장 고객 등을 대상으로 평생교육시설을 설치 · 운영할 수 있는 것을 말한다. 시민사회단체 부설 평생교육시설은 시민사회단체가 소속 회원 외에 일반 시민을 대상으로 평생교육시설을 부설하는 경우를 말한다. 언론기관 부설 평생교육시설은 신문 · 방송 등 언론기관이 일반 국민을 대상으로 평생교육시설을 부설하는 것이다. 지식 · 인력 개발 관련 평생교육시설은 민간 자본을 통해 지식 · 인력 개발 사업을 진흥하고, 우수 민간교육 훈련기관을 육성해 교육 서비스 산업의 국제 경쟁력 제고와 민간교육기관의 공신력을 제고하려는 데 목적을 두고 운영하는 기관에 해당한다.

이렇게 다양한 평생교육시설에서의 교육과정은 해당 시설의 설립 취지에 부합하도록 운영하고 있으며, 초 · 중등학교뿐만 아니라, 대학에서도 평생교육을 운영하고 있다. 일반적으로 초 · 중등학교보다는 대학 위주로 운영이 되고 있으며, 시간제, 직업교육과정, 공개강좌 등 다양한 학위 · 비학위 과정의 평생교육과정을 운영하여 평생학습의 기회 확대에 노력하고 있다. 학교의 평생교육을 제외한 평생교육시설의 유형에 따른 학력인정 여부, 설치 요건 등을 도표로 제시하면 〈표 16-2〉와 같다.

〈표 16-2〉 평생교육시설의 유형과 학력의 인정 여부

구분	시설 유형	설치 요건	비고
학력인정	학교 형태 평생교육시설 중 학력인정시설(교육감 지정)	교육감에 등록	「평생교육법」 제31조
	사내 대학 형태 평생교육시설	교육부 장관 인정	「평생교육법」 제32조
	원격대학 형태 평생교육시설	교육부 장관 인정	「평생교육법」 제33조
학력미인정	학교 부설 평생교육시설	관할 청에 보고	「평생교육법」 제30조
	학교 형태 평생교육시설 중 학력미인정시설	교육감에 등록	「평생교육법」 제31조
	원격교육 형태 평생교육시설	교육감에 신고	「평생교육법」 제33조
	사업장 부설 평생교육시설	교육감에 신고	「평생교육법」 제35조
	시민사회단체 부설 평생교육시설	교육감에 신고	「평생교육법」 제36조
	언론기관 부설 평생교육시설	교육감에 신고	「평생교육법」 제37조
	지식·인력 개발 사업 관련 평생교육시설	교육감에 신고	「평생교육법」 제38조

다문화 교육과정, 북한의 교육과정과 교육법*

1. 다문화 교육과정

1) 의의

전통적으로 한국은 단일민족국가의 형태로 유지되어 왔다고 믿는 의식이 강하다. 그러나 최근 들어 외국인 유학생이나 근로자, 결혼이민자, 북한 이탈주민 등 다양한 문화를 지닌 사회 구성원이 늘어나고 있어 기존의 의식에 변화가 요청되는 상황이다. 미국이나 유럽과 같이 다양한 문화를 지닌 구성원의 비중이 크지 않더라도, 점차 다원화된 사회로 진입하고 있는 중이다.

다양한 문화를 지니고 있는 민족이나 이주민들의 증가하고 있는 데 반해,

---

* 이 글은 『현대교육과정학』(박창언, 2017, 서울: 학지사)에 게재된 '다문화 교육과정'과 '북한의 교육과정'을 수정·보완한 것임.

생산 인구는 감소되고 출생률은 저하되고 있다. 다양한 문화를 가진 구성원의 증가로 인해 기존 구성원의 갈등이 발생할 수 있다. 그래서 국가적 통합을 위해 동질성을 확보해야 할 교육에서 이들 구성원의 동질성을 확보하고 교육기회를 균등하게 제공하기 위한 과제가 주어진다.

다문화사회에 대한 교육과정 분야에서의 연구는 개인적 측면에서는 교육내용의 적합화를 통해 교육의 기회를 보장하고, 구성원들 간의 상호 이해와 존중을 통해 차별의 감소와 구성원들 간의 갈등의 최소화를 도모할 수 있다. 국가 · 사회적 측면에서는 한 사회를 구성하는 시민으로서의 자질을 함양함으로써 사회적 통합을 이룸과 동시에, 훌륭한 사회 구성원으로 삶을 영위할 수 있게 만드는 데 있을 것이다. 다문화교육은 동화주의, 소수자 정체성 교육, 상호 이해 증진 교육 등 어떠한 접근 방식을 취하느냐에 따라 교육현장에서 배울 교육과정 내용과 그 방법이 달라진다.

소수자 적응교육의 관점을 취하게 되면 기본 생활에 필요한 능력과 사회 구성원으로서 갖추어야 할 가치관 정립이 강조된다. 반면, 상호 이해 증진의 접근을 취하면 소수자뿐만 아니라 다수자까지 교육의 대상에 포함되므로, 소수자에 대한 차별 의식과 편견의 제거 및 소수자 문화에 대한 수용적 태도 등이 강조된다. 다문화교육에 대한 현재 문제의 해결과 미래사회의 발전을 기하기 위해서는 학교 교육과정에서 어떠한 내용과 방법을 채택해야 할 것인지 보다 많은 고민이 필요할 것이다.

여기서는 다문화 교육과정과 교육법에 대한 이해를 위해 다문화교육의 배경과 구별되는 용어에 대해 개관할 것이다. 다문화 교육과정의 법적 근거를 살펴본 후, 그러한 법적 근거에 따른 교육과정 분야에서 진단을 행하고자 한다.

2) 다문화교육의 배경과 구별되는 용어

(1) 다문화교육의 발달

문화의 다양성과 관련해 사용되는 용어는 다문화(multi-culture), 초문화(trans-culture), 간문화(inter-culture)가 있다.[1] 다문화는 타자의 문화와 그 권리를 인정하자는 것이다. 모든 사람들이 준수해야 할 합법성과 규칙성을 전제로 하면서 다원성과 자유를 신장시킬 수 있다고 보는 것이다. 초문화는 일반성과 보편성을 위해 노력하는 초문화의 상태에서만 서로 다른 여러 문화·민족·인종의 사람들이 서로 자유롭게 평등한 행위 주체를 인정받으면서 살아갈 수 있다고 본다. 간문화는 다문화에서 강조하는 차이나 초문화에서 강조하는 공통점뿐만 아니라, 경계와 접촉의 서로 겹치는 부분, 상호 의존, 상호 침투에 관심을 기울인다. 문화적 다양성과 관련해 사용하는 용어가 엄격히 구분되지만, 우리나라 국가 교육과정 문서에서는 다문화라는 용어를 사용하고 있다. 따라서 여기서는 다문화라는 용어를 사용하고, 이와 관련된 내용 위주로 전개하고자 한다.

우리나라의 다문화교육은 1990년대 '반편견교육(anti-biased education)'이라는 이름으로 처음 알려졌고, 2006년 공문서에 처음 등장해 2007년 공식화된 것으로 설명하고 있다.[2] 2006년 당시 교육인적자원부는 다문화가정 자녀 교육지원 대책을 발표하면서 문화적 민주 통합의 정책을 비전으로 삼았다. 추진 배경과 목적은 다양한 사회 구성원의 인권 보호 및 사회 통합의 필요, 다문화가정 자녀들의 교육 소외 방지 대책 마련, 다문화가정 구성원의 인적 자원 개발 방안의 모색에 두었다. 정책 과제 및 대응 방안에서는 교육과정 및 교과서에 다문화교육 요소의 반영을 포함하였다. 이후 교육부는 해마다 전년도 다문화가정 자녀교육지원정책의 성과의 검토·보완을 통해 지속적으로 개선된 정책을 발표해 왔다.

현재는 다문화교육정책의 지속적인 점검과 보완을 통해 다문화가정 자녀의 적용에 초점을 둔 초기와 달리, 일반 학생을 대상으로 한 다문화교육이나 다문화 교사 연수 등 일반 다수자를 위한 교육으로 정책적 중심이 이동하고 있다. '2017년 다문화교육지원 계획(2017년 1월)'에서는 교직과목 및 기준에 다문화교육 내용을 포함하여 예비 교원 단계부터 다문화교육에 대한 사항을 학습할 수 있도록 하는 내용을 포함하고 있다.[3] 그리고 경제적 지원과 같은 제한적 지원을 벗어나 다문화가정 자녀의 역량을 강화하는 방향이 강조되고 있으며, 다문화 학생 맞춤형 교육에 대한 지원을 강화하고 지역사회 유관 기관과의 연계를 강화하는 등 중앙정부 중심의 직접적인 지원정책을 탈피하려는 노력도 동시에 기울이고 있다. 이러한 노력에도 불구하고, 아직까지 다문화교육과 관련된 학교 교육과정이 체계적으로 정비되어 있지는 않은 실정이다.

(2) 다문화교육과 구별되는 개념

다문화의 정의가 통일되지 않고 있듯이 다문화교육의 정의 역시 통일되어 있지는 않은 것 같다. 다문화교육과 구별되는 개념을 확인하고 그 쓰임새를 정확하게 파악하는 것은, 다문화교육을 위한 교육과정 편성과 운영의 대상과 방법에서의 오류를 줄일 수 있다. 다문화교육과 혼동되는 개념은 국제이해교육, 세계시민교육, 집단 간 이해교육, 반편견교육과 같은 용어이다.

첫째, 다문화교육에 대한 정의이다. 다문화교육의 정의는 전문가들 사이에 완전히 합의되어 있지는 않다. 다문화교육 관련 전문가들이 제시하는 정의를 분석해 보면 몇 가지 공통적으로 들어가는 문구가 있다. 자신의 문화적 정체감 확립, 상호 가치의 존중, 균등한 교육의 기회 보장, 공동의 목표를 향한 가치 · 태도의 습득이 그것이다. 이들 내용을 종합하면, 다문화교육은 학습자가 자신의 문화적 정체성을 바탕으로 다양한 문화를 존중하며, 다원화된 사회의 시민 자질을 갖추도록 하는 교육을 말하는 것으로 이해된다.

둘째, 국제이해교육(education for international understanding)이다. 국제이

해교육은 독립된 국가와 정치 공동체들 간의 이해와 교류 증진을 목적으로 한다. 국제이해교육은 국가 간 발생하는 분쟁과 관련된 쟁점, 세계 평화와 발전을 주요 쟁점으로 하면서 세계 문제의 해결과 상호 이해에 초점이 있다. 국제이해교육은 독립된 국가를 문화의 단위로 인정하고, 국가기구를 단위로 움직이기 때문에, 한 사회나 국가 내에 존재하는 다양한 문화에 대한 이해와 공존을 위해 도입된 다문화교육과 차이가 있다.

셋째, 세계시민교육(global citizenship education)이다. 세계시민교육은 국가 간의 이해뿐만 아니라, 국제사회에 존재하는 정치·경제·문화적 불평등이나 인권 침해와 같은 문제를 해결하는 데 중점을 두고 있다. 세계시민교육은 국제이해교육에 비해 더욱 포괄적 이념을 추구하는 것이다. 이에 비해 다문화교육은 한 국가의 내에서의 다양한 문화의 이해와 교육의 기회 균등을 모색하는 데 관심이 있어 세계시민교육과 차이가 있다.

넷째, 집단 간 이해교육(education for intergroup understanding)이다. 집단 간 이해교육은 모든 학교를 대상으로 하기보다는 인종이나 민족 간에 문제가 발생하는 학교에서 의미를 가지는 것으로 간주되었다. 집단 간 교육은 인종적·민족적 편견과 오해를 줄이기 위해 노력하는 교육에 해당되는 것이다. 다문화교육이 집단 간의 편견을 넘어 집단 간에 존재하는 불평등의 해소와 극복을 위해 보다 적극성을 지니고 있다. 집단 간 이해교육에 비해 다문화교육이 보다 포괄적인 성격을 지니고 있다고 할 수 있을 것이다.

다섯째, 반편견교육이다. 반편견교육은 인종이나 민족 및 성별과 같은 사항에 관계없이 존중함으로써 사회정의나 평등을 실현하고자 하는 교육을 말한다. 반편견교육은 미국의 인종적인 갈등이나 유럽의 소수 민족의 차별을 해소에 기여하였다. 반편견교육은 다문화교육의 여러 가지 모습에서 편견이나 정체성과 같은 문제에 초점을 두고 있다. 그리고 이러한 문제에 대해 비판적이며 사회 참여적인 특성이 강한 접근 양상이라고 할 수 있다.

3) 다문화교육 교육과정

(1) 법적 근거와 내용

현행 법 체제에서 다문화라는 용어가 들어간 법은 「다문화가족지원법」과 법 시행령 및 시행규칙이 있다. 그리고 국가 교육과정에서 다문화와 관련된 내용이 제시되어 있으며, 국가 교육과정은 「초·중등교육법」 제23조 제2항에 근거에 고시되고, 그러한 교육은 「헌법」과 「교육기본법」에 기초하고 있다. 여기서는 이들 내용에 대해 각각 살펴보고자 한다.

첫째, 「다문화가족지원법」에 제시된 사항을 알아본다. 「다문화가족지원법」에서 말하는 다문화가족은 「재한외국인 처우 기본법」에 의한 결혼이민자와 「국적법」의 규정에 따라 대한민국 국적을 취득한 자로 이루어진 가족을 말한다(법 제2조). 우선, 아동·청소년 보육·교육에 대해 알아본다. 이와 관련된 조문은 「다문화가족지원법」 제10조에 규정되어 있다.

제10조(아동·청소년 보육·교육) ① 국가와 지방자치단체는 아동·청소년 보육·교육을 실시함에 있어서 다문화가족 구성원인 아동·청소년을 차별하여서는 안 된다.

② 국가와 지방자치단체는 다문화가족 구성원인 아동·청소년이 학교생활에 신속히 적응할 수 있도록 교육지원 대책을 마련하여야 하고, 특별시·광역시·특별자치 시·도·특별자치도의 교육감은 다문화가족 구성원인 아동·청소년에 대하여 학과 외 또는 방과 후 교육 프로그램 등을 지원할 수 있다.

③ 국가와 지방자치단체는 다문화가족 구성원인 18세 미만인 사람의 초등학교 취학 전 보육 및 교육지원을 위하여 노력하고, 그 구성원의 언어 발달을 위하여 한국어 및 결혼이민자 등인 부 또는 모의 모국어 교육을 위한 교재 지원 및 학습 지원 등 언어 능력 제고를 위하여 필요한 지원

을 할 수 있다.

④「영유아보육법」제10조에 따른 어린이집의 원장,「유아교육법」제7조
에 따른 유치원의 장,「초·중등교육법」제2조에 따른 각급학교의 장,
그 밖에 대통령령으로 정하는 기관의 장은 아동·청소년 보육·교육을
실시함에 있어 다문화가족 구성원인 아동·청소년이 차별을 받지 아니
하도록 필요한 조치를 하여야 한다.

　법 제10조의 제1항과 제4항은 주로 다문화가족 구성원의 차별 금지와 차별
을 받지 않을 수 있는 조치를 국가와 지방자치단체가 적극적으로 행할 수 있
도록 하는 내용을 제시하고 있다. 교육과정과 관련된 사항은 제2항과 제3항
이 해당된다. 제2항은 아동·청소년 보육·교육에서 학과 외 또는 방과후교
육 프로그램의 지원을 제시함으로써 정규 교육과정 이외의 보충적 사항에 대
한 교육과정의 운영을 행하도록 하는 근거가 된다. 제3항은 국가와 지방자치
단체의 취학 전 보육과 교육의 지원과 언어 발달을 위한 사항에 초점을 두고
있다. 이 조문은 전체적으로 정규 교육과정에 해당되는 사항이 아니라 정규
교육과정 이외의 교육 프로그램과 사회 적응을 위해 필요한 언어교육과 관련
된 교육과정이 주류를 이루고 있다. 다음으로, 결혼이민자에 대한 교육에 대
한 규정이다. 이 규정은「다문화가족지원법」제6조 제1항에서 규정하고 있다.

　제6조(생활정보 제공 및 교육지원) ① 국가와 지방자치단체는 결혼이민자
　　등이 대한민국에서 생활하는 데 필요한 기본적 정보(아동·청소년에
　　대한 학습 및 생활지도 관련 정보를 포함한다.)를 제공하고, 사회 적응교
　　육과 직업교육·훈련 및 언어소통 능력 향상을 위한 한국어교육 등을
　　받을 수 있도록 필요한 지원을 할 수 있다.
　② 국가와 지방자치단체는 결혼이민자 등의 배우자 및 가족 구성원이 결
　　혼이민자 등의 출신 국가 및 문화 등을 이해하는 데 필요한 기본적 정

보를 제공하고 관련 교육을 지원할 수 있다.

③ 국가와 지방자치단체는 제1항 및 제2항에 따른 교육을 실시함에 있어 거주지 및 가정환경 등으로 인하여 서비스에서 소외되는 결혼이민자 등과 배우자 및 그 가족 구성원이 없도록 방문교육이나 원격교육 등 다양한 방법으로 교육을 지원하고, 교재와 강사 등의 전문성을 강화하기 위한 시책을 수립·시행하여야 한다.

④ 국가와 지방자치단체는 제3항의 방문교육 비용을 결혼이민자 등의 가구 소득수준, 교육의 종류 등 여성가족부 장관이 정하여 고시하는 기준에 따라 차등 지원할 수 있다.

⑤ 국가와 지방자치단체가 제4항에 따른 비용을 지원함에 있어 비용 지원의 신청, 금융정보 등의 제공, 조사·질문 등은 「아이돌봄 지원법」 제22조부터 제25조까지의 규정을 준용한다.

⑥ 결혼이민자 등의 배우자 등 다문화가족 구성원은 결혼이민자 등이 한국어교육 등 사회 적응에 필요한 다양한 교육을 받을 수 있도록 노력하여야 한다.

⑦ 그 밖에 제1항 및 제2항에 따른 정보 제공 및 교육에 필요한 사항은 대통령령으로 정한다.

법 제6조에서는 아동교육 이외에 결혼이민자에 대한 교육까지 고려하고 있지만, 생활에 필요한 정보, 사회 적응교육, 직업교육, 한국어교육 등과 같이 주로 사회 적응이나 직업활동과 관련된 교육과정이 대부분이다. 그리고 교육에 필요한 비용의 지원 등을 국가와 지방자치단체가 행할 수 있도록 하고 있는 것이다.

둘째, 「초·중등교육법」 제2항에 근거해 '고시'한 국가 교육과정에 제시되어 있는 다문화 관련 교육이다. 국가 교육과정에서는 다문화교육에 대해 직접적으로 제시하고 있다. 그렇지만 국가 교육과정에는 별도의 교과나 단원의 형태로 제시되어 있지는 않다. 국가 교육과정 총론의 '학교급별 교육과정 편성·운영의 기준'의 기본 사항에서 범교과 학습 주제의 형태로 제시하고 있다.[4]

> 아. 범교과 학습 주제는 교과와 창의적 체험활동 등 교육활동 전반에 걸쳐
> 통합적으로 다루어지도록 하고, 지역사회 및 가정과 연계하여 지도한다.

> 안전·건강교육, 인성교육, 진로교육, 민주시민교육, 다문화교육, 통합
> 교육, 독도교육, 경제·금융교육, 환경·지속발전교육

　범교과 학습 주제로 설정되어 있는 다문화교육은 교과와 창의적 체험활동 전반에 걸쳐 통합적으로 다루어지도록 하고 있다. 그리고 지역사회 및 가정과 연계하여 지도하도록 규정하고 있다. 이러한 규정은 다문화 교육과정에 대한 인식을 제고시키는 데서 그 의의를 찾을 수 있다. 그러나 범교과 학습 주제의 성격이 무엇인지에 대한 구체적인 언급이 없다. 그리고 그러한 범교과 학습 주제로서 다문화교육의 내용 체계와 시간 배당에 대해서는 구체적으로 제시하지 않고 있다. 교육현장에서 교육활동을 전개하는 데 어떠한 내용을 어떠한 방법으로 가르칠 것인지에 대해 모호한 입장으로 되어 있어 실효성을 기대하기 어려운 입장이다.

　셋째, 「초·중등교육법시행령」에 제시된 다문화교육과 관련된 내용이다. 법 시행령에서 규정하고 있는 다문화교육과 관련된 내용을 정리하여 제시하면 다음과 같다.[5]

- 초·중학교에 다문화 '특별학급'을 설치할 수 있도록 하고, 전·입학 절차 간소화 대상으로 '다문화가족지원법에 따른 다문화가족의 아동 또는 학생'을 포함하고 있다(제19조 제1항 및 제3항, 제75조).

- '산학겸임교사 등'의 종류에 '이중언어강사'를 추가하고, 임용 기간을 1년 이내에서 최대 4년까지 임용 가능하도록 하며, '이중언어강사'의 자격 조건을 규정하고 있다(제42조 제1항 및 제4항, 별표 2).
- 다문화가족 아동 등의 학력인정에 관한 사항을 심의하기 위하여 교육감 소속으로 학력심의위원회를 두도록 하고 있다(제98조의 2, 제98조의 3).

「초 · 중등교육법시행령」에서 다문화 교육과정에 대한 내용은 사실상 없는 편이다. 다문화 특별학급의 설치와 담당교사의 자격 조건, 학력심의위원회와 같은 외적인 조건을 정비하고자 하는 내용이 대부분이다. 다문화가족 구성원에 대해 특별학급을 설치해 운영할 수 있지만, 그것이 어떠한 교육내용으로 이루어지는 것인지는 상세히 알 수 없다. 다문화교육을 보는 관점과 그에 따른 학교 교육과정의 편성과 운영에 대한 특별한 조치는 없는 것이다. 이러한 사실은 「초 · 중등교육법」 제23조 제2항에 근거해 교육부 장관이 고시하는 국가 교육과정에 규정된 범교과 학습 주제가 정규 교육과정으로 되어 있고, 그 외의 법적 규정에서는 정규 교육과정 이외의 사항으로 제시하고 있는 실정이다.

넷째, 「헌법」과 「교육기본법」에 제시된 다문화 교육과정 관련 내용이다. 「헌법」과 「교육기본법」에서는 다문화 교육과정과 직접적으로 관련된 내용을 제대로 확인하기 어렵다. 다만, 다문화가족은 「국적법」에 따라 대한민국 국적을 취득한 자일 경우에는 대한민국 국민이 된다. 그러할 경우, 「헌법」 제31조에 규정된 '모든 국민'에 해당이 되고 '교육을 받을 권리'의 적용을 받게 되어 국가 교육과정에 제시되어 있는 정규 교육과정을 받을 수 있다. 그리고 「교육기본법」 제3조의 학습권, 제4조 교육의 기회 균등 등의 조문의 적용을 받게 되어 교육에 대한 권리를 가질 수 있다. 따라서 다문화가족은 다문화교육과정 그 자체에 한정되는 것이 아니라, 모든 교육과정의 적용을 받을 수 있는 권리를 가진다.

다문화가족지원법 = [아동ㆍ청소년보육ㆍ교육] 학과 외 또는 방과 후 프로그램 지원
          [결혼이민자 등에 대한 교육] 생활에 필요한 정보, 사회 적응교
          육, 직업교육, 한국어교육지원

초ㆍ중등교육법시행령 = 초ㆍ중학교에 다문화 특별학급 설치
          이중언어강사의 지원

국가 교육과정 문서 = 정규 교육과정으로 범교과 학습 주제로 ‘다문화교육’ 제시

헌법과 교육기본법 = 교육의 기회 균등 보장

[그림 17-1] 다문화교육 교육과정에 대한 법적 근거와 내용

(2) 교육과정 분야에서의 진단

□ 다문화 교육과정의 현재

「다문화가족지원법」「초ㆍ중등교육법」국가 교육과정 문서 등에서 정규 교육과정으로 제시되고 있는 것은 국가 교육과정 문서이다. 뱅크스(James A. Banks)가 문화적인 내용을 교육과정에 통합시킬 때 접근하는 방법을 활용하면, 정규 교육과정에 제시되어 있는 국가 교육과정상의 범교과 학습 주제로 제시하고 있는 방법은 부가적 접근법에 속한다. 뱅크스가 제시하고 있는 다문화 교육과정 개혁을 위한 접근을 제시하면 [그림 17-2]와 같다.[6]

기여적 접근법(제1수준)과 부가적 접근법(제2수준)은 교육과정의 기본 구조나 규준은 그대로 유지하면서, 문화적 기념일, 문화적 활동과 내용을 교육과정에 삽입하는 것이다. 기여적 접근법은 초등학교 단계에서 주로 사용하는 것으로, 민족 및 문화집단에 대한 내용이 아시아 및 태평양 문화 주간, 흑인 역사의 달과 같은 공휴일과 기념일에 국한된다. 부가적 접근법은 문화와 관련된 내용, 개념 및 주제를 교육과정에 덧붙이는 것이다. 현재 우리나라 국가 교육과정에서 범교과 학습 주제로 다문화교육을 제시하는 것은 부가적 접근

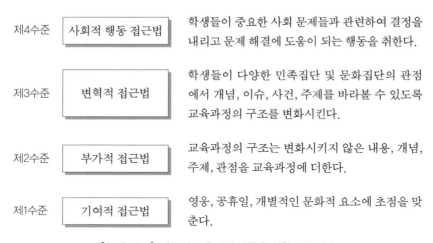

제4수준	사회적 행동 접근법	학생들이 중요한 사회 문제들과 관련하여 결정을 내리고 문제 해결에 도움이 되는 행동을 취한다.
제3수준	변혁적 접근법	학생들이 다양한 민족집단 및 문화집단의 관점에서 개념, 이슈, 사건, 주제를 바라볼 수 있도록 교육과정의 구조를 변화시킨다.
제2수준	부가적 접근법	교육과정의 구조는 변화시키지 않은 내용, 개념, 주제, 관점을 교육과정에 더한다.
제1수준	기여적 접근법	영웅, 공휴일, 개별적인 문화적 요소에 초점을 맞춘다.

[그림 17-2] 다문화 교육과정 개혁을 위한 접근법들

에 해당된다.

변혁적 접근법(제3수준)과 사회적 행동 접근법(제4수준)은 교육과정의 규준, 패러다임, 기본적 가정을 변화시키는 수준으로 기여적 접근법이나 부가적 접근법과 본질적으로 다른 것이다. 변혁적 접근법은 교육과정의 규준, 패러다임, 기본적 가정을 변화시키고, 학생들이 다른 관점에서 개념, 이슈, 주제와 문제를 조망해 볼 수 있도록 하는 것이다. 사회적 행동 접근법은 변혁적 교육과정을 확장하는 것이다. 학생들이 의사결정을 내리고, 학습한 개념, 문제, 주제와 관련된 개인적, 사회적, 시민적 행동을 할 수 있는 프로젝트와 활동을 수행할 수 있도록 하는 것이다.

범교과 학습 주제의 하나인 다문화교육은 국가 교육과정의 교육목표에 부합되고, 그에 따른 내용의 선정과 조직이 이루어져야 한다. 국가 교육과정 문서에는 범교과 학습 주제의 성격을 제시하고 있지 않고 있어, 다문화교육의 내용을 어떻게 구성하여야 할 것인지 명확하지 않다. 부가적 단계에 해당되는 다문화교육은 새로운 교육과정의 체제를 만들어야 하는 전 단계에 해당되므로 다문화교육이 체계화되어 있다고 보기는 어렵다. 다문화적 내용을 교육과정에 통합시키기 위해서는 교육과정의 체제와 내용의 재구조화가 필요함을 시사한다.

□ 다문화 교육과정의 미래

우리나라 인종 구성의 다양성과 외국인 체류자의 비중, 향후 노동시장의 변화는 미국이나 유럽의 다문화교육과 같은 상황과는 다소 차이가 있다고 생각된다. 외국의 경우에서 겪었던 여러 가지 교육과정과 관련된 정책을 참고로 우리나라의 특수한 상황을 고려한 대책을 마련할 필요가 있다. 특히 북한이탈 주민이 증가하고, 남북의 통합에 대비한 사회 구성원의 동질성 회복과 교육기회의 균등한 제공을 위해 더 많은 노력이 필요하다. 이들 여러 가지 상황을 고려한 다문화 교육과정을 만드는 것은 쉽지 않은 일이다. 다문화교육에 대한 접근에서 어떠한 관점을 취하느냐에 따라 내용의 선정과 조직의 방식이 달라질 수 있기 때문이다. 그러나 다문화교육을 어떠한 관점에서 접근하든 교육의 본질을 구현하기 위해 교육의 기회를 균등하게 제공하려는 평등교육의 이념은 부정될 수 없다. 또한 이질적 문화를 지닌 다양한 구성원이 스스로의 정체성을 살림과 동시에 국가 통합에 기여할 것인지도 중요한 과제이다.

다문화 교육과정의 핵심적 관심사인 공통교육과 문화적 정체성의 다양성 존중의 긴장관계 조화는 이러한 맥락에서이다. 공통교육이 필요한 이유는 다음과 같다.[7]

첫째, 공통교육은 각 개인의 다양한 문화적 배경은 물론 개인의 경제적·사회적 지위나 성, 학업능력, 장애 유무 등에 따른 차별과 불평등을 극복하는 데 필요한 교육적 처방이 된다.

둘째, 국가 및 사회적 결속력을 유지하기 위해서 공통교육이 요구된다.

셋째, 공통교육은 다양한 배경의 학생들의 상호 교류 경험을 제공해 줌으로써 앞으로 살아가게 될 다문화사회에서 요구되는 중요한 능력, 즉 상호 이해를 바탕으로 더불어 살아갈 수 있는 능력을 길러 줄 수 있다.

넷째, 공통교육은 다문화교육이 요구하는 핵심적 가치를 길러 주기 위한 조건이 된다.

공통교육의 필요성이 인정되더라도 그에 포함되어야 할 가치나 교육과정 내용의 범위를 어떻게 설정할 것인지에 대해서는 다양한 관점이 제기될 수 있다. 공통교육 내용의 포함 여부에 따라 교육적 불평등에 대한 논란이 제기될 수 있다. 그러한 논란으로 인해 다문화교육의 다른 관심사인 다양한 문화적 정체성의 존중이 중요한 과제로 부각된다. 사회적 통합을 위해 공통교육이 필요하다고 하더라도, 다양한 문화를 가진 집단의 정체성을 유지하기 위한 노력이 최대한 이루어져야 할 필요가 있다. 공통적인 가치를 수용하기 어려운 경우에 대한 대처 방안이나 특정의 가치가 배제될 경우의 교육의 기회를 어떻게 제공할 것인지는 교육과정의 편성에서 중요한 과제가 될 것이다. 또한 편성된 교육과정을 어떻게 운영할 것인지에 대한 것도 중요한 과제가 된다.

뱅크스는 핵심적 아이디어를 가르치기 위해 개념중심적 접근을 제시하고 있다. 개념중심적 접근은 브루너(Bruner)의 구조화된 지식이나 위긴스와 맥타이(Wiggins & McTighe)의 빅 아이디어를 활용하는 것과 유사하다. 이러한 관점은 교육과정 이론이나 교육과정 개발 모형에서 이미 제시한 바 있다. 그러나 교육과정에 대한 접근 방식과 운영에서는 이러한 관점 이외에도 다양한 접근 방식이 있을 수 있기 때문에, 그 나라가 처한 상황에 따라 적절한 접근법을 융통성 있게 활용해야 한다. 그리고 교육과정 내용 이외에 다문화에 대한 교육을 실행할 수 있는 교사교육을 통해 구체적인 수업 전략과 교재 등에 대한 지원이 이루어져야 할 필요가 있다. 다문화 교육과정에 대한 성공적 실행과 개선을 위한 효과적인 모니터링과 시정 조치가 뒤따라야 다문화 교육과정에서의 혁신이 가능할 것이다.

2. 북한의 교육과정

1) 의의

우리나라는 현재와 같은 면적과 분단된 나라로만 존재하였던 것은 아니다. 삼국시대와 통일신라시대, 고려시대, 조선시대를 거치면서 민족의 분열과 통합, 국토 면적의 확장과 축소를 거듭해 왔다. 일제 강점기를 거쳐 광복이 되었지만, 남한과 북한으로 분단되어 현재에 이르고 있다. 광복 이후 남과 북의 분단 상황은 상이한 이념과 정치·경제·사회 체제를 지니면서 단일민족 간의 이질성이 심화되고 있다. 남한은 자유민주주의 이념을 토대로 한 민주사회이며, 북한은 사회주의 체제를 표방한 독재 체제를 유지하고 있다.

남한과 북한의 상이한 정치·경제 체제는 교육 분야에서도 이질성을 나타내고 있다. 교육과정에서는 한 사회를 유지하고 발전시키기 위한 내용이 담겨져 있으므로, 그 차이가 더욱 심화되고 있다. 이러한 점을 고려하면 남한과 북한의 교육과정 형태와 내용을 분석해 통일한국이라는 시대적 상황에 대비할 필요가 있다.

남한과 북한의 통일된 교육과정은 어느 한쪽의 일방적 흡수의 형태가 아니라, 남·북한의 공통적인 면과 차이를 분석하여 각각의 장점을 최대한 살려 교육과정의 개혁을 할 수 있는 토대를 마련하는 것이 중요하다. 장기적으로 보면 남북한의 사회 통합과 더불어 균등한 교육 기회의 제공과 교육의 일정 수준을 유지할 필요가 있다. 이를 위해서는 북한의 교육 체제와 교육과정에 대한 이해가 선행될 필요가 있다. 여기서는 북한의 교육 체제를 개관한 후, 교육과정에 대한 법적인 근거와 문서의 내용을 제시한다. 북한사회는 폐쇄적 사회이기 때문에, 교육과정의 전체적 변화와 그 특징을 알 수 있는 자료가 많지 않다. 따라서 남한에 소개되어 있는 자료를 토대로 북한의 교육과정에 대해 살펴보고자 한다.

2) 북한의 교육 체제

북한은 광복 이후 일제 강점기의 잔재를 청산하고 사회주의 교육제도와 교육내용을 도입하였다. 그 뒤 한국전쟁, 전후 복구, 체제 건설 시기에 북한의 대내·외적 조건을 반영하면서 경제 발전을 위한 인재 양성을 목표로 북한 교육의 제도와 정책 수립을 추진해 나갔다. 북한은 1950년대 마르크스-레닌주의와의 연속선상에서 주장된 주체적 요소가 1960년대 후반에 이르러 명백한 독자 노선을 걷기 시작하였다. 그래서 사회주의 교육을 기본으로 한 주체교육으로 확립되어 현재에 이르고 있다.[8]

광복 이후 사회주의 정권 수립 초기 북한의 교육은 인민학교, 초급중학교, 고급중학교, 대학으로 이어지는 단일한 학제로 개편되었다. 1970년대 주체사상이 북한의 통치 이념으로 공식화되면서 교육에서도 주체적 교육 체계가 수립되었고, 1975년 9월부터 전반적 11년제 의무교육이 전면 실시되었다. 11년제 의무교육은 유치원 1년, 소학교 4년, 중학교 6년으로 되어 있다. 그리고 2012년 9월 26일 최고인민회의에서는 「전반적 12년제 의무교육을 실시함에 대하여」라는 법령을 제정하여 새로이 교육 체제를 개편하였고, 2013년 준비 단계를 거쳐 2014년부터 전면 실시하였다. 12년의 의무교육은 유치원 1년 소학교 5년, 초급 중학교 3년, 고급 중학교 3년으로 기존의 의무교육에서 소학교가 1년 더 연장된 것이다. 북한 의무교육제도의 구체적인 변천 과정은 〈표 17-1〉과 같다.[9]

북한의 교육 체제를 남한과 비교할 때, 몇 가지 상이한 특징을 지니고 있다. 첫째, 의무교육연한이 12년으로 되어 있어 외형상으로는 남한에 비해 의무교육연한이 길게 되어 있다. 둘째, 유치원을 의무교육연한에 포함시키고 있어 남한과 차이가 있다. 셋째, 남한의 초등학교에 해당되는 연한이 5년으

〈표 17-1〉 북한 의무교육 제도의 변화

연도	의무교육의 내용
1950년	5년제 초등 의무교육(6.25전쟁으로 중단)
1956년	4년제 초등 의무교육
1958년	7년제 중등 의무교육(인민교육 4년+중학교 3년)
1967년	9년제 기술 의무교육(인민교육 4년+중학교 5년)
1972~2012년	11년제 전반적 의무교육(유치원 1년+소학교 4년+중학교 6년)
2014년	12년제 전반적 의무교육(유치원 1년+소학교 5년+초급중학교 3년+고급 중학교 3년)

로 되어 있다. 남한에 비해 1년이 짧은 것이다. 넷째, 중학교를 초급과 고급으로 구분하고 있지만, 남한의 중·고등학교와 연한이 동일하게 되어 있다. 다섯째, 초·중등학교 재학 연한이 총 11년으로, 남한의 12년에 비해 1년이 짧게 되어 있다. 북한 교육 체제의 이러한 특징은 통일을 대비하고 남북한의 통합을 위한 교육과정 개발과 운영을 어떻게 할 것인지에 대해 많은 과제를 낳게 한다. 예를 들면, 교육연한의 격차가 나는 1년을 어떻게 활용할 것인지에 따라 학력의 인정이나 상이한 교육과정의 차이를 극복하기 위한 방안을 모색할 수 있다.

3) 북한의 교육과정

(1) 교육과정 관련 법

　북한의 교육과정은 '교육강령'으로 제시되고 있으며, 그 근거는 「교육법」과 「보통교육법」에 있다. 북한은 1999년 「교육법」을 제정하고, 2005년에는 「교육법」의 조문 제목까지 명시하고, 2007년에 수정·보충하였다. 2011년에는 「보통교육법」과 「고등교육법」까지 제정하여 교육관계법을 체계화하였다. 북한의 2007년 「교육법」은 6개장 52개 조문으로 이루어져 있다. 교육과정과 직

접적으로 관련된 사항은 제4장 교육내용과 방법에 일반적 사항이 규정되어
있으며, 제1장의 교육법의 기본 역시 교육과정의 방향을 정하고 있다는 점에
서 관련된다. 그리고 「보통교육법」 제29조와 제40조는 교과의 범주와 영역을
보다 구체화하고 있다. 「교육법」과 「보통교육법」에 제시된 교육과정 관련 내
용을 도식으로 정리하면 [그림 17-3]과 같다.[10]

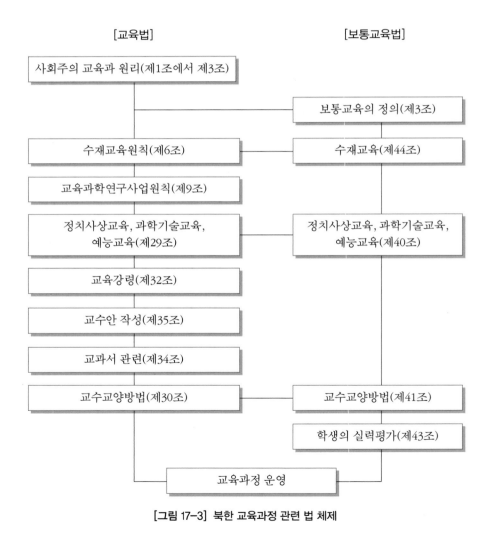

[그림 17-3] 북한 교육과정 관련 법 체제

「교육법」 제3조에서는 "건전한 사상의식과 깊은 과학기술지식, 튼튼한 체력을 가진 믿음직한 인재를 키우는 것"으로 규정하여 사회주의 교육제도를 교육제도의 기본 방향으로 정하고 있다. '건전한 사상의식'이 무엇인지는 교육법 제29조의 조문 제목에서 '정치사상교육'으로 명시함으로써 그 의미를 밝히고 있다. 제6조에서는 개인적 발전이 아닌, 사회주의 교육의 중요 요소로 수재교육의 원칙을 제시하고 있다. 제9조에서는 현대적 요구에 부응하는 교육이론과 방법의 발전을 의미하는 교육과학연구사업원칙을 제시하고 있다. 사회주의 교육제도의 방향에 따라 제4장 교육내용과 방법에서는 교육과정과 관련된 사항을 구체적으로 제시하고 있다. 제4장은 총 9개 조문으로 되어 있다. 특히 제29조는 교과의 범주 혹은 영역을 규정하고 있으며, 「보통교육법」 제40조에서 구체적인 교과명을 제시하고 있다. 이들을 제시하면 다음과 같다.

> 교육법 제29조(정치사상교육, 과학기술교육 체육, 예능교육) 교육기관은 학생에게 건전한 사상과 도덕, 깊은 지식을 주고 그들이 튼튼한 체력과 풍만한 정서를 지닐 수 있게 정치사상교육을 앞세우면서 과학기술교육을 깊이 있게 하고, 체육, 예능교육을 결합시켜야 한다.

> 보통교육법 제40조(정치사상교육, 과학기술교육 체육, 예능교육) 보통교육기관은 학생들이 건전한 사상과 도덕, 다방면적이며 깊은 지식, 튼튼한 체력과 풍만한 정서를 지닐수 있게 정치사상교육을 앞세우면서 국어문학, 력사, 지리 같은 일반과목에 대한 교육과 수학, 물리, 화학, 생물, 컴퓨터를 비롯한 기초과학기술과목에 대한 교육, 외국어, 예능, 체육과목에 대한 교육을 옳게 결합시켜야 한다.

「교육법」과 「보통교육법」에 규정된 내용은 교과의 범주와 교과명이 제시되고 있지만, 가장 기본이 되는 것은 정치사상교육임을 밝히고 있다. 북한에서는 개인의 성장이나 발달보다는 정치사상교육을 가장 우선시하고 있다. 정치사상교육을 포함한 구체적인 교과는 제32조의 교육강령에 구체적으로 제시되어 있다. 제35조에서는 남한의 교수·학습지도안에 해당되는 교수안 작성, 제34조는 교과서 관련 내용, 제30조에서는 교수교양의 효과성을 높일 수 있는 방법에 대해 규정하고 있다. 교수교양방법은 「보통교육법」 제41조에서 자립성과 창발성을 높일 수 있도록 깨우치는 방법으로 하도록 규정하고 있다. 그리고 「보통교육법」 제43조에서는 학생의 실력평가를 정확히 할 수 있도록 제시하고 있다. 이러한 규정을 토대로 교육현장에서는 교육과정을 운영하게 된다. 북한의 교육과정과 관련된 법적 규정의 특징은 다음과 같이 정리된다.[11]

첫째, 개인보다 국가 체제와 관련된 사회주의 교육학을 규정하고 있다.

둘째, 정치사상교육을 중요시함으로써 특정 권력자의 우상화교육을 강조하고 있다.

셋째, 교육목적은 학교급별이 아닌, 추상적 수준에서 간접적으로 제시하고 있다.

넷째, 과학기술교육과 예·체능교육을 중시하는 정책을 전개하고 있다.

다섯째, 교육강령, 교육과정, 교육내용 등 용어를 혼용하고 있어 구체적인 의미가 무엇인지 명확하지 않다.

여섯째, 중앙집권적 교육과정 결정과 운영 체제를 지니고 있다.

일곱째, 법률 차원에서 교과서와 교수·학습지도안까지 통제하고 있다.

(2) 북한의 교육과정

북한의 교육강령 원문이 남한에 전체적으로 공개되고 있지는 않다. 논문이 보고서 등에서 부분적으로 제시되고 있는 것은 1996년과 2003년, 2013년

〈표 17-2〉 2013년 북한의 소학교 교육과정

구	교과명	학년별 주당 수업시간 수				
		1학년	2학년	3학년	4학년	5학년
1	위대한 수령 김일성 대원수님 어린시절	1	1	1	1	1
2	위대한 령도자 김정일 원수님 어린시절	1	1	1	1	1
3	항일의 녀성영웅 김정숙 어머님 어린시절	1				
4	경애하는 김정은 원수님 어린시절	1	1	1	1	1
5	사회주의 도덕	1	1	1	1	1
6	수학	4	5	5	5	5
7	국어	7	7	7	7	7
8	자연	1주	1주	2	2	2
9	음악무용	2	2	2	2	2
10	체육	2	2	2	2	2
11	도화공작	2	2	2	2	2
12	영어				2	2
13	정보기술(컴퓨터)				1주	1주

※ '제1차 전반적 12년제 의무교육강령(소학교)' 내용 재구성
※ 북한의 교육과정은 주당 교수 시간과 집중교수(주 단위로 표시) 시간을 명시하고 있고, 위의 표에
서 1주는 집중교수 시간을 의미함

정도이다. 실제 입수된 원문은 2003년과 2013년 교육강령에 해당된다. 그러나 이들 내용도 일부 연구자가 소장하고 있으며 전체 내용은 비공개되어 있는 실정이다. 여기서는 김정은 정권이 들어서고 난 뒤, 2013년에 제시된 소학교와 중학교 교육과정을 제시하여 북한 교육과정을 알아본다. 2013년 북한의 소학교 교육과정의 교과와 주당 수업시간은 〈표 17-2〉와 같다.[12]

북한의 소학교는 5년이며, 특정인을 위한 사상교육을 포함 총 13개 과목을 교육하도록 되어 있다. 영어와 정보기술(컴퓨터)은 2008년 9월부터 3학년 이상부터 실시하였지만, 2012년 학제 개편 이후는 4학년부터 실시하고, 시수도

〈표 17-3〉 2013년 북한의 초급 중학교 교육과정

구분	교과명	학년별 주당 수업시간 수		
		1학년	2학년	3학년
1	위대한 수령 김일성 대원수님 혁명활동	2	2	
2	위대한 령도자 김정일 원수님 혁명활동		2	2
3	항일의 녀성영웅 김정숙 어머님 혁명활동	1		
4	경애하는 김정은 원수님 혁명활동	1	1	1
5	사회주의 도덕	1	1	1
6	국어	5	5	5
7	영어	4	4	4
8	조선력사	1	1	2
9	조선지리	1	1	1
10	수학	6	5	6
11	자연과학	5	5	5
12	정보기술	2주	2주	2주
13	기초기술	1	1	1
14	체육	2(1주)	2(1주)	2(1주)
15	음악무용	1	1	1
16	미술	1	1	1

※ '제1차 전반적 12년제 의무교육강령(초급중학교)' 내용 재구성
※ 위의 표에서 체육 교과의 주당 교습시간은 2시간이며 괄호 1주는 집중교수 시간을 의미

확대되었다. 2013년부터는 김정은에 대한 정치사상교육이 추가되었으며, 음악이 음악무용으로 통합되었다. 남한의 중등학교에 해당되는 북한의 중학교 교육과정은 2012년 학제 개편 이후 지식경제강국을 이끌어 나가기 위해 과학기술인재 양성을 위한 교과를 강조하는 방향으로 개편되었다. 북한의 초급중학교 교육과정의 교과와 수업시수는 〈표 17-3〉과 같다.[13]

초급중학교는 김정은 혁명활동 관련 교과와 함께 자연과학, 음악무용 등의

〈표 17-4〉 2013년 북한의 고급 중학교 교육과정

구분	교과명	학년별 주당 수업시간 수		
		1학년	2학년	3학년
1	위대한 수령 김일성 대원수님 혁명력사	3	2	
2	위대한 령도자 김정일 원수님 혁명력사		2	4
3	항일의 녀성영웅 김정숙 어머님 혁명력사		1/2	
4	경애하는 김정은 원수님 혁명력사	1	1	1
5	당정책	1주	1주	1주
6	사회주의 도덕과 법	1	1	1
7	심리와 론리			1주
8	국어문학	3	2	3
9	한문	1	1	1
10	영어	3	3	3
11	력사	1	1	2
12	지리	1		1
13	수학	5	5/4	4
14	물리	5	4	3
15	화학	3	4	2
16	생물	3	3	2
17	정보기술	2	1	1
18	기초기술	2주	3주	3주
19	공업(농업)기초			4
20	군사활동초보		1주	1주
21	체육	1	1	1
22	예술	1	1	1

※ '제1차 전반적 12년제 의무교육강령(고급중학교)' 내용 재구성
※ 2학년의 '김정숙 혁명력사' 과목과 '수학' 과목의 주당 수업시간은 상호 연계되어 운영되는 것을 추정

통합 교과가 도입되었다. 기존의 제도, 실습 등의 과목이 기초기술로, 컴퓨터 과목이 컴퓨터 이외 기본 지식, 통계, 그림 파일의 기초 및 응용에 대한 부분을 포함해 정보기술 교과로 새롭게 개편되었다. 수업시수는 과학기술과 외국어 교육을 강조하는 교육과정 개정의 방향에 따라 수학, 자연과학, 외국어 교과의 시수가 여타 교과에 비해 많이 편성되어 있다. 고급중학교 교육과정의 교과와 주당 수업시간 수는 〈표 17-4〉와 같다.[14]

고급중학교는 김정은 혁명력사 과목이 신설되었고, 초급중학교에 비해 교과가 세분화되는 경향을 보이고 있다. 초급중학교의 자연과학이 물리, 화학, 생물로 세분화되어 있다. 그리고 초급 중학교에 없는 당정책, 심리와 론리, 한문, 공업(농업)의 기초, 군사활동초보 등의 교과가 새로이 등장하고 있어, 교과의 수가 초급중학교에 비해 많은 편이다. 교과 영역에서는 초급중학교와 유사하게 수학, 물리, 화학과 같은 자연과학 교과의 비중이 높다. 소학교에서 고급중학교에 이르기까지 북한은 사상교육을 가장 강조하는 특징을 보이고 있다. 그리고 세계화와 정보화 시대에 대응하기 위해 과학기술교육과 외국어 교육 역시 강조하는 경향이 있다. 북한의 교육과정에서 남한과 통일을 대비해 삭제, 추가, 보완하여야 할 사항에 대한 지속적인 연구가 필요하다.

후주

제1장 교육과정의 법적 대상화

1) 김영규 · 나달숙 · 박종선 · 안은진 · 이건묵 · 이우진 · 이주윤 · 최호진 · 홍강훈 · 황영명(2011). 법학개론. 서울: 박영사. 5-6.

2) 심임섭 역(1989). 교육행정. 서울: 거름. 15.

3) Kandel, I. L.(1933). *Comparative education*. Boston: Houghton Mifflin.

4) 兼子 仁(1989). **教育法**. 東京: 有斐閣.

5) 안기성(1994). 교육법학연구. 서울: 고려대학교출판부. 5.

6) Hooker, C. P(ed.)(1978). *The court and education: the seventy-seventh yearbook of the national society for the study of education Part I*. Chicago: The University of Chicago Press.

7) Harris, N, Pearce, P., Johnstone, S(1992). *The legal context teaching*. London and York: Longman.

8) 안기성(1994). 교육법학연구. 서울: 고려대학교출판부. 10.

9) 박창언(1997). 교육과정 기준입법에 대한 고찰. 교육법학연구 9. 214-235.

10) 박창언 · 이경섭(1998). 교육과정 법규에 있어서의 주요 쟁점. 교육과정연구 16(2). 247-275.

11) 김성기(2006). 초 · 중등교육법 연구 20년의 성과와 과제. 대한교육법학회. 교육법학연구 20년의 성과와 과제. 271-294.

12) 伊藤正己(1978). **日本國憲法の考え方(下)**. 東京: 有斐閣. 188.

13) 최대권(1989). 법사회학. 서울: 서울대학교출판부. 4.

14) 안기성(1994). 교육법학연구. 서울: 고려대학교출판부. 28.

15) 이항녕(1994). 법철학개론. 서울: 박영사. 39.

제2장 교육과정의 법적 체계와 규율 원리

1) 조정찬(1989). 법령 상호 간의 체계에 관한 연구. 법제 제268호.

2) 최호성 · 박창언 · 최병옥(2012). 교육과정: 이론과 실천. 서울: 교육과학사. 303.

3) 교육부(2015). 초 · 중등학교 교육과정 총론. 세종: 교육부. 일러두기를 참고해 작성.

4) 김철수(1988). 헌법학개론. 서울: 박영사. 470.

5) 허영(1990). 한국헌법론. 서울: 박영사. 414.

6) 伊藤正己(1978). **イギリス法研究**. 東京: 東京大學出版會. 191.

7) 이돈희(1999). 교육정의론. 서울: 교육과학사. 348.

8) 헌법재판소(1993). 헌법재판소판례집 제4권. 서울: 헌법재판소. 761.

9) 헌법재판소(2002). 헌법재판소판례집 제13-2권. 서울: 헌법재판소. 773.

10) 헌법재판소(2012). 헌법재판소판례집 제23-2(하)권. 서울: 헌법재판소. 872.

11) 헌법재판소(1993). 헌법재판소판례집 제4권. 서울: 헌법재판소. 752.

12) 헌법재판소(2003). 헌법재판소판례집 제14-2권. 서울: 헌법재판소. 233-240.

13) 헌법재판소(2009). 헌법재판소판례집 제20-1(하)권. 서울: 헌법재판소. 465.

제3장 교육과정과 판례

1) 홍준형(2000). 제도화된 행정국가와 법치주의. 행정논총 제38권 제2호. 301-318.

2) 조정관(2003). 행정입법과 행정부-의회 관계: 한국에서의 시사점. 21세기 정치학회
보 13(1). 275-292.

3) 이헌환(2016). 사법권의 이론과 제도. 서울: 유원북스. 114.

4) 교육부(1993). 대법원 교육판례집. 서울: 교육부.

5) 김창수(1981). 교육판례 해설-교권 · 생활권신장판례중심-. 서울: 교학사.
강인수(1994). 교육법연구. 서울: 문음사.

6) 兼子 仁(1992). **教育判例百選(第法三.版)**. 東京: 精興社.

제4장 교육과정의 의미와 법적 대상화

1) 이돈희 · 황정규 · 윤희원 · 조영달 · 권오량 · 우정호 · 최승언 · 강신복(1998). 교과
교육학 탐구. 서울: 교육과학사.

2) 박창언(2003). 교육과정 편성권에 대한 문제점과 대안 탐색. 교육과정연구 21(1). 89-110.

3) 高乗智之(2009). 憲法と教育權の法理. 東京: 成文堂.

4) 伊藤正己(1978). 日本國憲法の考え方(下). 東京: 有斐閣.

5) 강인수(1994). 교육법연구. 서울: 문음사.

6) 구병삭(1997). 신헌법학 원론. 서울: 박영사.

7) 권영성(2010). 헌법학원론. 서울: 법문사.

8) 신현직(2003). 교육법과 교육기본권. 서울: 청년사.

9) 국회도서관(2015). 교육과정 개편 한눈에 보기. 서울: 국회도서관.
   교육부(2015.9). 2016년도 교육부 소관 예산안 주요사업 요약 설명 자료. 세종: 교육부.

10) 박창언(2007). 교육과정심의회의 법적 성격과 역할. 교육과정연구 25(4). 137-156.

11) 박창언(2007). 교육과정심의회의 법적 성격과 역할. 교육과정연구 25(4). 137-156.

12) 박창언(2015). 교육과정 결정에서 정부와 교육과정 관련 기구의 역할에 대한 문제와 개선 방안 탐색. 교육과정연구 33(4). 145-172.

13) 박창언·김경자(2014). 법령과 국가정책에 의한 범교과 학습 주제와 요구 시수의 문제 및 교육과정의 과제 탐색. 교육과정연구 32(3). 71-93.

14) 교육부(2015). 특수교육 교육과정 총론. 세종: 교육부.
   박창언·김경자(2014). 법령과 국가정책에 의한 범교과 학습 주제와 요구 시수의 문제 및 교육과정의 과제 탐색. 교육과정연구 32(3). 71-93.

15) 박창언·김경자(2014). 법령과 국가정책에 의한 범교과 학습 주제와 요구 시수의 문제 및 교육과정의 과제 탐색. 교육과정연구 32(3). 71-93.

16) 박창언·김경자(2014). 법령과 국가정책에 의한 범교과 학습 주제와 요구 시수의 문제 및 교육과정의 과제 탐색. 교육과정연구 32(3). 71-93.

제5장 교육목적상 법적 규정의 타당성

1) 박창언·정영근(2009). 국가수준 교육과정의 교육목표에 대한 고찰. 교육과정연구 27(4). 1-20.

2) 김병옥·배종근·한명희(1983). 교육원리. 서울: 집문당.

3) 이돈희(1987). 교육철학개론. 서울: 교육과학사.

4) 이돈희(1987). 교육철학개론. 서울: 교육과학사.

5) 日本教育法學會(1993). 教育法學辭典. 東京: 學陽書房.

6) 박창언(2009). 교육목적의 법적 규정에 대한 교육철학적 논의. 교육사상연구 23(2). 79-102.

7) 池上正道(2003). 目標に準據した評價」の指導要錄・調査書記入の法的問題. 日本教育法學會年報 32. 176-177.

8) 정태수(1996). 한국 기본법제 성립사. 서울: 예지각.
   박창언(2009). 교육목적의 법적 규정에 대한 교육철학적 논의. 교육사상연구 23(2). 79-102.

9) 조석훈(2000). 교육기본법의 입안과 제정 과정. 교육행정학연구 18(1). 181-203.

10) 김낙운(1986). 현행교육법해설. 서울: 하서출판사.

11) 박창언(2009). 교육목적의 법적 규정에 대한 교육철학적 논의. 교육사상연구 23(2). 79-102.

12) 교육부(2015). 교과서 편수자료(I). 세종: 교육부.

13) 교육부(2015). 초ㆍ중등학교 교육과정 총론. 세종: 교육부. 2.

14) 교육부(2015). 초ㆍ중등학교 교육과정 총론. 세종: 교육부.

15) 교육부(2015). 과학과 교육과정. 세종: 교육부.

16) 교육부(2015). 수학과 교육과정. 세종: 교육부.

17) 교육부(2015). 과학과 교육과정. 세종: 교육부.

18) 교육부(2015). 과학과 교육과정. 세종: 교육부.

제6장 교육과정의 법적 문제와 쟁점

1) 헌법재판소(1993). 헌법재판소판례집 제4권. 서울: 헌법재판소.

2) 문상덕(1997). 법령의 수권에 의한 행정규칙(고시)의 법적 성격과 그 통제. 행정법연구 1. 152-168.

3) 今村武俊・別府 哲(1970). 學校教育法解說. 東京: 第一法規出版株式會社.

4) 박창언(2003). 교육과정 편성권에 대한 문제점과 대안 탐색. 교육과정연구 21(1). 89-110.

5) 渡・孝三・下村哲夫(1981). 教育法規の爭點. 東京: 教育開發研究所.

6) 今村武俊・別府 哲(1970). **學校敎育法解說**. 東京: 第一法規出版株式會社.

7) 兼子 仁(1977). **敎育法學と敎育裁判**. 東京: 勁草書房.

8) 日本敎育法學會(1980). **敎育內容と敎育法**. 東京: エイデル研究所.

9) 교육과학기술부(2008). 고등학교 교육과정 해설 1: 총론, 재량활동, 특별활동. 서울: 교육과학기술부.

10) 교육부(2015). 초등학교 교육과정. 세종: 교육부.

11) 日本敎育法學會(1980). **敎育內容と敎育法**. 東京: エイデル研究所.

12) 今村武俊・別府 哲(1970). **學校敎育法解說**. 東京: 第一法規出版株式會社.

13) 兼子 仁(1989). **敎育法**. 東京: 有斐閣.

14) 박창언(2005). 학교 교육과정 편성과 운영에서 교무회의의 역할 정립에 관한 연구. 교육과정연구 23(2). 133-155.

15) 村山英雄・高木英明(1987). **敎育行政提要**. 東京: ぎょうせい.

16) 小島 弘道(1981). 職員會議の性格と機能. **日本敎育法學會**. 東京: エイデル研究所. 149-182.

제7장 교과서의 법적 문제와 쟁점

1) 교육부(2015). 초·중등학교 교육과정 총론. 세종: 교육부.

2) 박창언(2017). 현대 교육과정학. 서울: 학지사. 124.

3) 교육부(2015. 7. 30). '교과용도서 개발 체제 개선방안' 발표. 교육부 보도자료.

4) 교육부・한국교육과정평가원(2015.11). 2015 개정 교육과정에 따른 교과용 도서 개발을 위한 편찬상의 유의점 및 검정기준. 세종・서울: 교육부・한국교육과정평가원.

5) 교육부・한국교육과정평가원(2015.11). 2015 개정 교육과정에 따른 교과용 도서 개발을 위한 편찬상의 유의점 및 검정기준. 세종・서울: 교육부・한국교육과정평가원.

6) 日本敎育行政學會(1978). **敎育課程行政**. 東京: 敎育開發研究所.

7) 김도창(1992). 일반행정법론(상). 서울: 청운사.
   박윤흔(1989). 행정법강의(상). 서울: 국민서관.
   석종현(1989). 일반행정법론(상). 서울: 삼영사.

8) 법원행정처(1987). 하급심 판례집(1986, 제3권). 서울: 법원행정처.

9) 兼子 仁·佐藤 司(1973). **教育裁判判例集 II**. 東京: 東京大學出版會.

10) 헌법재판소(1993). **헌법재판소판례집 제4권**. 서울: 헌법재판소.

11) 한국판례연수원 편수. 판례 총람. 문교편 24-1(B). 서울: 청림출판.

12) 교육부(2015). 2015 개정 교육과정에 따른 교과용 도서 개발을 위한 편수자료 I-편수 일반 편-. 세종: 교육부. 104.

13) 교육부(2015). 2015 개정 교육과정에 따른 교과용 도서 개발을 위한 편수자료 I-편수 일반 편-. 세종: 교육부. 105.

14) 부산광역시교육청(2015). **2015 개정 교육과정에 따른 인정도서 개발을 위한 편찬상의 유의점 및 인정 기준**. 부산: 부산광역시교육청.

15) 교육부(2015). 2015 개정 교육과정에 따른 교과용 도서 개발을 위한 편수자료 I-편수 일반 편-. 세종: 교육부. 59.

16) 심재호·윤지훈·최숙기·박지현(2011). **2010년 교과서 선진화 방안에 따른 인정교과서 질 관리 방안**. 서울: 한국교육개발원.

17) 박창언(2013). 인정교과서 확대정책과 국가권한의 문제. **열린교육연구** 21(4). 147-169.

18) 오영훈 의원 대표 발의(2017.8.17.). 「초·중등교육법」 일부개정법률안. 의안번호 8564.

19) 오영훈 의원 대표 발의(2017.8.17.). 「초·중등교육법」 일부개정법률안. 의안번호 8564.

20) 교육부(2018.12.31.). 「교과용 도서에 관한 규정」 일부개정령(안) 입법 예고. 교육부공고 제2018-17호.

21) 교육부(2018.12.31.). 「교과용 도서에 관한 규정」 일부개정령(안) 입법 예고. 교육부공고 제2018-17호.

22) 교육부(2018.12.31.). 「교과용 도서에 관한 규정」 일부개정령(안) 입법 예고. 교육부공고 제2018-17호.

23) 교육부 교과서정책과(2019.01.03.). "초등학교 교과서, 2022년 국정에서 검정으로 전환". 교육부 보도자료.

제8장 교육과정 운영과 그 법제

1) 박창언(2017). 현대교육과정학-교육과정 개발과 운영 체제 분석-. 서울: 학지사. 192.

2) 박창언(2017[학회]). 제4차 산업혁명과 교육과정. 2017 여름학술대회 「4차 산업혁명과 교육」. 한국교육과정학회 · 한국교육사상연구회. 212.

3) 김남진(1992). 행정법(Ⅱ). 서울: 법문사. 304.

4) 김남진(1992). 행정법(Ⅱ). 서울: 법문사. 302.

5) 김낙운(1986). 현행 교육법 해설. 서울: 하서출판사. 269.

6) 兼子 仁(1989). 教育法. 東京: 有斐閣. 460-461.

7) 村山英雄,高木英明(1987). 教育行政提要. 東京: ぎょうせい. 212-213.

8) 교육부(2000). 학교운영위원회 길잡이Ⅱ. 서울: 교육부. 108.

9) 小島 弘道(1981). "職員會議の性格と機能". 日本教育法學會 編. 『學校の自治』. 東京: エイデル研究所. 164.

제9장 교육과정 편성 · 운영과 주민의 요구

1) 有倉遼吉(1978). 國民の教育と憲法. In 伊藤正己(編). 日本國憲法の考え方(下). 東京: 有斐閣. 188.

2) 헌법재판소(1993). 헌법재판소판례집 제4권. 서울: 헌법재판소. 761.

3) 이기우(1997). 지방교육자치제도의 개선방안. 사회와 교육, 24, 33-47.

4) 국회사무처(1991). 주요국의 교육자치제도. 서울: 국회사무처. 15.

5) 박창언(2013). 교육과정의 지방자치를 위한 국가권한의 문제와 과제. 교육과정연구 31(1). 81.

6) 조용개 · 손종현(2015). 교육과정 운영 실태에 관한 FGI 분석과 진단: '무규범적 성과주의'의 실재성. 열린교육연구 23(1). 187-213.

7) 신현직(1990). 교육기본권에 관한 연구. 박사학위논문, 서울대학교.

8) 日本教育法學會 編(1981①). 教育の地方自治. 東京: エイデル研究所.

9) 日本教育法學會 編(1981②). 학교의 自治. 東京: エイデル研究所.

10) 심임섭 편역(1989). 교육행정. 서울: 거름. 16.

11) Nelda H. Cambron-McCabe, Martha M. McCarthy, and Stephen B. Thomas (2004). *Public school Law: teachers'and students'rights(4th ed.)*. Boston: Pearson. 81.

12) 박창언(2017). 현대교육과정학-교육과정 개발과 운영 체제 분석-. 서울: 학지사. 262-264.

13) 강인수(1994). 교육법연구. 서울: 문음사. 194.

14) 국회도서관(2015). 교육과정 개편 한눈에 보기. 서울: 국회도서관. 139-143.

제10장 고등학교 교육과정 법제

1) 박창언 · 정영근(2009). 국가수준 교육과정의 교육목표에 대한 고찰. 교육과정연구 27(4). 6.

2) 김낙운(1986). 현행교육법해설. 서울: 하서출판사. 440.

3) 김창호 · 조동헌(2005). 실업계 고등학교에서의 이원화 교육과정 편성 · 운영 방안. 교육과정연구 23(3). 231-256.

4) 김낙운(1986). 현행교육법해설. 서울: 하서출판사. 587.

5) 교육부(2015). 초 · 중등학교 교육과정 총론. 세종: 교육부.

6) 이경섭(1997). 한국현대교육과정연구(상). 서울: 교육과학사. 215-216.

7) 경상북도교육청(2009). 직업기초능력 신장. 대구: 경상북도교육청.

8) 최호성 · 박창언 · 최병옥(2012). 교육과정: 이론과 실천. 서울: 교육과학사. 213.

9) 문교부(1967). 인문계 고등학교 신 교육과정 시행 지침. 서울: 대한교과서 주식회사. 321.

10) 허재욱(2003). 교육법신론. 서울: 형설출판사. 247.

11) 日本教育法學會 編(1980). **教育内容と教育法**. 東京: エイデル研究所. 217.

12) 문교부(1967). 인문계 고등학교 신 교육과정 시행 지침. 서울: 대한교과서 주식회사. 10.
    함종규(2004). 한국교육과정변천사연구. 서울: 교육과학사. 321.

13) 日本教育法學會 編(1980). **教育内容と教育法**. 東京: エイデル研究所. 217.

14) 최정희(2014). 단위제 교육과정 도입과 적용과정의 문제점. 교육종합연구 12(4). 43-69.

15) 교육과학기술부(2008). 「장애인 등에 대한 특수교육법령」 해설자료. 서울: 교육
과학기술부. 144.

16) 교육부·한국교육과정평가원(2018). 고교학점제 연구학교 운영 매뉴얼. 세종: 교
육부·한국교육과정평가원. 10.

17) 박창언·김경자·주주자·김영은·이종원(2018). 고교 학점제의 안정적 도입을
위한 2015 개정 교육과정 실행 방안 연구. 세종: 교육부. 10.

제11장 교육평가에 대한 법적 문제

1) 內野正幸(1994). **教育の權利と自由**. 東京: 有斐閣. 9.

2) 日本敎育法學會編(1993). **教育法學辭典**. 東京: 學陽西房. 200.
박창언(2015). 교육과정 결정에서 정부와 교육과정 관련 기구의 역할에 대한 문제
와 개선 방안 탐색. 교육과정연구 33(4). 321.

3) 헌법재판소(1993). 헌법재판소판례집 4. 서울: 헌법재판소. 758.

4) 헌법재판소(1993). 헌법재판소판례집 제4권. 서울: 헌법재판소. 752.

5) 교육부(2015). 초·중등학교 교육과정 총론. 세종: 교육부. 33.

6) 교육부(2015). 초·중등학교 교육과정 총론. 세종: 교육부. 35.

7) 川口彰義(1980). **教育評價權をめぐる諸問題**. 日本敎育法學會編. 教育內容と教育法.
東京: エイデル研究所. 122.

8) 김종서·이영덕·정원식(1988). **교육학개론**. 서울: 교육과학사. 321.

9) 山崎雄介(2010). 「全國學力·學習狀況調査」をめぐる教育實踐論的·教育原理的
諸問 題. 日本敎育法學會年報 第39號. 子どもと教師をめぐる教育法學の新課題.
東京: 有斐閣. 126-134.

제12장 자주적 교육과정 연수

1) 박동서(1989). 한국행정론. 서울: 법문사. 476.

2) 박창언(2017). 현대교육과정학-교육과정 개발과 운영 체제 분석-. 서울: 학지사.
140.

3) 渡·孝三·下村哲夫(1981). **教育法規の爭點**. 東京: 教育開發研究所. 317.
노기호(2009). **憲法學研究**. 한국헌법학회. 234.

제13장 영재교육 교육과정과 교육법

1) 박창언(2017[학회]). 제4차 산업혁명과 교육과정. 2017 여름학술대회 「4차 산업혁명과 교육」. 한국교육과정학회·한국교육사상연구회. 88.

2) 대통령자문교육개혁위원회(1996). 세계화·정보화 시대를 주도하는 신교육 체제 수립을 위한 교육개혁방안 「교육관계법 시안」. 서울: 대통령자문교육개혁위원회. 2-5.

3) 대통령자문교육개혁위원회 (1995). 新교육 체제 수립을 위한 교육개혁방안. 서울: 대통령자문 교육개혁위원회. 21.

4) 대통령자문교육개혁위원회 (1995). 新교육 체제 수립을 위한 교육개혁방안. 서울: 대통령자문 교육개혁위원회. 52.

5) 조석희(2004). 방정식의 해를 어떻게 구할까. 서울: 한국교육개발원. 8.

6) 박창언·최호성·서혜애(2009). 영재교육진흥법에 대한 교육법적 쟁점. 영재교육 연구 19(2). 211-240.

7) 박창언·최호성·서혜애(2009). 영재교육진흥법에 대한 교육법적 쟁점. 영재교육 연구 19(2). 217.

8) 박창언(2010). 영재교육과정의 법적 규정에 대한 교육법학적 검토. 영재와 영재교육 9(2). 89.

9) 박창언(2017). 현대교육과정학-교육과정 개발과 운영 체제 분석-. 서울: 학지사. 41-44.

10) 이돈희(1998). 교육정의론. 서울: 한국교육개발원. 14.

11) 伊藤秀夫·吉本二郎(1969). 教育制度論序說. 東京: 第一法規株式會社. 67-68.

12) 조선일보(2005). 조선일보사 정보자료실 서울: 朝鮮日報社 정보자료실.
박창언·서혜애(2008). 영재에 대한 의무교육 제도의 교육법적 검토. 영재교육 연구 18(3). 565.

13) Croft, L. J.(2003). *Teachers of the gifted: gifted teachers*. In N. Colangelo and G. A. Davis(eds). Handbook of gifted education(pp. 558-571). Boston, MA: Pearson.
VanTassel-Baska, S. Johnsen(2007). *Teacher education standards for the field of gifted education*. Gifted Child Quarterly. 21(2). 182-205.

제14장 장애인 등에 대한 특수교육 교육과정과 교육법

1) 이돈희(1999). 교육정의론. 서울: 교육과학사.

2) 有倉遼吉(1978). "國民の教育と憲法." 伊藤正己(編). 日本國憲法の考え方(下). 東京: 有斐閣. 190-191.

3) 이돈희(1999). 교육정의론. 서울: 교육과학사. 33.

4) 법제처 국가법령정보센터. www. law. go. kr. 2017년 12월 20일자 검색.

5) 교육과학기술부(2008). 「장애인 등에 대한 특수교육법령」 해설자료. 서울: 교육과학기술부. 16.

6) 교육과학기술부(2008). 「장애인 등에 대한 특수교육법령」 해설자료. 서울: 교육과학기술부. 20.

7) 박창언(2011). 특수교육 교육과정의 법적 근거 규정의 문제와 대안 탐색. 특수교육 학연구 46(1). 8-9.

8) 교육부(2015). 특수교육 교육과정 총론. 세종: 교육부. 고시문.

9) 박창언(2011). 특수교육 교육과정의 법적 근거 규정의 문제와 대안 탐색. 특수교육학연구 46(1). 85.

10) 교육과학기술부(2008). 「장애인 등에 대한 특수교육법령」 해설자료. 서울: 교육과학기술부. 75.

11) 박창언(2011). 특수교육 교육과정의 법적 근거 규정의 문제와 대안 탐색. 특수교육 학연구 46(1). 93-96.

12) 대법원(1994). 선고 93누21668 판결 서울.

13) 이상규(1988). 신행정법론(상). 서울: 법문사.
석종현(1989). 일반행정법론(상). 서울: 삼영사.

14) 박창언·강영심·김원경(2010). 장애인 등에 대한 의무교육제도의 교육법적 쟁점과 과제. 특수교육학연구 44(4). 10.

15) 伊藤秀夫·吉本二郎(1969). 教育制度論序說. 東京: 第一法規. 65.

16) 김낙운(1986). 현행교육법해설. 서울: 하서출판사. 408.

17) 米澤廣一(2008). 憲法と教育15講. 東京: 北樹出版. 140.

18) 김낙운(1986). 현행교육법해설. 서울: 하서출판사. 408.

제15장 영유아 교육과정과 법

1) 박창언(2010). 유치원 교육목적의 입법정책 문제. 유아교육연구. 30(4). 109.

2) 보건복지부(2013). 제3차 어린이집 표준보육과정. 서울: 보건복지부. 2.

3) 보건복지부(2013). 제3차 어린이집 표준보육과정. 서울: 보건복지부. 4.

4) 교육부(2015). 특수교육 교육과정 총론. 세종: 교육부. 2-3.

5) 김은영 외(2008). 유치원교사의 직무수행시간 분석. 유아정책연구 2(1). 243.

6) Julie K. B., Derek, P. H. Deborah, F. T., Daniela, A. R., Sara, E. B., Diannes, S. W.(2008). *The childcare environment and children's physical activity*. American Journal of Preventive Medicine 34(1). 23-29.

7) 부산광역시교육청(2015). 2015 개정 교육과정에 따른 인정도서 개발을 위한 편찬 상의 유의점 및 인정기준. 부산: 부산광역시교육청.
한국교육개발원(2015). 한국교육개발원 정책제안서 서울: 한국교육개발원.
김은설 외(2016). 영유아 교육 · 보육 효과성 제고를 위한 환경조성 방안: 교사 대 영유아비율의 적정기준 마련연구. 서울: 육아정책연구소. 32-35.

8) 김은설 외(2016). 영유아 교육 · 보육 효과성 제고를 위한 환경조성 방안: 교사 대 영유아비율의 적정기준 마련연구. 서울: 육아정책연구소. 40.

9) 김은영 외(2008). 유치원교사의 직무수행시간 분석. 유아정책연구 2(1). 55-56.

10) 한국보육지원학회(2015). 2015 보육백서. 서울: 한국보육지원학회. 99 내용수정.

11) 한국보육지원학회(2015). 2015 보육백서. 서울: 한국보육지원학회. 99.

12) 한국보육지원학회(2015). 2015 보육백서. 서울: 한국보육지원학회. 110.

제16장 고등교육 · 평생교육 교육과정과 교육법

1) 김낙운(1986). 현행 교육법해설. 서울: 하서출판사. 456.

2) 교육부(1998). 고등교육법 및 동법 시행령 해설자료. 서울: 교육부. 85.

3) 교육부(1998). 고등교육법 및 동법 시행령 해설자료. 서울: 교육부. 111-112.

4) 교육부(1998). 고등교육법 및 동법시행령 해설 자료. 서울: 교육부. 47.

5) 국가법령정보센터. www.law.go.kr 2018년 12월 20일자 검색.

6) 교육부(1998). 고등교육법 및 동법시행령 해설자료. 서울: 교육부. 49.

7) 교육부(2004). 평생교육법 · 시행령 · 시행규칙 해설자료. 서울: 교육부. 21.

8) 교육과학기술부(2008). 장애인 등에 대한 특수교육법령 해설자료. 서울: 교육과학기술부. 125.

제17장 다문화 교육과정, 북한의 교육과정과 교육법

1) 허영식(2010). 다문화사회와 간문화성. 서울: 강현출판사.

2) 정도희(2012). 글로벌 다문화교육 법제화 방안-종합편-. 서울: 한국법제연구원. 36. 23.

3) 교육부(2017). 2017년 다문화교육 지원 계획. 세종: 교육부.

4) 교육부(2015). 초 · 중등학교 교육과정 총론. 서울: 교육부. 8.

5) 정도희(2012). 글로벌다문화교육 법제화방안-종합편-. 서울; 한국법제연구원. 65-66.

6) 모경환, 최충옥, 김명정, 임정수 역(2008). 다문화교육 입문. James A. Banks의 An introduction to multicultural education(4/e). 서울: 아카데미프레스. 70.

7) 황규호, 양영자(2008). 한국 다문화교육의 교육내용 쟁점 분석. 한국교육과정학회 · 한국초등교육학회 국제학술대회. 146.

8) 한만길 외(2013). 북한교육의 현황과 정책동향 분석. 서울: 한국교육개발원. 18.

9) 통일부 통일교육원(2017). 북한 이해. 서울: 통일부 통일교육원. 185.

10) 박창언, 박상욱(2014). '통일대비 북한 초 · 중등학교 교육과정 관련 법 규정과 교육과정의 과제' 통일전략 14(4). 116.

11) 박창언, 박상욱(2014). '통일대비 북한 초 · 중등학교 교육과정 관련 법 규정과 교육과정의 과제' 통일전략 14(4). 114.

12) 통일부 통일교육원(2017). 북한 이해. 서울: 통일부 통일교육원. 193.

13) 통일부 통일교육원(2017). 북한 이해. 서울: 통일부 통일교육원. 195.

14) 통일부 통일교육원(2017). 북한 이해. 서울: 통일부 통일교육원. 196.

주요 용어 해설

각하(却下): 행정기관이 신청서나 심판청구서 등을 받아서 처리하는 것을 거절하는 행정처분을 말한다. 소송요건이 모두 충족되지 않았거나 부적법하여 재판을 하지 않고 소송을 종료시키는 것(신청 자체를 무효화시키는 재판)을 말한다.

권능(權能): 권리의 내용을 이루는 개개의 법률상의 힘을 말한다. 물건에 대한 소유권은 권리이지만, 그 내용인 물건의 사용권, 수익권, 처분권 등은 권능에 해당된다.

권리(權利): 개인이 일정한 이익을 누릴 수 있도록 법이 인정하는 힘을 말한다. 일반적으로 권리는 권리자 자신을 위한다는 점에서 권한과 구별이 된다.

권한(權限): 권한은 권리자가 직무나 계약 내용을 실현하기 위해 할 수 있는 행동의 능력과 범위를 말한다. 권리와 권한은 유사하지만, 권리는 자신을 위하여 가지는 법률상의 이익인 데 비해 일반적으로 권한은 타인을 위해 법률 효과를 발생시킬 수 있는 일정한 지위나 자격을 말하는 것이다.

기각(棄却): 소송을 수리(受理)한 법원이 그 심리 결과로 소송이 이유가 없거나 적법하지 않다고 판단하여 무효를 선고하는 것을 말한다. 원고의 청구 이유가 타당하지 않아 받아 줄 수 없는 경우를 말하는 것이다.

법(法), 법률(法律), 법령(法令): 법은 법률뿐만 아니라, 일반적으로 법 규범 일반을 말한다. 법률은 국회에서 의결하여 대통령이 공포한 협의의 법을 의미한다. 법령은 국회에서 제정한 법률과 행정부에서 제정한 명령(대통령령, 총리령, 부령)을 말한다.

법원(法源): 일반적으로 법의 존재 형식을 말한다. 개인은 그 존재를 인식하여 행위의 기준으로 삼는 것이고, 법관은 재판에 적용을 하게 된다. 「교육법」의 법원이란 교육에 관하여 적용되는 모든 법 규범이라고 할 수 있는 것이다.

상고(上告): 항소심의 종국적인 판결이 확정되기 이전에 법령 해석과 적용에서 심사를 구하는 불복신청으로, 상소의 하나이며 대법원에서 관할한다.

상소(上訴): 하급법원의 판결을 받아들이지 않고, 상급법원에 다시 재판을 해 달라고 요구하는 것을 말한다. 상소에는 1심판결에 불복하여 2심법원에 하는 항소와 대법원에 하는 상고가 있다. 항소(抗訴)와 상고(上告)는 판결에 대한 불복신청이고, 결정·명령에 대한 불복신청으로 항고(抗告)가 있다. 재판에 대한 불복신청에는 그 밖에도 재심과 비상상고가 있지만, 이들은 확정된 재판에 대한 불복신청이라는 점에서 상소와는 다르다.

위법성 조각 사유(違法性阻却事由): 형식적으로 불법이나 범죄 행위의 요건을 갖추었지만, 위법이나 범죄로 인정이 되지 않는 경우, 그 인정하지 않는 사유(정당방위나 긴급피난 등)를 위법성 조각 사유라고 한다.

인용(認容): 기각과 반대로 본안심리를 한 결과 소송을 제기한 쪽의 주장 내용에 이유가 있어 법원이 주장 내용을 받아들여 제소자의 손을 들어 주는 것을 말한다. 원고의 소송이 옳다고 판단하여 적용된 경우를 말하는 것이다.

조각(阻却): 조각은 물리치거나 방해함을 의미하는 것으로 모종의 사항에 대해 부정을 의미하는 뜻을 지니고 있다. 법적으로는 성립되지 아니함을 의미하는 것으로 모종의 사안에 대해 어떠한 요건이 성립하지 않는다거나 어떤 사유에 해당되지 않는 것을 가리키거나 어떤 사항이 없다는 것을 가리킨다. 책임이 조각된다는 것은 책임이 있다고 할 수 없다는 것을 의미하고, 위법성 조각 사유는 위법성이나 책임의 성립을 부정하거나 해당되지 않는 사유를 의미한다.

준용(準用): 「사립학교법」 제55조 제1항은 "사립학교의 교원의 복무에 관하여는 국·공립학교의 교원에 관한 규정을 준용한다."라고 규정되어 있다. 여기서 국·공립학교 교원의 복무에 관한 규정을, 국·공립학교 교원의 복무와는 차이가 있지만 유사한 사립학교 교원의 복무에 적용하는 것을 준용이라고 한다.

파기환송(破棄還送): 상소심에서 심리(審理)한 결과 원심판결을 취소하는 것을 파기라고 하고, 원심판결이 파기되면 해당 사건을 새로이 재판하여야 할 필요가 생긴다. 이 재판 사건을 원심법원에 환송하여 재판하도록 하는 것이 파기환송이라고 한다. 그 외 상소법원 자신이 하는 것은 파기자판(破棄自判)이라 하고, 그 밖의 법원에 이송하는 것을 파기이송(破棄移送)이라 한다.

항소(抗訴): 민·형사소송에서 하급법원에서 받은 1심판결에 불복해 그 파기나 변경을 상급법원인 고등법원이나 지방법원에 신청하는 것을 말한다.

경험법칙(經驗法則): 경험을 통해 얻어진 사물에 대한 지식이나 법칙을 말하며, 경험법칙은 법규에 준하는 것으로 보고 있다. 경험법칙에 위배된 것은 법령에 위배된 것처럼 상고 이유가 된다는 것이 판례의 입장이다.

위임입법(委任立法): 법률의 위임에 의해 입법부 이외의 국가기관(일반적으로 행정기관)이 법규를 제정하는 것을 말한다.

찾아보기

저자 소개

박창언(Park Changun)

- (현) 부산대학교 교육학과 교수
- 교육부 교과서 자유발행제 추진위원회 위원장
- 국무조정실 정부업무평가 국정과제평가전문위원
- 교육부 일반재정평가위원회위원
- 교육부 한국형무크(K-MOOC) 기획위원회위원
- 교육과학기술부 자체평가위원
- 교육부 교육과정심의회심의위원
- 검정교과서심의위원자격심사위원 외

[주요 저서]
- 현대 교육과정학(학지사, 2017)
- 교육과정실행연구(공역, 교육과학사, 2015)
- 통합연구방법의 기초(공역, 아카데미프레스, 2015)
- 교육과정: 이론과 실천(교육과학사, 2012)
- Le Rôle du Pouvoir Politique dans l'élaboration des Programmes d'enseignement en Corée du Sud(ANRT, 2008) 외

[학위/수상]
- 경북대학교 교육학과 졸업 및 교육학 박사
- 프랑스 프랑쉬−콩테대학교 사회학, 인류학, 인구학분야 박사
- 한국연구재단 2016년도 인문사회분야학술지원사업 우수평가자 인증(2017년)
- 부총리 겸 교육부장관 표창(2014년, 2016년)
- 부산대학교 Premier교수(2012년) 외

교육과정과 교육법
Curriculum & Education law

2019년 2월 15일 1판 1쇄 인쇄
2019년 2월 20일 1판 1쇄 발행

지은이 • 박창언
펴낸이 • 김진환
펴낸곳 • ㈜**학지사**

04031 서울특별시 마포구 양화로 15길 20 마인드월드빌딩
대표전화 • 02-330-5114   팩스 • 02-324-2345
등록번호 • 제313-2006-000265호

홈페이지 • http://www.hakjisa.co.kr
페이스북 • https://www.facebook.com/hakjisabook

ISBN 978-89-997-1551-8 93370

정가 20,000원

이 도서의 국립중앙도서관 출판시도서목록(CIP)은 서지정보유통지
원시스템 홈페이지(http://seoji.nl.go.kr)와 국가자료공동목록시스템
(http://www.nl.go.kr/kolisnet)에서 이용하실 수 있습니다.
(CIP 제어번호: CIP2019002073)

교육문화출판미디어그룹 학지사

심리검사연구소 **인싸이트** www.inpsyt.co.kr
원격교육연수원 **카운피아** www.counpia.com
학술논문서비스 **뉴논문** www.newnonmun.com
간호보건의학출판 **학지사메디컬** www.hakjisamd.co.kr